21세기와 자본론

—한국사회를 중심으로—

21세기와 자본론 — 한국사회를 중심으로

초판 1쇄 발행 1989년 9월 1일
제3차 개정판 1쇄 발행 2014년 9월 10일
제3차 개정판 2쇄 발행 2023년 4월 15일

지은이 황 태 연
발행인 황 세 연
상 무 이 미 숙
워 드 이 동 영
편 집 김 영 권
교 정 이 동 영
디자인 EG 디자인
CTP 지앤피
인 쇄 진광인쇄사
제 본 동신제책사
발행처 도서출판 **중원문화**
주 소 : 서울특별시 마포구 서강로 11길-24(창전 2-33)
주문처 02-325-5534 FAX 02-324-6799

21세기와 자본론

— 한국사회를 중심으로 —

황 태 연 지음

2023

도서출판 중원문화

In the Twenty-First Century and Capital

Critic the political economy in the Korean Society

by

Taiyoun Hwang

Reprinted 2023 by Jungwonmunhwa Publishing Co.

21세기와 자본론 · 차 례

—한국사회를 중심으로—

제4편 상대적 잉여가치의 생산 · 265

제3차 개정판 서문

이 책이 처음 출간되었을 때 불과 2,3개월 만에 초판이 다 매진된 바 있었다. 이것은 당시 이론적 돌파구를 찾으려는 수많은 사람들의 열정을 반영하는 것으로 필자로선 반갑기 그지없었다. 이번 개정판은 내용상 초판과 크게 다를 게 없으나, 몇 군데 교정을 가하였다. 꽤 많은 오자와 탈자를 바로잡고 두세 군데에서는 설명의 명확성을 기하기 위해 새로운 내용을 첨가하기도 하였다. 또한 강의 테이프를 그대로 복제한 부분에서 구어(口語)를 그대로 활자함으로 인해 어색해지거나 거칠게 느껴지는 문장들은 삭제하거나 문어체로 바꿔놓았다. 이런 형식상의 교정 덕택에 재판은 좀 더 매끄러워졌으리라 생각한다.

이 저작이 스탈린주의(원판이든 구조주의적 "개정판"이든), 네오스탈린주의("주체형"이든 소동구형이든), 네오트로츠키주의(에른스트 멘탈형이든 노박형이든) 등의 온갖 교조적 사유경향의 타파와—21세기를 살아가는—현대적 맑스주의의 이론적 정립에 일조할 수 있다면 필자로선 더 바랄 것이 없겠다. 맑스 이론의 현대화는 이 저작의 본래적 목적이기 때문이다.

그리고 출판사의 여러 차례의 요청에도 불구하고 개정판에 대하여 손대지 못한 것은 순전히 필자의 게으름 때문이라고 할 수 있겠다. 하지만 맑스 이론의 현대화, 현대 한국사회와 맑스를 접목하는 이론서로서는 손색이 없다고 자부하고 싶다. 끝으로 이 책의 제목을 『21세기와 자본론(한국사회를 중심으로)』으로 바꾼 이유는 프랑스의 토마 피케티(Thomas Piketty) 열풍에 따른 출판사의 요청이 있었음을 밝혀둔다.

필 자

초판 서문

이 저작은 1989년 초 「우리노동문제연구원」과 「한겨레사회연구소」에서 가졌던 소규모 강의를 바탕으로 그 내용을 풍부화하고 인용과 서술의 정확성을 기한 것이다. 원래 「우리노동문제연구원」에서 가졌던 강의의 녹음테이프를 재생하여 바로 활자화하려는 계획이었으나, 필사된 초고를 수정하다가 불가능함을 깨닫고 전면 다시 집필하게 되었다. 테이프를 필사하는 데 애쓴 분들의 노고만 헛된 것이 되고 말아 안타깝다. 다음 만날 기회에 사례할 수밖에 없겠다.

그러나 그것들이 모두 헛된 것만이 아니고 그 중 한 뭉치는 문어체로 잘 다듬어져 있어서 가능한 한 재생하여 본문의 일부로 삽입하였다. 그러다 보니 분량이 원래 강의내용보다 대여섯 배 늘어났고 서술도 일관성을 얻은 셈이다. 여기서 시도한 것은 『자본론』 제1권을 단순히 쉬운 말로 바꾸고 분량을 축약한 것이 아니라, ① 『자본론』 제1권에서 사전 지식 없이 독서할 경우 지나치기 쉽거나 또는 간단히 암시만 되어 있지만 오늘날 우리나라에 극히 긴요해진 부분들을 맑스·엥겔스 등의 전 저작과의 내적인 연관 속에서 상세히 해설을 가하였고, ② 『자본론』 이후 다른 모습으로 발전된 현대 자본주의와 현실에 대한 서술을 삽입함으로써 『자본론』의 본질적 논리의 정당성을 확증하고 그 내용을 교조화로부터 해방하여 유연화, 현재화하였으며, ③『자본론』과 그 여타 원전의 해석을 통해 여러 국가에서 보이는 몇몇 부적절한 입장을—이런 입장들과의 당파적 입장의 동일성 속에서도—나름대로 비판하고 대안을 제시하였다.

따라서 이 저작은 이것도 있고 저것도 있다는 식의 소매상적인 해설서는 아니다. 내용 서술에 있어서 그 주제들이 무수히 바뀌어 나간다 할지라도 일관된 정신과 시각을 견지하였으며, 독자들은 이것을 도처에서 확인할 수 있을 것이다.

내용서술에 있어서의 방법은『자본론』제1권을 대본으로 결정적으로 중요한 내용부분들만을 선택하였으며 따라서 이미 현장성과 시대성을 상실한 영국 및 그 여타 유럽의 옛 사례와 자료들이 쓰여진 부분들은 모두 뛰어넘었다. 그러나 이 중에서도 오늘날 우리의 문제를 분석하는 데 있어서 분석의 중요한 모범적 시각을 제공하는 경우에는 빠짐없이 취급하였다.

우리가 고전을 정밀히 읽고 숙고하는 것은 그 자체의 즐거움을 위한 것이 아니라, 우리나라의 민중적 과제를 해결하기 위한 것이며 따라서 우리나라 특유의 문제와 씨름하고 있는 특유한 주체로서 우리는 이 원저작의 한국적 소화에 있어서도 나름의 거대한 창조성을 발휘해야 할 것이다. 물론 여기서 창조성이란 보편적 이론의 특수한 적용에 관계되는 창조성이지만 우리나라와 같이 문제가 중첩된 지역에서는 특히 간절한 것이다.

따라서 우리 사정에 면밀한 관심이 없는 서구학자들에 의해 쓰여진 글들이나 오늘날 우리의 현실과 동떨어진 내용을 그대로 수입해서는 안 될 것이며, 남한 사정에 어둡고 또 그 체제 자체의 한계성과 경직성으로 말미암아 이론의 발전도 저조한 북한의 이론들을 받들어서도 안 될 것이다. 물론 우리는 이런 국제적 차원의 이론들과 끊임없는 대화에 들어 있어야 하고 또 얻을 것은 분명 얻어야 할 것이다. 그러나 무엇을 배울 것인가를 판별해 내는 능력은 저절로 타고나는 것이 아니다. 이 능력은 오직 고전에 대한 정확하고 폭넓은 이해를 지니고서 한국현실과 지속적으로 대결해 나감으로써만 함양되는 것이다.

고전의 정확하고 폭넓은 이해 없이 몇 개의 저작만을 바탕으로 현실에 대해 운운한다거나 현실을 외면한 채 고전에만 매달려 절절매고 있다면 이런 과정의 산물들은 이론적 '공해'의 차원을 넘지 못할 것이다. 고전의 정확하고 폭넓은 이해의 비결은 학습의 치밀성과 서적의 신속한 독파력이다. 고전 이해의 정확성은 계급적 관점의 확고한 견지 속에서 차분한 마음가짐으로 냉정히 따지고 한 구절을 가지고도 수일씩 고투하는 이론적 치밀성을 통해서만 확보되며, 서적의 독파력은 불철주야 노력하는 각고의 부지런함을 통해서만 얻어지는 법이다. 이 신속한 독파력만이 고전의 폭넓은 이해를 보장한다. 고전의 독서에 신속한 독파력이 따르지 않는다면 그것은 끝내 한정된 시각을 벗어나지 못하여 고전의 숲은 보지 못하고 좀 괴이한 나무 몇 가지에 부적절한 강세를 주다가 교조에 빠지거나 오른쪽으로 탈영하고 말 것이다.

맑스의 『자본론』은 경제학 저작이면서 법학적, 그리고 역사학적, 사회학적 저작이며 동시에 철학적 저작이다. 우리나라에 유행하는 해석은 물론 단연 『자본론』의 경제학적 해석이다. 그러나 이러한 일면적인 경제학적 해석은 『자본론』에서 철학적인 구절만 골라 읽는 것만큼이나 절름거리는 해석이며 나아가 이론적으로 매우 위태롭다 할 것이다. 본 저작에서는 『자본론』을 이것의 전 측면에서 제시하려고 가능한 한 노력하였다. 통일과학적 시각에서 쓰여진 『자본론』이 독서자들의 학과분업에 의해 불구화되어서는 안 될 것이다.

본서에 나타나는 모든 독자적인 해석시각들은 필자의 책임이다. 이에 대한 과학적 비판이라면 언제든 바랄만한 것이다. 그 사이 이론은 더욱 앞으로 발전할 것이기 때문이다. 끝으로 밝혀둘 것은, 『자본론』 제1권의 한국어본 — 그것이 북한본이든, '비봉사' 간(刊)이든, '이론과 실천사' 간이든 — 이 상당한 오역과 부적절한 번역을 안고 있다는 점이다. 그러나 이 중 그래도 '이론과 실천사' 간 번역본이 어투의 현대성, 투하된 노력의 흔적, 그 정치적 도덕성에 있어서 가장 돋보이기 때문에 '이론과 실천사' 본을 대본으로 하였다.* 중요한 오역에 대해서는 본문에서 특별히 지적하였고, 그렇지 않은 곳에서는 말없이 수정하여 인용하였다. 본문에서 전집의 권수가 표기되지 않고 페이지만 나오는 경우는 언제나 『자본론』 제1권(MEW, 23권)의 면수를 뜻한다.

1989년 여름

필 자

* 북한본은 국가사업으로 번역된 것이니까 그 정확성에 대해서 신뢰할 수 있을 것이라는 기대에 걸맞지 않게 많은 오역들을 안고 있다. 아마 이것은 부분적으로 독일어 원본이 아니라, 러시아어 『자본론』을 중역하다가 불가피하게 발생한 오역으로 보인다.

『자본론』의 부제(副題) "정체경제(학) 비판"의 의미

영어 political economy나 독일어 politische Ökonomie는 경제현실을 가리키기도 하고 경제학을 가리키기도 하는 이중적 의미의 술어이다. 맑스는 이 술어로써 언제나 부르주아 경제(학)을 의미하였다. 그런데 부르주아 학자들이 Ökonomie 앞에 politische라는 형용어를 붙이게 된 것은 Ökonomie라는 단어의 어원적 의미로 말미암은 것이다. Ökonomie는 원래 그리스어 oikosnomia를 어원으로 하는데, 이 어원은 oikos(가문, 가정)와 nomia(법, 이치, 경리)의 합성어이다. 따라서 oikosnomia는 가문경리 또는 가문경제를 뜻하는 말이다. 아리스토텔레스는 oikosnomia를 자연경제에 기초한 사용가치 생산의 가부장적, 자급자족적 노예농장경제로 규정하고, 이 개념을 아무런 사용가치의 창조 없이 상업에 의해 화폐만을 추구하는 Chrematistik(화폐증식술)과 엄격히 구분하는 의미로 사용하였다. 따라서 아리스토텔레스와 그리스시대의 '건전한' 일상적 시민의 생각에는 가부장적 가문 밖에는 일체의 oikosnomia가 있을 수 없었고 오직 화폐증식의 비생산적 술책만이 있을 뿐이었다.

이런 까닭에 영어 economy나 독일어 Ökonomie도 원래 봉건영주의 정원이나 도시 소경영 수공업과 소농의 가정경제 외의 다른 의미를 가질 수 없었다. 그러나 근대 자본주의 경제의 특징은 생산 현장과 주거지를 엄격히 분리시킴으로써 생산과 이것의 결과의 교류는 모두 가문이나 가정 밖에 집중시키고 이 가정은 단순한 소비 단위로 격하시키는 데 있었다. 따라서 이 새로운 경제현실, 즉 가정 밖의 경제를 가정 또는 가문경제적 의미를 갖는 Ökonomie로 명명하기에 의미상으로 곤란한 상황에 처하게 된다. 그리하여 가정이나 가문의 경제가 아니라는 의미로 Ökonomie 앞에 politische라는 형용어를 붙이게 된다. 물론 19세기 부르주아 경제학이 politische Ökonomie라는 술어만을 사용한 것이 아니라 어떤 때는 Nationalökonomie(국민경제) 또 어떤 때는 öffentliche Ökonomie(공공경제)로 사용하는데, 이런 표현들은 모두 'Ökonomie'의 사(私)가문적 의미 측면을 지워보기 위한 편법들로서, 사실 엄밀한 의미에서 볼 때 '둥근 네모'나 '뜨거운 얼음' 등과 같은 형용모순들인 셈이다. 그러나 정치경제, 국민경제, 공공경제 등의 표현들은 그러한 어원적 형용모순만 안고 있는 것이 아니라, 그것들이 현실적인 자본가들의 사(私)경제를 가리키고 있는 한에서 일정한 이데올로기적 기만도 내포하고 있다. 이에 대해 일찍이 엥겔스는 다음과 같이 비판하고 있다. "국부(國富)라는 표현은 자유주의 경제학자들의 일반화 욕구에 의해서야 비로소 등장하였다. 그런데 사적 소유가 존재하는 한 이 표현은 아무런 의미를 갖지 않는다. 영국인들의 '국부'는 아주 크지만, 그들은 태양 아래 가장 빈곤한 인민이다. 이 표현을 완전히 없애 버리든가 그것에 의미를 부여하는 여러 전제들을 받아들여라. 국민경제, 정치경제, 공공경제라는 표현들도 마찬가지다. 그 학문은 현재의 관계 하에서는 사적경제(Prevatökonomie)라고 불러야 할 것이다. 왜냐하면 그것의 공적인 관계는 오직 사적 소유를 위해서만 존재하기 때문이다."(엥겔스, 『국민경제학 비판 개요』, MEW, 1권, pp.502~503)

그런데 우리나라에서는 '정치경제학'='맑스주의 경제학'이라는 등식이 일반화되어 있는데, 그것은 아마 부르주아 경제학이 점차 '정치적'이라는 접두어를 생략하여 사용하게 된 저간의 추세를 반영하는 것이겠지만, 오늘날도 부르주아 경제학자들은 political economy나 politische Ökonomie라는 용어를 여전히 사용하고 있는 한에서 그러한 등식은 일정한 편견을 안고 있는 셈이다. 물론 유럽에서는 그 체제 자체가 부르주아 체제의 비판이기 때문에 '정치경제학'이라는 술어를 그 자체 속에 비판적 의미를 내포하여 사용하는 관습이 정착되어 있었다. 하지만, 맑스의 『자본론』 부제가 '정치경제학 비판'인 한에서 우리는 '정치경제학 비판'을 단순한 '정치경제학'으로 만들어서는 안 될 것이다.

또 일정한 통속적 관념 속에서는 '정치경제학'이란 부르주아 경제학이 경제학적 측면만 다루기 때문에 여기에 '정치학적' 측면을 가미한 경제학이란 뜻으로 받아들여지고 있기도 하다. 그러나 이러한 관념은 '정치경제학'이라는 술어의 발생사를 모르는 일정한 무지의 소치일 뿐이다.

'정치경제(학) 비판'으로서의 『자본론』은 어떤 의미를 지닌 것인가? 그것은 일단 두 가지 의미를 지닌다. 첫째, 부르주아 정치경제학에 대한 비판이다. 둘째는 부르주아 정치경제, 즉 부르주아 경제체제 자체에 대한 비판이다.

부르주아 경제학에 대한 비판은 ① 부르주아 경제학자들이 부르주아 계급적 이익에 사로잡혀 경제현실을 이데올로기적으로 왜곡·은폐하고 있는 물신주의와 경제주의(나중에 자세히 살펴보기로 하자)에 대한 과학적 비판이고 ② 부르주아 경제학자들이 부르주아 계급적 시야의 한계에 매몰되어 취급하지 않고 있는 경제부분을 이론화함으로써 경제학을 완결시키는 보충적 비판이며 ③ 부르주아 경제학이 부르주아 경제를 영원한 자연법칙의 체계로 보고 이 경제 안에서 수난당하는 인간들의 고통을 불가피한 객관적 사실로 받아들이는 반(反)인도주의적 냉소주의와 객관주의에 대한 고차원적인 인도주의적 비판이다.

부르주아 경제 그 자체에 대한 비판으로서의 『자본론』은 ① 자본운동의 현실적, 개념적 구조를 밝혀내고 그것을 그 개념에 따라 종국점까지 전개함으로써 그것이 지닌 내재적인 자기모순, 즉 객관적인 자기비판, 객관적인 자기해체의 가능성을 이론으로 폭로하는 것으로서의 객관적 비판이며, ② 이 모순 자체에 가장 정면으로 고통받고 분격하는 계급에 의한 이 체제의 심판, 즉 자본관계에 대한 '무기의 비판', 즉 이것의 실천적인 해체를 위한 역사 필연적 계급운동의 이론적 정식화와 이것에 대한 일반적 인식과 실천의 지침을 제공하는 것이다.

『자본론』 안에서 우리는 맑스의 — 이러한 다양한 의미에서의 — '정치경제(학) 비판'을 접하게 될 것이다.

제1판 서문

제1판 서 문

생산양식, 생산관계, 교류관계의 개념

"내가 이 저작에서 탐구해야 하는 것은 자본주의적 생산양식과 이에 대응하는 생산관계들 및 교류관계들이다."(p.12)

맑스는 서문에서 그의 탐구의 대상을 분명하게 밝히고 있는데, 그는 이 대상의 탐구를 앞에서 얘기한 비판의 방법으로 진행한다. 여기서 이미 맑스의 중요한 중심범주들이 등장하고 있다. 생산양식, 생산관계들, 교류관계들이 그것이다.

생산양식의 광의적 개념은 생산력과 생산관계(및 교류관계) 전체를 포괄하는 것이지만, 여기에서는 협의로 사용되고 있다. 협의의 생산양식은 생산의 방식과 양식(Art und Weise), 즉 생산도구의 소유양식, 노동의 결합과 분업 및 지도양식(한마디로 노동양식) 그리고 이에 내재하는 생산의 힘(=생산력)만을 가리킨다. 추상적인 생산이 아니라 구체적인 역사적 생산형태는 언제나 "생산도구들의 분배"를 전제하며 이러한 관계의 연속적인 결과로서 "사회의 구성원들의, 상이한 생산종류 아래로의 분배"를 전제한다.(『정치경제학 비판 강요』, MEW, 42권, p.31) "생산 속에 포함된 이러한 분배를 도외시한 생산이란 분명히 공허한 추상이다."(같은 곳) 또한 구체적인 역사적 생산형태, 즉 협의의 생산양식은 동일한 본질의 유지 속에서도 발전을 겪으며 이에 따라 생산 속의 생산수단의 분배양상을 변화시켜 가고 이에 따라 노동양식과 생산력의 변화·발전을 야기한다. 즉 "이것(생산의 여러 조건과 여러 전제)은 생산 자체 안에서 끊임없이 변화된다. 예를 들면 기계의 적용은 생산수단들뿐만 아니라 생산물의 분배를 변화시켰다. 근대적 대토지소유 그 자체는 근대적 상업과 근대 공업 및 이것의 농업에의 적용의 결과이다."(앞의 책, p.32) 이와 같은 생산도구와 인간의 역할의 분배는 소유관계에 의해 고정되고 이것은 다시 생산 속에서 지도하고 지도받는 방식, 협업방식 등을 결정한다. 따라서 협의의 자본주의적 생산양식은 자본주의적 생산수단과 소유방식과 자본주의적 노동양식(및 생산력)을 뜻한다.

다음 **생산관계**들 또는 생산 제관계의 의미도 여기서 협의로 사용되고 있다. 광의의 생산 제관계는 이에 대응하는 교류관계들까지 포함하는 것으로서, 우리가 보통 사용하는 개념은 이것이다. 그러나 여기서 협의의 생산관계는 이 교류관계를 배제한 보다 기본적인 관계들을 가리킨다. 위에서 설명된 생산양식은 필연적으로 생산 안에서 사람들 간에 맺어지는 제관계를 규정짓게 되는데, 여기서 생산관계는 이 생산양식에 의해 직접적으로 규정되는 (생산 속의) 인간관계이다. 협의의 자본주의적 생산 관계는 자본과 노동의 관계(전체적 차원에서는 자본가 계급과 노동자 계급 간의 경제적 관계와 개별 생산단위에서는 개별 자본가와 개개 노동자 간의 관계), 즉 착취—지배관계, 그리고 이것에 의해 근본적으로 규제되는 공장 내 분업관계(수평적, 수직적)를 가리킨다.

교류관계(Verkehrsverhältnisse)는 생산양식에 대응하는 **생산물의 교류양식**에 의해 규정되는, 생산물의 소유권을 이전하고 주고받는 인간 간의 관계이다. 전(前)자본주의 시대의 교류관계는 주로 자급자족적 현물경제 단위 안에서 주인과 노예, 영주와 농노 간의 관계처럼 비(非)교환관계로 직접적 수취와 납부, 또는 배급으로 이루어졌으나, 자본주의 사회에서는 모든 생산물의 경제적 교류관계들이 **교환관계**, 그것도 화폐유통관계, 신용관계, 임대차관계 등의 고차적인 교환관계로 구현된다. 교환관계의 필연적인 내재적 관계는 다양한 경쟁관계이다. 교류관계를 교역관계로 번역하는 사람도 있으나, 자본주의와 관련해서는 이러한 번역이 문제를 일으키지 않지만, 전자본주의 시대와 관련해서는 이러한 번역이 문제를 일으키게 된다. 자본주의적 생산물의 교류관계는 교환관계의 형태를 띠지만 전자본주의적 시대의 착취관계는 그렇기 않기 때문이다["나는 여기서 commerce라는 단어를 독일어 Verkehr라는 말이 지닌 가장 폭넓은 의미에서 이해한다."(맑스, 「안넨코프에 보내는 편지. 1846년 12월 28일자」, MEW, 4권, p.549) Verkehr는 왕래, 수송, 유통, 통상, 교역, 사람 간의 만남 등 꽤 다양한 의미를 지닌다. 여기서는 '교류'로 번역하였다.]. 아무튼 자본주의적 교류관계는 생산관계와 대비되는 의미에서 화폐유통관계, 신용관계, 경쟁관계, 소득분배관계 등이며 이것들의 **성격과 의미** 그리고 **규모**는 최종적으로 생산관계에 의해 규정된다.

이러한 생산관계와 교류관계들, 즉 광의의 생산 제관계는 항상 인간 간의 관계이기 때문에 관계의 양극단의 사람들을 전제하는데, 이 사람들의 역할은 이 관계에 의해 규정된다. 즉 사람들은 항상 관계에 의해 정립된 극단들의 담지자로 현상하며 또 이 관계들이 개인적 의지에 의해 제거될 수 없는 역사객관적인 관계인 한에서 그들은 이 관계들의 피조물이다. 예를 들면 상품과 화폐의 교환관계는 그 극단들로서 상품판매자와 구입자를 피조(被造)하고 이것이 고정되면 상인과 소비자가 된다. 신용관계는 채권자와 채무자를 극단으로 전제하며 이것이 고정되면 화폐자본가(또는 고리대업자, 은행가)와 기업자본가가 된다. 자본관계는 자본에 의한 지배자와 피지배자를 극단으로 전제하며 자본가와 노동자로 고정된다.

그러나 이러한 인간관계들이 인간의 개인적 의지와 독립된 객관적 법칙성을 갖는 운동을 하며 또 이러한 관계들이 상품, 신용(유가증권), 자본(화폐, 상품, 생산수단의 형태) 등의 사물적 실체들에 의해 매개되는 까닭에 사물들 간의 관계로 현상한다. 그리하여 부르주아 경제학은 사물의 외피로 은폐된 인간관계를 실제로 사물관계인 것으로 착각하는 혼돈에 빠져들어 사물의 자연적 속성(광택, 견고성, 희소성)이나 기술적 성능 등에서 경제적 의미를 구하는 전도된 이론을 구축한다. 그러나 참된 경제학은 사물이나 사물관계를 다루는 것이 아니다: "교환 속에 들어선 생산물은 상품이다. 그러나 그것은 **사물**에 즉 생산물에 두 사람 간의 또는 두 공동체 간의 **관계**, 여기서 더 이상 같은 사람 안에 통합되어져 있지 않은 생산자와 소비자 간의 관계가 결부됨으로써만 상품이다. 여기서 우리는 즉각, 전체 경제를 관통하며 부르주아 경제학자들의 두뇌 안에서 지독한 혼동을 일으켜 놓은 특유한 사실의 예를 얻게 된다 : 경제학은 사물을 취급하는 것이 아니라 사람들 간의 관계들과, 그리고 최종적으로는 계급들 간의 관계들을 취급한다 : 그러나 이 관계들은 항상 사물들에 결합되어 있고 또 사물들로 현상한다. 개별적인 경우에 이러저러한 경제학자들에게 물론 여린 빛으로 드러난 이런 연관을 맑스는 처음으로 전경제에 대해 타당하도록 밝혀냈고 그리하여 이제 부르주아 경제학자들조차 이해할 수 없게끔 그 극히 난해한 문제들을 간명하고 명쾌하게 만들었다."(엥겔스, 맑스의 『정치경제학 비판을 위하여』에 대한 서평, MEW, 13권, p.476)

경제적 인간관계가 이처럼 사물들과 결부되어 사물들로 현상하는 까닭은 이 상품 사물들의 유용성과 교환가치에 대한 물질적 이익이 사람들을 이 사물과 결합시키고 동시에 이러한 결합관계의 자립적 운동을 인간이 통제하지 못하기 때문이다. 따라서 인간이 생산 제관계를 통제할 수 있다면 인간관계가 여전히 사물들과 결부될지라도 사물들로 현상하지는 않을 것이다.

자본주의 단계의 철칙성과 비자본주의적 발전의 가능성

맑스는 마치 "물리학자가 자연과정을 가장 간결한 형태로 그리고 교란적 영향에 의해 가장 적게 호도되어 현상하는 곳에서 관찰하든가 과정의 순수한 진행을 보장하는 조건하에서 실험을 하듯이" 자본주의적 생산양식의 '그때까지의' '고전적인 장소'인 영국을 관찰하였다. 따라서 그는 주로 영국의 실례를 끌어오고 있다.(p.12)

그러나 맑스의 이 말은 혹자가 왜곡시키듯이 영국만을 연구했다는 뜻이 아니며, 『자본론』의 모든 곳에서 당시 유럽의 모든 자본주의가 연구되고 있음을 보게 될 것이다. 이러한 자본주의 사회들에 대한 연구에서 영국은 하나의 고전적인 사례였을 뿐이다.

당시 선진 자본주의 사회는 아직 뒤떨어져 있는 자본주의 사회에 대해 선례를 제공한다는 점에서만 영국의 선례는 유의미한 것이었다. 그러나 영국은 이러한 단순한 선례로 그치는 것이 아니다. "한 민족은 다른 민족으로부터 배워야 하고 배울 수 있다. 한 사회는 그의 운동의 자연법칙의 실마리를 잡았다 할지라도—그리고 근대사회의 경제적 운동법칙을 폭로하는 것이 이 저작의 최종적인 궁극목적이다.—자연적 발전단계들을 뛰어넘거나 법령으로 폐지할 수 없다. 그러나 그 사회가 탄생의 진통을 단축하고 완화할 수는 있다."(pp.15~16) 맑스는 이 말을 자신의 고국 독일에 대해서 말하고 있다. 후에 독일은 영국을 앞지르게 된다.

여기서 자본주의의 발전단계들을 "뛰어넘을" 수 "없다."는 말은 오직 이미 오래 전에 자본주의 발전의 소용돌이 속에 뛰어든 후진국들을 두고 하는 말이다. 따라서 전(前)자본주의적 상태에 있는 아프리카나 여타 나라들이 반드시 자본주의의 연옥을 거쳐 사회주의에 가야 한다는 말은 아니다. 맑스와 엥겔스는 당시 전자본주의적 후진국 러시아와 관련하여 만약 이 나라가 유럽 자본주의의 소용돌이 속에 말려들지 않고 또 유럽에서 먼저 혁명이 일어나거나 또는 러시아에서 제정붕괴의 혁명이 일어나 유럽의 사회주의 혁명을 불러오게 된다면, 러시아는 ① 사회주의적 유럽의 "선례"에 따라, 그리고 ② 이곳으로부터의 "적극적 도움"(aktiver Beistand)에 의해 자본주의 단계를 우회하여 막바로 사회주의로 갈 수 있다고 하였다. 즉 사회주의로의 비자본주의적 발전의 길을 이론화 하였던 것이다.* 맑스도 당시 러시아가 그럴 수 있는 전제조건은 "모든 측면으로부터 그것(촌락공동체)에 몰려들어오는 파괴적 영향들을 제거하고 그 다음 그것에 자연적 과정의 정상적인 조건을 보장하는 것"이라고 단서를 달았는데, 1894년 「후기」에서 엥겔스는 러시아가 당시 혁명을 겪지도 않았고 또 이미 자본주의 발전의 국제적, 국내적 소용돌이 속에 말려들었고 그 원시촌락공동체의 공동소유가 도처에서 파괴되었기 때문에 맑스의 그 공식은 더 이상 러시아에 적용되지 않는다고 주석을 가하면서도 그러나 위 비자본주의적 발전노선은 여타 "전자본주의적 단계의 모든 나라들에게" 여전히 "타당하다."고 말하고 있다. 이 비자본주의적 발전의 이론에 따라 러시아의 변방에 살던 여러 민족은 러시아 혁명 이후 원시씨족사회 단계에서 사회주의 체제로(예를 들면, 야쿠트 족 등), 봉건적 사회에서 사회주의 사회로 직접 이행하였다.(터키 족, 중앙아시아 여러 민족 등) 또한 몽고는 초기봉건제에서 30~40년의 비자본주의적 발전단계를 거쳐 러시아혁명과 함께 초기 사회주의 체제로 이행하였다. 이러한 경험들은 아시아·아프리카의 전(前)자본주의 단계에 있는 여러 민족에게 극히 중요한 기회와 희망을 주어 수많은 나라들이 이 노선을 채택하였다. 그러나 제국주의의 재간섭 기도가 계속되면

---

* 칼 맑스, 「자수리치에게 보내는 편지」, MEW, 19권, pp.242~243. F. 엥겔스 「러시아 사회상에 대한 후기」, MEW, 18권, p.668.

서 실패하거나 내부의 계급분화와 관료체제적 경직화로 말미암아 이 노선으로부터 이탈하는 나라가 많았다.(버마, 알제리, 소말리아 등)

한편 이미 자본주의 단계에 들어서서 국제경쟁의 소용돌이 속에 말려든 저개발 자본주의 국가들은 선진 자본주의 국가의 발전사를 대조·연구하고 경제관계뿐만 아니라 계급관계의 제경험을 소화하며 창조적으로 적용함으로써 자본의 가혹한 노동침탈에 따르는 자본주의를 "단축하고" "완화시킬" 수 있을 것이다.

사회적 관계와 개인들

> "가능한 오해를 피하기 위해 한 마디 덧붙이겠다. 자본가와 토지소유주의 형상을 나는 결코 장밋빛으로 묘사하지 않고 있다. 그러나 여기서 문제 삼는 것은 그들이 경제적 범주들의 인격화, 즉 일정한 계급관계와 이익들(Interessen)의 담지자인 한에서의 인물들(Personen)일 뿐이다. 경제적 사회구성체의 발전을 자연사적 과정으로 파악하는 나의 관점은, 개인이 비록 주체적으로 (사회적 — 필자) 제관계를 뛰어넘을 수 있다 할지라도 사회적으로는 여전히 이 제관계의 피조물로 남아 있는 한에서, 이 제관계에 대해 개인에게 다른 어떤 관점보다도 적게 책임지울 것이다."(p.16)

자본가를 자본이라는 "경제적 범주의 인격화"로 파악하고 지주를 토지 소유의 인격화로(노동자를 임금노동의 인격화로) 파악한다 함은 자본가가 자본가이기 때문에 자본을 가지고 있는 것이 아니라, 거꾸로 자본을 가지고 있기 때문에 자본가라는 뜻이다. 그는 수탈되는 경우 평범한 사람이 될 수 있다. 토지소유자도 마찬가지다. 즉 자본이나 토지소유라는 사회적, 객관적 관계들은 개별자본가나 지주들에 의해 고안된 것이 아니고 사회의 집단적 인간들의 장구한 역사적 삶의 진행 속에서 개개인의 의식 속에 포착되지 않은 채 형성된 것으로서, 개별자본가란 이러한 관계의 우연적 담지자들에 불과하다는 것이다. 이런 관계의 담지자들로서 개별적 자본가들은 비로소 구체적인 역사적 인물이 되는 한에서 이 사회적 관계의 창조자가 아니라, 이것의 "피조물"이다. 따라서 이들을 없애는 길은 이 사회적 관계들의 폐지를 통해서만 가능하다. 비록 개별사업장에서 개별 자본가와 노동자의 대립이 적대적으로 맺어져 있다 할지라도 이것은 개인적 적대성이 아니라 사회적, 객관적 적대관계에 기초하는 것일 뿐이다 : "부르주아 생산 제관계는 사회적 생산과정의 마지막 적대적 형식인데 여기서 적대적이란 개인적 적대성이라는 의미에서가 아니라 개인들의 사회적 생활조건들로부터 자라나오는 적대성이라는 의미에서이다……."(『정치경제학 비판을 위하여』, MEW, 13권, p.9).

따라서 자본가의 가혹한 탄압행위나 적대행위를 그들 개개인의 양심적 사악성이나 품성상의 문제로 돌리는 것이 아니라, 궁극적으로는 그들을 그렇게 행동하게 만드는 적대적인 사회적 생산관계에서 설명하는 것이다. 그러나 사회적 생산관계가 개개인의 품성과 양심의 형성을 규정짓지만 또 이 중에 특별히 타고난 가혹한 성품의 소지자가 자본의 담지자로서 적절한 자로 선택된다는 것을 부인할 수 없다.(인간의 천성은 분명 개인차를 보인다.) 따라서 유별난 악덕기업주나 부르주아적 기준에서도 비루하고 반동적인 자본가 등이 있을 수 있다. 또 유달리 사교술과 사업 능력이 있어 다른 사람을 제치고 하층에서 자본가로 올라가는 사람도 예외적으로 있을 수 있다. 그러나 이러한 개인적 능력과 천성은 사회적 관계의 규정력에 비해 부차적인 것일 뿐이다. 물론 부차적인 것이 전혀 의미가 없다는 말은 아니다. 그러나 부르주아 이론이 주장하듯이 모든 개인들의 운명은 자신이 하기에 달려 있다거나 사회적 관계보다 더 중요하다고 봐서는 안 된다 할 것이다. 개인의 운명을 선차적으로 규정짓는 것이 무엇이냐는 문제에서 부르주아 이론과 맑스의 관점은 정반대이다.

그러나 앞에서 말했듯이 동일한 사회적 관계가 주어져 있는 경우, 개인의 운명을 이 사회적 관계의 핵심에 해당하는 소유관계가 선차적으로 규정짓지만 또 언제나 부차적으로 개인적 능력과 천성이 기능하는 까닭에 자본이 없는 자도 우연찮게 부르주아 계급으로 올라서는 일도 부차적인 현상으로 줄곧 나타난다.

그러나 "개인이 비록 주체적으로 (사회적) 제관계를 넘어설 수 있을지라도 그는 사회적으로 여전히 이 제관계의 피조물로 남아 있다." 가령 무일푼의 막노동자가 유달리 뛰어난 재간을 발휘하여 소자본가가 되거나 법관이 된다 할지라도 그는 봉건영주나 기사 또는 봉건관리가 아닌 한에서 이 자본주의적 사회관계가 맡긴 특유한 역할에 자신의 기능을 국한시키고 있는 이 관계의 '피조물'일 뿐이다. 따라서 개개인의 계급상승은 비록 그것이 대전란의 영향 등으로 대규모로 일어난다 할지라도 그 사회가 배정하고 있는 일정수의 자본가가 자리에 올라서는 것이고 그 대신 그곳에 있던 다른 자본가들이 망하여 쁘띠 부르주아나 노동자로 하강하는 과정을 초래하기 때문에 '사회적으로는' 아무런 변화를 초래하지 않는다.(물론 개인들에게는 엄청난 행운과 비운이 엇갈리는 과정이다.) 이러한 맑스의 관점에서 볼 때는 부르주아의 관점에서 볼 때보다 개인들에게 훨씬 적은 찬사와 더불어 훨씬 적은 비난과 증오를 보내는 것이 된다.

"자연사적"이라는 말의 비유성

여기서 "자연사적" 과정이란 앞에서 여러 번 나온 경제운동의 "자연법칙", "자연적" 발전단계 등의 표현과 함께 일종의 비유이다. 맑스는 물론 인간사회의 발전과정을 전자연의 발전과정의 일부로 보는 자연관을 지니고 있지만 인간사회의 발전법칙과 인간사회를 제외한 나머지 자연의 발전법칙을 엄밀히 가르고 이것을 혼동하는 헤겔, 다윈, 맬더스, 그리고 사회다윈주의자들을 비판하고 있다. 맑스가 여기서 이러한 비유법을 자주 사용하는 이유는 당시 자연과학의 엄정과학성을 모델로 하는 사회의식을 활용하기 위한 것으로서, '자연법칙', '자연적', '자연사적'이라는 술어들이 의미하는 바는 언제나 개인적 의지와 독립된 또는 개인적 의지나 행동에 영향 받는 것이 아니라 오히려 이런 것들을 소재(素材)나 동력으로 해서 객관적으로 자기 발전하는 사회관계를 뜻한다. 따라서 이러한 술어들을 맑스가 긍정적 의미로 사용할 때는 비유로 해석해야지, 실지로 자연법칙으로 생각하면 안 될 것이다. 이윤율 저하의 법칙,

잉여가치의 법칙, 가치법칙 등은 자연에는 없는 특유하게 사회적인, 그것도 특유하게 자본주의사회적인 법칙들이기 때문이다. 이러한 우리의 해석은 『자본론』 본문 안에서 부르주아 경제학자들이 사회관계를 영원한 자연적 사물관계로 보는 것에 대해 공박하는 경우["그(리카도)는 이 대립을 천진하게 사회적 자연법칙으로 파악한다." 등등. p.20], 또는 역사적 산물로서의 자본주의적 관계를 자연과정의 산물로 보는 관점을 비판하는 경우 등에서 그 정당성을 얻을 수 있다. 예를 들면 : "이 관계(노동력을 파는 임노동관계)는 결코 **자연사적** 관계도 **아니고** 동시에 모든 역사시대에 공통된 사회적 관계도 아니다. 그것은 분명 그 자체 이전에 진행된 역사적 발전의 결과요, 숱한 경제적 변혁, 즉 사회적 생산의 일련의 옛 구성체들 전체의 몰락의 산물이다."(p.183, 강조는 필자)

"경제적 사회구성체"의 의미

이탈리아의 맑스주의자 세레니(Enzo Sereni, 1905~1944) 등(우리나라의 탁월한 이론가 이진경 교수도 이 입장을 따르고 있다.)은 맑스가 초기에 사용하던 "사회형태"라는 술어를 이 "경제적 사회구성체"라는 술어로 대체한 것은 사회의 동태적인 **과정**성격을 강조하기 위한 것이라고 주장한다. 그러나 이러한 해석은 — 물론 맑스가 이 사회구성체의 개념을 어디에서도 정의한 적이 없기 때문에 추론에 지나지 않는 것이지만 — 너무 멀리 나간 것으로 보인다. 이러한 주장은 별 이론적 득도 없는 논쟁을 불러일으킬 뿐이다. '사회형태'

라는 술어는 사회구성체 개념의 도입 이후에도 맑스에 의해 계속 사용된다. 오히려 여기서 당장 그 반대의 해석을 가능하게 하는 해석을 내릴 수 있는데, "경제적 사회구성체의 발전을 자연사적 과정으로 파악한다."[die Entwicklung(4격) der Ökonomischen Gesellschaftsformation als einen naturhistorischen Prozeß(4격) auffaßt]는 귀절이다. 여기서 맑스는 독일어 'als'를 사용할 때 다음에 오는 단어의 격(格)을 굳이 변화시키지 않고 1격으로 사용해도 통상 무방한데, 4격 변화를 시키고 있다. 이런 한에서 '과정'은 '발전'과 등치되고 있는 셈이다. 따라서 이 경우 세레니처럼 사회구성체를 '과정'으로 본다면 '과정'의 '발전'을 다시 '과정'으로 보는 불합리한 의미구조가 생겨날 것이다.

또 "경제적 사회구성체"를 상부구조와 토대의 통일개념으로 이해하고 사용하는 예가 허다한데, 이것은 너무 나간 정도가 아니라 분명 오류이다. 경제적 사회구성체의 발전을 개인들의 의지와 무관한 '자연사적 과정'으로 파악할 수 있기 위해서는 장기적인 시각에서 볼 때, 개인들의 크고 작은 의지가 큰 역할을 하는 상부구조의 경제에 대한 역작용을 방법상 추상할 수 있어야 할 것이다. 이러한 방법론상의 추상이 지닌 정당성은 상부구조가 토대에 단기적 운동 속에서 끊임없이 역작용해 들어오지만 **장기적** 시각에서 볼 때 토대의 발전방향과 반대되는 반동적 역작용을 가하는 상부구조는 붕괴되고 순기능적 작용을 가하는 것만 유지되는 까닭에(엥겔스 : 폭력의 두 가지 작용방향과 그 결과) 수백 년의 장기적 시각에서 볼 때 상부구조의 능동적 기능이란 실은 토대의 잉태되는 객관적 가능성의 실현작용으로 현상한다는 사실에 기초한다. 따라서 장기적인 시각에서 볼 때 토대의 발전을 연구하는 것이 해당 사회의 발전을 이해하는 열쇠일 뿐만 아니라 수백 년의 시각 속에서는 그 일반적 내용이 된다.

"실재적 토대"란 일정한 사회의 물질적 생산력의 발전수준에 대응하는 "생산 제관계의 총체"에 의해 구성되는, "사회의 경제적 구조"(Ökonomische Struktur)를 뜻하는 것이며(『정치경제학 비판을 위하여』, MEW, 13권, p.8), 광의의 생산양식(생산력+생산 제관계)과 동의어이다. 여기서 '토대'라는 술어가 지닌 비유적 강점은 자신으로부터 상부구조(규범적·조직적 사회관계와 이데올로기)를 부차적인 결과물로 분리시켜 내는, 그리하여 경제적 사회구조의 선차성(先次性)을 부각시키는 데 있다. 이에 반해 생산양식은 시대마다의 생산방식이나 생산형태의 역사적인 특유한 차이를 드러내기에 적절한 술어로서("목적은 같은데 방식이 달라!"하는 식의 표현 사례에서처럼), 각 시대의 경제적 구조의 차이를 드러내고 이 구조의 차이가 결국 생산양식의 차이로 귀착됨을 드러내기 위한 개념으로 볼 수 있다. 따라서 토대나 생산양식은 경제적 구조를 무엇과 대비 속에서 드러내는 측면만 다를 뿐 같은 대상을 지칭한다.

이에 반하여 '경제적 사회구성체'는 생산 제관계의 총화(Gesamtheit)를, 내적 구조를 지닌 전체성(das Ganze 또는 Totalität)으로 파악하는 것이다. 즉 숱한 생산관계들은 아무런 연관 없이 쓰레기더미처럼 쌓여 있거나 널려 있는 것도 아니고 또 ① 그것의 상이한 역사적 발생순서에 따라 나열되어 있는 것도 아니며(부르주아 경제학의 경제관) 또 ② 소위 '이성'의 논리적 순서에 따라 전개되어 있는 것(프루동)도 아니다. 전체로서의 생산 제관계의 구조는 자기완결적인 유기체로서 이것의 내적 연관을 포괄하는 생명의 활동이며 따라서 여기에 포함되어 있는 부분적 관계들은 이 생명체의 활동의 지절들일 뿐이다. 따라서 생산 제관계의 총화를 사회구성체로 서술하기 위해서는 이 생산 제관계를 포괄하고 조정하는 근본적 생산관계로부터 시작하여 다시 근본적 생산관계로 귀환하는 생명적 원환운동으로 서술되어야 한다. 그렇지 않을 경우 이 생산 제관계의 내적 연관과 운동을 그 생명성에 있어서 포착하는 데 실패하고 말 것이다 : "……지대, 즉 토지소유로부터 (서술을—필자) 시작하는 것보다 더 자연스런 것처럼 보이는 것은 없을지도 모른다. 왜냐하면 토지소유는 대지(大地), 즉 모든 생산과 모든 생존의 원천과 결부되어 있고 어느 정도 정착된 모든 사회의 첫 번째 생산형태—즉 농업과 결부되어 있기 때문이다. 그러나 (이것보다—필자) 더 그릇된 것은 없을 것이다."(『정치경제학 비판 강요』, MEW, 42권, p.40) "따라서 경제적 범주들을 이것이 역사적으로 규정적이었던 순서에 따라 나열하는 것은 가능하지도 않고 그릇된 것일 것이다. 오히려 이 범주들의 순서는 이것들이 근대 부르주아 사회 안에서 서로 간에 맺는, 따라서 이것들의 자연적 순서로 현상하는 것 또는 역사적 발전의 순서에 부합되는 것과 정반대로 뒤집힌 관계에 의해 규정되어 있다."(앞의 책, p.41)

또는 생산 제관계의 배열은 헤겔이나 프루동이 생각하는 것처럼 이성의 논리적 순서를 따르는 것도 아니다 : "모든 사회의 생산 제관계는 하나의 전체(ein Ganzes)을 구성한다. 프루동 씨는 경제적 제관계를, 상호 산출하고 안티테제가 테제로부터 생겨나듯 그 중 하나로부터 다른 것이 생겨나는, 스스로의 논리적 순서계열 속에서 인류의 비인격적인 이성을 실현하는 수많은 단계들로 간주한다. 이 방법의 유일한 악폐는 프루동 씨가 이 단계들 중의 한 개별 단계를 분리시켜 탐구하고자 할 때 그가 다른 사회적 관계들을 아직 그의 변증법적 운동에 의해 생겨나게 하지 않았을지라도 이 다른 관계들로 복귀하지 않고는 그 개별 단계를 설명할 수 없다는 사실이다. ……그리하여 그는 그에게 있어서 모든 경제적 발전의 기초인 가치의 구성으로 이행하기 위하여 분업, 경쟁 등을 생략할 수 없었다. 그러나 **계열** 속에는, 프루동 씨의 **이성** 속에는, 즉 그 논**리적 계열의 순서** 안에는 이 관계들이 아직 전혀 존재하지 않는다. 정치경제학의 제범주를 가지고 이데올로기적 체계를 수립하자마자 사회적 체제의 지절들을 탈구시키고 말 것이다. ……운동, 계열적 순서, 시간의 논리적 공식만으로 모든 관계들이 동시에 존재하고 또 상호 지탱하고 있는 사회체(體)를 사실 어떻게 설명할 수 있단 말이냐?"(『철학의 빈곤』, MEW, 4권, pp.130~131)

개별적인 생산관계를 표현하는 경제적 범주들은 오직 이 생산관계들의 유기적 기능연관 안에서 그것들이 지정받고 담당하는 구조적 의미의 중요성에 따라서만 배열되어 있고 또 그렇게 (서술 속에서도) 배열되어야 한다. 생산 제관계는 따라서 결코 서로 대등한 것이 아니라, 그 중에는 규정적이고 포월적인 것이 있고 이것과의 관계 속에서 나머지 관계들은 그 중요성이 규정된다 : "모든 사회형태 안에서 나머지 모든 것들과 이것들의 제관계에게 나머지 모든 서열과 영향력을 지정하는 것은 일정한 생산이다. 이것은 나머지 모든 색조들이 잠겨 있고 또 이것들을 그것의 특수성 속에서 수정하는 일반적 조명(照明)이다. 아니 그것은 자신 안에 들어서 있는 모든 현존재의 특유한 비중을 규정하는 특수한 에테르이다. ……전통적인 수공업적 도구 등으로서의 — 순수한 화폐자본이 아닌 한에서의 — 중세기의 자본은 그 자체 이러한 토지소유적 성격을 띠고 있다. 부르주아 사회에서는 거꾸로이다. 농업은 점점 더 단순한 산업 분야로 되어 가고 자본에 의해 완전히 지배당하는 입장이다. 지대도 마찬가지다. 토지소유가 지배하는 모든 (사회 — 필자) 형태들 안에서는 자연관계가 아직 패권적으로 지배한다. 자본이 지배하는 모든 형태들 안에서는 사회적으로, 역사적으로 창출된 요소가 지배한다. 지대는 자본 없이 이해될 수 없다. 그러나 자본은 지대 없이도 물론 잘 이해된다. 자본은 부르주아 사회의 모든 것을 지배하는 경제적 권력이다. 자본은 출발점이면서 종결점을 구성해야 하고 토지소유에 앞서 전개되어야 한다."(『정체경제학 비판 강요』, MEW, 42권, pp.40~41).

자본이 "모든 것을 지배하는 권력"인 한에서 이것에 의해 설정되는 인간관계인 **자본관계**(=노동에 대한 자본의 착취지배관계)가 근본적이고 결정적인 생산관계이다. 나머지 생산관계들, 즉 생산 속의 분업관계, 교화관계, 경쟁관계, 신용관계, 분배관계 등은 그 결정적인 생산관계의 운동에 필요한 지절들로서 이것에 의해 그 '서열과 영향력'의 범위를 '지정' 받는다. 물론 신용 관계나 (생산물의) 분배관계는 '생산', 따라서 자본관계로부터 "아주 멀리 떨어져 있어서 마치 자립적인 것인 양" 현상할 수 있다.(앞의 책, p.31) 그러나 신용관계도 오직 자본관계 위에서만 비로소 전개된 것이고(왜냐하면 신용이란 자본의 재생산 과정의 '연속성' Kontinuität을 보장하기 위해서 발전한 것이기 때문이다. 앞의 책, p.441), 자본주의적 소득분배관계는 자본가와 노동자 간의 관계를 규율하는 자본관계에 의해 이미 사전에 규정되어 있거나 또는 자본가의 관료체제적 기구 인원들의 봉급은 기본적으로 자본관계의 유지를 위한 이익에 의해 규제되기 때문이다.

따라서 생산관계들의 유기적 전체 안에서 생산 제관계는 서로 대등한 관계로 배열되어 있는 것이 아니라 **위계적인 서열관계**에 기초한 내적인 연관의 유기적 **구조**를 이루고 있다 할 것이다 : 즉 "여기서 문제되는 것은 경제적 관계들이 상이한 사회형태들의 계열적 순서 속에서 역사적으로 취하게 되는 관계가 아니다. 더구나 '이념 속에서의' (프루동),— 즉 역사적 운동의 창백한 표상의 — 계열적 순서는 더욱 아니다. 문제 삼아지는 것은 이런 것들이 아니라 근대 부르주아 사회 안에서의 그것들(경제적 관계들 — 필자)의 **구조**(Gliederung ; Gliederung은 라틴어 계통 Struktur의 순 독일말이다 — 필자, 강조는 필자)이다."(앞의 책, p.41)

따라서 앞에서 이미 얘기된 '사회의 경제적 구조'(die Ökonomische Gliederung oder Struktur der Gesellschaft)와 '경제적 사회구성체'(die Ökonomische Gesellschaftsformation)는 동일한 말이다. 즉 사회의 **근본관계**인 생산 제관계의 — 개인적 의지와 이데올로

기적 규범력으로부터 독립된—객관적이고 유기적인 전체성을 드러내기 위해 맑스는 '경제적 구성체'라는 말을 필요로 했던 것이다. 따라서 그는 동일한 뜻으로 사회의 "경제적 구조"라는 술어를 사용하기도 하고(MEW, 23권, p.379, 743, MEW, 24권, p.42, MEW, 25권, p.827, MEW, 26권, p.406. 물론 MEW, 13권, p.8에서도), 사회적 "생산유기체"(Produktionsorganismus 또는 produktiver Organismus)로 표현하기도 한다.(p.96, 379 등) 물론 사회의 "경제적 구조"(Gliederung)라는 말도 줄곧 사용한다.(MEW, 25권, p.892, MEW, 26. 1권, p.257) 또 "경제적 사회형태"라는 표현은 사회구성체 개념 도입 이후에도 계속 사용된다.(MEW, 23권, p.377, MEW, 25권, p.826, 890 등) "경제적 사회구성체"라는 술어는 『자본론』 제1권에서 약 10번 정도 사용됨으로써(p.16, 96, 183, 184, 194, 231, 250, 380, 624, 778 등) 가장 높은 빈도수를 보여주고 있다. 물론 『자본론』의 나머지 권에서도 계속 가끔 사용된다.(MEW, 25권, p.607, 784, 822, 824, MEW, 26. 1권, p.257, MEW, 26. 3권, p.422) 상부구조에 대해서 토대의 위치를 차지하는 "경제적 사회구성체"는 사회의 의식적, 이데올로기적, 규범적 관계의 형성물인 사회조직들로서의 상부구조(당연히 주관적 사회적 관념형태도 여기에 포함된다.)와 합하여 사회(Gesellschaft)를 이룬다. 따라서 만약 맑스의 '경제적 사회구성체' 개념을 상하부구조 통일체라고 우긴다면, 그것은 사회라는 말을 그 복잡한 말로 단순히 바꿔 부름으로써 현학을 떨었다는 식으로 실은 맑스를 간접적으로 무고하는 셈이다.

맑스나 엥겔스는 Ökonomische Gesellschaftsformation이라는

술어가 너무 길기 때문에 때로는 간단히 '경제적 구성체'(Ökonomische Formation, MEW, 18권, p.667 등)로 표현하기도 하고 "사회구성체"(Gesellschaftsformation, MEW, 25권, p.822, MEW, 26. 1권, p. 257, MEW, 19권, p.388, 404 등)로 표현하기도 하며 다른 형용사(예를 들면, 역사적 또는 고대적 등)와 더불어 단순히 '구성체'(Formation)라고 사용하기도 한다.(MEW, 23권, 즉 『자본론』 제1권, p.183, MEW, 18권, p.386, 387, 398, 404 등) 그러나 여전히 '경제적 사회구성체'라는 술어가 표준적으로 사용된다. 물론 이 술어 안에 합성어의 일부를 이루는 '사회'라는 말은 따로 떨어져 나와서도 쓰일 수 있는데, 예를 들면 '사회의 태고대적 구성체'(MEW, 18권, p.398, 403 등)의 표현법이 그렇다. 아무튼 '경제적 사회구성체'가 표준적 표현인 한에서 이것을 상하부구조 통일체로 보는 입장은 '사회구성체' 앞에 붙은 "경제적"이라는 형용사를 감당하지 못할 것이다. 왜냐하면 상부구조의 핵심적 본질은 그것이 경제적인 것이 아니라는 데 있기 때문이다. 만약 그럼에도 불구하고 고집한다면 경제적인 것을 근본적인 것이라고 주장하는 것이 아니라 절대적인 것이라고 주장하는 경제주의적 환원주의(Reduktionismus : 20~30년대 유행한 속류 맑스주의 경향)에 빠져듦으로써 결국 정치적인 것도 모조리 경제적인 것으로 만들어 버리게 된다. 그러나 토대와 상부구조는 기능적, 이익적 연관 속에서 긴밀히 상호작용하는 것이지만, 경제적인 것은 착취를 위한 지배를 핵심으로 하고 정치는 경제적 착취—지배조건을 외적으로 보장하는 계급투쟁적 지배를 핵심으로 하는 한에서 결코 같은 것이 아니다. 만약에 이것을 엄밀히 구별하지 않는다면

이 양자를 엄격히 구분하기 위해서 맑스에 의해 사용된 토대와 상부구조의 개념 도식을 결국 파괴하는 것이 될 것이다.

물론 '사회의 경제적 구조'를 다른 측면에서 포착하는 '생산양식'은 '경제적 사회구성체'와 동일한 대상을 지칭하는 한에서 이것과 등치될 수도 있다. 이런 경우의 사용법에서는 경제적 사회구성체(이하 구성체로 축약함)가 **토대**, 즉 (생산력을 포함한) **생산관계**의 전체만을 가리키는 것이 더욱 분명해진다 : "커다란 개략으로서 아시아적, 고대적, 봉건적 그리고 근대 부르주아적 생산양식들은 경제적 사회구성체의 순차적인 시대들**로서**(als) 기술될 수 있다."(MEW, 13권, p.9) 여기서 생산양식은 'als'로써 사회구성체의 시대와 등치되고 있다.

생산관계의 유기적 전체로서의 구성체 개념을 부인하는 이론가들이 부당하게 레닌을 물고 늘어지는데, 실은 레닌 자신은 그들의 주장과 정반대의 정의를 내림으로써 이와 관련된 논란을 종식시키고 있다 : "……그(맑스)는 최초로, **해당시대의 생산관계들의 총체로서의 경제적 사회구성체의 개념**을 확정짓고 이러한 구성체의 발전이 자연사적 과정이라는 사실을 확실히 함으로써 사회학을 과학적 토대 위에 올려 놓았다."(레닌, Werke, 1권, p.133)

원래 러시아어에 대해서 약간만 아는 사람도 알 수 있듯이 러시아어는 프랑스어와 마찬가지로 명사와 명사의 직접적 합성이 문법상 불가능한 언어이다. 따라서 레닌은 우리말로 직역하자면 '사회의 경제적 구성체'라고 표현하였는데, 어떤 곳에서는 이 '사회'라는 단어가 길기 때문에 '사회경제적 구성체'(Sozial Ökonomische Formation, 즉 영어로는 social economic formation)라고도 사용한 적이 있다. 이것은 레닌에 있어서 경제적 사회구성체와 동일한 말인데, 후세 사람들이 이 술어를 즐겨 사용하면서 (러시아어의 영향이다.) 특히 상하부구조 통일체의 뜻으로 쓰고 있다.

물론 개념창조는 맑스나 레닌만의 특권은 아니기 때문에 보다 간단한 '사회'라는 말 대신 '사회경제구성체'라는 말을 사용하여 상하부구조 전체를 뜻하는 현학은 말릴 수 없으나, 『자본론』 제1권의 북한 번역본처럼 '경제적 사회구성체'의 술어를 모조리 '사회경제구성체'로 옮겨놓고 북한 국정사전에는 '사회경제구성체' 항목에 상하부구조 통일체로 해설해 놓는다면 이것은 허용될 수 없는 오역일 것이다.

상하부구조 통일체로서의 구성체 개념을 고수하는 동독 학자들 중에는 레닌의 '생산 제관계의 총체로서의 경제적 사회구성체' 개념 정의가 레닌의 제저작 안에서 딱 단 한 번 나왔기 때문에 별로 중요하지 않다는 엉뚱한 주장을 하는 사람도 있다. 그런데 예를 들면 맑스는 자본관계라는 자본주의의 근본적 생산관계를 『자본론』 제1권에서 제3권에 걸쳐 단 한 번 정의하는데, 이렇게 딱 한 번 정의하였기 때문에 그 정의가 중요하지 않은 것인가?

우리는 앞으로의 서술에서 정당하게 토대로서의 **생산 제관계의 객관성**과 **유기적 전체성**을 드러내는 의미로서만 구성체 개념을 사용할 것이다. 즉 이것은 개인들의 의지와 규범이 큰 역할을 하는 상부구조를 일단 추상한다는 의미이며, 동시에 생산관계의 배열을 아무런 위계가 없는 평면적 관계로 보거나 사회의 '표면'에 현상하는 유통관계(교환 및 신용관계 등)를 절대화하고 근본적 생산관계인 자본관계를 지워 버리는 부르주아 경제주의적 입장에 대항해서 자본관계를 근본적으로 부각시킨다는 의미이다.

마지막으로 동일한 구성체에서도 발전단계, 풍토, 국제적 관계(정복과 이주를 통한 이식), 내부의 민족적 전통 등에 따라 여러 가지 유형이 있을 수 있다. 그러나 우리나라의 어떤 이론가는 앞에서 인용된 맑스의 대별(大別)처럼 아시아적, 고대적, 봉건적, 부르주아적 구성체나 공산주의적 구성체밖에 없다고 주장하면서, 구성체의 유형(Typus) 개념을 베버식이라고 해서 부정한다. 그런데 맑스는 구성체의 발전단계와 파생, 이식 등에 따라 2차적 유형, 3차적 유형 등이 있을 수 있다는 것이다. 이미 『정치경제학 비판 강요』에서 맑스는 다음과 같은 노트를 해놓고 있다: "2차적인 것과 3차적인 것, 즉 무릇 파생된, 이식된, 본래적이지 않은 생산 제관계(abgeleitete, übertragene, nicht ursprüngliche Produktions-verhältnisse) 여기에 국제관계의 간섭작용"(MEW, 42, p.43), 물론 이 추상적인 노트 구절은 맑스 자신을 위한 것이기 때문에 매우 모호한 구절이다. 이런 까닭에 소련 전 외상 그로미코조차도 이 구절과 관련하여 '생산과정 속에 존재하는' 관계를 '일차적인' 것으로 그 외의 나머지 생산관계들을 '2차적 그리고 3차적인, 무릇 파생된, 이식된' 생산관계들로 오해하고 있다.* 그러나 이 구절은 분명 동일한 생산 제관계의 총체 안에서 개별적인 생산관계들의 위계를 보여주는 것은

* A. Gromyko, *Die Außenexpansion des Kapitals*, Moskau(1982), 독일어본, Berlin, 1984, p.15.

아니다. 왜냐하면 맑스는 『강요』의 다른 곳에서 동일한 표현을 사용하여 이주와 정복에 따른 본래의 생산관계의 수정, 변형, 즉 2차적, 3차적 유형과 형태를 취급하고 있기 때문이다 : "예를 들면 페루에서 나타나는 것과 같은 공동생산과 공동소유는 분명 2차적 형태이다. 즉 자기자신 안에 공동소유와 공동생산을 인도와 슬라브인들에게서 나타나는 것과 같은 낡은, 보다 단순한 형태로 알고 있던 정복부족들에 의해 수입되고 이식된(eingeführt und übertragen) 것이다. 마찬가지로 우리가 예를 들면 웨일즈의 켈트인들에게서 발견하게 되는 형태도 이곳으로 이식된 것, 즉 2차적인 것, 정복자들에 의해 보다 낮은 단계에 있는 피정복 부족들에게 수입된 것이다. 최상의 중심으로부터 이 체계들이 완벽화 되고 체계적으로 완성되어 있는 점은 이것들이 나중에 발생했다는 것을 보여 준다. 이것은 마치 영국에 수입된 봉건주의가 프랑스에서 자연발생적으로 생겨난 것보다 더 완벽한 것과 완전히 유사하다."(앞의 책, p.398)

여기서 맑스는 '유형'이라는 술어만 사용하지 않았을 뿐, 원시공산주의적 구성체와 봉건적 구성체 등의 이식된 유형에 관해 얘기하고 있다. 즉 본래적인 구성체의 원형에 대한 2차적 이식형을 말하고 있는 것이다. 유형에 관한 우리의 입론(立論)은 다만 이러한 추론에만 근거하는 것이 아니다. 맑스는 「자수리치에 보내는 서한」 1, 2, 3차 초고에서 여러 번 이 구성체의 유형들에 관해 언급하고 있다 : "만약 이것(원시공동체)들을 모두 천편일률적으로 취급하려다간 오류를 범하고 말 것이다. 지질학적 지층(geologische Formationen)에서와 꼭 마찬가지로 역사적인 구성체들(historische

Formationen) 안에서도 온전한 일련의 일차적, 2차적, 3차적 등 **유형들**(Typen)이 존재한다."(MEW, 19권, p.386) 그리고 그는 이것들의 본래유형을 **원형**(Prototyp.앞의 책, p.387)이라고 부르고 있다.

원시공산적 구성체의 원형에 대해 최종적인 단계의 유형이면서 해소의 형태는 '농경공동체'(Ackerbaugemeinde)인데 (같은 곳), 이것을 맑스는 "태고대적(太古代的) 사회구성체의 **최종적 유형**"이라고 부르고 있다.(같은 책, p.388) 그리고 이것보다 이전에 있었던 단계유형들을 "보다 태고대적인 유형들"이라고 비교급을 써서 구분하고 있다. 이렇게 볼 때 맑스는 '끊임없는 외적 그리고 내적 전쟁'에 의해 변형되고 또는 정복이나 이주를 통해 이식되는 과정에서 수정된, 구성체의 2차적, 3차적 형태들에 대해서만 유형이라는 말을 쓰는 것이 아니라 그 자체 "자연적 발전의 산물"(같은 책, p.387) 즉 구성체의 일정한 발전단계에 대응하는 형태에 대해서도 유형개념을 사용하는 셈이다.

맑스에 있어서 구성체의 유형은 따라서 동일한 역사적 구성체 안에서 역사시간적으로도 그리고 공간적으로도 달리 나타날 수 있다. 따라서 우리는 공산주의의 제1단계인 사회주의를 공산주의의 사회주의적 유형으로 입론할 수 있을 뿐만 아니라 동일한 시간평면 위에서 공간적으로 달리 나타나는, 자본주의의 **제국주의적 유형**과 **신식민지적인 유형**에 관해서도 입론할 수 있을 것이다.

맑스의 구성체의 유형론과 베버의 이념형(Idealtypus)의 차이는 분명하다. 맑스의 유형개념은 역사적인 데 반하여, 베버의 '이념형'은 초역사적이다. 예를 들면 베버의 관료체제 개념은 중국 봉건시대에 대해서뿐만 아니라 이집트의 아시아적 전제정 그리고 자본주의 국가와 대기업에도 초역사적으로 적용된다. 역사적 진보란 없다. 사회의 현실이란 몇 가지 이념형들과 이것들 간의 다종다양한 이행형태들로 구성되어 있을 뿐이다. 그러나 맑스의 '유형개념'은 오직 한 구성체 내부에서의 문제이고 따라서 이 구성체가 역사적인 한에서 이 구성체의 유형들도 역사적인 것이다.

예를 들면 봉건적 구성체의 아시아적 유형이 피상적으로 볼 때 국가의 중앙집권성의 측면에서 고대 아시아적 구성체의 후기유형과 유사하다 하더라도 본질에 있어서는 완전히 다른 것이다. 베버의 방법은 일관되게 이것을 (필경 맑스의 사적 유물론과 대결하려는 의식 속에서 의도적으로) 무시한다. 고대 아시아적 구성체의 후기 유형은 중앙집권적 통일국가체제를 갖추고 있었지만 그 정치체제형태와 착취 형태가 여전히 가부장제적이었던 까닭에 모든 사회성원들은 개별적인 가부장, 씨족장으로서의 가부장, 왕으로서의 가부장에 보편적으로 예속되어 있었다. 이에 반해 봉건제는 가부장제가 부차적인 것으로 후퇴하고 국가관직수행자들이 가부장제를 누르는 특수한 세습적 지배신분으로 정착되고 왕권도 일정한 제약 속에 들어간다.

따라서 피착취자들의 인신에 대한 소유는 (사노비를 제외하면) 주도적으로 신분제적인 **집단적** 소유로 발전하여 고대 아시아적 전제정의 가부장적인 "보편적 노예제"(맑스)보다 완화되고 합리화된다. 따라서 결코 고대 아시아적 구성체의 후기유형과 봉건제의 아시아적 유형은 근본적으로 (생산수단의 소유자와 직접생산자의 관계에서 볼 때) 다른 것이다. 또한 이런 까닭에 맑스의 유형론과 베버의 초역사적 유형개념은 본질적으로 차이 진다. 유형에 관해 운운한다고 해서 베버주의자가 되는 것이 아니고, 오히려 주목해야 하는 것은 그 유형개념이 구성체 개념과 연관된 것인지 아닌지 하는 것일 것이다.

사회의 맑스주의적 정의에 관하여

본문에서 맑스는 자본가와 지주를 일정한 계급관계와 이익의 담지자들인 '인물들'*(Personen)로 규정하고 객관적인 사회관계의 '피조물'이라고 보았다. 즉 일정한 사회 안에서 구체적인 역사적 인간들은 추상적인 인간 일반으로 나타나는 것이 아니라, 주인과 노예, 플레베이어(로마의 평민), 영주, 왕, 농노, 예농 또는 자본가, 지주, 임금노동자, 쁘띠 부르주아로 현상한다. 즉 모든 주어진 사회의 사회적 관계의 담지자들로서 이 관계의 피조물들로 나타나는 것이다. 이러한 역사적 인물형태들을 맑스는 드라마에 나오는 등장인물과 비유하여 "인물역"(人物役, Charaktermaske, 영어로 character mask, p. 91, 591 등 참조)이라고 불렀다. 따라서 일정한 사회 속에서의 역사적인 인물들은 결코 사람 일반 또는 인간으로 실존하는 것이 아니

* Person의 그리스어적 어원은 mask, 즉 가면을 뜻한다. 사람들은 사회적 '가면'을 쓰고 일정한 사회적 역할을 수행한다. 예를 들면 어떤 남자 의사가 여자 환자의 유방을 수술한다면, 그는 이때 남녀관계에 들어 있는 것이 아니라 의사로서의 사회적 가면을 쓰고 환자를 치료하는 역할을 하고 있는 것이다. 만약에 이때 의사가 사회적 가면을 벗고 남자로서 행위한다면 미치광이이거나 범죄자일 것이다.

라 일정한 사회적 관계의 우연적 담지자 또는 그 피조물로만 실존하며 이 관계에 의해 형성되고 발전되는 일정한 인물들이다. 즉 그들은 사회의 일정한 생산력 수준과 관계에 대응하는 외형과 내면을 갖는다. 따라서 자본주의 시대의 역사적 인물역들과 원시공산사회의 인물역을 추상적 인간개념으로 포착하여 등치시킨다면 어른과 어린이를 등치시키는 것이나 다름없다. 자연적 생명으로서 인간은 7년마다 마지막 세포 하나까지도 완전히 새 것으로 교체된다 한다. 또 어린 시절의 의식은 어른의 의식에 비해 저차원적인 것이며 그 내용도 다르다. 원시공동체의 인물들과 자본주의의 인물들의 관계도 이와 마찬가지다. 추상적 인간적 동일성 이외에는 같은 것이 아무것도 없다.

이런 까닭에 맑스는 인간본질을 개인 속에 웅크리고 있는 추상적 실체가 아니라, 현실 속에서는 항상 "사회적 제관계의 앙상블" (『포이어바흐에 관한 테제』, MEW, 3권, p.6)로 등장하는 것으로 규정하였다. 즉 인간본질을 고립된 개인들의 불변적인 속성이 아니라, 사회적 제관계의 역사적 진보에 따라 진보하고 발전하는 본질로 이해한 것이다. 이러한 제관계가 항상 구체적인 역사적 구성체의 부분들인 한에서 개인들은 이 관계들의 '피조물들'이며 이 관계의 구현체로서만 발전하는 것이다. 따라서 사회와 사회적 관계가 개개의 인물들을 구성하지, 결코 거꾸로 개인들이 사회를 구성하는 것이 아니다. 더구나 추상적인 인간 또는 사람이 사회를 구성하는 것은 결코 아니다. 개인들은 사회 안에서 역으로 창조적인 사회형성의 주체로 기능할 수도 있는데, 이를 위해서는 **집단적 주체**(국가, 노동조합,

당, 단체 등)로서만 가능하며, 이것도 다른 대립적인 집단적 주체의 대항행동으로 말미암아 항상 일정한 한계를 갖게 된다. 그리하여 이러한 집단적 주체, 특히 계급주체들 간의 대립, 대결과정을 통해 어느 주체의 일방적 사회형성이 저지되는 한에서(만약 일방적 사회형성을 보다 많이 실현하는 주체가 있다면 그것은 지배계급이다.) 이들 중 사회형성에 성공하는 주체들은 구성체의 발전방향에 또는 구성체가 잉태하고 있는 객관적 가능성에 부합되는 창조적 행동을 하는 주체들이 된다. **따라서 결국 이러한 주체적 사회형성에 있어서도 사회구성체의 선차성이 작용하는 것이다.** 이것을 부정하는 주체이론은 관념론적 일탈이거나 이론적 저발전의 산물이다.

앞에서 추상적인 인간(또는 사람)이나 개인이 사회를 구성하는 것이 아니라 거꾸로 사회가 개인들을 규정짓고 구성한다고 하였다. 따라서 사회와 관련하여 인간을 말할 때는 언제나 이 특정한 사회의 관계들의 담지자인 인물역들을 거론해야지 '사람' 또는 인간을 거론해서는 안 된다. 개인이나 사람이 모여서 사회를 이룬다는 관념은 극히 부르주아적인 사회관이다. 자본주의 사회에서는 자본가나 임노동자가 자본주의 사회를 구성하되, 그것은 그 자연적 인간 소재로서가 아니라 일정한 사회적 관계의 극단들로서만이다. 즉 맑스의 사회의 개념은 개인이나 사람을 뜻하는 것이 아니라 이 개인들이 상호 맺고 있는 연관들, **관계들의 총체**를 뜻한다. 물론 이 관계들은 다시 구성체(토대)와 사회조직(상부구조)으로 되어 있다.

그런데 요새 우리나라 운동 안에서는 사회란 사람, 부, 사회적 관계들로 구성된다는 관념이 간혹 돌고 있다. 만약 소재로서의 부가 사회를 구성한다고 한다면 이는 우리가 뒤에서 살펴볼 물신주의에 해당한다. 그리고 추상적인 사람이 사회를 구성한다면, 그것은 부르주아나 프루동의 사회관일 뿐이다. 이에 관하여 맑스는 다음과 같이 비판하고 있다: "사회가 경제적 조건에 관련하여 경제학자들(부르주아 경제학자들—필자)이나 사회주의자들(공상적 사회주의자들—필자)에 의해 고찰되는 방식보다 더 그릇된 것은 없다. 예를 들면 프루동은 바스티아트(Bastiat)에 대항하여 다음과 같이 말한다: '사회에 대해서 자본과 생산물의 차이는 존재하지 않는다. 이 차이는 완전히 주관적으로 개인들에게만 존재하는 것이다.' 결국 그는 바로 사회적인 것을 주관적인 것이라고 명명하고 있는 셈이다. 그리고 주관적인 추상을 그는 사회라고 부르고 있는 셈이다. 생산물과 자본의 차이는 자본으로서 생산물이 역사적 사회형태에 속하는 일정한 관계를 표현한다는 차이이다. 소위 사회의 관점에서 고찰한다는 것은 바로 사회적 관계(부르주아 사회의 관계)를 표현하는 차이들을 무시하는 것 외에 다른 것이 아니다. 사회는 개인들로 구성되는 것이 아니라, 이 개인들이 서로 맺고 있는 연관들, 즉 관계들의 총화를 표현한다. 그와 같은 소리는, 사회의 관점에서 노예와 시민은 존재하지 않는다. 양자는 모두 인간이다라고 말하고자 하는 것이나 다름없다. 오히려 그들은 사회 밖에서 인간일 뿐이다. 노예이다라는 것이나 시민이다라는 것은 사회적 규정들, 즉 A와 B라는 인간들의 관계이다. 인간 A는 그 자체 노예가 아니다. 그는 사회 안에서 그리고 사회에 의하여 노예이다. 프루동 씨가 여기서 자본과 생산물에 관해 말하고 있는 것은 그에게 있어서, 사회의 관점에서 자본가들과 노동자들 간에는 어떤 차이도 없다, 즉 바로 사회의 관점에서만 존재할 뿐인 그 차이가 없다는 것을 뜻한다."(『정치경제학 비판 강요』, MEW, 424권, pp.188~189, 강조는 필자) '사람'이 사회를 구성한다는 표현은 이와 같이 극히 위험한 논리를 안고 있다. 왜냐하면 이 논리는 바로 '자유롭고 평등한' 사적소유자들(생산수단의 사적소유자들과 노동력의 사적소유자들)로서 동등한 기회를 국가법률적으로 보장받는 사람들의 모임으로서의 대한민국이라는 부르주아적 또는 사회개량주의적 국가중립성이데올로기의 근거이기 때문이다.

인간 주체들을 소외시키는 계급사회에서 진정한 주체는 언제나 사회이다. 사회는 포월적인 주체로 나타난다. 이에 대해 인간주체의 형식들, 즉 조직적 계급주체, 민중주체,—보다 묽어지는 형식들로서—민족, 종족, 또는 더 작은 형태인 사회단체, 가족, 개인주체 등은 비록 주체적인 활동을 보인다 하더라도 그 대립과 충돌 속에서 그 주체성들을 상쇄시키고 결국 사회의 객관적인 제관계들, 궁극적으로는 생산 제관계의 자기운동의—많건 적건 피동적인—담당자로 규정당한다. 따라서 객체 또는 대상이 주체의 일부가 아니듯이 계급사회의 피동적 담당자로서의 위의 크고 작은 사회집단들은 **포월적 주체**로서의 계급사회의 일부가 아니다. 즉 소외된 사회에서 사물로 격하된 인간 주체들은 사회를 장악하지 못한다.

반대로 주체들 간의 갈등과 대립 등 인간의 주체성을 상쇄시키는 적대 관계를 극복한, 즉 소외를 극복한 **진정한** 사회주의 사회에서 진정한 주체는 물론 사회나 사회적 관계(예를 들면 자본)가 아니라 계급, 민중, 민족, 가족, 개인들일 것이다. 이제 거꾸로 사회나 사회적 관계가 인간 주체들에게 장악되고 규제되는 대상이 된다. 즉 객관적인 구성체적·조직적 인간관계들의 총체로서의 사회가 이제 집단적 주체의 의식적 통제 안에 들어온다. 그러나 사회는 여전히 객관적인 자생적 법칙에 따라 운동한다.(기계를 인간 주체가 통제한다고 해서 기계의 공학적-법칙적 운동이 없어지는 것이 아니듯이 그것도 마찬가지다.) 그러나 여전히 인간 주체는 사회를 구성하지 않는다. 즉 그 일부가 아니라는 것이다. 사회의 한 관계를 구현하는 역할의 담지자로서의 인물역이 아니라 사회주의적 주체로서의 인간집단들(민족, 민중 등)은 꿀벌이 벌집의 일부가 아니듯이 주체의 대상으로서의 사회의 일부가 아니다. 물론 한 개인은 사회의 관계의 담지자로서 사회의 피조물, 즉 일부이지만 동시에 주체적 관계 속에서는 사회를 대상으로 취급하는 주체로서 사회 밖으로 튀어나온다.(주객변증법) 즉 주체는 대상, 즉 객체의 일부일 수 없는 것이다. 따라서 인간 주체들이 그 주체활동 속에서 적대적 충돌을 통해 스스로의 주체성을 상쇄시키고 결국 사회의 자기운동에 의해 대부분 규정당하고 마는 계급사회에 비하여 사회주의 사회는 주체의 주체성이 대립적 상쇄 없이 보다 많이 구현된다 할지라도 주체로서의 개인이나, 계급, 민중, 민족은 이제 진정한 주체인 한에서 사회의 대상적 일부가 아니라 사회의 주인이다. 따라서 사회는 사람, 부, 사회적 관계로 구성된다고 운운하는 것은 전(前)사회주의 사회에 대해서나 사회주의 사회에 대해서나 다 그릇된 개념정의이다.

1873년 제2판 후기

1873년 제2판 후기

과학성, 이데올로기, 과학적 당파성

"정치경제학은 부르주아적인 한, 즉 자본주의 질서를 역사적으로 일과적(一過的)인 발전단계로서가 아니라 거꾸로 사회적 생산의 절대적이고 최종적인 형태로 파악하는 한에서, 계급투쟁이 잠재적으로 머물러 있거나 또는 산발적인 현상들로만 표명되는 동안만 과학으로 남아 있을 수 있다.

영국의 예를 들어보자. 영국의 고전적 정치경제학은 미발전된 계급투쟁의 기간에 속하는 것이다. 그것의 마지막 위대한 대표자 리카도는 계급이익의 대립, 즉 임금과 이윤, 이윤과 지대의 대립을 결국 의식적으로 그의 탐구의 도약대로 만들고 있는데, 이것은 그가 이 대립을 천진하게 사회적 자연법칙으로 파악함으로써 이루어진다. 그러나 이럼으로써 경제의 부르주아적 과학은 자신의 넘어갈 수 없는 한계에 봉착하게 된다."(pp.19~20)

"1820~1830년의 이어지는 시기는 영국에서 정치경제학 분야의 과학적 생동성에 의해 부각된다. 이때는 리카도 이론의 통속화와 대중화의 시기이면서 옛 학파와의 투쟁의 시기였다."(p.20)

"부르주아지가 프랑스와 영국에서 정치권력을 장악하였다. 그때부터 계급투쟁은 실천적으로든 이론적으로든 많든 적든 노골적이고 위협적인 형태를 취했다. 과학적 부르주아 경제학의 조종이 울렸다. 이제 문제 삼게 된 것은 이 이론 또는 저 이론이 참되냐가 아니라 그것이 자본에 유익하냐 해롭냐, 쾌적하냐 불쾌하냐, 경찰검열에 걸리느냐 아니냐였다. 사심 없는 연구 대신 돈 받는 논쟁질이 들어서고 무엇에도 사로잡히지 않은(unbefangen) 과학적 탐구 대신 변호의 악심(惡心)과 나쁜 의도들이 들어서게 되었다."(p.21)

이 세 인용문에서 대강 부르주아 경제학의 변천을 조감할 수 있을 것이다. 그런데 여기서 문제 삼고자 하는 것은 이러한 변천이 아니라 과학과 계급이익과의 관계 또는 과학, 이데올로기, 당파성의 관계이다.

부르주아 경제학도 부르주아 계급과 프롤레타리아 계급의 투쟁이 잠잠하거나 산발적인 현상에 지나지 않았을 때에는 과학적이었다고 얘기되고 있다. 그 이후 부르주아 이익에 사로잡힌 속류경제학은 양 계급의 투쟁의 격화에 의해 촉진된 것으로 정리되고 있다. 문제는 과학과 이데올로기를 가르는 기준이 무엇이며 과학적 당파성은 가능한 것인가이다.

맑스는 어느 저작에서든 이데올로기를 항상 과학과 대립되는 부정적인 의미로 사용하였다. 따라서 프롤레타리아트의 초기 사상들인 공상적 사회주의와 공상적 공산주의 이론들은 비록 프롤레타리아트의 당파적 이익을 옹호하였지만, 대부분 당파성만 있을 뿐 과학성은 없는 이데올로기에 불과한 것들로 볼 수 있다. 예를 들면 공장주들에 의해 기계가 대량으로 투입되던 시기에 이를 통해 압박받던 노동자들이 수십만 대의 기계를 파괴했던 러다이트 운동

(Luddite Movement, 1811~1817)에 대해서(이 운동을 지배하던 이데올로기는 공상적 노동자 공산주의이다.) 맑스는 이 노동자들의 의식과 행동을 기계 자체와 기계의 자본주의적 사용 형태를 구별하지 못한 기계물신주의로 비판하고 있다. 따라서 프롤레타리아트의 편을 든다고 해서 반드시 옳은 것도 아니며 이 당파성의 과학성을 보장하는 것도 아니라는 것이 된다. 동시에 이것은 아무리 열심히 프롤레타리아트를 편드는 이론이라 하더라도 과학이 아니라 이데올로기일 수 있으며 결국 프롤레타리아트뿐만 아니라 전민중에게 손해를 끼칠 수 있다는 것을 뜻한다.

그런데 맑스는 자신의 이론의 과학성을 주장하면서 동시에 열렬히 프롤레타리아트의 계급이익을 옹호하지 않았던가! 그럼에도 불구하고 속류 부르주아 경제학을 부르주아 계급이익에 사로잡힌 계급이데올로기로 탄핵하지 않았던가! 동시에 맑스는 계급이익에 "사로잡히지 않은 과학적 탐구" 또는 "자유로운 과학적 연구"(p.16), "정치경제학을 무엇에도 사로잡히지 않고 추진한다." 운운, 또는 "무엇에도 사로잡히지 않은 학습"(p.19) 등에 관하여 거듭 언급하고 있다. 여기서 맑스는 "무엇에도 사로잡히지 않은"이라는 형용사는 'unbefangen'으로 표현하고, 반대의 경우 "자본주의적 생산에 사로잡힌"(befangen) 또는 "이것에 이해관계를 갖는"(interessiert) 등으로 표현한다.(『잉여가치학설사』, MEW, 26. 3권, p.261)

계급대립이 첨예화되고 그리하여 계급이익과 지배권력의 정치적 이익이 압박을 가하는 가운데서도 과학의 '자유'가 가능하고 또 가능하다면 그것의 추진동기는 무엇이란 말인가? 맑스는 계급대립의 한복판에서도 과학을 과학으로 추진하면서 동시에 프롤레타리아트의 편에 가담한 한에서 계급대립이 첨예화된 역사적 조건 속에서도 과학이 가능하다고 하는 셈이다. 그것의 추진동기는? 맑스에 의하면 그것은 "과학적 이익"(또는 관심, wissenschaftliches Interesse p.21, 『잉여가치학설사』, MEW, 26. 2권, p.115)이다.

구체적 인간은 수많은 인간적 욕구를 갖는다. 경제적 욕구(사회적으로 근본적인 욕구), 성적 욕구, 명예욕, 권력욕, 추한 것에 대한 혐오, 미에 대한 욕구, 올바른 것(das Richtige)을 알려는 욕구, 진리, 즉 참된 것(das Wahre)을 밝히려는 욕구 등. 이 욕구들에 대응하여 사람의 이익들 또는 관심(Interesse)이 존재한다. 이 중 참된 것에 대한 이익·관심은 그것의 최고의 형태에 있어서 "과학적 이익·관심"이다. 이것이 다른 이익·관심에 사로잡히지 않고 얼마나 순수히 관철될 수 있느냐가 여기서 문제이다.

맑스는 리카도가 비록 계급대립을 "순진하게" 자연법칙으로 간주함으로써 당시의 자본주의 단계에 대응하는 정치경제학의 극복할 수 없는 "한계"에 봉착하고 있을지라도 그를 "과학적 진실성"의 모델로 평가하고 있다. 리카도는 아직 초창기의 자본주의 안에서 그 자체의 모순과 이 모순의 지양가능성을 볼 수 없었기 때문에 그러한 오류를 범하게 되지만 그것은 리카도의 "사로잡힌" 비과학성 때문이 아니라 역사의 한계 때문이라는 것이다. 즉 "리카도의 (이론적) 가차없음(Rücksichtslosigkeit)은 **과학적으로 진실될** 뿐만 아니라 그의 관점에 있어 **과학적으로 필수적**(wissenschaftlich geboten)이다. 그러나 이런 까닭에 그에게는 **생산력의 발전**이 토지소유를 쳐부수든 노동자를 쳐부수든 아무래도 좋다. 이 진보가 산업 부르주아지의 자본을 평가절하시킨다면, 그는 이것도 마찬가지로 환영한다. 노동의 생산력의 발전이 현존하는 고정자본을 반으로 평가절하시킨다면, 그것이 뭐가 문제란 말이냐고 리카도는 말한다. 인간노동의 생산력이 곱절이 되지 않았는가라고. 따라서 바로 여기에 과학적 진실성이 있다. 리카도의 파악이 전체적으로 산업 부르주아지의 이익에 부합되는 것이라면, 이것은 오직 이 계급의 이익이 생산 또는 인간노동의 생산적 발전의 이익과 부합되기 때문이며 또 이러는 한에서만이다. 그들(산업 부르주아지)이 이것과 대립하는 곳에서 그는 그렇지 않은 경우 프롤레타리아와 귀족에 대해서 그랬던 것처럼 부르주아 계급에 대해서도 마찬가지로 가차 없다."(『잉여가치학설사』, MEW, 26. 2권, p.11)

이러한 리카도의 과학성에 대해서 지배계급의 이익, 그 중에서도 토지 귀족의 이익을 일방적으로 옹호하였던 맬더스의 이데올로기적 비과학성을 대비시키고 있다: "그러나 맬더스! 이 가련한 자는 과학적으로 주어진 …… 전제들로부터, 귀족이 부르주아지에 대립하여 그리고 이 양자가 프롤레타리아트에 대립하여 '쾌적한' 추론들만을 뽑아내고 있다. 이런 까닭에 그는 생산을 위한 생산을 원하고 있는 것이 아니라, 생산을, 이것의 기존의 상태를 보존하거나 부풀리는, 즉 지배계급들의 유리점에 알맞은 한에서만 원한다."(앞의 책, p.111~112) 맑스는 이 맬더스를 '비속한' 자로 규정하고 있는데, 그것은 이 자가 지배계급의 이익을 위하여 과학을 위조하고 있기 때문이다: "과학을, 이 과학 자체로부터 (비록 이것이 얼마나 그릇되든 간에) 유래하는 것이 아니라 외부로부터, 과학에 낯선, 외적인 이익으로부터 빌어온 관점에 타협시키고자 하는 자를 나는 '비속하다'고 부른다."(앞의 책, p.112) 이 '승려' 맬더스는 "특수이익을 생산에 희생시키는 것이 아니라 생산의 요구를 기존의 지배계급들 또는 계급분화의 특수이익에 희생시키려고 모색한다. 그리고 이 목적을 위하여 그는 그의 과학적 결론들을 위조하고 있다. 이것은 그의 과학적 비속성이며 과학에 대한 그의 죄악이다……. 즉 그는 이 이익을 위하여 과학을 위조하고 있는 것이다."(앞의 책, p.113) 이러한 맬더스의 과학적 비속성은 리카도의 "과학적 비편파성"(wissenschaftliche Unbefagenheit, 앞의 책, p.114 또는 "wissenschaftliche impartiality" p.119)와 대립되는 것이다.

리카도의 과학은 맑스의 말을 종합할 때 산업 부르주아지의 이익을 옹호하고 또 이것과 불가분적으로 결합·연관된 것(당파성)이지만 이익에 "사로잡히지 않았던"(unbefangen) 까닭에 과학적일 수 있었다는 말이 된다. 즉 과학이 과학외적(外的)인 이익과 관계·결합되는 것(Interessenbez ogenheit)과 이 이익들에 사로잡히는 것(Interessenbefangenheit)은 엄격히 구별되는 것이다. 어떤 이론이 (틀리고 맞고가 아니라) 계급이익 및 기타 사(私)이익에 연관·결부된 것인지 사로잡힌 것인지 가르는 기준은 인류의 '진보'이다. 만약 어떤 이론이 진보를 희생시켜 가면서까지 특수한 계급이익을 옹호한다면, 그것은 불가피하게 과학적 이익을 배반하고 이 특수이익에 적합하도록 과학적 이론의 부분적 파편들을 짜맞춰 교조화하거나, 현실의 피상적인 현상형태들을 부분적으로 수집·교리화하여 본질을 은폐하지 않을 수 없는 한에서 특수이익에 사로잡힌 이데올로기가 되고 만다.

이에 반하여 어떤 이론이 어떤 계급의 이익을 인류의 진보적 일반이익과 조화시켜 옹호하거나* 주어진 시대의 생산관계 속에서 객관적으로 진보적 일반이익을 촉진시키고 또 달성함으로써 자신들의 계급적 특수이익을 실현시킬 수 있는 계급(들)을 옹호한다면, 이 이론은 적어도 "과학을…… 과학에 낯선, 외적인 이익으로부터 빌어온 관점에 타협시키지는" 않을 것이고 따라서 "비록 이것이 얼마나 그릇되든 간에" 과학적 이익을 고수하고 과학적일 수 있는 여지가 있다. 물론 일단 여지만이지만. 이 경우 이론은 어떤 특정 계급의 이익과 결합되었지만 이것에 사로잡히지는 않았다 할 것이다. 이런 까닭에 진정한 과학적 이론, 즉 과학적 이익을 진정으로 고수하는 모든 과학은 불가피하게 진보적 일반이익을 객관적으로 촉진시킴으로써 자신들의 계급이익을 달성할 수 있는, 운명적으로 진보적인 계급들과만 결합하며 이 계급의 투쟁에 가담하여 이들의 계급이익을 과학적으로 옹호하지 않을 수 없다.

따라서 우리는 이데올로기를, 단순히 거짓말이나 그릇된 것이 아니라 특수한 이익상황에 사로잡혀 무의식적으로 현실을 왜곡하고 과학적 이익을 배반하며, 타인을 현혹하는 거짓된 사회의식이라고 정의할 수 있다. 의식적인 거짓의식은 이데올로기가 아니라 거짓말

* 물론 리카도 시대가 아니라 오늘날의 시대에 진보적 일반이익에 적대적인 것으로 변해 버린 부르주아 계급의 이익을 일반이익과 조화시키려 한다는 것은 객관적으로 불가능하며, 만약 그런 이론이 있다면 일반이익으로 위조된 부르주아 계급의 반동적 이익일 것이다.

이다 : "이러한 사유과정이 머릿속에서 진행되는 인간의 물질적 생활조건들이 결국 이러한 (사유—필자)과정의 경과를 규정한다는 사실은 이 사람들에게 필연적으로 의식되지 않은 채 남아 있다. 왜냐하면 그렇지 않다면 전(全)이데올로기가 끝장나 버릴 것이기 때문이다."(엥겔스, 『루드비히 포이어바흐와 독일고전철학의 종말』, MEW, 21권, p.303)

물론 이데올로기적 요소로 가득 찬 부르주아 과학도 순전히 이데올로기적인 것만은 아닌 부분적인 진실을 내포하고 있다. 그것의 내용이 얼마만큼 이데올로기적이고 또 얼마만큼 과학적인지는 '탐구의 문제'이지, 결코 무조건적으로 이데올로기인 것은 아니다. 부르주아 과학은 부르주아의 통치 이데올로기나 종교 또는 철학 및 법률체계 등과는 형태상 분명히 다른 분과인 것이다.

즉 과학이나 예술 등의 "자유로운 정신적 생산"은 비록 그것이 계급이익과 그 여타 특수이익들 및 이데올로기 분파의 압박에 내몰리고 침해된다 하더라도 자연과학의 이데올로기성은 항상 부분적이고 또 사회과학조차도 과학적 이익을 신봉하는 과학적 인간(즉 맑스 같은 인물들에 의해)에 의해 사력(死力)을 다해 고수될 수 있는 것이다. 말하자면 부르주아지와 프롤레타리아트의 계급투쟁이 첨예화되어 그렇지 않던 시절에 비해 어려울지라도 과학은 과학으로서 고수될 수 있는 좁은 공간이나마 확보하며, 그렇기 때문에만 프롤레타리아트의 이익과 부합되는 과학이 생성되고 발전할 수 있었던 것이다. 따라서 맑스는 특수이익으로부터 "자유로운 정신적 생산"을 지배계급의 이데올로기적 신분들의 활동과 혼동하는 것을 비판하고 비록 "최고의 정신적 생산들조차도 승인받아야 하고 부르주아 앞에서 용서받아야 하는"(『잉여가치학설사』, MEW, 26. 1권, p.259) 일이 있다 하더라도 과학의 자유로운 생산을 이데올로기적 활동으로부터 구분할 것을 요구하고 있다 : "물질적 생산 안에서의 대립들은 이데올로기적 신분들의 상부구조를 필요로 하는데, 이 신분들의 활약은 — 그것이 좋든 나쁘든 — 필요하기 때문에 좋은 것이다."(같은 곳) 그런데 "스토르흐(러시아 속류경제학자 — 필자)는 물질적 생산 그 자체를 역사적인 것으로 파악하지 않음으로써 한편으로 지배계급의 이데올로기적 요소들과 다른 한편으로 이 주어진 사회구성체의 자유로운 정신적 생산이 파악될 수 있는 유일한 기초를 자신의 발밑에서 뽑아 버리고 있다."(앞의 책, p.257) 즉 "스토르흐는 정신적 생산으로서 동시에 사회적 기능들을 직업으로 수행하는, 지배계급의 모든 종류의 직업활동도 싸잡고 있다."(같은 곳) 즉 과학은 맑스에 의하면 그것이 얼마만큼 이데올로기적인 요소를 내포하고 있든 일단 이데올로기 분과와 구별된다. "자유로운 정신적 생산"의 한 분과로서 과학은 끊임없이 현실과 관계하고 일상적 관념소재들을 해체시켜 현실의 내적 연관을 밝혀내는 것이다. 이에 반하여 "모든 이데올로기는 …… 주어진 관념소재에 연관하여 이 관념소재를 더욱더 완벽화한다. 그렇지 않으면 그것은 이데올로기가 아닐 것이다. 즉 그것은 자립적인, 독립적으로 발전하는 사유를 자기자신의 법칙에만 복(服)하는 본체로서 취급하여 이것에 몰두하는 것이다."(엥겔스, 『루드비히 포이어바흐와 독일고전철학의 종말』, MEW, 21권, p.303) 이데올로그가 이 항간적 관념소재 자체를 만들어 내는 것은 아니다. 예를 들면 노동력의 가치는 '임금'이라는 항간적 현상형식을 취함으로써 노동자의 전(全)노동에 대한 대가로 나타난다. 이 임금형식은 "진정한 관계를 보이지 않도록 만들고 바로 그것의 정반대를 보여주는 현상현태"(p.562)인 바, 노동계급이 "교육, 전통, 습관에서 저 생산양식의 요구들을 자명한 자연법칙으로 인정하는" 한(p.765) 그 형식은 "자본가뿐만 아니라 노동자의 모든 권리관념"의 기초이며 "자본주의적 생산양식의 모든 기만성, 모든 자유의 환상, 속류경제학의 모든 변호론적 헛소리들"의 기초가 된다.(p.562) 이 임금에 관한 것은 "모든 현상상태들과 이것들의 은폐된 배후 근거"에도 동일하게 적용된다.(p.564) 이 현상형태들은 "직접 자연발생적으로, 즉 항간적인 사유형식으로 재생산되는" 데 반하여 그 은폐된 배후 근거는 "과학에 의해 비로소 발견되어야 한다."(같은 곳)

말하자면 과학의 과업은 은폐된 본질을 발굴해 내어 본질의 모습과 부합되지 않는 그것의 현상형태들을 일관되게 설명 · 폭로하는 것이다. 이에 반하여 이데올로기는 이 현상형태를 직접적으로 반영하는 항간적 관념(따라서 지배체제의 존재를 자연스런 것으로 승인하는 자생적 관념)을 교조화하는 것이다. 만약에 과학이 이런 일을 한다면, 그것은 지배와 착취의 이익을 위하여 과학적 이익을 배반하는 것이 된다. 오늘날 유행하는 속류경제학은 바로 이것 외에 다른 것이 아니다 : "속류경제학은 부르주아 생산 제관계에 사로잡힌, 이 생산의 실무인들의 관념들을 교조적으로 통일하고 체계화하며 변호하는 것 외에 다른 것이 아니다. 따라서 그것이 바로 경제적 관계들의 소외된 현상형태 안에서—이 안에서 경제적 관계들은 그 자체로서 완전한 모순들이다. 그리고 만약 현상형태와 본질이 직접 부합되는 것이라면 모든 과학은 쓸모없는 것일 것이다.—바로 여기에서 속류경제학이 완전히 편안하게 느끼고, 내적인 연관이 그 경제적 관계에 있어서 더 많이 은폐되고, 일상적 통념에게 이 관계가 더 항간적이면 항간적일수록 속류경제학에게 그 경제적 관계가 그만큼 더 자명한 것으로 현상한다 하더라도 이것에 놀라서는 안 된다."*

속류경제학이 이데올로기적으로 현실의 내적 연관을 은폐하고 부르주아지의 계급이익을 영원한 것으로 교조화한다면, 과학은 이것을 폭로하는 것이고 또 이것을 폭로함으로써 여기에 역사적 이해관계를 갖는 계급의 이론적 무기가 된다. 따라서 과학은 이러한 역사와 부르주아 과학의 보수적, 반동적 변천의 길목에서 프롤레타리아트의 계급이익과만 결부될 수 있고 또 프롤레타리아트에 의해서만 이런 이유로 힘 있게 추진되는 것이다. 맑스의 이론은 프롤레타리아트의 입장을 취했기 때문에 옳은 것이 아니라, 위와 같은 역사의 변동 속에서 프롤레타리아트의 입장과 당연히 결합되게 된 것이다. 즉 과학은 원래 어느 계급의 이익과도 이것에 사로잡히지 않고 결합될 수 있지만 이러한 역사의 변동 속에서는 이제 오직 프롤레타리아 계급의 이익에 의해서만 추동되는 사업이 됨으로써 프롤레타리아트는 과학과 계급이익의 옹호, 즉 당파성의 결합이 과학성의 파기 없이 이루어질 수 있는 가장 합당한 계급이 되는 것이다.

* 칼 맑스, 『자본론』 제3권, MEW, 25권, p.25.

부르주아 계급의 이익이 진보를 가로막는 반동적 이익인 한에서 이익을 옹호하는 모든 이론은 이제 과학이 아니라 **이데올로기적 당파성**이며, 프롤레타리아 계급의 이익이 진보를 추진하는 **가장 합당한 힘**인 한에서 이 이익과 과학의 결합은 **과학적 당파성**이 된다. 이런 까닭에 맑스는 다음과 같이 말할 수 있었던 것이다: "독일 사회의 독특한 역사적 발전은 …… '부르주아' 경제학의 어떤 독창적인 형성도 배제하였지만, 이것의 비판을 배제하지는 않았다. 이러한 비판이 무릇 한 계급을 대변하는 한에서, 그것은 자본주의적 생산양식의 변혁과 계급들의 궁극적인 폐지를 자신의 역사적 사명으로 하는 계급—프롤레타리아트만을 대변할 수 있다."(p.22) 따라서 맑스의 『자본론』은 **과학과 당파성의 통일**인 한에서 프롤레타리아트의 이론일 뿐만 아니라 과학적 이익을 옹호하는 모든 사람들의 이론이 된다. 또한 이 과학적 비판은 독일 노동계급만을 대변하는 것이 아니라, "만국의 프롤레타리아트여, 단결하라!"의 구호에서 잘 드러나듯이 자본주의가 관철된 모든 나라의 프롤레타리아트를 대변하는 것이다. 따라서 다음과 같은 언표는 맑스에 관한 한 아무런 근거가 없는 이야기일 뿐이다: 맑스는 "자본주의 사회의 문제를 영국 노동자들에게 알리기 위해서 『자본론』을 썼다." 등등(김수행, 「한겨레신문」 1989년 3월 31일자) 굳이 밝혀 보자면 『자본론』의 직접적인 수신인이 되는 독자로서 맑스가 영국인이 아니라 독일인을 염두에 두고 있다는 것은 서문에서 "우리"라고 하는 것이 독일인임을 보면 두말할 것 없는 것이고(예: p.12 "자본주의적 생산이 우리에게 있어 완전히 토착화된 곳에서는" 등등), 『자본론』은 노동자들뿐만 아니라 진리를 사랑하고 역사의 진보를 확신하는 모든 사람들을 위한 것이다.

노동계급 및 이 계급을 옹호하는 세력 밖에서 『자본론』이 냉대받는 것은 『자본론』이 비과학이라서가 아니라 진정한 과학이기 때문이다. 이것은 프롤레타리아트 외의 계급들이나 그들의 세력들이 날로 비과학적으로 되어 가고 또 과학을 날로 두려워해가는 한에서 불가피한 현상인지도 모른다 : "그리고 오직 노동계급에게만 독일적 이론감각이 시들지 않고 존속하고 있다. 이들에게서 이 감각은 뿌리 뽑을 수 없다. 이들에게는 경력, 이윤추구, 윗사람의 자비로운 보호 등에 관한 고려가 전혀 생기지 않는다. 반대로 과학이 더 가차 없이 그리고 더 사로잡힘 없이 진행될수록, 그것은 그만큼 더 노동자들의 이익 및 추구와 일치하게 된다. 노동자의 발전사 안에서 사회의 전체적 역사의 이해를 위한 열쇠를 인식한 새로운 방향은 애당초 무엇보다도 노동계급 쪽으로 향했고 공식적 과학에게서 구할 수도 기대할 수도 없는 수용성을 그들에게서 얻었다. 독일 노동운동은 독일 고전철학의 상속인 것이다."(엥겔스, 『루드비히 포이어바흐와 독일고전철학의 종말』, MEW, 21권, p.307)

물론 프롤레타리아트가 부르주아지보다 "훨씬 단호한 이론적 계급의식"(p.21)을 지닐 수 있게 되고 또 과학의 상속계급이 되었다는 것이 반대로 프롤레타리아트의 이익을 옹호하는 모든 사회의식과 이론이 곧 과학적 이론이라는 것을 뜻하지는 않는다. 프롤레타리아트의 당파적 계급이익을 옹호하는 이론들 중에는 인류의 진보적 일반이익에 정면으로 상치되거나 지금까지의 인류의 진보적 성과를 파괴하거나 주어진 역사단계에서 시기적으로 항상 가능한 소자산계층, 민주적 인텔리, 민족 부르주아지 등의 진보성을 전면적으로 부인하는 이론과 이에 입각한 실천들이 수없이 있어 왔다. 즉 프롤레타리아트도 계급적 이익에 **사로잡혀** 인류의 진보적 일반이익을 부정하고 과학을 파기, 억압하는 이데올로기의 담당자로 변질될 위험으로부터 완전히 면해져 있는 것은 아니다. 애당초 비과학적이었던 공상적 사회주의는 논외로 치더라도 공상적 노동자 공산주의(utopischer Arbeiterkommunismus) 이론에 지도되던 영국의 기계파괴운동, 반동적 부모를 자식들로 하여금 관청에 고발하도록 가르치고 또 입법화하였던 소련 및 여타 몇몇 사회주의권의 이데올로기(이것은 한국, 대만 등의 극우 반동국가를 제외한 여타 부르주아 국가들에서도 용인되지 않는 반인륜적 법률이다. 엥겔스에 의하면 인간이 난혼상태에 있던 동물상태로부터 진보해 나온 첫 단계는 부모와 자식관계가 인식되고 그리하여 양자 간에 성교가 배제되는 군혼관계이다. 따라서 부모와 자식 간의 인륜은 인류의 역사만큼 오래되었고 또 인류가 존속하는 한 지속될 인류의 일반적 가치에 속한다. 그간 프롤레타리아트의 계급이익에 **사로잡힌** 소련 형법과 학교는 반동적 부모를 고발하지 않는 자식을 질타하고 처벌하였으나, 페레스트로이카와 더불어 소련 공산당은 이 반인륜적 교육과 법조항을 폐절하고 그간의 형태를 근본적으로 비판하였다.), 소자산계층과 민족 부르주아지의 진보성을 전면적으로 부인하는 트로츠키주의 및 은폐된 네오트로츠키주의적(니코스 폴란차스, 루이 알튀세르 등) **계급주의** 또는 우리나라 운동 일각에 창궐하는 계급주의적 소아병, 인텔리와 과학이론을 혐오하고 배척하는 노동자주의(Ouvrismus), 정신노동자의 분업적 실존의 역사적 필연성을 비과학적으로 부정하고 손노동자를 절대시하는 모택동주의 등이 그것이다. 프롤레타리아트가 현시대의 모든 계급, 계층 중에서 가장 혁명적이고 가장 진보적이라는 명제는 프롤레타리아트만이 유일하게 혁명적이고 유일하게 진보적이라는 테제와는 다른 것이다.(이에 관해서는 『고타강령비판』 참조.) 다른 계급도 비록 프롤레타리아트의 진보성만큼 일관되고 힘 있는 것은 아닐지라도 낮은 차원에서나마 진보적이고 또 진보적으로 활약할 수 있다.

프롤레타리아트가 가장 진보적이라는 것은 착취계급에 맞서는 민중의 다른 구성계급 및 계층에 대한 역사적 지도성을 뜻하는 것으로서, 다른 진보적 계층들을 배척하는 것과는 무관하다. 물론 민중의 구성계급들과 계층들을 동일한 진흙덩어리로 보고 프롤레타리아트의 지도성을 부인하는 쁘띠 부르주아적 민중주의, 또는 계급 관점을 극소화시켜 주민을 애국세력과 매국세력으로만 분류하는 변형된 민중주의도 극력 경계되어야 할 것이다.

아무튼 프롤레타리아트는 인류의 진보와의 관련 속에서 볼 때 가장 혁명적인 계급이고, 과학의 발전과의 관련 속에서 볼 때 가장 과학적일 수 있는 계급이다. 이에 반해 부르주아 계급은 가장 반동적이고 가장 반(反)과학적, 이데올로기적인 계급이다. 이런 까닭에 1867년 『자본론』 제1권이 출간되었을 때 부르주아들은 이에 대해 철저히 침묵하였던 데 반해, 노동계급 중 전위적인 인물들은 『자본론』을 탐독하고 잡지 등에 즉각 서평을 써내고 개요서들을 내놓기 시작한다. 맑스는 이런 권위적 인물 중에 『정치경제학 비판을 위하여』(1859) 출간 이래 그와 서신 친교가 있던 디츠겐(Joseph Dietzgen)을 꼽고 있다.(p.22)

『자본론』에 대한 비교적 정확한 반향은 서구 노동계급으로부터뿐만 아니라, 근대적 계급투쟁으로부터 비교적 이격되어 있던 한적한 나라, 러시아로부터도 나온다. 맑스는 키에프 대학 지베르 교수의 서평, 페테르스부르크의 I. I. 카우프만 교수 등을 여기에서 인용하고 있다.

자본론의 방법 : 연구방법과 서술방법

『자본론』의 방법론과 관련하여 맑스는 특히 카우프만 교수를 길게 인용하고 있다. 카우프만은 『자본론』의 방법을 비교적 정확히 이해한 사람인데, 그는 이 방법이 유물변증법인지를 몰랐다. 그는 『자본론』의 연구방법(Forschungsmethode)이 엄격히 "실재론적"인데 서술방법(Darstellungsmethode)은 불행히도 "독일관념론적"이라고 말하고 있다.(p.25) 그러나 맑스에 의해 번역, 인용된 그의 글구절을 보면, 유물변증법을 그의 호의적인 언어로 재현하고 있을 뿐이다.(p.25~27) 그래서 맑스는 "그가 묘사한 것이 변증법적 방법이 아니고 뭐란 말인가?"라고 되묻고 있다. 카우프만이 그러한 혼란에 빠졌던 것은 실은 **연구방법**과 **서술방법**을 정확히 구별할 줄 몰랐기 때문이다. 맑스는 다음과 같이 말하고 있다.

"물론 서술방식은 형태상 연구방식과 다를 수밖에 없다. 연구는 소재(素材)를 상세히 소화하고 그것의 상이한 발전형태들을 분석하며 그것의 내적 연관을 탐지해 내야 한다. 이러한 작업이 완수된 후에야 비로소 현실적인 운동이 이에 상응하여 서술될 수 있다. 이것이 성공하여 소재의 생명성이 관념으로 반영된다면, 그것은 마치 우리가 선험적(a priori) 구조물과 관계하고 있는 것과 같은 모습을 취할 수 있다."(p.27)

이것은 맑스의 과학방법론의 극히 간략한 서술이다. 이에 관해서는 『정치경제학 비판 강요』에 실린 '정치경제학 방법'에서 이미 보다 자세히 서술해 놓고 있다. 여기서 이에 관해 깊이 들어갈 수는 없고 요점만 짚어보겠다. 연구방법은 사회의 발전에 대응하는 삶의 범주들이 역사적으로 생성되어 이미 추상적 관념으로 포착된 경험적 구체태들을 일단 소재로 한다. 즉 자본, 이윤, 임금으로부터 출발하여 상품, 화폐, 가치 등에 이르기까지의 이런 모든 범주들은 과학 이전에 현실 속의 경제인들에 의해 말해지고 사용되던 경험적 구체태들이다. 과학적 연구는 병렬적으로 나열된 이 소재들을 경험적 통계와 자료의 도움으로 소화해 내고 이것의 장단기적 운동형태와 경향을 분석하며 이것들의 소재적 외양에 속지 않고 이것의 '내적인' 상호연관과 운동법칙을 찾아내는 것이다. 이러한 연구의 장점은 이런 '내적 연관'의 발견과 더불어 가능케 되는 '구조'의 발견, 즉 이 '내적 연관' 속에서 어떤 범주가 모든 운동의 출발점이며 종착점인 규정적 범주인가와 다른 여타의 범주들은 이 규정자와의 관계 속에서 어떠한 위치를 부여받고 있는가를 탐지해

내는 것이 된다. 따라서 연구작업이 완수되면 소재는 이제 더 이상 병렬적 나열을 멈추고 규정적 범주를 둘러싼 내적 연관의 **구조적 위계와 서열관계**를 보여 주기에 이르게 된다. 서술방식은 따라서 그 서술의 순서상 각 경험적 추상태들이 생성된 역사적 순서나 또는 그것의 소재적 중요성의 순서를 따를 수 없고 이제 범주들의 구조적 순서를 따르게 된다. 즉 서술은 모든 운동의 출발점이며 종착점인 규정적 범주의 자기운동으로 전개되게 된다. 이렇게 될 때 서술의 결과는 마치 한 개념(=규정적 범주)의 논리적 전개, 사변적 관념물인 것처럼 느껴질 수도 있다. 그러나 이 개념의 논리적 운동은 결코 사변의 산물이 아니라 소재의 현실적 운동의 관념적 반영에 불과하다. 만약에 이 개념의 논리적 운동이 현실의 반영이 아니라, 거꾸로 현실의 법칙적 운동이 개념의 운동의 반영인 것으로 착각한다면, 바로 헤겔적 관념론으로 빠져들게 된다. 바로 이런 까닭에서만 헤겔은 현실을 개념의 외화로 간주하였고 현실을 개념의 운동으로, 궁극적으로 현실의 개념적 파악(Begreifen)과 함께 현실이 그 **완고한 객관성을 상실하고** 정신 속으로 지양되는(aufgehoben) 것으로 착각하였다. 그러나 개념은 결코 현실의 조물주가 아니고 또 현실은 개념적으로 파악된 후에도 개념파악 이전이나 마찬가지로 우리의 의식 **밖에** 존재한다. 즉 자본주의 사회의 운동법칙을 개념화한 『자본론』은 자본주의 사회 **그 자체**가 결코 아니다. 즉 우리가 자본의 현실적 운동을 인식했다고 해서 자본이 현실 속에서 존속하기를 그만두는 것이 아니다. 헤겔의 이러한 착각은 "개념화는 살해다."(Das Begreifen ist Tötung)라는 테제에 집약적으로 표현되고 있다. 즉 호랑이의 본질을 인식한 것은 이미 호랑이를 잡아 죽인 것이나 다름없다는 뜻이다. 따라서 헤겔에 따르면 자본주의의 본질인식은 이미 자본주의의 전복이나 다름없다고 말해야 할 것이다. 관념 만세!

그러나 맑스에 의하면 현실의 개념화는 실천적 현실 변혁의 기본적인 전제일 뿐 그 이상도 그 이하도 아니다. 이론적 인식보다 실천적 행동은 더욱 어렵고 때로는 생사를 걸어야 할 만큼 가혹한 시련일 수도 있다. 호랑이의 본질에 대해 아무리 잘 아는 동물학 박사도 호랑이한테 거꾸로 살해될 수 있다. 동일한 이유에서 자본주의에 대해 그렇게 훌륭한 과학적 인식을 구비하였던 룩셈부르크 박사와 리프크네히트 박사도 살해될 수밖에 없는 비운을 맞았고, 맑스에 의해 이미 100여 년 전에 개념 파악된 자본주의가 아직도 노동계급을 짓누르며 존속하고 있다. 이런 까닭에 맑스는 헤겔에 대하여 다음과 같이 비판하고 있다: "관념된 대상, 즉 의식의 대상으로서의 대상의 **지양**이 **현실적인 대상적** 지양, 즉 사유와 구별되는 감성적 행동, **실천** 그리고 **실재적인 활동**과 등치되고 있다."(MEW, 3, p.536)

헤겔의 관념론적 착각에 입각할 때 실천이란 머릿속의 활동이거나 "신성가족"식의 현실비판일 것이다.

다시 서술방식의 설명으로 돌아가자. 자본주의 생산양식의 서술에서 모든 운동의 알파요 오메가인 것은 모든 자본주의 경제관계를 짜내고 규제하고 포괄하는 자본이다. 따라서 서술은 자본의 분석, 그것도 자본의 세포들(상품, 화폐, 가치)의 분석으로부터 출발한다. 여기서 서술되는 자본은 전(前)자본주의 시대에도 이미 있었던 고리대자본이나 상업자본이 아니라 생산적 자본이다. 따라서 『자본론』 제1권은 자본의 직접적 생산 과정의 서술이 되며, 2권은 자본의 유통과정의 서술이며, 3권은 자본과 자본 간의 매개, 이윤의 표면적 분할, 기업가이윤, 상업이윤, 지대의 분석, 신용, 은행자본의 서술을 담게 된다. 이것이 자본의 구조적 운동순서이며, 이 순서에 따라 자본주의적 생산 제관계의 구조적 설명이 진행된다. 앞에서 말했듯이 생산관계들은 언제나 **복수**인데, 이 중 근본적인 것은 자본관계이며 이 관계를 위요하여 나머지 생산관계들(예를 들면 교환관계, 경쟁관계, 분업관계, 분배관계, 신용관계 등)이 '내적인' 구조적 위계 속에서 하나의 **전체**(Totalität)를 이루게 된다. 이미 말했듯이 이 **생산 제관계의 구조**가 바로 경제적 사회구성체이다.

이에 반하여 부르주아적 경제학 방법은 소재의 '내적 연관'에 따른 설명순서를 취하는 것이 아니라, 소재의 역사적 출현 순서나 또는 범주의 소재적 중요성의 순서나 때로는 부르주아 사회의 표면에서 기능하는 경제행위인들의 일차적 관찰시각에 따라 설명해 나가기 때문에, 전(前)자본주의적인 상업자본을 근대적 자본으로 착각하여 설명을 시작하거나 자연과 가장 깊이 연관된 토지와 지대의 설명이나 수요-공급 곡선의 설명으로부터 출발한다. 그러나 예를 들면 전(前)근대적인 지대는 자본 이전에도 있었지만 자본주의적 지대는 자본의 초과이윤이기 때문에 자본의 선차적 설명 없이 먼저 서술될 수는 없는 것이다.

지대 서술의 예

지대는 자본주의적 차지농업가가 토지소유자에게 지불하는 토지 임대료이다. 이 지대는 잠재적 과잉인구로 적체된 농업노동자의 과잉노동 및 공산품과 다른 농산품의 특이한 가격운동으로 말미암아 생겨나는 것이다. 공산품은 시장이 개척되는 대로 무한히 공급할 수 있는 무한 공급 가능성 때문에 언제나 최저생산비에 의해 공급되는 최저가격의 상품이 가격곡선을 리드하며, 결국 언제나 상품의 최저가격에 의해 그 시장가격이 결정된다. 이에 반해 농산품은 토지 그 자체의 자연적 한정성으로 말미암아 시장이 확대되더라도 무한히 증산될 수 있는 것이 아니다.

따라서 농산물의 시장가격은 언제나 경작되고 있는 토지 중 가장 낮은 비옥도를 가진 토지, 즉 가장 생산비가 많이 드는 토지로부터 나오는 농산물의 가격, 즉 최고가격에 의해 결정된다. 이것은 석유가격이 오르면 개발·채굴비가 더 많이 드는 유전들이 차례대로 시추·채굴되어 가는 이치와 동일하다. 특히 농산물처럼 비싸든 싸든 언제나 생계의 기초로서 소비되어야 하는 상품은 대체품이 없고, 따라서 가격이 등귀하더라도 그 수요가 거의 줄지 않는다. 따라서 다른 조건이 불변이라면 인구의 증가나 기타 다른 이유로 농산물 수요가 증대하면, 농산품의 가격이 등귀하고 이에 따라 그 이전에는 비옥도가 낮아서 황무지로 내버려 두었던 토지들이 개간되게 된다. 이 토지에서 나온 농산물은 당연히 가장 비쌀 것이다. 그러나 그럼에도 불구하고 이 가격으로 팔릴 것이기 때문에 이보다 높은 비옥도를 가진(여타 교통의 편이 등의 요소가 개입되지만 여기서는 배제하기로 하자.) 토지에서 나온 농산물, 즉 보다 적은 생산비로 산출된 농산물이 이 농산품의 생산비보다 높은 가격, 즉 앞의 최고가격의 농산물처럼 팔릴 것이다. 즉 더 높은 비옥도를 가진 토지의 농산물은 자신의 가치 이상으로 팔리게 된다.

따라서 더 비옥한 토지를 임차한 농업 자본가는 생산비에 이미 포함되어 있는 평균이윤 외에 이것을 넘는 초과이윤을 얻게 된다. 이 초과부분이 지대로서 토지소유주에게 지불되는 것이다.(여기서 설명의 단순화를 위해 절대지대는 생략한다.) 이것은 차액지대라 하는데, 이 차액지대는 주어진 시점에서 경작되고 있는 토지 중 가장 낮은 비옥도를 가진 토지보다 비옥한 모든 토지의 소유자들에게 주어진다. 초과이윤을 토지소유주에게 넘겨주고 넘겨주지 않고는 차지농업가의 개인적 재량사항이 아니다. 이것은 차지농 간의 경쟁과 차지농과 토지소유자들 간의 경쟁에 의해 강제적으로 관철된다. 즉 어떤 차지농이 초과 이윤분을 전량 지주에게 지불하지 않으면 지주는 곧 다른 차지농에게 땅을 임대해 버릴 것이기 때문에 결국 개별적인 우여곡절에도 불구하고 장기적 계산에 따를 때 초과이윤의 전량은 지주에게 가고 마는 것이다.

자본주의적 차지농은 물론 소위 생산비 속에 포함된 평균이윤을 얻음으로써 자기가 고용한 농업노동자들로부터 잉여가치를 착취하는데, 지주의 지대는 전체 농업노동자의 직접적 과잉착취의 결과물이다. 지대의 차등은 이 초과이윤분이 토지의 비옥도에 따라 차등적으로 분배되기 때문에 생기는 표면의 현상이다.(농업 노동자의 초과적 잉여노동이 아니라 사회 전체로부터 자연의 일부로서의 토지에 대한 단적인 독점권에 의해 수탈하는 절대지대는 토지의 비옥도에 관계없이 모든 대토지소유주에게 주어진다. 따라서 현실적인 농업자본의 이윤 중 초과이윤분 안에는 차액지대와 절대지대가 융해되어 있다.) 노동자의 요구를 도외시하고 자본가의 시각에서 보면 그는 자신이 노동자로부터 '힘들여' 빼앗은 초과이윤을 무위도식하는 지주계급에게 다시 약탈당하는 셈이 된다. 이런 까닭에 자본가 계급은 당연히 저렴한 해외농산물을 수입하여 농산물 가격을 낮추고 지대부분을 최소한으로 줄이려 하였다. 바로 이러한 "현실적 생산관계"(맑스)가 1830~1840년대의 영국 공장주와 토지귀족 간의 계급투쟁의 기저에 놓여 있었다. 이것은 앞에서 맑스에 의해 언급된 곡물금수법의 존폐를 둘러싼, 공장주와 토지귀족 간의 계급투쟁으로 현상하게 된다.

흥기하는 자유주의적 산업자본가 계급의 입장에 섰던 고전경제학자들은 모두 일관되게 토지귀족들을 무위도식자들로, 즉 비생산적 계급으로 간주한다. 특히 아담 스미스(Adam Smith, 1723~1790)가 그렇다. 스미스의 후예들은—리카도까지 포함하여—이런 까닭에 토지소유자에게 귀속되는 이윤부분을 되찾기 위해 혁명적인 제안을 내놓게 되는데 토지의 혁명적 수탈, 국유화이다. 전토지를 국가가 소유하여 자본가들에게 빌려 준다면 지대는 국가에 귀속될 것이고 이럼으로써 국가재정이 크게 보충되면 조세가 인하되는바, 이것은 결국 자본의 이윤 중 국가로 가던 세금분을 줄여줄 것이다. 그리하여 무위도식자들에게 가던 지대가 이러한 경로를 통해 자본가의 이윤으로 귀속되게 된다. 이러한 토지국유화의 제안을 프랑스

부르주아는 1789년 혁명적 방식으로 관철시킨다. 물론 그 이후의 반동에 의해 그 내용은 거의 소거되고 말지만, 이후 부르주아 계급의 정치 슬로건에서 토지의 무상몰수 · 국유화 구호가 슬그머니 자취를 감추게 된 결정적인 이유는 노동계급이 자본의 국유화를 부르짖고 등장한 데 있다. 어떤 소유권의 무상수탈도 결국 자본의 무상몰수를 연상시키게 되면서부터 부르주아는 토지정책에서 진보성을 상실하고 반동화되는바, 결국 토지국유화의 과업은 노동계급의 의무로 옮아오게 된다. 즉 농촌의 토지의 국유화는 결코 사회주의적인 정책이 아니라, 본질적으로 부르주아적 정책인 것이다. 다만 부르주아 계급이 반동화된 지 너무도 오래되어 그들의 토지정책이 인류의 생생한 기억으로부터 사라져 버리고 단지 이런 이유에서 이 정책이 마치 프롤레타리아트의 고유한 과업인 양 보일 뿐이다.

이러한 대강의 설명만으로도 우리는 자본주의적 지대가 자본의 선차적 설명 없이는 이해될 수 없다는 것을 알 수 있을 것이다. 따라서 맑스는 지대론을 『자본론』 제3권에서 서술하고 있는 것이다. 자본관계, 잉여가치, 이윤, 이윤의 분배, 초과이윤 등에 관한 사전적 지식 없이는 자본주의적 지대는 이해할 수 없기 때문이다. 따라서 자본주의적 지대가 봉건지대와 마찬가지로 '지대'로 불리고 또 여전히 자연적 요소인 토지를 매개로 교류되는 것이라 하더라도 땅속으로부터 나오는 것은 아니기 때문에, 사회 이전에 자연적 토대가 선행한다는 관념에 따라 소재의 외양적 특질에 사로잡혀 소재의 '내적 연관'을 망각 · 무시하고 자본관계의 설명 이전에 지대를 다루어서는 안 될 것이다. 지대는 자본의 운동의 궁극적인 한 계기로서 서술되어야 할 것이다.

맑스의 헤겔 변증법 비판

물론 『자본론』의 서술방식이 자본개념의 자기운동으로 나타난다 하더라도 맑스를 헤겔화하려는 20세기의 기형적 헤겔주의자들처럼 자본의 운동구조를 '선험적 구조'로 착각해서는 안 될 것이다. 이런 착각에 빠져있는 사람들에게는 언제나 물질적인 것이란 자립적인 존립근거를 갖지 못한 관념의 산물, 즉 시공 속으로 외화된 관념적인 것 외에 다름이 아닐 것이다. 즉 이 착각은 자본주의적 생산양식을 자본주의적 윤리의 산물로 보는 부르주아 관념론적 방법의 기초를 이루는 것이다.

"나의 변증법적 방법은 헤겔의 방법과 근본적으로 다를 뿐만 아니라 이것과 정반대이다. 헤겔에게 있어서, 그가 이념이라는 이름하에 심지어 자립적인 주체로 둔갑시키고 있는 사유과정은 현실적인 것의 조물주이고 현실적인 것은 사유과정의 외적 현상에 지나지 않는다. 나에게 있어서는 거꾸로 관념적인 것은 인간두뇌 속에서 변조되고 번역된 물질적인 것 외에 다름 아니다."(p.27)

이 짧은 구절 속에 『자본론』을 쓰기 30년 전의 맑스의 헤겔 비판이 요약되어 있다. 맑스의 변증법적 방법이 헤겔의 그것과 '정반대'라는 것은 통속적으로나마 어느 정도 알려져 있는 것 같다. 그런데 맑스의 방법이 헤겔의 그것과 '다른' 측면은 거의 거론되는 일이 없다. 실은 맑스의 유물변증법의 범주들이 헤겔 변증법과 다른 측면은 바로 그 '정반대'라는 사실에 궁극적으로 기인한다. 즉 헤겔과 정반대되는 시각, 따라서 진정한 시각에서 볼 때 현실은 자립적인 것이고 인간두뇌 속의 관념은 현실의 반영으로서 비(非)자립적인 것이다. 만약 헤겔처럼 현실을 비자립적인 것으로, 관념의 단순한 외화물로 본다면 현실은 주관적인 관념의 타재(他在), 즉 주관적 관념이 빠져 든, 뭔가 불편한, 생소한 존재양식에 지나지 않는다. 왜냐하면 헤겔에게 있어서 객체적, 대상성, 물질성이란 주관적 관념(의식)이 자신을 완벽화하기 위해 계기적으로만 어쩔 수 없이(내키지 않게) 통과하는 것이기 때문이다. 이러한 전도된 논리구조로부터 다음과 같은 수많은 혹세무민적인 측면들이 파생된다. 이 혹세무민적인 측면은 바로 맑스의 변증법과의 차이성이 된다.

① 헤겔은 자주의식(Selbstbewußtsein)뿐만 아니라 피와 살을 가진 생동하는 대상적 인간을 주체적 의식(=자주의식=자주성+ 의식성)으로 대체해 버리고 있다. 그러나 비대상적 존재는 '도깨비'(Unwesen)이다. 현실적인 인간은 자주의식뿐만 아니라 육체적 실존과 생명을 갖는 대상적·감성적인, 다시 말하면 타인이 만질 수 있고 감촉할 수 있는 자연의 일부이기도 한 것으로서 대상적인 존재이다. 따라서 그에게 있어서는 인간의 창조성도 인간의식의 창조성으로만 포착되고 물질적 욕구의 발동에 의해 추진되는 물질적 노동의 창조행위로서의 경제적 생산이 소홀히 된다. 이 점에서 주

체사상은 헤겔의 생각과 아주 유사하다.

② 헤겔의 대상성 개념은 미분화되어 있다. 왜냐하면 그에게 있어서 대상이란 의식의 거북살스런 존재양식으로서 가능한 한 신속히 의식 속으로 복귀 · 지양되어야 하는 것으로 간주되는 한 전적으로 그리고 어떤 경우든 생경한 것이기 때문이다. 즉 모든 대상성=소외성이다. 그러나 맑스에 있어서는 대상이란 결코 의식의 타재가 아니며 의식이 대상을 접하기 이전이나 이후나 의식과 독립적으로 존재하는 것이고, 사회적 대상으로서의 사회적 제관계는 계급사회의 사회관계처럼 인간소외적인 것일 수도 있고, 원시공산사회의 관계처럼 인간에 적절한, 주체를 구현하는 것이거나 미래의 사회처럼 주체의 삶을 긍정적으로 실현시킬 인간주의적 관계일 수 있는 것이다. 또 계급사회 속의 사회관계들도 모조리 소외적인 것은 아니며 계급사회와 무계급사회 양자에 공통된 사회적 관계들은 소외적인 것이 아니다. 즉 맑스에 의하면 대상은 인간주체를 소외시키는 대상과 인간주체성을 실현시키는 대상으로 분화되지만, 헤겔에 있어서는 미분화되어 있다. 결국 헤겔의 논리에 의하면 대상이란 언제나 소외되기를 뜻하기 때문에 인간의 소외란 대상이 존재하는 한 극복할 수 없는 것이 되며, 이러한 논리의 궁극적인 귀결점은 자본주의적 계급사회 속의 소외도 불가피한, 극복할 수 없는, 따라서 견디어야 하는 것이라는 식의 숙명론적 현실긍정이다.

③ 미분화된 대상성 개념은 미분화된 대상화(외화) 개념을 낳는

다. 헤겔의 대상화는 동시에 자기소외, 자기 상실이다. 맑스에 있어서 대상화는 오직 소외된 사회관계, 예를 들면 자본관계 안에서만 소외가 된다. 그렇지 않은 경우의 대상화는 소외가 아니라 실현, 인간의 자기 실현이 된다.

④ 헤겔의 대상성은 곧 소외성이기 때문에 헤겔은 **대상의 소외성**을 극복하는 것을 **대상성 그 자체**가 극복되는 것으로 착각하고 있다. "**소외**의 지양이 **대상성**의 지양과 동치 된다."(MEW, 3권, p.536) 그러나 맑스의 시각에서는 소외된 자본주의적 생산관계가 극복된다 하더라도, 즉 진정한 사회주의적 관계, 즉 인간의 주체성을 실현시켜 주는 생산관계로 이행한다 하더라도 소멸하는 것은 대상의 소외성일 뿐, 생산 속의 사회주의적 인간관계의 객관성·대상성은 아니다. 즉 사회주의 사회의 사회관계도 여전히 객관적·대상적인 인간관계, 즉 개개인의 주체적 의사와 의식에 독립된, 독자적 법칙을 갖는 객관적 인간관계이다. 주체사상은 해방된 인간관계는 항상 주체적, 주관적 관계밖에 없는 것으로 착각하고 있는 한에서, 유치한 헤겔주의적 오류를 반복하고 있다. 그러나 기계가 인간의 통제 하에 들어온다고 해서 기계의 공학적 법칙의 객관성이 지양되는 것은 아니듯이 사회적 객관성·대상성도—어떤 경우든—폐기될 수 없다.

⑤ 헤겔의 '지양' 개념은 기만적 지양이다. 헤겔은 소외된 대상세계의 이론적 인식을 대상세계 그 자체의 '지양'으로 착각하고 있

기 때문에 대상세계는 헤겔식으로 '지양'한다 하더라도 의식의 외부에 여전히 남아 있을 수밖에 없다. 그리하여 헤겔에 의하면 종교가 '지양'되더라도 여전히 다시 인정되듯이 자본이 '지양'되더라도 없어지지 않고 존속하며 군주가 '지양'되더라도 여전히 남는다. 이러한 지양은 실은 기만적인 지양으로서, 이러한 기만으로 그치는 것이 아니라 헤겔체계 안으로 '지양'을 통하여 오히려 종교, 자본, 군주 등이 정당화되는 과정일 뿐이다. 맑스에 있어서 종교, 자본, 군주 등의 '지양'이란 반대로 이런 것들이 존재할 수 있는 소외된 객관적 인간관계의 해소를 통하여 종교, 자본, 군주 등이 현실적으로 소멸되는 것을 뜻한다. 대상의 인식을 대상의 지양으로 오판하는 논리는 대상을 의식의 외화, 외적 현상으로 간주하는 논리의 필연적 귀결일 뿐이다. 왜냐하면 의식의 한 외적 현상으로 날조된 대상만이 단순한 의식작용(인식)을 통해 해소당하는 것을 용인할 것이기 때문이다.

⑥ 헤겔의 기만적 '지양' 개념은 미분화된 대립·모순개념을 낳는다. 헤겔은 ⓐ 극(極)과 비극(非極), 인간과 비(非)인간 등의 상호 배척적인 "현실적 극단들"(『헤겔 국법론 비판』, MEW, 1권, p.292, 293), ⓑ N극과 S극, (가부장제적 왜곡이 없는 자연적) 남자와 여자 등의 상호 견인하는 대극(對極)들, ⓒ 인간과 신(또는 신의 대리인), 인민과 군주, 노동과 자본 등의 대립과 같이 한 참된 본질(인간, 인민, 노동 등)로부터 이 본질을 소외시키며 "자립화된 추상"(신, 군주, 자본 등) (이상 『헤겔 국법론 비판』, MEW, 1권, p.293)으로서의 "실존하

는 비(非)진리"(p.230)의 대립, 모순 등을 무차별적으로 동일한 대립관계로 혼동하고, 상호 대체시킨다. 그리하여 헤겔은 ⓐ의 상호 배척하는 대립자들을 ⓑ의 상호 견인하는 대립으로 둔갑시켜 화해·통일·매개시키고, ⓒ의 상호 배척하면서 **동시에** 상호 견인하는 **모순적** 대립을 ⓑ와 혼동하여 마찬가지로 화해·통일시키려 한다. 그러나 맑스에 의하면 ⓐ는 서로 아무런 공통성도 없고 또 아무런 상호 "동경"도 없는 "두 가지" 상이한 "본질들"(ein Unterschied-der Wesen, zweier Wesen)간의 "현실적" 대극관계로서, "**상호 매개시킬 수도 없고**" "**매개시킬 필요도 없다.**"(p.292) 인간과 짐승을 왜 통일시킨단 말인가? ⓑ는 실은 대립이 아니라 "한 본질"의 **두 가지** 상이한 양극적 "실존태"들이다. 즉 전기력은 N극 아니면 S극으로만 실존하며 서로 견인하여 전기력(="한 본질")을 낳는다. 사람도 오직 남자 아니면 여자로서만 "실존할" 수 있고 서로 견인하여 사람을 낳는다. ⓒ는 한 존재(여기서는 한 인간)의 **상호 전제적인 내적** 계기들[구체적 개별성(이 아무개, 박 아무개 등으로서의 개성)과 보편성—인간으로서의 일반성] 중 일반성이 추상화되어 "자립태"의 **현실적** 모습을 취하고 본래적인 참된 존재들을 억압하는 관계로서, 상호 전제(前提)하고 상호 배척하는 양면성을 갖는 현실적 모순관계이다. 그러나 이때 추상화된 자립태는 "실존하는 비진리"로서 원래의 참된 존재자들에 대해서 아무런 "**참된** 현실성의 의미"를 지니지 못하며 따라서 참된 시각에서 볼 때 원래의 참된 존재자들과 "결코 대등한" 위치를 점하지 못하는 것이다.(앞의 책, p.294, 295) 즉 이 자립태들은 매개·화해시키려 해서는 안 되고 그 **역사적** 과정 속에서 해소되어야 하는 것이다. 따라서 만약에 이 ⓒ를 ⓑ와 혼동하여 화해·통일시키려 한다면, 이것은 ⓒ의 상호 전제하는 측면만을 강조하는 것으로서 계급협조주의 외에 다른 것이 아닐 것이다. 헤겔은 도처에서 바로 이것을 시도하고 있다. ⓒ의 현실적 지양은 이러한 모순관계의 역사적 발전, 첨예화를 통해서만 이루어지며, 이때 원래의 참된 존재자들은 이 관계에 의해 규정되는 부정적 힘을 발동하여 이 관계 자체를 해소함으로써 자립화된 추상태를 자신 속으로 장악해 들인다. 예를 들면 자본은 개별적인 산 노동의 소외된 대상화로서의 죽은, 지나간 노동의 **특유하게 역사적인** 형태인바, 산 개별노동에 내재하는 **인간 일반적인** 계기의 **추상적, 소외된, 잘못된** 외화이다. 즉 자본과 노동의 관계는 인간의 살아있는 개별노동의 내적인 계기들(구체적 개별성과 일반성)의 **잘못** 외화된, **전도된**(verkehrtes) 관계이다.

이 잘못된 관계가 해소되면, 살아있는 구체적 노동과 죽은, 대상화된 노동은 남되, 이 대상화된 노동이 이제 더 이상 소외된 형태, 즉 자본의 형태를 취하지는 않을 것이다. 마찬가지로 군주는 신민으로서의 민중과 그 자연인으로서는 똑같으나 민중의 사회성(일반성)을 소외된 형태로 표현하고 있는 **잘못된** 실존태이다. 즉 군주는 민중의 내재적 계기인 사회성(일반성)의 **소외된** 외화태이다. 군주의 지양은 물론 민중의 사회성의 외적 표현형태 자체를 없애 버리는 것을 뜻하지는 않을지라도 자립화되어 민중을 억누르는 소외된 실존이기를 그칠 것이다. 즉 군주는 민중에 의해 민주적으로 감독당하고 통제당하면서 민중의 사회성을 대변하는 수상이나 대통령, 서

기장으로 지양될 것이다. 그러나 헤겔식으로 군주와 인민의 대립·모순을 '지양'하는 것은 군주와 인민의 관계의 이론적 인식, 따라서 이론적 정당화에 지나지 않는다. 왜냐하면 헤겔에게 있어서는 대상성=소외성이기 때문에 인민의 내적인 두 계기(개별성과 사회성)의 소외된, 객관적 관계로서의 군주—인민 관계는 단순한 객관적 관계와 등치되어, 인민의 두 계기의 상호 전제성의 내적인 필연성이 군주와 인민의 화해의 필연성으로 둔갑해 버리기 때문이다. 그리하여 헤겔의 기만적 '지양' 개념이 고수되는 한, 남녀의 대립(ⓑ)과 군주—인민의 대립(ⓒ)은 전혀 구분될 수 없는 것이다. 두 가지 전혀 다른 대립들이 모두 화해해야 할 그 무엇으로 파악되기 때문이다.

따라서 맑스에 의하면, 헤겔이 말년에 프러시아 국가와 타협한 것은 헤겔의 곧거나 삐뚤어질 수 있는 양심의 문제가 아니라, 미분화되고 기만적인 범주들로 구성된 그의 혹세무민적 관념변증법의 필연적 귀결이 된다.

지금까지 간략히 살펴본 헤겔 변증법과 맑스 변증법의 차이점들은 동시에 맑스의 헤겔에 대한 비판점들인데, 맑스는 이 『자본론』 재판 후기를 쓰기(1873) 이미 약 30년 전에 『헤겔 국법론 비판』(1843), 『헤겔 법철학 비판 서론』(1843~1844), 『경제학 철학 수고』(1844) 등에서 이미 이러한 비판을 완수했었다. 그리하여 맑스는 정당하게 다음과 같이 말하고 있는 것이다 :

"헤겔 변증법의 기만적(mystifizierend) 측면을 나는 거의 30년 전, 즉 헤겔 변증법이 아직 유행이던 시대에 비판했었다."

여기서 주의해야 할 단어는 mystifizieren이다. 이 단어는 그 어원이야 '신비'라는 말과 유관하지만, 그 독일어 어의는 결코 '신비화한다'는 것이 아니라 '기만하다, 현혹하다, 우롱하다'는 뜻이다. 즉 혹세무민(惑世誣民)한다는 뜻이다.

물론 부르주아 철학의 최고봉으로서의 헤겔 철학은 이러한 기만적 측면만을 내포하는 것은 아니다. 헤겔은 그 부르주아적 지평의 한계성에도 불구하고 변증법의 일반적 운동방식을 "처음으로 포괄적이고 의식적인 방식으로" 서술했던 사람으로서, 양질전화의 변증법, 대립물의 통일논리, 양상논리 등 변증법의 여타 논리를 훌륭히 규명하고 또 구사하였다. 따라서 헤겔은 인간사회를 자연과학적 법칙현상을 빌어 설명하거나(부르주아적인 자연과학적, 기계론적 유물론자들 : 당시의 뷔히너, 랑게, 오이겐 뒤링, 페히너 등) 인간의 정신현상을 좀 복잡한 단백질 결정체의 작용쯤으로 '생물화하며'(biologisieren, 돌팔이 맑스주의자들) 헤겔을 '죽은 개'로 취급하는 '혐오스럽고 주제넘고 천박한' 개똥 철학자들보다 수백 배 위대한 것이다. 이러한 개똥 철학자들에 대항하여, 또 이들에 대항하기 위해서만 맑스는 다음과 같이 선언하고 있다 : "따라서 나는 나를 저 위대한 사상가의 제자로 공언했고 가치론에 관한 장의 여기저기에서 그의 특유한 표현 방식들을 가지고 아양을 떨어 봤던 것이다."

역사는 아이러니컬하다. 맑스의 이 솔직하고 정직한 공언은 맑스 사후 그러한 개똥 철학자들에 대항해서만 인용되고 활용된 것이 아니라, 이미 첨예화될 대로 첨예화된 자본주의의 모순을 은폐하거나 이것으로부터 도피하려는 20세기의 기형적인 헤겔주의자들, 즉 제국주의 국가와 21세기 한국 같은 신식민지종속국의 기형적 철학자들이 ① 맑스를 헤겔보다 못한 헤겔의 '제자'로서 깎아내리거나, ② 맑스를 헤겔화하여 맑스주의의 혁명적 수족을 절단해 내거나, ③ 혁명적·실천적인, 그러다 보니 시간이 없어 좀 무식할 수 있는 맑스주의자들에 대한 '신성가족적' 냉소와 '철학적' 잘난 체를 정당화하기 위해 인용되고, 또 거듭 인용되었다. 즉 '혐오스럽고 주제넘고 천박한' 개똥 철학자들에 대항하는 맑스의 공언이 동일하게 '혐오스럽고 주제넘고 천박한' 20세기의 기형적 헤겔주의의 자기정당화 논리로 자주 둔갑한 것이다. 헤겔 철학의 전모와 세세한 측면을 해독해 내고 이해하기에는 그 지력이 너무 모자란 나머지 자신의 무능에 대비되는 헤겔의 위대성에 감탄하여 평생 헤겔주의 안에서 허우적대는 천박하고 기형적인 20세기 헤겔주의자들에 대항해서 우리는 맑스의 다음 구절을 다시 들이댈 수 있을 것이다 : "그것(변증법)은 그(헤겔)에게 있어서 거꾸로 서 있다. 기만적 외피 속에 들어 있는 합리적 핵심을 발견해 내기 위해서는 그것을 까뒤집어야(umstülpen) 한다." 헤겔을 끝내 이해하지 못하고 질질 끌려 다니는 그들이 'umstülpen'할 능력까지 있겠는가! 'umstülpen' 되지 않은 어떤 헤겔 변증법도 자본주의의 모순을 규명하거나 비판할 수 없는 것은 물론, 거꾸로 은폐하고 도피하고 혹세무민할 것이다. 왜냐하면 변증법의 그 기만적 형태 속에서는 "기존의 것이 신성화될" 것이기 때문이다. 그러나 '까뒤집혀' 올바로 정립된 '합리적'

변증법은 "부르주아 계급과 이들의 교리적인 대변자들에게 분노와 전율의 대상이 될 것이다. 왜냐하면 그것은 기존의 것의 실증적 이해 속에 또한 기존의 것의 부정, 즉 필연적 몰락의 이해를 내포하고 어떤 기성적인 형태도 운동의 흐름 속에서, 따라서 또한 그것의 소멸가능성의 측면에 따라 파악하기 때문이다."(p.28)

『자본론』의 부제는 앞에서도 말했듯이 '정치경제(학) 비판'이고 그 1권의 제목은 「자본의 생산과정」이다. 이 제목은 이중적인 의미를 지니는데, ① 자본이 사용가치와 잉여가치를 포함한 교환가치를 생산하는 과정이라는 뜻이며, ② 자본이 잉여가치를 흡혈함으로 끊임없이 스스로 재산출되는 과정이라는 뜻이다. 즉 자본은 껌이나 기계 등의 상품만 생산하는 것이 아니라 자기 자신, 즉 자본관계(=지배예속)도 생산하는 것이다.

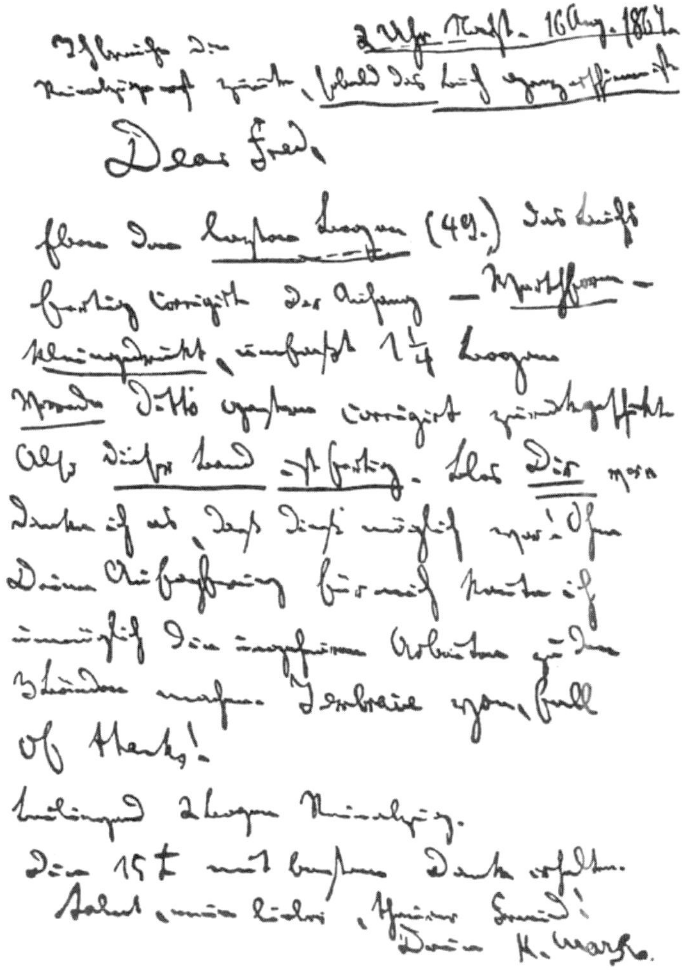

Ich brauche den Reinabzug nicht zurück, sobald das Buch ganz erschienen ist.

2 Uhr Nachts. 16 Aug. 1867.

Dear Fred,

Eben den letzten Bogen (49.) des Buchs fertig corrigirt. Der Anhang — Werthform — kleingedruckt, umfasst 1¼ Bogen. Vorrede ditto gestern corrigirt zurückgeschickt. Also dieser Band ist fertig. Blos Dir verdanke ich es, dass dies möglich war! Ohne Deine Aufopferung für mich konnte ich unmöglich die ungeheuren Arbeiten zu den 3 Bänden machen. I embrace you, full of thanks!

Einliegend 2 Bogen Reinabzug.

Die 15 £ mit bestem Dank erhalten.

Salut, mein lieber, theurer Freund!

Dein K. Marx.

자본론을 쓸 당시 맑스가 엥겔스에게 보낸 편지

(1867년 8월 16일)

제1편
상품과 화폐

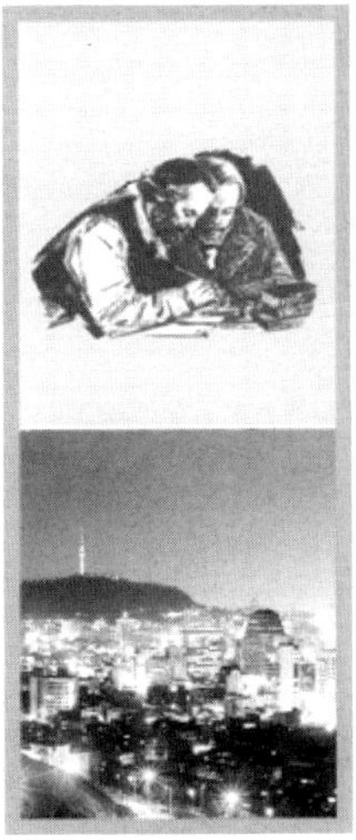

제1편 상품과 화폐

『자본론』 제1권은 자본 그 자체에 대한 서술이다. 그런데 '표면'에서 기능하는, 즉 유통 중의 자본은 일단은 언제나 상품이나 화폐의 과도적 형태로 나타난다. 즉 유통 중의 자본은 상품자본 아니면 화폐자본의 형식을 취한다. 따라서 상품과 화폐는 자본의 세포형태이다. 자본주의 사회에서 유일하게 지배적인 부(富)의 역사적 형식은 자본이고 빈(貧)은 임노동이다. 부는 빈과의 관계 속에서만 보이듯이 자본은 임노동과의 관계, 더 정확히 말하면 임노동에 대한 착취·지배관계 속에서만 자본일 수 있다. 따라서 자본주의적 부도 어떤 다른 시대의 부와 마찬가지로 사물의 외피를 쓰고 나타나지만, 이 사물적 소재(素材) 그 자체는 아니며, 따라서 사물이나 사용가치(유용한 물건)로 착각해서는 안 되고 항상 관계로, 즉 인간들의 객관적인(착취-지배) 관계로 파악되어야 한다.

소상품 생산이나 소상인이 없이 순수히 자본주의 생산양식이 지배하는 사회를 상정할 때는 모든 상품은 상품인 한에서 항상 상품자본이다. 따라서 어떤 생산물(사용가치)도 상품일 수 없다면 자본일 수 없고, 결국 자본주의 사회에서 부일 수 없다. 상품은 현금으로 바뀌기 위해서만 시장에 나오는 까닭에 모든 자본은 화폐로 바뀔 수 있다.

그러나 거꾸로 모든 화폐가 항상 자본인 것은 아니다. 즉 노동자의 임금은 자본으로서 기능하는 것이 아니고 생계를 구입하기 위한 유통수단으로 기능한다. 즉 노동자의 임금이나 이것으로 구입되는 생계수단은 자본이 아니고 따라서 부가 아니다. 물론 어떤 노동자가 임금을 모아 일정한 생산수단을 구입하고, 임노동자들의 잉여노동의 합계가 임금을 모아 투자하는 자의 육체노동 없는 생활을 가능하게 하는 수적 규모로 임노동자를 고용할 만큼의 축재를 이루는 경우를 상상할 수 있지만, 현실 속에서는 지극히 어려운 일종의 공상이기 때문에 이 경우는 생략해도 된다. 따라서 임노동자의 화폐임금은 그것이 자본으로 전화할 수 있는 (양질전화의) 변증법적 임계선을 넘지 못하기 때문에 자본이 아니라 항상 유통수단으로, 즉 생계 구입의 수단으로만 기능하는 것이다.

그러나 이 화폐임금도 자본의 상품을 현금화시키는 총자본의 한 계기적 기능을 수행해 주는 한에서 총자본의 세포운동에 지나지 않는다. 즉 임금수령자의 시각에서 결코 자본기능으로 나타나지 않는 화폐의 여타 기능이나 자본의 성립 이전에도 존재했던 화폐의 기능들(가치척도, 유통수단, 축장기능, 지불기능 등)을 자본은 자신의 세포적 운동의 내적 계기로 활용하는 것이다.

따라서 자본의 세포적 기능들을 알기 위해서는 그 세포의 분석으로부터 출발해야 할 것이다.

제1장 상 품

상품의 두 요소 : 사용가치와 가치(가치실체, 가치의 크기)

"자본주의적 생산양식이 지배하는 사회들(Gesellschaften)의 부(富)는 개개 상품을 자신의 요소적 형태로 갖는 '엄청난 상품집적'으로 현상한다."

이것은 『자본론』 제1권의 본문 첫 구절이다. 여기서 사용된 생산양식의 개념은 광의의 개념으로서, 협의의 생산양식과 생산 · 교류양식을 포괄하는 개념이다. 여기서 '사회'를 복수로 사용하고 있는데, 이를 통해서 맑스가 영국만이 아니라 여타 여러 나라, 예를 들면 네덜란드, 벨기에, 프랑스, 독일 등을 분석대상으로 하고 있음을 알 수 있다. 따라서 『자본론』은 단지 영국을 유일한 대상으로 한 책이 아니라 유럽 전체를 대상으로 한 분석서이며, 따라서 이것은 『자본론』 출간 이후에라도 자본주의 생산 양식이 발전된 모든 나라에 적용되는 책이 되는 것이다. '주변부 자본주의론'이나 여타 특수성 속으로 찌그러든 이론들이 무고하듯이 『자본론』이 '영국 자본주의론'이라는 주장은 첫 구절의 정독과 함께 허위임이 드러나게 된다.

상품은 일단 인간의 욕구를 충족시켜 주는 유용한 사물인데 이때 욕구의 본성이 "위"로부터 나오는 것이든 "정신적 사상"으로부터 나오는 것이든 상관없다. 즉 음악을 연주하고 그림을 그리고 싶은 정신적 욕망의 충족에도 물질적인 사물, 즉 악기나 그림물감 등이 소용되는 것이다. 또한 여기서 사용가치는 인간의 욕구를 직접 충족시키는 생활수단일 수도 있고 우회하여 이에 기여하는 생산수단일 수도 있다.

사물의 사용가치(유용성)는 장구한 역사 속에서 발견되고 발명되어 그에 관한 정보가 역사적으로 축적된 것이지만, 경제학의 대상은 사용가치가 아니라 이 사용대상에 의해 매개되는 **사회적 관계**이다. 사물의 자연적 본성에 관한 학은 자연과학이며 기계라는 상품의 사용가치에 관한 학은 기술공학일 것이다. 즉 『자본론』의 대상은 사용가치, 즉 사물의 성질을 다루는 것이 아니라 "생산양식과 이에 대응하는 생산관계 및 교류관계들"이다. 생산관계란 생산 속에서 맺어지는 사물과 사물의 관계나 사람과 사물의 관계가 아니라 생산 속에서 맺어지는 사람 간의 **객관적인 인간관계**이다. 이 관계는 (협의의) 생산양식에 따라 갱신되고 변혁된다. 생산관계의 매개물은 반드시 유용한 사물이지만, 반대로 모든 유용한 사물이 생산관계를 표현할 수 있는 것은 아니다. 예를 들면 자연적 공기는 인간에게 아무리 유용하더라도 경제적으로는 무의미한 것이며, 따라서 인간 간의 물질적, 경제적 관계를 결코 매개해 줄 수 없다. 자본주의 사회 속에서 자연적 공기는 아무런 경제적 가치, 즉 교환가치를 갖지 못하는 것이다. 따라서 자본주의적 경제대상으로서의 상품은 사용가치이면서 동시에 교환가치이어야 한다. 여기서 사용가치는 교환가치의 담지체가 되어 준다.

교환가치는 일단 양적인 비례, 즉 어떤 사용가치가 다른 사용가치에 대해 교환되는 비율로 나타난다. 이 비율은 끊임없이 시공의 차이에 따라 변화한다. 상품에 내재하는 것으로 관념되었던 상품의 교환가치가 동시에 외부의 다른 상품과의 상대적 비례로 끊임없이 변동하면서 현상한다고 말하는 것은 따라서 마치 "둥근 네모"나 "뜨거운 얼음"과 같은 형용모순이나 다름없는 것처럼 보인다.(pp.50~51)

1말의 밀 = 2갑의 담배

이 등식은 밀과 담배의 상이한 자연적 속성과 그 사용가치의 상이한 성질에도 불구하고 경제적으로는 얼마든지 가능한 등식이다. 이 등식은 따라서 양변의 자연적 속성이나 사용가치의 시각이 아닌 제3의 어떤 시각에서 성립하는 것이다. 자연적, 사용가치적 속성을 도외시하는 이 교환등식이 가능하기 위해서는 양자가 공히 환원될 수 있는 공통된 제3자를 발견해야 할 것이다. 밀과 담배로부터 모든 자연적, 사용가치적 측면을 배제할 때 남는 사실은 양자가 모두 인간노동의 산물이라는 사실이다. 그것도 밀을 경작하는 농업노동의 특수성과 담배를 갈고 또 만드는 그런 노동의 특수성을 완전히 추상한 단적인 인간노동, 즉 추상적 인간노동의 산물이다. 이 점에서 양자는 공통된 질(質)을 갖는다. 자연적, 사용가치적 측면을 배제할 때 상품체에 남는 것은 이 추상적, 일반적 인간노동의 결정체 외에 다른 것이 아니다.

추상적, 일반적 인간노동의 생산물이라는 사실은 이중적 의미를 갖는바 첫째, 인간의 존재와 활동이 인간 일반에 공히 특유한 인간적 의미를 띠듯이 노동은 인간의 활동 일반으로서 인간들에게 의미를 지닌다는 것이요 둘째, 개별적인 노동형태들의 특수성을 꿰뚫고 관통하는 공통성, 일반성을 갖는다는 점이다. 담배처럼 해로운 것이 긴요한 공기와 반대로 교환가치를 지니는 것은 바로 그것이 인간노동의 산물이기 때문이다.

즉 상품의 교환가치의 실체(Substanz)는 대상화된 인간노동이다. 보다 정확히 표현하면 상품의 경제적 가치, 그냥 간략히 가치의 실체는 인간노동의 결정(結晶)이다. 그러나 이 가치가 교환 속에서 표현되기 위해서는 다른 상품과의 일정한 비례를 따라야 하는바, 그것의 **현상형태**는 교환가치이다. 즉 가치의 실체는 대상적 인간노동이요, 가치의 현상형식은 교환가치이다.(p.53) 교환가치는 일정한 비례 속에서 일정한 양(量)으로 표현된다. 이것은 어떻게 측정되는가? 노동시간의 길이에 의해서이다.

각 개인의 노동은 이 노동이 지닌 능란성과 강도, 또는 도구와 노동조건에 따라 같은 물리적 시간 안에서도 극히 상이한 양일 수 있다. 따라서 여기서 측정치가 되는 것은 개인적 노동시간이 아니라 **사회적 필요노동시간**이다. 사회적 필요노동시간은 어떤 사용가치를 사회적으로 정상적인 **생산조건**과 사회적 평균 수준의 **노동숙련성과 강도**로 생산하는 데 필요한 노동시간을 말한다. 각 개인은 자신의 노동을 이 사회적 필요노동시간에 부합시키기 위해 노력하는 하는바, 그렇지 않으면 경쟁의 강제력이 게으르거나 무능한 노동자의 빵을 앗아가 버릴 것이고 또 위협적인 자본가에 의해 해고

될 것이다. 따라서 개인의 노동수준을 어떻게 사회적 필요노동 수준에 일치시키느냐 하는 문제는 우리의 이론적 고민 사항이 아니다.

상품 속에서 표현되는 노동의 이중성

상품은 사용가치와 교환가치의 이중적 형태로 나타난다. 상품의 종류는 사용가치의 종류만큼 많고 이에 대응하는 구체적 노동형태도 그만큼 다양하다. 이 유용물을 만드는 노동은 구체적, 개별적인 노동이다. 이에 따른 노동의 분화는 사회적 체계를 낳는다.

물론 사회적 분업이 상품생산의 필요조건이지만, 동시에 충분조건은 아니다. 상품생산이 이루어지기 위해서는 노동이 **분업**의 체계에 의해 구분되어 있어야 하지만 동시에 이 노동들이 **소유권**에 의해서 서로 구획된 독립적 경리로 수행되어야 한다. "자립적인 그리고 서로 독립된 사적(私的) 노동의 산물들만이 서로 상품으로서 맞선다."는 테제에서 이 사적 노동은 사유재산에 기초하는 노동만으로 국한시키지 말고 소유권 또는 점유권으로 구획된 독립경리의 뜻으로 완화시켜 읽어야 할 것이다. 왜냐하면 맑스가 뒤에 가서 예로 들고 있듯이 공유제에 기초한 원시공동체들 간에도 상품생산과 교환이 있었고 또 사회주의적 기업들 간에도 상품생산·교환이 잔존하기 때문이다.

상품생산에서 상품의 가치를 형성하는 노동은 구체적, 개별적 노동이 아니라 추상적, 일반적인 인간노동이다. 아무리 질적으로 상이한 사용가치를 생산하는 구체적 노동형태들도 논리적으로 포착하면 인간노동 일반이기는 마찬가지인데, 이러한 논리적 관념적 추상은 자본주의 생산양식 안에서는 실제적으로 관철되어야 한다. 즉: "우리의 자본주의 사회 속에서는 노동수요의 변동하는 방향에 따라 인간노동의 일정한 양이 재봉질 노동의 형태나 직조 노동의 형태로 이리저리 공급되는 것"을 볼 수 있다. 물론 노동의 이러한 형태 변환이 알력 없이 벌어질 수는 없지만, 자본주의 체제가 유지되기 위해서는 어떻든 관철되어야 한다.(p.58) 인간의 욕구의 변동에 따라 또는 새로운 생산분야의 개척에 따라 자본은 생산해야 할 사용가치의 질적 차이에 관계없이 교환가치로 표현되는 이윤을 좇아 이 부문에서 저 부문으로, 이 지역에서 저 지역으로 이동하는 절대적 동요 속에 들어 있기 때문에 임노동자의 노동도 신속히 자본을 따라 새로운 취업처로 이동하여야 하고 그러기 위해서는 이미 기계제 대공업에 의해 극히 단순화되어 신속히 형태변화를 해야 할 것이다. 물론 복잡 노동의 경우는 전직이 용이하지 않기 때문에 한쪽에서는 남고 다른 쪽에서는 모자라는 일이 허다해지는바, 이 경우는 국가가 자본의 변덕스러운 욕구에 가능한 한 신속히 대응하기 위해 국비로 전직훈련소 등을 세우기도 한다.

아무튼 노동의 형태변화는 자본주의적 생산양식의 전제로서 관철되어야 한다. 따라서 자본주의 안에서 그리고 자본주의 안에서야 비로소 노동 일반의 추상은 현실이 된다. 가치실체로서의 노동은 자본주의 이전에도 여전히 상품의 가치척도로 기능했지만, 교환당사자의 의식으로 포착되지 못하고 사물의 소재적 특질과 양에 의해 은폐되어 있었다. 그 시대에는 노동 일반의 현실적 추상을 생산양식 자체가 부정하고 있었기 때문에 노동의 동일성은 관념으로 포착되지도 못했고 노동가치론도 전개될 수 없었던 것이다. 자유시민의 세습적인 수공업적 노동과 노예의 세습적 농업노동이 동일하다고 당시 어떻게 감히 상상할 수나 있었겠는가? 인간 노동 일반의 단적인 통일적 개념은 오로지 직접 생산자의 대부분이 단순 노동자로서,—교환가치를 일차적으로 추구하는—자본의 욕구에 따라 이 기업에서 저 기업으로 쉽사리 이동할 수 있고 또 하지 않으면 안 되는 생산양식에만 대응하는 것이다.

자본주의 사회의 모든 노동이 물론 단순노동인 것은 아니다. 즉 상당한 규모의 복잡노동이 있다. 그러나 이 복잡노동도 경쟁을 통해 결국 단순노동으로 환원된다. 예를 들면 1시간의 복잡노동은 3시간의 단순노동이다. 과거의 복잡노동은 금은세공 노동, 기계수선 노동 등의 수공업적 노동이 전형을 이루었지만, 오늘날의 복잡노동의 지배적 형태는 대졸사원의 고도 정신노동이다. 대졸 노동이 몇 배의 단순노동으로 환산되어야 하는가 하는 문제는 물론 주어진 시점에서 노동의 수급운동에 의해 그리고 노동 간의 경쟁에 의해 결정되겠지만, 그 변화는 비교적 완만하기 때문에 개개인에게는 의식되지 않아서 마치 "관습"에 의해 정해지는 것으로 간주된다. 그러나 장기적 시각에서 보면 복잡노동의 환산은 결국 복잡노동에 투입되는 교육비와 학습노동의 양에 의존한다.(이에 관해서는 본서 pp.219~226를 참조하라.)

가치형식 또는 교환가치

가치의 현상형식, 즉 가치형식은 앞에서 언급했듯이 교환가치이다. 다시 말해 어떤 상품의 가치는 그 자체로서는 결코 스스로를 드러낼 수 없고 다른 상품과의 교환 속에서만 현상하는 것이다. 곧 어떤 상품의 **교환가치**는 이 상품의 **교환관계**이다.

가치의 실체는 노동이다. 그러나 우리가 상품 속에 들어 있는 것으로 간주하고 있는 노동, 즉 **대상화된** 노동은 결코 파악하거나 감지할 수 있는 것이 아니다. 그것은 **초감성적인** 것이다. 가치의 대상성이란 언제나 사용가치의 현물형태를 매개로 표현되지만, 이 현물형태 그 자체는 아니기 때문에 **그 자체로서는** 결코 관찰될 수 없다. 우리가 이전에 언급된 사실을 회상한다면 어떤 상품이 가치를 갖는 것은 이 상품이 인간노동의 일반성, 곧 모든 개별적 노동이 자신의 의미를 실현해야 하는 사회성, 유성(類性)을 지니고 있기 때문이다. 예를 들면 어떤 양복재단사가 아무도 흉내 낼 수 없는 기능과 독창성을 발휘하여 만든 양복도 오직 이 재단사에게만 유의미한 것이 아니라 **모든** 인간들의 욕구를 충족시키는 것이고, 또 이 인간의 보편적 욕구를 충족시킴으로써만 그는 다른 직업 아닌 재단사로서 특수한 의미를 갖는 것이다.(개별성과 특수성의 변증법) 원숭이의 본능적 노동은 인간에게 아무런 의미도 없는바, 그것은 그 노동의 결과가 인간의 인간적 욕망을 전혀 충족시켜 주지 않기 때문이다. 즉 노동가치론은 언제나 인간의 욕구와 노동의 보편적 동일성을 전제하는 것이고, 이 노동과 욕구의 보편적 동일성이라는 철학적 표현은 사회과학적 술어로 번역할 때 인간의 **사회**

성 외에 다른 것이 아니다. 즉 상품가치는 인간의 사회성의 표현인 한에서, 상품의 사물적 현물형태로 표현되는 가치대상성이란 실은 "순수이 사회적인" 것, 인간과 인간 간의 사회적 관계이다.

그런데 이러한 인간노동의 내재적 사회성이 사적인 상품생산에서는 생산행위 그 자체로서 직접 구현되는 것이 아니라—이 속에서는 거꾸로 억압된다.—나중에야, 즉 교환 속에서야, 시장에서야 간접적으로 확증된다. 곧 인간과 인간 간의 사회적 관계는 사적 상품생산에 있어서 불가피하게 시장에서의 상품과 상품의 사회적 관계,—사물의 매개에 의해 은폐된 인간관계로서의 사물 간의 관계로 현상하고, 이 사물 간의 관계가 상품교환자들 간의 사회적 관계를 규정짓는다. 따라서 교환가치 또는 상품들 간의 교환관계는 상품의 현물태들 간의 관계에 의해 대체되어 표현되는, 사회적 분업에 기초한 사적 생산형태에 의해 규정되는 객관적 인간관계, 즉 일정한 생산관계이다. 교환가치는 상품사물에 의해 매개되는 일정한 생산관계의 표현이요, 개인의 사적 노동 속에서 탄압받던 인간적 보편성의 왜곡된 필연적 표현형태이다.

1말의 밀의 교환가치는 홀로 측정되거나 표현될 수 없다. 밀을 팔려고 내놓는 사람은 1말의 밀의 사용가치에 직접적인 관심이 없다. 그는 1말의 밀로 실은 2갑의 고급담배를 사려고 하기 때문이다. 그는 1말의 밀의 교환가치와 남이 팔려 내놓은 2갑의 고급담배의 사용가치에만 관심이 있다. 1말의 밀의 교환가치는 2갑의 담배라는 사용가치와 그 양으로 표현되는 것이다. 즉 1말의 밀은 2갑의 담배의 가치가 있다. 등식으로는 다음과 같다.

1말의 밀 = 2갑의 담배

이것은 밀 1말의 가치형식인데 여기서 좌변, 1말의 밀을 상대적 가치형식이라고 하고, 우변, 2갑의 담배를 등가형식이라고 한다. 이 양변, 즉 양극은 이 단순한 가치등식을 성립시키기 위해서 불가분적으로 상호관련되어야 하는 계기들이다. "상대적 가치형식"이라는 표현에서 '상대적'의 의미는 1말의 밀이 다른 상품, 즉 담배의 양으로만, 상대적으로만 표현되고 측정될 수 있다는 뜻이다.

여기서 1말의 밀은 2갑의 담배라는 사용가치를 사기 위한 교환가치로서 기능하는 한에서, 나중에 화폐가 하게 될 역할을 수행하고 있는 셈이다. 즉 모든 상품은 그 맹아에 있어서 이미 화폐인 셈이다. 이것이 화폐의 진정한 비밀이요 그 발생의 근본적 출발점이다. 이러한 사실을 처음 규명한 사람은 맑스였다. 부르주아 경제학은 이러한 분석을 시도조차 하지 못했는데, 그것은 리카도의 경제학에 화폐론이 없다는 점이 이를 증명해 준다. 부르주아들은 화폐가 국가의 법령이나 가공적인 사회계약에 의해 제정된 것으로 생각한다. 이러한 헛소리들에 대항하여 맑스는 화폐란 모든 상품의 맹아적 기능이며 따라서 상품교환관계의 발전의 필연적 결정체임을 증명한다.

1말의 밀=2갑의 담배라는 등식에서 밀의 교환가치, 즉 밀의 가치의 현상형식은 2갑의 담배라는 사용가치의 모습, 다른 사물의 모습으로 표현되기 때문에 밀의 가치, 대상화된 인간노동은 완전히 은폐되고 지워져 있다. 사람들은 교환 속에서 무의식적으로 이 상품들의 대상적 노동량을 등치시킬 뿐이다. "그들은 이것을 모르지만, 이것을 실행한다."(p.88) 인간의 의미는 밀과 담배의 사물형태에 의해 가리어져 있는 것이다. 따라서 수천 년 동안 이 등식을 규제하는 가치법칙,—상품의 가치는 노동량에 의해 규정된다는 법칙은 비밀에 싸여 있었다. 맑스는 pp.73~74에서 아리스토텔레스의 분석시도를 소개하고 있는데, 그는 여기에서 아리스토텔레스가 교환등식의 비밀을 해명하지 못한 것은 노예제 생산양식의 고루성에 기인한다고 말하고 있다. 이에 관한 설명은 이미 앞에서 주어졌다.

1말의 밀=2갑의 담배라는 등식은 다시 무한히 모든 상품세계의 상품들과 관계를 맺을 수 있다.

1말의 밀=2갑의 담배=15개의 라이터=1근의 쇠고기=1g의 은=1권의 어떤 책= 0.2 온스의 금 등등

이 등식을 전면적, 또는 전개된 가치형식이라 부른다. 이 등식은 언뜻 보면 뭔가 상품세계를 해명해 주는 것 같다. 그러나 등식은 완결되지 않고 무한히 이어져 발산해 버리고 있기 때문에 모든 상품의 가치형식이 여전히 상대적인 것으로 남아 있다. 즉 모든 상품의 교환가치를 통일적으로 표현해 줄 **기준상품**이 없는 것이다. 그런데 위 등식은 기준상품을 빼내기 위해 다음과 같이 바꿔 쓸 수 있다.

1말의 밀	=	
15개의 라이터	=	
1근의 쇠고기	=	
1g의 은	=	
1권의 어떤 책	=	2갑의 담배
0.2 온스의 금	=	
⋮		
등등		

이 등식을 일반적 가치형식이라고 부르는데 이 등식은 기준상품 담배에 의해 통일되어 완결적인 모습을 취하고 있다. 이 등식은 상품세계의 무수한 상품들의 가치를 분명히 밝혀 준다. 그러나 이 등식도 결점이 있다. 그것은 각 상품의 교환가치의 양적 변동이 유연하게 대응할 수 없는 등가형식, 즉 담배의 사용가치적 경직성이다. 예를 들면 다음과 같다. 1말의 밀의 1/1,000은 1홉인데 1홉의 밀의 가치를 어떻게 담배의 사용가치량으로 표현할 수 있는가? 담배 2갑은 40개비이다. 그런데 이것은 1/1,000은 0.04개비이다. 그런데 0.04개비의 담배는 존재할 수 없고 그것은 존재하더라도 꽁초, 즉 쓰레기에 불과하다. 더구나 담배는 비에 젖으면 망가질 수 있다. 또한 1Kg의 은의 용량에는 2,000갑의 담배가 대응해야 하므로 등가물로서는 너무 덩치가 큰 셈이다. 즉 덩치가 큰 등가물은 그것의 수송 시에 인간의 노동이 또 첨가되어야 하기 때문에 그 사이 자신의 가치량의 변화를 초래하므로 기준 등가형태로 기능하

기에 적절하지 않다. 교환가치의 실체는 노동인데, 노동시간은 균등하게 분할가능하다. 기준이 되는 등가형태는 우선 노동의 이러한 성질에 대응해야 할 것이다. 따라서 일단 전성(展性)이 가장 큰 금, 은이 등가물로 선택된다. 금 1g은 기술적으로 늘여 뺄 때 수백 미터를 늘일 수 있다. 그렇더라도 밀가루 반죽처럼 일정한 굳기가 없거나 못 쓰게 될 위험이 많으면 안 된다. 동시에 균일하게 분할되어야 하지, 그 분할된 크기에 가치가 복비례하거나 제곱비례하는 것이어서는 안 된다. 다이아몬드는 일반적 등가물로서는 부적절한데, 그 까닭은 일정한 크기의 다이아몬드를 반으로 자르면 가치가 반감되는 것이 아니라 1/4로 줄기 때문이다. 이것은 다이아몬드상(商)에 물으면 금방 알 수 있다. 이런 까닭에 다이아몬드는 적은 양으로 큰 가치를 표현함에도 불구하고 일반적 등가물, 즉 화폐가 될 수 없었던 것이다.

화폐의 본질

즉 가치의 균일한 분할가능성, 보존성, 불변성의 사회적 필요에 가장 잘 대응하는 것은 일단은 금·은·동 등이다. 옛날에는 가축, 곡식, 노예 등도 일반적 등가물의 기능을 임시방편적으로 수행하였으나, 결국 모든 사물을 제치고 금·은·동이 등가의 기능을 독점하여 상품세계를 석권한다. 물론 이러한 과정은 수천 년에 걸친 역사적 과정으로서 개인적 의식에는 포착되지 않은 것이다. 따라서 금·은 등이 화폐로서 기능하는 것은 사회적 습관을 통해 금·은의 특유한 현물형태와 합체되어 버린다. 그리하여 금·은은 "대지의 내장"으로부터 파낼 때부터 즉각 그 자연적 속성상 화폐라는 망념이 생겨나게 되는 것이다. 일반적 가치형식은 다음과 같은 **화폐형식**으로 발전한다.

1말의 밀 =
15개의 라이터 =
1근의 쇠고기 =
1권의 어떤 책 =
2갑의 담배 = } 0.2 온스의 금(1g의 은)
·
·
·
·
·
등등

0.2 온스의 금이나 1g의 은을 몇 '파운드'(영국화폐)라고 이름 붙이든 몇 '양'(조선화폐 단위)이라고 하든 몇 '원'이라고 하든 그것은 가치의 내용에 아무런 변화를 주지 않는데, 이것을 화폐로 발전된 일반적 등가물의 화폐명(名)이라고 한다. 자, 이렇게 하여 우리는 가장 단순한 가치형식(1말의 밀=2갑의 담배)을 발전시키며 화폐를 도출해 내었다. 모든 상품은 그 가능성 속에서 이미 화폐의 맹아이며, 따라서 단순한 상품형식은 화폐 형식의 맹아인 셈이다.(p.85) 화폐의 현실적 출현, 여타 모든 상품으로부터 이격되고 독립된 가치 추상물은 이제 이 모든 상품의 교환가치를 독단적으로 표현해 주게 된다. 화폐의 등장 이후 상품은 상품을 직접 만나는 것(물물교

환)이 아니라, 일단 화폐로 바뀐 다음 일정한 시간적, 공간적 간격을 두고 다시 이 화폐가 다른 상품과 교환되게 된다.(유통) 즉 교환은 **물물교환**에서 **유통**으로 발전하는 것이다.

상품의 물신성과 그 비밀

물신(物神)이라는 말은 원래 종교와 관련되어 쓰였는데 일정한 종교적 관념을 일정한 조각품, 헝겊 등으로 상징하는 경우 이러한 단순한 사물적 상징물이 신격화되어 실제의 모습처럼 나타나게 될 때, 그 상징물을 가리키는 것이다. 이때 이 상징물을 섬기는 의식 또는 행위를 **물신주의**라고 부르는데 이런 경우 이 말은 우상숭배와 같은 말이다. 이 용어들은 다시 심리학 등에 전용되어 쓰이기도 하는데 예를 들면 여자들의 팬티나 브래지어 등을 보고 어떤 남자가 성감을 느끼는 심리를 분석할 때 보통 도입된다.

맑스는 부르주아 상품생산사회의 망념을 분석하기 위해 처음으로 이 술어들을 경제학에 도입하였다. 따라서 맑스에게 있어서 이 개념은 부르주아 경제학의 이데올로기적 측면을 분석하고 부르주아 사회의식의 이데올로기적 전도성이나 그들의 실천의 반(反)인간성을 해명하는 열쇠가 된다.

맑스적 의미에 있어서 상품물신주의(Fetischismus)는 간단히 말하면 어떤 상품의 가치(가치는 대상화된 노동이다.)는 그것이 담고 있는 인간노동으로 말미암은 것인데, 마치 사용하기 편리하달지, 튼튼하달지, 희소하달지 하는 그 상품의 자연적, 소재적 특성으로 말미암은 것으로 착각하고 또 그에 따라 행동하는 것을 가리킨다. 부르주아 경제학의 첫 구절에 의하면 어떤 '재화'가 가치를 갖는 것은 인간의 욕망은 무한한데 재화는 유한하다는 재화의 소재적 희소성에서 말미암은 것으로 이야기한다. 상품물신주의는 바로 이것을 가리킨다. 위의 부르주아적 테제에서 인간의 노동에 대한 시각은 완전히 소멸해 버리고 있다. 어떤 재화가 단순히 희소해서 가치를 갖는 것이 아니라 그 희소성으로 말미암아 그것의 획득에 많은 인간노동이 필요하고 그 재화 속에는 이 노동량이 들어 있기 때문에만 가치를 갖는다는 것은 우리 입장에서 두말할 필요가 없다. 근래의 부르주아 경제학이 예외 없이 이와 같은 입장을 취하고 있는 것은 현재의 부르주아 경제학 전체의 단순한 보수성이 아닌 반동성을 여지없이 폭로해 주고 있다. 적어도 고전적 부르주아 경제학은 중상주의자들이나 중금주의자들이 빠져들었던 상품물신주의나 화폐물신주의에 대한 노동가치론적 극복으로부터 출발하기 때문에 하는 말이다. 비록 고전경제학자들이 자본의 분석에 있어서 부분적으로 자본물신에 사로잡히지만 적어도 상품물신이나 화폐물신 정도는 극복하였던 것이다.

고전적 부르주아 경제학이 상품과 화폐의 물신성을 과학적으로 극복하였다 하더라도 부르주아 사회의 일상적 사회의식이 물신주의를 극복하는 것은 아니다. 비록 그것이 자본물신에 의해 그 위력을 잃고 빛이 바랜다 하더라도 일상적 의식과 행위 속에서는 끊임없이 횡행하는 것이다. 예를 들면 '성능이 좋은 냉장고는 비싸다'라고 하는 흔한 일상의식이랄지 돈을 종신토록 벌어 벽장 속에 모아두었다가 죽는 수전노들이랄지 하는 것들은 모두 그러한 상품물신주의와 화폐물신주의의 현상들이다.

물론 완공된 거대한 공장을 보고 인간의 노동의 위력을 느끼는 것이 아니라 자본과 자본가의 위력을 느끼는 자본물신주의에 비하면 상품물신주의와 화폐물신주의는 좀 소박하고 유치한 면이 있지만, 자본의 세포가 상품과 화폐인 한에서 그것은 자본주의의 저변에서 소멸할 수 없고 또 생산양식의 극복 없이는 소멸시킬 수도 없다.

상품생산은 **사적소유**에 기초한 사회적 **분업**에 의한 생산이다. 따라서 어떤 생산물에 인간노동이 얼마만큼 투여되어야 하는지는 사전에 결정될 수 없고, 고립된 개인들의 개별적인 생산 후에 시장에서 그 생산물이 팔리고 안 팔리고 하는 사후적 결과에 의해 항상 **간접적으로** 그리고 **나중에** 결정된다. 개별적 노동들의 인간적 보편성은 이와 같이 나중에 시장에서 교환관계를 통해 획득되어야 하는 한에서, 인간들끼리의 인간 보편적인, 즉 사회적인 관계는 상품들 간의 관계, 즉 사물의 외피를 쓴 관계로 뒤바뀐다. 즉 각 개의 상품은 사물적 형태의 사용가치와 교환가치의 양면성을 지님에도 불구하고 한 상품의 교환가치란 반드시 다른 상품의 사용가치로 표현되기 때문에 교환과정 전체는 사물의 그림자로 모조리 가리어진다. 즉 상품의 사용가치적 측면만이 가시적이고 교환가치, 즉 인간관계의 상품생산적인 대상적 표현은 불가시적이다. 즉 상품이란 "감성적이면서 동시에 초감성적인 사물"(p.85)인 것이다. 그리하여 전체 사회 세계는 가시적인 사물에 의해 인간관계가 지배당하는 모습을 취한다.

그러나 이러한 세계의 전도는 모든 사회구성체에 공통된 것이 아니라 자본주의적 상품생산사회에만 고유한 것이다. 상품생산이란 임노동에 기초한 자본주의 생산양식 이전에는 기본적 생산양식(노예제, 봉건제 등)에 항상 보충적인 것에 지나지 않았고 따라서 사회관계의 심부로 결코 침투할 수 없었다. 즉 상품생산은 대부분 사치품이나 일정한 종류의 주류, 농산물(올리브 등)에만 한정되었고 생필품 일반이나 여타 생산수단의 생산을 결코 정복하지 못했다. 모든 생필품을 돈 주고 사서 써야 되는 임노동자들이 사회의 직접적 생산자의 주종을 이루고 나서야 생필품은 대규모로 상품화되며 동시에 여기에 자본의 투자분야가 열리게 되고, 이 대규모 생필품 생산은 이전에 소규모 생산형태에서는 직접 생산자에 의해 대부분 자가 제작되었던 생산도구와 재료(=생산수단)를 대규모로 상품화하는 과정을 초래한다. 따라서 자본주의적 생산양식에 이르러서야 상품교환은 시민사회의 **표면을 보편적으로 뒤덮고** 마치 자본주의=시장경제라는 **천박한 피상적 관념**도 일반화되는 것이다.

즉 자본주의는 상품생산과 상품유통을 최초로 그 정점에 올려놓은 생산양식이다. 따라서 교환가치와 사용가치의 분리·대립도 이 생산양식 안에서 첨예화, 완성되고 교환가치가 사용가치의 우위에 서는 사태가 고착된다. 그 이전에는 교환가치와 사용가치의 대립은 절름거리거나 졸고 있는 대립이었고, 대부분의 경우 사용가치가 교환가치를 지배하였다. 왜냐하면 상품의 생산과 교환이 일반화되지도 또 생산양식 속으로 침투하지도 못했기 때문이다. 자본주의 이

전뿐만 아니라 그 이후, 즉 사회주의에서도 일정 정도 상품생산과 상품교환이 잔존하여 기능하지만, 여기서 교환가치와 사용가치의 분리 · 대립은 불완전하다. 왜냐하면 사용가치를 우위로 하는 전체 경제의 계획성이 상품생산법칙의 우위에 있기 때문이다.

이 사회주의적 계획이 관철될 수 있는 경제적 권력의 기초, 즉 시장의 무정부성을 규제할 수 있는 권력적 기초는 생산수단과 대지(大地), 그리고 노동력이—이것들은 사실상 결정적인 부분들인데—상품이 아니라는 데, 중국의 경우까지 고려하면, 그것의 대부분이 아니라는 데 있다. 즉 사회주의는 절대적 계획경제가 아니라 상품생산에 대해 계획경제가 우위에 서는 경제인 셈이다. 이 우위의 체제적 유지는 사인(私人)이 생산수단과 노동력을 상품으로 구입하여 자본가가 될 수 있는 가능성을 원천적으로 없애 버림으로써 보장된다. 즉 이 체제 하에서는 자본주의의 핵심적 생산관계 즉 자본관계, 자본의 임노동에 대한 착취-지배의 권력관계의 출현이 불가능하다. 자본화할 수 있는 생산수단과 노동이 상품은 아니기 때문이다. 이렇게 볼 때 사회주의 하에서의 시장경제의 존속이나 확대를 자본주의화로 환호하거나(부르주아지), 비난하는(과격 쁘띠 부르주아적 사회주의자들) 태도는 자본주의의 핵심을 자본관계로 이해하는 것이 아니라 '시장경제'로 이해하는 부르주아적 또는 쁘띠 부르주아적 관념에 기인하는 것임을 알 수 있겠다. 그러나 최근의 중국에 대한 관점은 좀 더 지켜보아야 할 사안으로 보인다.

아무튼 상품물신주의와 화폐물신주의의 일상적 일반화는 자본주의에 고유한 것으로서 결코 영원한 것이 아니다. 자본주의적 생산양식 속에서 각 개인이 사회 전체의 총노동량과의 관계 속에서 지출해야 되는 노동량 — 이것은 각 개인의 물질적 인간관계인데 — 은 상품과 상품의 교환관계로서 간접적으로 표현된다. 그러나 사물에 의해 은폐되는 인간관계는 예를 들면 중세기에는 없었다. 중세를 특징짓는 물질적 생산의 사회적 인간관계는 인신적 종속관계였다. 따라서 인간의 노동이나 노동생산물의 개인적 생산량은 관습과 누구나 느낄 수 있는 인간 간의 직접적인 권력관계에 의해 규제되었다. 즉 노동과 생산물은 상품으로 현상한 것이 아니라 현물지대와 부역으로 직접 사회적 연관을 맺었다. "사제에게 바쳐져야 할 십일조는 사제의 축복기도보다 더 분명한 것이다."(p.91) 이러한 직접적으로 사회적인 인간관계는 중세의 기본적 생산단위인 농가의 "가부장적" 경영에서도 마찬가지다.(p.92) 여기서 '가부장적'이라는 말은 이중적인데 첫째, 그것은 가부장의 권력 하에서 진행되는 경영체제를 뜻함과 동시에 둘째, 이 경영체제의 자급자족성을 뜻한다. 여기서 맑스는 이 후자의 의미로 사용하고 있다. 이 점은 레닌도 마찬가지이다.(참조 : 『러시아에서의 자본주의 발전』의 용례들) 순수한 형태에서의 가부장적 경영체는 외부와의 교환관계가 없다. 즉 상품생산을 하지 않는다. 각 가족성원의 노동은 성별, 연령별의 자연적 분업에 따라 그 자체로서 가족 사회적 기능을 수행한다. 전체 노동량의 개인별 배분은 이미 관습과 전통에 의해 사전에 규정되어 있다. 이것은 인류사의 초기에 존재했던 원시공동체에 있어서도 마찬가지였다.

원시적 공유의 제형태에 관하여

이와 관련하여 원시적 공동소유형태에 관한 맑스의 견해를 알아보자.(각주 30)

"원시적 공유 형태가 특유하게 슬라브적인 형태라는, 심지어는 배타적으로 러시아적인 형태라는 우스꽝스런 편견이 최근에 유포되어 있다. 이 형태는 우리가 로마인, 게르만인, 켈트인 등에서도 증명해 낼 수 있는 원형이지만, 이것의 다양한 견본을 보여 주는 전체적인 모델일람표가 부분적으로 폐허화됐을지라도 아직 인도인들에게서 발견된다. 아시아적, 특히 인도적 공유형태들의 보다 면밀한 연구는 원시적 공유의 상이한 형태들로부터 어떻게 그것의 해체의 상이한 형태들이 나오게 되는지를 밝혀 줄 것이다. 예를 들면 로마적 그리고 게르만적 사적 소유의 상이한 원판형태는 인도적 공동소유의 상이한 형태로부터 도출될 수 있다."

부르주아적 사적소유를 영원불변의 형태로 보는 부르주아 이론가들은 당시 궁극적 미래에 공유제를 도입하려는 사회주의적 요구를 난센스로 규정하기 위하여 지구상의 모든 문화민족이 태초에는 모두 공유제 위에서 살았다는 사실을 은폐, 축소하였다. 그러나 맑스, 엥겔스의 당시까지의 연구에서 이미 확증된 것은 현존 인류와 직접적인 역사적 연관을 갖는 인간들은 이란·인도 고원에서 발생하였고 그리스인, 로마인, 켈트인, 동아시아인, 미주 인디언들은 이곳으로부터 이주했다는 사실이다. 따라서 이들의 원시적 소유형태들은 인도에서 이주 당시에 가져온 것이다. 그런데 원시적 공유의 발전유형이나 변형태들이 다양하기 때문에 각 민족이 발전시킨 사유재산의 형태도 그 초기 조건에 의해서 크게 규정당하게 된다.

원시적 구성체의 일차적 유형(TYP)은 우선 토지 및 산림, 거주지 등의 공동소유였다. 이것은 현존하는 아마존 원주민에 의해서 웅변적으로 증명된다. 이곳에서는 초지와 산림은 말할 것도 없이 공유이고, 거주지도 200~300여 명이 들어가 사는 기다란 공동움막이다. 개인소유물은 개인휴대품, 예를 들면, 활, 창, 기타 휴대가능한 연모 등이다. 모든 생산활동은 공동으로 이루어지며 생활도 축제도 공동이다.

두 번째 발전유형은 거주지가 개인소유로 분리되어 나오고 이에 움막의 부지와 텃밭이 덧붙여 사유(私有)로 된다. 과도기 형태로는 거주지를 공동체에서 관리하는, 즉 일정 기간 살고 공동체에 다시 반납해야 하는 사회도 있었다. 이 두 번째 유형으로부터 분화는 그 지리적 조건과 풍토, 생산력의 정도와 질(質)에 따라 다양하게 벌어지는데 원시공유의 해소의 유형이며 그 마지막 유형은 항상 같았다.

마지막 유형은 맑스에 의해 "농경공동체"(Ackermann-Gemeinde)라고 명명된 것으로서 공동체 성원 간의 협소한 혈족적 유대와 족쇄가 깨지고, 따라서 다른 씨족의 성원도 공동체를 구성할 뿐만 아니라 농토가 개인적으로 분배된다. 즉 농토를 제외한 나머지 부지는 공유로 남지만 농토는 개인에게 나누어지게 된다. 이 농토에 대한 개인의 권리는 소유권이 아니라 **점유권**이다. 개인은 자기의 농지를 이용하고 경작할 뿐, 다른 공동체의 성원에게 팔거나 자기 공동체원에게 양도할 수 없다. 이 권한은 여전히 전농경지의 총소유권자인 공동체의 고유사항이다.(이 유형은 소련말기 임대제 가족농에서 재현된바 있다.) 노동은 주도적으로 개인적으로 수행되지만 공동체는 파종시기, 종류 등을 지도하고 협업이 필요한 경우는 이것을 조직한다.('두레'의 맹아 형태) 농경지의 개인적 점유권은 아주 다양하게 이루어진다.

1. 전농지를 개인 분배하는 형태 : 공동체의 유지비는 일정한 공납으로 해결한다.
    a. 분배지가 일정한 주기로 재분배되는 경우 : 슬라브족, 초기 게르만족.
    b. 분배지가 일정 지역으로 고정되는 경우 : 후기 게르만족.

2. 농경지의 일정 부분은 개인 분배하고 일정 부분은 공동체의 경비를 위해 남겨 놓고 이곳의 경작을 위한 노동을 추렴하는 형태 : 루마니아, 왈라키아, 폴란드 등.

3. 파란만장한 역사적 운동의 산물로서의 예외형태 — 근거지를 도시로 하는 사회에서 나타난 공유와 사유의 대립형태(그리스 · 로마의 노예제 이전 형태) : 사적소유로서 경작지는 오직 같은 씨족들에게만 분배되고 공동지는 도시국가의 국유지로 나타난다. 씨족원들 간의 평등은 씨족공동체의 존속을 위한 필수적 전제였는데 이것은 국유지를 끊임없이 땅이 적은 농민에게 분배해 줌으로써 보장되었다. 이 형태에서 이 소유제에 내포된 공산주의적 성격은 오직 그것이 공동체의 씨족적 성원에게만 공평하게 분배된다는 데에서만 구현된다.

이것들이 물론 원시 공유제의 모든 해체형태를 나열한 것은 아닐 것이다. 이 세 형태는 서로 섞이기도 하고, 동일한 형태 중에서 어떤 요소가 더 우세하나에 따라 미묘한 뉘앙스 차이가 나기도 하며, 개별적으로 경작지를 분배받는 주체가 순수히 개인이냐 가문공동체나에 따라 다시 성격이 달라진다.

아무튼 이 다양한 공동소유형태로부터 다양한 고전적, 노예제적 또는 봉건적 사적소유의 형태들이 분해되어 나온다. 맑스에 의하면 공동소유의 일차적, 이차적, 최종적 유형과 더불어 이 최종적 유형의 다양한 형태들이 맑스 생존시의 인도에서 인도정치체제의 뚜껑을 열고 토대를 볼 것 같으면 모두 발견되고 있다는 것이다.

덧붙여 얘기하자면 러시아 봉건영주들의 권력체제 밑에서도 농민들은 농노해방 직전까지 땅을 주기적으로 바꾸고 있었다. 즉 토지의 배분이 여전히 농노들 간의 촌락공동체의 통제하에 들어 있었던 것이다. 이 촌락공동체 위에 봉건권력체가 올라서 있는 형태로 소유권은 3중적 구조를 이루고 있는 셈이었다. 이 점에서 러시아 봉건제는 남부 인도에 유포되어 있던 봉건제(맑스가 『자본론』 제3권 "노동지대"에서 언급하고 있는 인도봉건제)와 본질적으로 동일한 것이다. 일단 농노들의 모든 촌락공동체의 경작지는 영주의 영지로서 사유재산이었는데 이것은 다시 촌락공동체의 공동점유지로서 관리 유지되었고, 이 촌락공동체가 각 개인에게 시기적으로 한정된 분여지를 주기적으로 분배하였다. 이 경우 봉건영주는 직영지가 애초부터 없었고 오직 농민들의 현물공납과—성곽, 도로 등의 건설을 위해 필요한—부역에만 의존하였다. 이 러시아 영주들의 원시적 선조는 씨족장들이다.

이에 반해 루마니아와 왈라키아 등의 봉건제는 예전의 씨족장과 승려들이 공동체 경비를 충당하기 위한 공유경작지를 역사가 흘러가는 오랜 세월 속에서 슬그머니 집어삼키게 된 까닭에 이곳에 추렴되던 자유농민들의 노동을 종속적인 부역으로 둔갑시키고 동시에 공동경작지를 영주의 직영지로 변질시키면서 성립한다. 이런 까닭에 이런 곳에서는 "부역노동이 농노제로부터 나오는 경우는 드물고 오히려 거꾸로 농노제가 부역으로부터 생겨난다."*

게르만족의 공유제 해체는 특유한 행로를 가는데 개인 또는 집단(가문)에게 분배된 경작지가 공동체 강제의 약화와 비례하여 고전적인 사적소유(=아직 계급관계를 낳지 않은 사적소유)로 발전한다. 이 사적소유의 땅뙈기를 '알로트'(Allod)라 불렀다. 이러한 소유관계는 게르만족의 대이동 중에도 계속해서 재생산된다. 하지만 그 이후는 새로이 정복되는 토지가 균등하게 분배되지 않고 부족을 이끌던 군사수령(이것은 곧 왕으로 둔갑한다.)의 권력적 고려에 따라 자의적으로 분배되게 된다. 한 개인이나 가족이 자신의 노동력의 총량을 넘는 경작면적을 소유할 가능성은 물론 전쟁을 통해서 얻는 노예에 있었는데 이에 따라 보다 많은 토지를 분배 받은 씨족장이나 부족장, 기타 군사지휘자들은 당연히 씨족회의, 부족회의 등에서 영향력 있는 권세가로 나타나게 되었다. 이러한 수장들은 곧 전쟁에 동원되어 파탄하거나 생활의 불안정에 빠져든 자유농민들의 땅을 수탈하거나 그들의 자유권을 사들여 그들을 농노화한다. 이러한 농

* p.251, 이에 관해서는 칼 맑스, 『자본론』 제3권, pp.811~812도 참조 바람.

노관계의 원형은 물론 로마제국 말기에 로마에서 이미 완성된 형태로 오랜 세월 속에 발전되어 있었는데 게르만 지역에서는 이 모델을 폭력적으로 그리고 급속히, 즉 혁명적으로 100~200년의 단기간에 관철시킨다.

아무튼 전(前)자본주의 시대에는 인간의 물질적 생산관계가 사물간의 관계로 표현될 필요가 없었다. 노동은 그 자체로서 투명한 인간의 산노동이었고 생산물은 그 자체 현물형태로서 사용가치, 즉 욕구의 대상 외에 다른 것일 수 없었다. 따라서 경제적 물신주의는 등장하지 않았던 것이다.

앞에서 상품물신주의나 화폐물신주의는 고전경제학이 어느 정도 극복한 것으로 얘기했었다. 그러나 아담 스미스가 『국부론』을 쓰기 전에는 중상주의와 중금주의가 휩쓸고 있었는데 이 중상·중금주의자들은 반짝거리는 금·은의 소재적 성질에 눈이 어두워져 금이나 은이 국부(國富)의 원인이라고 보고 이구동성으로 각국의 왕들에게 금과 은의 비축을 권고하였다. 그러나 남미로부터의 금·은의 대량 생산 및 이것의 대량 유입과 더불어 화폐가치는 폭락하고 국가재정은 만성적 적자를 낼 수밖에 없었다. 이 틈에 매뉴팩처 자본가와 농촌의 자본주의적 차지농만 살찌게 된다. 반대로 금·은의 대량 소지자들인 고리대 및 상업자본가와 봉건적 대토지소유주들은 타격을 입었다. 생산적 자본가들에게 화폐가치 하락은 곧 화폐임금의 상대적 하락을 의미했고 농업자본가에게 있어서는 임금의 하락뿐만 아니라 화폐지대의 하락도 가져왔다. 이것은 서유럽 전체에 걸쳐 계급 간 권력관계의 커다란 변동을 몰고 왔는데, 그것은 생산적 산업자본 및 농업자본의 성장과 비생산적 고리대자본 및 상업자본, 대토지소유 등의 약화를 뜻했다. 아담 스미스의 『국부론』은 이러한 역사적 대변동 속에서 생산적 자본의 이익을 옹호하는 신시대적 이론서인 셈이다. 따라서 아담 스미스에서 리카도에 이르는 황금기의 고전경제학은 노동가치론을 발전시킴으로써 중금주의의 화폐물신주의를 비판한다.

그러나 이 부르주아 경제학자들도 자본을 취급할 때는 다시 부분적으로 물신주의에 말려든다. 궁금증을 풀기 위해 이 대목에서 자본물신주의를 한 마디로 규정해 보자면, 자본의 이윤이나 생산력이 인간의 인간에 대한 착취-지배관계(=자본관계)에서 나오는 것이 아니라 자본 그 자체의 '신비적' 본질로부터나 자본의 자본과의 경쟁관계로부터 생겨나는 것으로 착각하는 의식 현상이다. 설명을 대신하여 『자본론』 제3권의 적절한 구절을 인용해 보자.

"우리는 이미 자본주의적 상품생산, 심지어 (단순한 — 필자 삽입) 상품생산의 가장 단순한 범주들에서, 즉 상품과 화폐에서, 부(富)의 소재적(素材的) 요소들을 생산 중에 담지체로써 이용하는 사회적 관계들을 이 사물들 자체의 속성으로 둔갑시키고 (상품) 더욱 노골적으로는 생산관계 자체를 사물(화폐)로 둔갑시키는 기만적 성격을 증명하였다. 상품생산과 화폐유통에 도달한 모든 사회형태들은 이러한 전도에 관여한다. 그러나 자본주의적 생산양식과 이것의 지배적 범주, 즉 이것의 규정적인 생산관계인 자본에 있어서는 이러한 마법에 걸리고 전도된 세계는 훨씬 더 발전한다. 자본을 일단 직접적 생산과정 안에서 잉여노동의 추출자로 고찰한다면 이러한 관계는 아주 간단하고, 현실적인 연관은 이 과정의 담당자, 즉 자본가 자신에게 압인되고 또한 아직 이들의 의식 속에 존재한다. 노동일의 한계를 둘러싼 격렬한 투쟁은 이것을 명백히 증거해 준다. 그러나 이 매개 없는 영역, 즉 노동과 자본의 직접적 과정의 영역 안에서조차 이러한 간단함으로 그치지 않는다. 본격적인, 특유하게 자본주의적인 생산양식 안에서 상대적 잉여가치의 발전과 더불어 노동의 사회적 생산력이 발전하고 이러한 생산력과 직접적 노동과정 속의 노동의 사회적 연관은 노동으로부터 자본 속으로 이전된 것으로 현상한다. 이리하여 자본은, 노동의 모든 사회적 생산력이 노동 자체가 아니라 자본에 귀속되고 자본의 고유한 품 안으로부터 뿜어 나오는 힘으로 현상함으로써 아주 신비적인 본체로 된다. 그 다음 유통과정이 끼어드는데 이 과정의 소재변환과 형태 변환에는 자본의 모든 부분들, 심지어 농업자본의 부분들도 특유하게 자본주의적인 생산양식이 발전하는 정도에 따라 말려들게 된다. 이곳은 본래적인 가치생산의 관계들이 완전히 배후로 밀려나는 영역이다. 이미 직접적 생산과정 안에서 자본가는 동시에 상품생산자로서, 상품생산의 지배관리자로서 활동한다. 이 생산과정은 그리하여 그에게 단순히 잉여가치의 생산과정으로 현상하지 않는다. 그러나 자본이 직접적 생산과정에서 뽑아내어 상품으로 생산하는 잉여가치가 어떤 것이든 간에 상품 속에 포함된 가치와 잉여가치는 비로소 유통과정 안에서 실현되어야 한다. 그리하여 생산 속에 앞질러 투자된 가치들의 회수도 또한 상품 속에 내포된 잉여가치도 유통 속에서 단순히 실현되는 것이 아니라 이 유통으로부터 생겨나는 것처럼 비치게 된다⋯⋯. 이윤의 기업가 이문과 이자로의 분할⋯⋯은 잉여가치의 형식의 자립화, 즉 잉여가치 형식의 잉여가치 실체, 본체에 대한 자립적 고착화를 완성한다. 이윤의 다른 부분과 달리 이윤의 일부(기업가 이문 — 필자)는 자본관계 그 자체로부터 완전히 분리되어 임노동의 착취의 기능으로부터가 아니라 자본가 자신의 임노동으로부터 생기는 것처럼 나타난다. 이와 반대로 이자는 독립적인 것으로, 노동자의 임금노동으로부터든 자본가 자신의 노동으로부터든 독립적인 것으로, 즉 자본 자신의 고유한 독립적 원천으로서의 자본으로부터 생겨나는 것으로 보인다. 자본이 원래, 즉 유통의 표면에서 자본물신(物神)으로 현상하였다면 그것은 이자를 위한 대부자본의 형태에서 이제 다시 자신의 가장 소외되고 가장 특유한 형식으로 현상한다."* 즉 "여기에서 자본의 물신형태와 자본물신의 관념은 완성된다. G - G′에서 우리는 자본의 무개념적 형식, 즉 생산관계의 전도와 물상화(物象化)를 그 최고의 차원에서 보게 된다."(앞의 책, p.405)

이러한 신들린 자본주의 세계의 과학적 해명에 있어서 부르주아 고전경제학의 업적을 맑스는 다음과 같이 요약하고 있다.

"이러한 잘못된 허상과 기만, 즉 부(富)의 상이한 사회적 요소들의 이러한 자립화와 고착화, 물건의 인격화와 생산관계의 물상화(物象化)를, 즉 일상생활의 이러한 종교를 해체한 것은 고전경제학의 위대한 업적이다. 고전경제학은 이자를 이윤의 일부로, 지대를 평균이윤의 초과분으로 환원하고 그리하여 이 양자가 잉여가치 속에 수렴되도록 함으로써 그리고 유통과정을 형식들의 단순한 변환으로 서술하고 궁극적으로 직접적 생산과정 속에서 상품의 가치와 잉여가치를 노동에로 환원시킴으로써 그러한 해체작업을 수행하였다."(앞의 책, p.838)

다른 한편으로 맑스는 고전경제학의 한계를 이렇게 규정했다.

"그럼에도 불구하고 그것의 최선의 대변자들조차도 많건 적건 그들에 의해 비판적으로 해체된 허상의 세계에 사로잡히고 그리하여 그들 모두가 많건 적건 비일관성, 반편성과 미해결된 모순에 빠져들고 있는데 이것은 부르

---

* 칼 맑스, 『자본론』 제3권, MEW, 25권, pp.835~837

주아적 관점에서는 다른 가능성이 없었다."(같은 곳)

예를 들면 리카도에게는 기계의 감가상각비 개념이 없는데, 그것은 그가 기계는 고정자본이고 원자재와 임금은 유동자본이라는 분류를 기계의 소재적 고정성에 사로잡혀 경직화시킨 데에서 기인한다. 즉 기계는 감각적으로 관찰하면 꼼짝도 않고 고착되어 있으므로 상품으로 이전되는 부분이 없다고 생각한 것이다. 그런데 사실은 기계의 가치는 사용을 통한 마모, 녹이 스는 식의 자연적 마모, 더 성능 좋은 기계의 출현에 의한 도덕적 마모 등으로 수명이 한시적인 것이고 이 가감되는 가치분은 그동안에 생산된 상품가치 속으로 이전되기 때문에 기계는 항상 조금씩 유통자본으로 편입된다고 봐야 할 것이다. 그런데 그 이후의 속류 경제학의 헛소리들에 비하면 이 정도의 오류는 양호한 편이다.

"이에 반해 …… 현실적인 생산행위자들이 자본-이자, 토지-지대, 노동-임금(삼지 공식 — 필자)의 소외되고 불합리한 형식들 속에서 완전히 친숙하게 느끼는 것은 당연하다. 왜냐하면 그들이 활동하고 매일 관계하는 것은 바로 허상의 형태들이기 때문이다. 그리하여 현실적인 생산행위자들의 일상관념들의 교습법적인, 많건 적건 간에 교리적인 번역에 지나지 않는 것에 이해하기 쉽게 약간의 체제를 잡아넣은 속류경제학이 전체적인 내적 연관이 완전히 소멸해 버린 이러한 삼지(三枝)공식 속에서 자신의 얄팍한 잘난 체의 자연스럽고, 모든 의심을 초월한 토대를 발견하는 것도 마찬가지로 당연하다. 이러한 공식은 동시에 지배계급의 소득원의 자연필연성과 영원한 정당성을 선언하고 교리로 승격시킴으로써 지배계급의 이익에 영합하는 것이

다."(앞의 책, pp.838~839)

자본의 이자이든 토지의 지대이든 모조리 노동으로부터 나오는 것인데도 불구하고 노동의 임금과 병렬적으로 나열함으로써 이자와 지대의 불로소득의 원천을 은폐하고 무산자인 노동자를 노동력의 소유자로서 자본가 및 토지소유자와 대등하게 취급하는 이러한 이론적 사기극은 현대 속류경제학에서도 근본적으로 답습, 확대재생산되고 있다. 이러한 이해를 기초로 할 때 다음과 같은 맑스의 언표는 그리 어렵지 않게 해명될 것이다.

"화폐형식이 부르주아적 생산의 가장 일반적이고 미발전된 형식이기 때문에, 이런 까닭에 상품형식은 오늘과 같이 동일한 지배적이고 따라서 특징적인 방식으로는 아닐지라도 일찍이 등장하게 되는 바, 상품 형식의 물신성격은 아직 비교적 쉽사리 꿰뚫어볼 수 있는 것처럼 보인다. 그런데 보다 더 구체적인 형태들에 있어서는 이러한 단순성의 허상도 사라진다. 중금주의의 환상은 어디서 유래하나? 중금주의는 금과 은에서, 이것들이 사회적 생산관계를 표현하되 특수한 사회적 성질을 지닌 자연사물의 형식으로 표현한다는 것을 간파하지 못했다. 그리고 고상하게 빼기면서 중금주의를 내리깔보며 비웃는 근대경제학은 자본을 취급하자마자 그들의 물신숭배성이 명약관화한 것으로 되고 있지 않은가? 사회로부터가 아니라 대지 속에서 지대가 자라나온다는 중농주의적 환상은 소멸한 지 얼마나 오래란 말인가?"(p.97.)

금과 은의 가치가 금광·은광의 발견과 금·은의 채굴에 투입되는 노동량에 의해 형성되는 것이 아니고 금과 은의 불변적으로 번쩍거리는 자연속성에 기인하는 것이고 따라서 그것들은 "대지의 내장"으로부터 파내자마자 곧 화폐가 된다는 중금주의의 가엾은 화폐숭배를 비웃던 근대경제학은 자본의 이윤이 노동으로부터 나오는 것이 아니라, 그 자본가의 기계의 기술적 성능으로부터 또는 기술혁신으로부터 나오는 것이라고 떠들어 대면서 현재는 자본물신주의뿐만 아니라 기술물신주의에까지 깊이 빠져 들어 있다.

제2장 교환과정

교환과정 안에서의 폭력과 폭력의 소멸 : 국가도출론의 오류

상품은 사물이고 인간에 대해서 아무런 저항이 없어야 한다. “만약 상품이 말을 듣지 않으면, 그(상품보호자)는 폭력을 사용할 수 있다. 다른 말로 바꾸면 상품을 강탈할 수 있다.”(p.89) 이 첫 구절은 서독의 경제주의적 국가도출론과 관련하여 극히 중요하다. 서독 국가도출론자들은 국가의 부르주아 형태의 특유성을 경제과정으로부터 특수화되어(분리되어) 나온 것으로 보고 이러한 국가의 경제관계로부터의 분리를 교환관계의 전제, 즉 폭력의 배제로부터 구하고 있다. 교환당사자들끼리의 관계는 오직 등가교환의 원칙에만 입각하여야 하고 등가교환이 이루어지기 위해서는 교환당사자들 간의 강력이나 폭력 사용이 배제되어야 한다는 것이다. 이런 이유에서 교환과정으로부터의 폭력의 배제는 교환당사자가 아닌 제3자에 의해 보장되어야 하는바, 이 제3자는 교환의 쌍방에 공평한 조건을 보증하기 위해 폭력의 개입을 방지할 유일한 폭력의 독점체로서 경제 외부로 분리되어 나와야 한다. 이 제3자가 국가라는 것이다. 이러한 경제주의적 헛소리는 국가의 기능과 형태의 설명을 자본주의적 생산관계 중의 근본적 관계인 자본관계에서 구하는 것이 아니라 부르주아 사회의 표면적 관계인 교환관계에서 구하고 있다. 즉 경제영역에서의 폭력의 소멸은 교환관계의 본성(등가성)에 대응한 것이라 한다. 그러나 폭력의 소멸과 교환적 등가성은 본질적으로 아무런 관계가 없다. 왜냐하면 교환의 품목 중에 노예가 상품으로 끼어 있다면, 상품소유자들은 노예의 도망이나 저항을 막기 위해 폭력을 구사해야 할 것이기 때문이다. 이런 까닭에 그리스·로마 시대의 노예상인들은 무장단이었고 노예수송선은 무장선박이었다. 물론 교환자들끼리의 폭력행사는 원천적으로 배제되었겠지만, 노예제 생산양식의 토대에 기인하는 인간의 인신 자체의 상품화는 교환과정 안에서의 폭력을 전제하였다. 자본주의 경제과정 속에서, 즉 유통과정뿐만 아니라 생산과정을 포괄하는 전영역에서 직접적인 폭력이 사라지게 된 것은 결코 교환관계의 단순한 확산에 기인하는 것이 아니라 노동자의 인신 자체를 매입하지 않고 노동력만을 일시적으로 매입하는 임노동체계, 즉 자본관계에 근본적으로 기인한다. 즉 경제적 강제에만 입각하여 발동되는 착취·지배의 이러한 역사적 형태 변환은 경제 속에서의 직접적 폭력을 불필요한 것으로 만들었다. 이렇게 볼 때 국가도출론은 일거에 3중적인 오류를 범하고 있는데, 첫째는 모든 교환과정이 폭력을 배제한다는 망념이요, 둘째는 국가형태가 근본적 생산관계에 대응하는 것이 아니라, 표면의 유통관계에 대응한다는 잘못된 전제요, 세 번째는 자본주의 경제 속에서 폭력이 배제된 것을 모든 강제가 배제된 것으로 암묵적으로 전제하는 오류이다. 부르주아 경제 속에서 폭력이 배제되었지만 강제권력이 배제된 것은 아니다. 자본관계는 명백한 강제권력관계이다. 더구나 부르주아 법체계에서는 불법이기는 하지만, 그래도 자본주의적 교환과정에서는 끊임없이 지속되는 유아와 부녀자의 강탈적 매매는 폭력을 언제나 전제하는 것이다. 왜냐하면 이 상품들은 저항하기 때문이다. 이런 까닭에 각주 37에서 맑스는 약취된 부녀자로서 "아주 부드러운 물건", 즉 "불타는 육체를 가진 여인(femmes folles de leur corps)을 지적하고 있는 것이다.

물론 교환당사자들끼리는 서로를 사유재산자로, 따라서 인격체로 승인한다. 또한 거래는 계약의 형식을 취한다. 이러한 형식적 관계는 모두 부르주아 법학에 의해 반영되어 체계화되어 있다. 단순한 가치형식 안에서도 벌써 모든 상품은 맹아적으로 화폐임이 드러났었다. 모든 상품의 교환가치를 이 상품들로부터 분리되어 나온 어떤 상품이 배타적으로 표현해 줄 때 이 상품은 화폐가 된다. 즉 상품은 교환과정의 반복 속에서 상품으로서의 자기자신과 화폐로 이중화된다. 이것은 필연적 귀결이다.

화폐와 자본의 구별과 쁘띠 부르주아적 혼동

모든 화폐가 아니라 인간의 노동을 지배하과 착취하는 화폐만이 자본이다. 그런데 쁘띠 부르주아적 세계관은 보통 자본을 단순한 화폐와 등치시킨다. 임노동자를 전혀 또는 거의 지배하지 않는 소생품생산자와 소상인으로서는 자본주의적 소유의 본질이 자본관계, 즉 자본가의 노동자에 대한 지배관계라는 사실을 알 턱이 없으므로, 그들은 보통 소유를 자신의 점포나 주택 등의 소재적 사물로 파악하고 자본주의적 공장을 좀 큰 점포 정도로 이해한다. 즉 그들은 소유의 양적 변화 속에서 관철되는 질적 전환을 모르는 것이다. 이들의 소(小)소유는 대공업과의 가격경쟁에서 언제나 패자의 위치로 밀려나는 바, 이들은 불행히도 이러한 패배의 원인을 자본주의적 생산양식과 소상품 생산양식의 차이에서 구하는 것이 아니라 변동하는 가격에서 구한다. 자신들의 몰락의 원인이 화폐의 마술적 기능에 있는 것으로 착각하는 것이다. 여기로부터 자본에 대한 비판과는 까맣게 멀리 떨어진 화폐에 대한 쁘띠 부르주아적 증오가 유래하게 된다. 이들의 세계관에서 화폐는 더러운 것이며, 최선의 깨끗한 세계는 돈이 없는 세계이다. 그러나 이들의 생산양식은 소상품생산이므로 상품생산은 존속시키려 한다. 다른 한편 이들은 현존하는 사회주의 국가에서 화폐가 통용되고 있는 것을 기이하게 생각하거나 비난한다. 특히 과거 운동권 주변의 쁘띠 부르주아들 각자는 잘 살기 위해 누구보다 악착같이 돈을 추구하지만, 남이 돈을 추구하면 동일한 이유로 흉보고 욕하는 위선을 떤다. 게다가 사회주의 국가를 여행할 기회가 있는 어떤 상층 쁘띠 부르주아들은 화폐경제의 발전과 화폐추구욕의 진흥을 보고 짐짓 한국 내에서 화폐경제를 뒤엎기 위해 가장 혁명적으로 투쟁해 온 투사인 양, 사회주의 국가가 돈으로 오염되고 있다고 염려하는 위선을 떨어 댄다. 이러한 쁘띠 부르주아들의 모순된 의식의 다양한 변형형태들은 모두 각주 40에서 맑스가 말하고 있는 내용으로 집약되고 있다.

소부르주아적 사회주의는 "상품생산을 영구화하고 동시에 '화폐와 상품의

대립', 즉—화폐는 이러한 대립 속에서만 존재하기 때문에—화폐 자체를 폐지하고자 한다."(p.102 각주)

상품은 맹아적으로 그 자체 화폐이고 화폐는 따라서 상품생산의 필연적 산물이다. 쁘띠 부르주아들은 비눗물은 그대로 두고 비누거품만 없애려 하는 셈이다. 다시 말하지만 모든 상품은 맹아적으로 이미 화폐인 것이다.

따라서 화폐물신의 수수께끼, 즉 금이나 은을 그 자연적, 물리적 본성상 화폐가치가 있는 것으로 보는 전도된 의식의 수수께끼는 실은 상품물신의 수수께끼가 금과 은의 영원히 번쩍거리는 물리적 속성에서 더욱 뚜렷해지고 그리하여 그 광채로 말미암아 눈멀게 하는 것 외에 다름 아니다.(p.108)

제3장 화폐 또는 상품유통

상품생산 위에서의 '노동화폐'의 불가능성

자본주의적 생산양식에서 교환가치의 역할은 이중적이다. 첫째, 그것은 사회적 총노동을 개별 생산분야에 배분하는 일을 하는바, 이 배분관계를 사후적으로—그리고 오직 사후적으로만—규제, 통제한다. 즉 예를 들면 전구(電球)에 대한 변동할 사회적 욕구(수요)를 넘어서는 양의 전구가 생산되는 경우 전구의 교환가치는 하락하고 그리하여 이미 이 만한 양의 전구 생산에 투입된 노동량은, 개별 부문의 손해를 가능한 한 줄이려면, 신속히 감소되어야 한다. 왜냐하면 100단위의 노동시간이—예를 들면—60단위로 평가절하되기 때문이다. 거꾸로 전구 생산이 사회적 욕구에 미달하면 100단위의 노동시간이 마치 120단위인 양 평가될 것이기 때문에 자본은 이 전구 생산분야에서 노다지를 찾은 것으로 생각하여 신속히 생산을 확대할 것이다. 이러한 교환가치의 변동은 모든 상품분야에서 끊임없이 이루어질 것이다. 그리하여 교환가치는 간접적이고 사후적인 방식으로 이 분야의 노동과잉을 줄이고 저 분야의 노동과소를 보충하여 사회의 수요변동에 생산을 적응시킨다. 이러한 무계획적인 사적(私的) 생산은 항상 '징치고 막 내린' 뒤에만 균형에 도달하기 때문에 무정부성을 피할 수 없다. 둘째, 교환가치는 각 개별기업에 의해 취득되기 때문에 항상 개별기업이 이미 생산된 각종 생산물에서 차지해야 하는 몫을 규정한다. 이 개인취득의 교환가치는 물론 각 기업이 행하는 실책(과잉생산)과 행운(욕망의 확대로 인한 상대적 과소생산)에 대한 평가를 내포한다. 따라서 각 생산 중의 교환가치는 끊임없이 변동하면서 주어진 시점의 시장가격을 구성한다. 그러나 이 교환가치의 장기적 합의 평균은 각 상품에 투입된 노동량과 일치할 것이다. 따라서 수요-공급운동은 주어진 시점에서 각 상품에 투하된 노동량의 장기적 평균에 접근하는 운동인 셈이다.

화폐는 상품으로부터 분리, 추출된 순수한 교환가치이고, 교환가치로 주어진 시점에서 어떤 상품에 투여된 사회적 필요노동시간보다 많을 수도 있고 적을 수도 있는 노동시간의 대상적 판정치이다. 즉 화폐는 상품에 투여된 산 노동시간 그 자체를 직접 표현해 주는 것이 아니다. 사적 상품생산 속에서 지출된 사적 노동시간은 결코 직접적으로 사회적인 노동으로 취급될 수 없고, 나중에 시장에서 상품형태로 또는 화폐로 현금화됨으로써 감가의 평가를 받으면서 **간접적으로** 사회적 노동이 되어야 한다. 이것은 상품생산의 필연성이다. 이러한 설명의 전제 위에서 우리는 각주 50의 의미를 쉽게 간파할 수 있다 :

"화폐가 왜 직접 노동시간 그 자체를 표현해 주지 않는지 하는 물음은 …… 전적으로 간단하게 상품생산의 토대 위에서 노동생산물들이 왜 상품으로 나타나야 하는지 하는 물음으로 귀착된다. …… 또는 그 물음은 사적 노동이 직접적으로 사회적인 노동, 즉 자신의 정반대로 취급될 수 없는지 하는 물음으로 귀결된다."(p.109 각주)

뻬띠 부르주아적 사회주의에서 보통 이론적으로 몽상되던 시도 중에는 상품생산은 그대로 둔 채 기존의 화폐를 폐지하고 소위 '노동화폐'(x 시간의 노동을 기입한 지폐권)을 도입하려는 '천박한 공상주의'가 있다. 이 '노동화폐'는 통용될 수 없다.

첫째, '노동화폐'는 노동력이 과잉으로 몰린 부문이든 과소한 부문이든 공히 같은 소득을 보장할 것이기 때문에 사회의 욕구의 변동하는 생산의 신축성을 보장하지 못한다. 그리하여 과잉노동이 투입된 생산분야의 과잉 생산물에 투입된 노동시간을 가격으로 고수한다면 사회의 욕구를 초과하는 생산물은 계속 폐기될 것이다. 따라서 상품으로 대상화된 노동량은 노동권에 기입된 노동시간의 양에 대응하지 못하고 항상 이것에 미달할 것이다. 따라서 노동권은 일정 수준으로의 일반적 평가절하를 겪다가 결국 휴지조각이 될 것이다. 둘째, 미시적인 시각에서, 세 명의 생산자 중 한 명은 8시간에 1단위의 생산물을 만들고, 두 번째 사람은 2단위, 세 번째 사람은 3단위를 제작한다고 하자. 이때에도 노동권은 모두에게 8시간 노동권으로 주어질 것이다. 따라서 8시간 노동권으로 도합 6단위 중 2단위밖에 구입하지 못하기 때문에 세 번째 사람은 노동권의 폐지를 주장할 것이다. 셋째, 사회적 생산력이 낮을 때 1단위를 제작하는 데 4시간이 걸렸다면, 이후 생산력이 발전하여 이제 2시간이 걸릴 수 있다. 이때도 그 이전에 발행된 노동권은 그 액면가가 4시간이므로 4시간어치 구입을 주장할 것이고 결국 상품의 품귀현상이 빚어져 노동권의 평가절하가 거듭될 것이다. 이리하여 최종적으로 다시 노동권이 휴지조각으로 변할 것이다.

어떤 경우든 상품생산의 토대 위에서의 '노동권'은 사회적으로 통용되지 못하고 폐지된다. 즉 노동권은 오직 발행처인 개별기업에게만 유의미하고 그것도 이것을 발행한 일정 시기 동안만, 즉 생산력 수준이 일단 종전의 수준을 유지하는 동안만 유의미할 것이다. 아무튼 상품생산이 존재하는 한 화폐는 폐지될 수 없다.

화폐는 공산주의의 낮은 단계인 사회주의 사회의 사회주의적 상품생산에서도 필수불가결하다. 즉 상품생산과 화폐의 완전한 소멸은 사회의 각 생산부문에 필요한 노동량을 신축성 있고 완벽하게 사전 계획해 냄으로써 각 개인의 노동을 직접적으로 사회화하고 사회의 총생산물에 대한 개인의 인출(생산물의 개인분배)이 신용카드의 단순한 부기를 통해 가능해지는 체계(신용 체계의 전사회적 완벽화, 분배지점의 전국적 조밀 분포, 신속·정확한 부기와 조회를 가능하게 하는 극소전자적 과학기술, 즉 컴퓨터류의 발전)를 발전시킴으로써 가능할 것이다. 이런 것이 성취되기 전에 노동권을 도입하려는 어떤 시도도 반(反)맑스주의적인 쁘띠 부르주아적 공상이다.

배급제의 반(反)맑스주의적 성격

북한이나 중국(중국에서는 물론 식량을 자유시장에서도 구할 수 있다.) 등에서 시행되는 곡식배급제의 경우에 쓰이는 양권은 노동권이 아니다. 이 양권에는 노동시간이 기재되어 있는 것이 아니라 가족 수가 기재되어 있기 때문이다. 물론 이 양권에 의한 배급제도 정상적인 사회주의 제도의 요소는 아니다. 배급제는 원래 바쿠닌 등의 무정부주의자들에 의해 주장되었는데 맑스와 엥겔스는 이러한 제도를 "병영적 공산주의"(Kasernenkommunismus)로 규정하고 격렬히 비판하였다.(맑스, 엥겔스, 「국제노동자협회에 대한 모반」, MEW 18권, p.425) 왜냐하면 배급제는 개인들의 경제사회생활에 완전한 통제를 가할 수밖에 없기 때문에 개인의 자주성이 극소화되고 배급통제자의 권력이 극대화되기 때문이다. 원래 소련에서 배급제는 내전기에 생필품의 매점매석을 통해 폭리를 취하는 기생충들을 박멸하기 위해 취해진 전시(戰時)공산주의의 임시조치였다. 즉 식료품의 배분을 상품유통에 내맡겨 둘 경우 전시에 매점매석 현상은 불가피해지고, 그렇지 않아도 전시에는 생산량이 하락하여 모자라는 식료품은 더욱 품귀현상에 빠져 아사자가 집단적으로 속출하게 된다. 또한 매점매석이 아니더라도 상품유통 중에 최고 가격을 지불하는 구매자를 기다리며 불가피하게 적체되어야 하는 식료품의 양은 전국적으로 확신할 때 엄청날 것이기 때문에 계산상 산출량이 기본소비량에 딱 맞아떨어지는 경우에도 유통과정을 통해 식료품을 분배할 때 아사자들이 나타날 것이다. 더구나 구입되는 개인의 소비량의 통제 없이는 이런 산출량=기본소비량의 경우 한쪽에서는 쌀로 송편을 빚어 먹는데 다른 쪽에서는 쌀 한 톨 구경 못하고 굶주리는 현상은 불가피할 것이다.

과거 소련이나 동구 사회주의권에서도 식량배급제는 전시가 끝나고 다시 식료 생산량이 정상을 되찾아 유통과정 중의 적체량과 향락적 소비(송편, 케이크 등)를 포함하는 필요량을 넘어서면서부터 차츰 폐기된바 있다. 따라서 전시와 비상시가 지났는데도 북한에서 유지되고 있는 식량배급제는—그들의 자랑대로("밥의 공산주의") 식량의 풍부함에도 유지되고 있는 것이라면—반(反)맑스주의적, 바쿠닌주의적인 "병영적 공산주의"의 요소이거나 아니면 그들의 호사스런 선전과는 반대로 식량 생산이 유통과정 중의 적체량과 향락적 소비를 포함하는 사회의 정상적 식량수요 수준에 미달하고 있음을 증거하는 징표일 것이다. 아무튼 현물(現物) 식량의 배급제가 일상적 체제로 현실화된 것은 역사상 노예제, 그것도 고대노예제에서 예외에 해당하는 아테네와 로마의 직접적이고 공공연한 노예제하에서 밖에 없었다. 현물형태의 먹을 것을 제3자나 제3의 통제기구에 의해 배급받는 자들은 사실상의 노예로서, 굶어 죽을 각오가 아니면 이 제3자의 자의에 저항할 수 없다. 왜냐하면 그 누구든 통제기관에 대해 저항한다면 밥줄이 끊어져 버릴 것이고 또 주변의 동정심 있는 사람들로부터 식량을 얻어먹을 수도 없을 것이기 때문이다. 현물식량은 개인의 머리수에 비례해서 배급되고 있어서 자기 먹기에 빠듯한 것이고 또 콩 한 개도 나누어 먹는다는 상부상조 정신을 발휘하려고 하더라도 여기저기에서 십시일반식으로 모아진 식량은—그 현물형태에 있어서는—운반하기 쉽지 않으며 또 곧바로 탐지되기 십상이다. 소련, 동구 지역에서 반(反)스탈린주의적 사회주의자들은 직업을 박탈당하더라도 글을 써서 먹고 살 수 있었고 또 추종하는 민중들의 비밀스런 현금 지원을 받을 수 있었기 때문에 죽지 않고 살아남아 새 시대를 맞아 사회주의의 민주화에 가담할 수 있었던 것이다. 현금지폐의 임금은 그 수령인이 여러 목적에 자유로이 할당할 수 있는 여지가 있어서 자신의 향락품에 쓸 몫을 이웃돕기로 전용할 수도 있고 위험한 경우 몰래 보내기도 쉽다. 현물배급제하에서는 이것이 불가능하다. 이런 체제에서 일체의 동요도 없는 것은 아무런 모순이 없어서가 아니라 그 주민이 제3자에게 먹을 것을 현물형태로 장악당한 비(非)자주인들이기 때문이다. 먹을 것을 현물형태로 장악당한 자, 임노동자보다 불행할 진저!

화폐의 기능들 : ① 가치척도

각설하고 화폐의 기능들에 관한 설명으로 들어가자.

화폐의 근원적인 기능은 상품의 가치척도로서의 기능이다. 1말의 밀=2갑의 담배라는 간단한 등식에서 등가형태 담배는 밀의 교환 가치를 재는 수단이 되고 있다. 이 담배 대신 화폐가 도입된다면, 1말의 밀=1,600원이 된다. 물론 밀 1말에 1,600원이면 싼 값인데, 여기에서는 일단 미농산물의 집중적인 침략으로 가격이 폭락했다고 생각해 두자. 이때 1,600원은 밀 한 말의 가치이다.

화폐의 기능들 : ② 유통수단

화폐의 두 번째 기능은 유통수단으로서의 기능이다. 상품은 사용가치와 교환가치의 내재적 대립물이다. 어떤 상품이 다른 상품과 직접 교환되지 않고 일단 화폐로 현금화되었다가 다시 다른 상품과 교환된다면, 유통공식은 W-G-W′가 되는데, 이제 G는 W와 W′가 교환되는 것을 매개하는 수단이 되고 있다. 그런데 첫 번째 형태 변환인 W-G에서 W는 G와 맞서 있는 바, G는 W의 교환가치이다. 따라서 상품의 교환가치와 사용가치의 **내재적** 대립은 화폐의 개입과 함께 **외적인** 대립으로 변한다. 이렇게 화폐가 개재되면서 교환가치와 사용가치의 외적인 대립으로 발전하게 된 교환을 **유통**이라고 한다. 따라서 다음과 같이 분류되게 된다.

교 환 ─┬─ 물물교환(W-W′)
　　　 └─ 유통(W-G-W′)

그런데 물물교환과 유통은 이처럼 형태상으로 다를 뿐만 아니라 또한 본질적으로도 다르다. 즉 물물교환에서는 W의 판매가 W′의 구입과 직접적으로 통일되는 데 반해, 유통에서는 W의 판매 후 일단 화폐를 보유하고 있다가 일정 기간이 지난 후 임의의 지역에서 W′를 구입할 수 있기 때문에 판매와 구입이 시공적으로 분리될 수 있다. 그리하여 물물교환에서 내적인 통일을 이루었던 과정이 외적인 대립으로 발전하고 이러한 발전 속에서 사용가치와 교환가치의 외적 대립도 첨예화되게 된다. 판매와 구매의 시공적 분리·대립은 곧 항상 내적으로 통일되어야 하는 것들의 외적인 자립화를 유발하고, 이것이 일정 수준까지 고조되면 통일이 폭력적인 방식으로,

즉 공황을 통해서 관철된다. 즉 상품공급이 주어진 지점과 시점에서 화폐보유자의 당면 욕망을 극적으로 초과하면 상품가격이 폭락하고 공급이 중지되며 결국 생산도 일시적으로 중단된다. 그러나 단순 상품생산과 단순 상품유통의 단계에서의 공황이란 국지적이며 찰나적이라서 일반적 공황으로 현실화되거나 주기적으로 나타나지 않는다. 즉 이 단계에서 다만 상품운동의 일정한 형태적 발전은 "공황의 가능성"만을 내포할 뿐이다. "이 가능성이 현실성으로 발전하기 위해서는, 단순 상품유통의 관점에서는 아직 전혀 존재하지 않는 전적인 범위의 관계들을 필요로 한다."(p.128) 즉 자본주의적 생산양식의 제관계를 필요로 하는 것이다. 몇 가지 측면만을 열거하자면 첫째, 특유하게 자본주의적인 기계제 대공업의 생산력이 전제되어야 한다. 이것은 사회의 욕망증대 속도를 앞지를 수 있는 강력한 생산력을 뜻한다. 둘째는 자본관계이다. 자본관계는 극히 모순적인 방식으로 운동하는데, 한편으로는 가능한 한 최대의 강제력으로 최대의 착취, 즉 최소의 임금지급을 획책하고, 다른 한편으로는 자본에 의해 쥐어짜져 과소한 구매력을 가진 임노동자가 대중을 이루는 소비자들에게 이들의 임금에 해당하는 상품량 이외에 추출된 최대의 잉여가치에 대응하는 상품량도 현금화하고자 한다. 셋째, 이러한 모순은 자본의 유기적 구성이 높아져 이윤율이 하락하면 할수록 더욱 첨예화된다, 등등. 이러한 지극히 자본주의적인 복합적 요인들만이 상품유통에 내재한 공황의 가능성을 현실화할 수 있다. 변증법적 존재론에서 양상논리(Modallogik)라 함은 존재자의 세 가지 존재양상, 즉 가능성, 필연성, 현실성의 관계에 관한 논리를 뜻한다. 양상논리의 변증법에서 가능성과 필연성의 통일은 현실성이다. 이렇게 볼 때 일반적 경제공황의 현실성은 유통 속에서의 가치와 사용가치의 외적 대립 즉 공황의 **가능성**과 자본주의적 생산양식의 제모순, 즉 공황의 **필연성**의 통일이다. 따라서 공황은 유통관계의 영역에서는 온전히 설명될 수 없는 것이다.

그럼에도 불구하고 자본주의 공황을 유통과정의 상품운동으로부터 설명하려고 한다면 이것은 '경제주의적' 설명일 것이다. "경제주의" 개념은 레닌의 혁명론적 의미에서의 경제주의가 아니라, 맑스의 방법론적 의미에서의 경제주의를 뜻한다. 각주 73(p.128)에서 맑스는 다음과 같이 말하고 있다 :

> "경제주의적 변호론(ökonomistische Apologetik)의 방법에 특징적인 것은 두 가지 점이다.* 첫째 상품유통과 직접적인 물물교환을 이것들의 차이들을 사상함으로써 동일시하는 것, 둘째 자본주의적 생산 행위자들의 제관계를 상품유통으로부터 생겨나는 단순한 관계들로 해소시킴으로써 이 자본주의적 생산과정의 제모순을 삭제해 버리려는 시도. 그러나 상품생산과 상품유통은 상이한 규모와 범위이긴 하되 극히 상이한 생산양식들에 속하는 현상이다. 따라서 이러한 생산양식들에 공통된, 상품유통의 추상적 범주들만을 안다면, 이 생산양식들의 특유한 차이에 관하여 아무것도 모를 것이고 따라서 이것들을 판별할 수 없다."

부르주아 경제주의의 개념과 비판

---

* 부르주아 경제주의에 일정 정도 오염된 영어, 일어, 한국어 번역본들, 그것이 북한본이든 김수행 번역본이든 김영민 번역본이든 가릴 것 없이 독일어 ökonomistische를 economic 또는 '경제학적'으로 모두 오역하고 있다.

부르주아 경제학에 전형적이고 오늘날에 더 극성을 부리는 경제주의의 본질적 측면에 관하여 상론하기 위해 두 번째 점에 관심을 집중시켜 보도록 하자. 여기서 '경제주의적'이라는 형용사는 맑스가 '경제적'이라는 말을 쓰려다 잘못 쓴 것이 아니다. 『자본론』 제1권이 출간되기 정확히 20년 전, 그러니까 1847년에 쓰여진 「임금」(Arbeitslohn)이라는 글에서도 이 형용사를 사용하고 있다. "전체 맬더스주의적인 그리고 경제주의적 이론은 …… 운운."(맑스, 『임금』, MEW, 6권, p.536) 20여 년 전 사용하던 이 술어를 그 생전에 정식 출판된 주저 속에 다시 도입함으로써 맑스는 이 술어에 과학적 지위를 부여하고 있는 셈이다. 그럼에도 불구하고 『자본론』 제1권의 출간 이후 120여 년 동안 이 개념이 거론된 적이 없다. 이것은 그동안 『자본론』이 겪은 일정한 '경제주의적 해석'의 시련을 간접적으로 반증해 주는 것일 것이다.

부르주아 사회의 "표면"(Oberfläche)은 자본과 자본 간의 유통관계, 상업자본과 소비자 간의 유통관계에 의해 뒤덮힌다. 이 유통관계의 범주들은 상품, 화폐, 경쟁, 신용, 이자, 지대, 임대료, 임금 등이다. 이러한 유통관계의 시각에서 보면 모든 관계는 평등한 인격체들 간의 관계로 나타난다. "자본주의적 생산과정의 생산행위자들 간의 제관계를 상품유통으로부터 나오는 단순한 관계로 해소한다."는 구절은 "자본주의적 생산과 정의 생산행위자들의 제관계"인 자본가와 노동자 간의 권력-착취관계를 마치 그러한 평등한 표면적 관계, 유통관계로 둔갑시킨다는 것을 뜻한다. 이렇게 함으로써 부르주아 경제학은 자본주의적 생산과정의 모순들, 그것도 적대적 모순성을 소거한다. 즉 자본과 노동 간에도 자본과 자본 간의 관계와 마찬가지로 평등하고 등가적 거래가 이루어진다는 것이다. 예를 들면 신보수주의자인 프리드만은 자본가가 노동자에게 생계비인 임금을 벌도록 자기 공장의 사용기회를 제공함으로써 노동을 구입하고 노동자는 자본가로부터 노동에 대한 대가로 공장을 사용할 기회를 구입한다는 것이다. 즉 쌍방에 평등한 자유거래라는 것이다. 이러한 시각 속에서는 자본관계(=노동자에 대한 자본가의 착취-지배관계)가 마술적으로 소멸한다. 즉 **경제 속의 강제관계**를 지워 버리는 것이다. 이것이 경제주의의 핵심이다. 즉 이러한 시각의 주관심은 언제나 생산물, 생산수단, 노동이 어떠한 형태로(즉 현물이냐, 화폐냐) 또는 어떠한 방식으로(완전 경쟁이냐, 불완전 경쟁이냐), 얼마만한 양으로 교류되느냐에 있다. 즉 교류양식(Vehrkehrsweise)을 중심에 놓고 생산양식을 지워버리는 것이다.

그러나 자본과 노동의 관계는 그것이 생산 속에서 맺어지든 유통 속에서 맺어지든 **강제관계**이다. 자본의 노동력의 구입행위는 이미 **자본관계**를 전제한 것이고, 노동자는 진정으로 자유롭게 노동력을 매각하는 것이 아니라 실은 강매(強賣)당하는 것이다 : "생산과정 중의 자본관계는 이 관계가 즉자적으로 유통행위 속에, 즉 구매자와 판매자가 서로 만나는 상이한 경제적 근본조건 속에, 이들의 계급관계 속에 이미 내재하는 까닭에서만 출현한다. 화폐의 본성과 더불어 이 관계가 주어져 있는 것이 아니다 : 오히려 이 관계의 현존이 단순한 화폐기능을 자본기능으로 바꿀 수 있다."(『자본론』 제2

권, MEW, 24권, p.27)

각 시대의 생산양식들 간의 특유한 차이를 밝혀 주는 것은 교류양식이 아니라 물론 생산조건의 소유자와 직접적 생산자의 직접적 관계, 같은 말이지만 잉여노동을 직접생산자로부터 생산조건의 소유자가 "강탈하는" 경제적 형식(자본주의에서는 자본관계)이다.

그러나 교류양식을 중심에 놓고 역사를 보면 역사시대는 노예제, 봉건제, 자본제 등으로 구분되는 것이 아니라 현물경제시대, 화폐경제시대, 신용경제시대로 구분되고 말 것이다.

"사람들은 즉각 현물경제, 화폐경제와 신용경제를 사회적 생산의 세 가지 특징적인 경제적 운동형태로서 대립시켰다.

첫째, 이 세 형태는 대등한 발전단계들을 결코 서술하지 않는다. 소위 신용경제는 그 자체 화폐경제의 한 형태일 뿐인데, 그것은 두 명칭이 생산자들 간의 교류기능들 또는 교류양식들을 표현하기 때문이다. 발전된 자본주의 생산에서 화폐경제는 단지 신용경제의 기초로서만 현상한다. 화폐경제와 신용경제는 자본주의적 생산의 상이한 발전단계에 대응할 따름이지만 자연경제와는 서로 다른 전혀 상이한 교류형태들을 저 두 형태에 대등한 것으로 대립시킬 수 있을 것이다.

둘째, 화폐경제, 신용경제 등의 범주 속에서 경제, 즉 생산과정 그 자체를 강조하여 판별적인 특징으로 부각시키는 것이 아니라, 경제에 대응하는 상이한 생산행위자들 간의 교류양식을 강조하기 때문에 동일한 일은 첫 번째 범주에서도 이루어져야 할 것이다. 그리하여 현물경제가 아니라 물물교환경제. 이렇게 보면 완전히 폐쇄된 현물경제, 예를 들면 페루의 잉카제국은 이 범주들 중 어디에도 속하지 않을 것이다.

셋째, 화폐경제는 모든 상품생산에 공통된 것이고, 생산물은 극히 상이한 사회적 생산유기체들 안에서 상품으로 현상한다. 이런 까닭에(그런 분류법에 따를 때 — 필자) 자본주의적 생산양식을 특징짓는 것은 생산물이 상업품목, 즉 상품으로 생산되고 그리하여 이 생산물의 구성 요소들이 다시 상업품목, 상품으로서 그것이 나온 경제 속으로 들어가는 규모(Umfang)밖에는 없을 것이다.

실은 자본주의적 생산은 생산의 보편적 형식으로서의 상품생산이지만 이것은 노동이 여기에서 그 자체 상품으로 현상하기 때문에, 즉 노동자가 노동을, 즉 그의 노동력의 기능을 팔기 때문에, 그것도 우리가 가정하듯이, 이것의 재생산비에 의해 규정된 가치로 팔기 때문에만 상품생산이며 또 이런 이유에서 더 많이 이 방향으로 발전하는 것이다⋯⋯. 자본가와 임노동자의 관계 속에서 화폐관계, 즉 구입자와 판매자의 관계는 생산 그 자체에 침투한 내재적 관계가 된다. 그러나 이 관계는 근본에 비춰 볼 때 교류양식이 아니라 생산의 사회적 성격에 기초한다. 바로 말하면 이 교류양식의 사회적 성격이 거꾸로 전자의 성격으로부터 생겨난다고 해야 할 것이다. 더 덧붙이자면 생산양식의 성격 안에서 이에 대응하는 교류양식의 기초를 발견하는 것이 아니라 거꾸로 하는 것은 사업가들의 온 두뇌를 빼앗고 있는 부르주아적 지평에 부응한 것이다."(『자본론』 제2권, MEW, 24권, pp.119~120)

이 말을 간단히 종합하면 **교류양식이 전혀 중요치 않다고 하는 말은 아니지만** 항상 소유양식과 잉여의 강탈양식을 내포하는 생산양식의 시각을 중심에 놓아야 하고 그 다음 이것으로부터 교류양식의 형태적 또는 양적 발전을 도출해 내야 한다는 말이겠다. 일정한 소유양식에 기초한 잉여의 **강제적** 착취양식 또는 **근본적** 생산관계는 제각기 해당 사회구성체의 근본적 성격을 규정짓는다. 노예제적 사회구성체의 근본적 생산관계는 **노예제관계**이고 봉건적 사회구성체의 근본적 생산관계는 **봉건관계**(Feudalverhältnis : 봉건적 토지소유자의 농노·예농에 대한 지배-착취관계)이고 자본주의적 사회구성체의 근본관계는 말한 바와 같이 **자본관계**이다.

자본관계의 전제 없이는 남의 노동력을 화폐로 구입할 수 없듯이 노예제의 현존 없이는 화폐로 노예를 구입할 수 없다. 즉 화폐가 자본관계와 노예제를 창설하는 것이 아니라는 말이다. 맑스는 이에 관해 다음과 같이 말한다 : "노예의 구입과 판매도 형태상 상품매매이다. 그러나 노예제의 현존 없이 화폐는 이러한 기능을 수행할 수 없다."(『자본론』 제2권, MEW, 24권, p.38) 그러나 경제주의적 시각에서는 모든 것이 화폐의 위업으로 나타날 것이다.

인신과 노동력의 다양한 소유형태들

마지막으로 생산양식이 근거하는 소유관계에 관한 일정한 편향적 이해에 관하여 살펴보자. 대부분의 사람들이 계급적 소유를 이해할 때 그것을 **인간과 인간 간의 권력관계**로 이해하는 것이 아니라 사물에 대한 소유만으로 이해한다. 그러나 맑스가 쁘띠 부르주아 사회주의자 칼 하인첸에 대한 반박에서 말하고 있듯이 "소유도 아무튼 일종의 권력이다."(맑스, 「도덕적 비판과 비판적 도덕」, MEW, 4권, p.337) 그런데 이 소유권력은 이중적이다. 생산 및 생계수단에 대한 독점적 소유를 통해 작동하는 간접적인 경제적 강제권력과 **사람**(직접생산자)이나 사람의 **노동력**에 대한 직접적 또는 간접적인 소유에 의해서 조직되는 지배권력이 있다.(이것이 특히 중요하다.)

생산 및 생계수단에 대한 지배계급의 소유는 모든 적대적 사회구성체에 걸쳐 지속되었기 때문에 경제적 강제는 모든 적대적 사회구성체에서 존재했다. 그런데 이 경제적 강제가 전(前)자본주의 시대에는 낮은 생산력 수준으로 인해 잉여노동을 추출하기에 너무 약했기 때문에 언제나 사람의 인신, 즉 노동력의 담지체 자체에 대한 소유권력이 주도적으로 기능할 수밖에 없었다. 이 인신의 소유는 여러 가지로 구분된다. 우선 가족관계에 의해 **은폐된** 인신소유는 고대 아시아적 가부장제이다. 이 소유관계는 가족 및 친족관계에 의해 은폐되어 있었지만 그 본질에 있어서 사람에 대한 소유관계를 내포하고 있었는데, 가부장이 그 자손과 부인, 노비에 대한 생사여탈권을 쥐고 있었다든지 가부장이 죽으면 그 부인과 하인들이 같이 순장되었다든지 하는 사실(史實)에서 이들이 가부장의 소유물이었음을 알 수 있다.

둘째, 직접생산자에 대한 **직접적이고 공공연한** 소유이다. 이것은 고대세계에서는 일종의 예외였을지라도 그리스·로마에서 전형적으로 관철되었다. 이들은 매매 가능한 동산(動産)노예였다.

셋째, 생산자에 대한 **부분적**이거나 **간접적인** 소유이다. 이것은 봉건적, 신분제적 예속이 그 전형을 이룬다. 생산자에 대한 직접적이지만 전면적이지 않은 부분적 소유는 농노신세를 두고 하는 말인데, 이들은 일주일의 약 반은 영주의 직영지에서 노예로서 혹사되고 반은 자율적으로 자기농지에서 일했다.(초기 형태) 그런데 **봉건반동**(유럽대륙에서 농민반란의 패배로 인한 농노제의 강화, 확대재생산) 이후에는 아예 농노나 예농이 지닌 분여지농토를 회수하여 직영지를 이루고 농노의 전노동시간을 일시키는, 초기 농노제보다 강화된 형태도 출현한다.

생산자에 대한 **간접적** 소유는 예농, 즉 반자유농을 가리키는데 이들은 일정한 지대 납부 외에 모든 생산활동, 사회활동에서 자유를 누렸으나 영주의 영지에 붙박여 살아야 하는 의무(Schollenpflichtigkeit)로 말미암아 영지가 양도, 매각, 정복될 때 땅과 함께 다른 소유주에게 넘어가는 식으로 간접적인 소유상태에 있었다. 즉 사람에 대한 소유가 이들이 붙박여 있는 토지에 대한 소유권을 통해 실현되었기 때문에 '간접적'인 것이다. 아무튼 농노제는 노예제와 더불어 생산자의 인신 자체를 생산수단적 **사물**로 보고 소유하는 것이다. 이런 까닭에 맑스는 이런 관계를 다음과 같이 정식화하고 있다 : "노예제도나 농노제도에서처럼 직접생산자의 인신에 대한 일정한 사람들의 소유"(『자본론』 제3권, MEW, 25권, p.647) 또는 "노예, 농노 등"은 "그 자신이 직접 생산수단에 속한다."(p.742)

넷째, 노동자의 인신이 **아니라** 이 노동자의 **노동력**에 대한 소유로 실현되는 지배이다. 이것은 노동자 자신의 형식적 동의를 통해 이루어진다는 외피를 쓰지만, 생산수단의 소유에 의해 추동되는 경제적 강제가 위력적으로 이 형식적 동의를 강요하는 형태이다. 이것은 생산수단에 대한 소유가 자본이냐 토지소유이냐에 따라 자본주의적 형태와 반(半)봉건적 형태(프러시아 융커적 반봉건제가 아니라 식민지형 — 즉 우리나라 일제 강점기형)가 있다. 자본제는 생산수단의 사적소유뿐만 아니라 **남의 노동력에 대한 사적소유도** 인정하는 제도이다. 즉 노동자는 "자본가의 작업장에 들어서는 순간부터 그의 노동력의 사용가치, 즉 그것의 사용, 노동은 자본가의 것이 된다."(p.200) 자본제 형태는 앞에서 상세히 언급했으므로 더 설명할 필요가 없을 것이다. 반봉건적 형태는 대토지 소유자가 분여지 소작농의 부역을 제사, 상사날 등이나 축대, 제방 쌓기 등에 무상으로 동원하는 경제적 강제권력의 형태이다. 지시는 "연락"하는 형식을 취하고 복종의 형식은 자발적인 "동조"의 형식을 취하지만 소작권의 여탈 권력이 배후에서 소리 없이 작동한다. 이 "소리 없는" 경제적 강제는 이런 형태의 반(半)봉건제(에이레형, 농노해방 직후의 러시아형, 일제 강점기의 한국형 등)에서 특유한 토지독점권에 기초한 것이다. 완전 봉건제하에서 토지소유는 지주의 상급소유권과 부자유 농민의 하급소유권이 중첩되는 소유제이었고 이런 까닭에 지주의 부분적 또는 간접적 소유물로서의 농민도 토지에 대한 권리, 즉 세습적 점유권을 소유하고 있었다. 그러나 반봉건제에서는 대토지 소유와 소농분여지가 맞짝되는 사실상의 봉건장원 구조가 잔존하지만, 이 농민의 세습적 소농토점유권이 박탈되고 대지주의 자의에 따라 이 사람, 저 사람에게 소농지경작권을 대여할 수 있는 권력이 정상적인 것으로 관철된다. 그리고 농민의 인신에 대한 신분적 소유가 소멸한 상태이다. 따라서 이 점만을 본다면 이것은 분명 자본주의적이다. 그러나 토지의 직접 경작자가 자본가나 임금노동자가 아니라 소농지를 소작지로 대여 받아 최소한 노동과정 안에서는 자립적인 경영을 하는 소작인이다. 또한 유사(類似) 장원과 소작인의 무상부역이 잔존한다. 이 점에서 본다면 봉건제적이다. 따라서 이 경우를 반봉건제라고 부르는 것이다. 이런 까닭에 맑스는 1850

년대 이전의 에이레 토지소유제에 대해 다음과 같이 서술할 수밖에 없었다 : “지대, 즉 **자본주의적 생산양식에 대응하는 토지소유의 방식이 형식적으로,** 즉 자본주의적 생산양식이 존재함이 없이, 임차농 자신이 산업자본가이지 않은 채, 다시 말하면 이 차지농의 경영방식이 자본주의적이지 않은 채 형식적으로 존재하는 관계 …… 이것은 예를 들면 에이레의 경우이다. 여기서 임차농은 평균적으로 소농이다.”(『자본론』 제3권, MEW, 25권, p.638) 이때 토지 소유자는 의당 대지주인데, 소농의 세습적 경작원을 분쇄함으로써 강력해진 경제적 강제력을 이용하여 신분적으로는 자유로운 소작인의 잉여생산물과 무상부역노동을 착취하는 것이다.

반봉건제와 근대적 임대차 관계의 차이

토지 임대차관계가 존재하는데도 이런 경제적 강제권력이 거의 작동하지 않는다면 그것은 반봉건적 토지소유관계가 아니다. 이것은 거의 대등한 당사자 간의 **근대적인** 임대차관계이다. 가령 1,000만 마지기의 토지를 1만 명의 대지주(각각 1,000마지기씩 보유)가 장악하고 평균 10마지기의 소농토를 100만 명의 소작인에게 소작 주는 토지소유제와, 20만 명의 소지주(각각 평균 30마지기씩 소유)가 평균 5마지기씩 가지고 있는 80만 명의 빈농에게 소규모의 토지들을 임대해 주는 토지소유관계(20만×30마지기+80만×5마지기=1,000만 마지기)는 사회경제적 시각에서 볼 때 변증법적인 의미에서 질적으로 다른 것이다. 전자의 소유관계에서는 유사(類似)장원이 형성되고 소리 없는 경제적 강제에 기초한 **일방적** 권력관계가 필연적으로 형성되지만 후자의 소유관계에서는 그러한 현상이 애당초 불가능하고 오직 모든 교환관계에 공통되는 **상호의존성**이 지배할 뿐이다. **따라서 이 경우에는 어떠한 일방적 무상부역도 나타나지 않는다.** 오직 노동의 교류가 있다면 상호적인 품앗이만 있을 뿐이다. 현재 우리나라 토지소유관계의 주종을 이루고 있는 것은 바로 그러한 관계이다. 20~30마지기 정도의 농지를 소유한 노인네들이나 7~8마지기 정도 소유한 도시이주자들이 경제적 목적에서보다는 단지 선대의 땅을 보유하고 있으려는 전통적인 경제외적인 고려에서 '소작'을 주고 있다. 이 경우 '소작'하는 농민들도 자신의 소유지를 일정량 지니고 있기 십상인데, 이로 인해 이 농민들이 보유하게 되는 총농지(자기소유+임차농지)가 농지소유자의 토지규모와 거의 대등하거나 또는 심지어 능가하는 경우가 허다하다. 이 경우 임대자와 임차인 사이에는 ① 아무런 권력관계가 존재하지 않는다. 그리고 임차인이 토지소유자에게 지불하는 임대료 총액은 별 볼일 없어서 ② 토지소유자의 생활 수준이 현재 지배계급의 최저선에도 도달하지 못하고 또 ③ 무상부역이 없으므로 토지소유자가 자가노동을 스스로 수행해야 하므로 아무런 지배자의 신분적 분위기도 자아내지 못한다. 이런 경우를 반(半)봉건제라고 우기는 지대론적 봉건제론자들은 ①을 고려치 않기 때문에 경제주의적 시각에 빠져 있고 ②와 ③을 고려하지 않으므로 (양질전화의) 변증법을 무시하는 비(非)변증법적 사유에 빠져 있는 셈이다. 『자본론』 제3권의 "자본주의적 지대론"의 일관된 취지가 지대가 비록 여전히 '지대'(Grundrente)라고 옛 이름으로 불린다 하더라도 내부관계가 완전히 자본주의적으로 갱신된 것임을 증명하는 것이었다면, 현재 한국 토지 소유관계의 성격규명의 올바른 이론적 방향은 비록 농지임대료가 여전히 일제강점기와 같이 '소작료'로 불린다 하더라도 그 관계의 내용은 전혀 반봉건적이지 않고 근대적인 소농 간 임대관계임을 증명하는 데 있다. 다시 한 번 확인하지만 어떤 계급적 생산양식의 성격을 판정하는 기준은 생산조건의 소유자와 생산자의 관계, 즉 잉여노동이 강탈되는 지배-권력관계의 특유한 형식이다. 온전한 봉건제의 지배-권력관계의 근본적 기초는 두 가지다. 즉 토지소유를 통한 경제적 강제권력과 사람의 인신에 대한 간접적 또는 부분적 소유이다. 맑스주의자들 중에 봉건제의 기초를 토지소유형태에서만 구하는 사람들이 있는데, 이 말은 명백히 반(反)맑스적이다. 이러한 오류의 근원은 스탈린의 테제, 즉 "봉건제의 기초를 규정하는 것은 생산수단에 대한 소유이다."라는 근거 없는 테제(『소비에트 사회주의 경제의 제문제』 참조)에서 유래한다. 그러나 이러한 봉건제관(觀)은 엥겔스의 다음과 같은 생산수단 중심론에 대한 비판에 의해 정면으로 부인되고 있다 : "헨리 조오지(Henry George)는 민중으로부터 토지소유의 탈취를 인민이 부자와 빈자로 분열되는 커다란 일반적 원인으로 보고 있다. 그러나 이것이 역사적으로 완전히 옳지는 않다. 아시아적 고대와 고전적 고대에서 계급억압의 지배적인 형태는 노예제, 즉 대중으로부터 토지의 탈취(**En**teignung)라기보다는 3자들에 의한 그들의 인신의 점취(**An**eignung)이다. 로마 공화국의 붕괴시에 이탈리아 자유농민들이 그들의 거주지를 수탈당했을 때, 그들은 1861년 이전 남부동맹의 노예주들에 존재했던 것과 유사한 '영락한 백인'('poor white', 'white trash')의 계급으로 변했다. 그리고 노예와 영락한 자유인, 자기해방에 동일하게 무능한 두 계급들 사이에서 구(舊)세계는 망가졌던 것이다. 중세에는 민중**으로부터의** 토지의 탈취가 아니라 토지**에 대한** 그들의 점취가 봉건적 억압의 기초였다. 농민은 그들의 거주지를 **보유했지만** 농노나 예농으로서 거주지에 묶여졌고 영주에게 노동이나 생산물로 공납을 납부해야 했었다."(엥겔스, 「미국의 노동운동」, MEW, 21권, pp.338~339) 즉 엥겔스는 토지에 대한 영주의 상급소유와 이 밑에 배치된, 분여지에 대한 농민들의 세습적 하급소유(=점유)로의 이중화된 **봉건적 토지소유**와 이 농민의 인신에 대한 **신분제적 소유** 양자를 언급하고 있다. 그리고 이 두 기초 중 하나가 해체되어 봉건관계가 절름거리는 경우가 반봉건제로 규정된다. 프러시아 유형의 반봉건제에서는 봉건적 토지소유관계가 해체되고, 즉 농민들의 세습적 분여지가 회수되어 융커의 농장으로 통합되고 융커는 경영자로 나타나는 데 반해, 신분적 인식구속은 잔존하거나 더욱 강화, 법제화된다. 반대로 에이레나 여타 식민지에서는 분여지의 세습성은 약화될지라도 대토지의 상급소유와 분여지점유가 맞짝되는 토지소유관계의 봉건적 기본구조가 유지되지만, 인신에 대한 경제외적인 신분제적 소유는 해체된다. 지대 탈취를 위한 강제력은 순수하게 경제적인 것으로 변화되고 이 소리 없는 강제에 기초한 (인신이 아니라) 노동력에 대한 소유가 이루어진다. 노동하는 주체와 불가분적으로 결합되어 있는 노동력에 대한 소유는 경제외적 강제에 기초한 신분제적 지배와 형태상 분명히 구분되는 것이긴 하지만 명백한 지배권력이다. 즉 명령복종의 지배권력관계이다. 이 식민지형 반봉건제에서 강제권의 존재와 형태변화(경제외적 형태 → 경제적 형태)를 중시하지 않는 경제주의적 둔감성은 중소농가의 임대체제에서 관철된 권력관계의 소멸을 시야에서 완전히 놓치게 만드는 근본원인이다. 왜냐하면 이러한 반봉건제의 근저에서 소리 없이 작동하는 경제적 강제권력의 존재를 무시하는 시각에서는 중소농체제에서의 권력의 결여도 별로 중시하지 않게 되고 결국 두 체제의 교류양식의 형식적 유사성에만 집착하게 된다. 중소농체제에서의 임대관계는 분명 대등한 교환관계의 일종인데 이것을 반봉건제에서의 무상부역 및 지대강탈관계와 동일시한다면 이것은 전형적인 경제주의이다. 여기에서 에이레 소작-지주관계를 평범한 교환관계로 간주하는 천박한 영국 저널리스트에 대한 맑스의 호통을 인용하는 것이 적절할 것 같다.: "「타임」 지는 말하기를, '지주와 소작 간의 관계는 두 상인 간의 관계이다'라고 한다. 이것은 엄밀히 말해서 「타임」 지의 톱기사 전체를 관통하고 있는 부정전제의 오류(petitio principi)이다. 가난한 차지농은 토지에 속하고 토지는 영국 지주에게 속한다.(이 관계가 교환관계라면—필자) 마찬가지로 권총을 앞에 대고 있는 강도와 돈지갑을 뺀치는 여행자 간의 관계도 두 상인들 간의 관계라고 부를 수 있을 것이다."(맑스, MEW, 6권, p.160) 경제주의에 대한 설명은 이 정도로 하고 다시 본문으로 넘어 가자.

화폐의 기능 : ③ 화폐로서의 기능(화폐축장, 지불수단, 세계화폐)

금속화폐의 유통수단적 기능은 두 가지 결점을 가지고 있다. 첫째는 유통과정에서 조금씩 마모됨으로써 자신의 가치의 변동을 가져온다는 것, 둘째는 상품유통의 양이 증대함에 따라 금속화폐의 양도 증대하여 거대거래시에 대단한 하중의 부담이 있다는 것이다. 이런 결점을 보완하기 위해 국가 강제통화로서 금속화폐액을 관념적으로 상징하는 지폐를 발행한다. 즉 지폐는 단순 상품유통에서 직접 생겨난다. 이에 반해 신용 화폐은행권은 다음에 설명해야 할 화폐의 지불수단으로서의 기능에서 생겨난다. 그런데 신용관계의 **확산**을 설명하기 위해서는 『자본론』 제3권이 인용되어야 하지만 지시하는 것으로 그치겠다.

화폐의 세 번째 기능은 **화폐 자체로서의 기능**이다. 화폐는 유통과정의 발달과 확대에 따라 상품교환의 들러리로서의 기능으로부터 독립하여 차츰 독자적인 힘도 얻어간다. 화폐 자체로서의 기능 중, 제1 기능은 축장, 즉 축재 기능이다. 제2 기능은 지불수단으로서의 기능이다. 제3 기능은 세계화폐로서의 기능이다. 이 마지막 기능은 국제거래에 있어서 **지불수단**으로 기능하는 것이기 때문에 따로 설명할 필요가 없겠다.

화폐로서의 화폐의 기능 중 제1 기능인, 축장 또는 축재수단으로서의 기능은 상품유통과 더불어 **필연적으로** 생겨난다. W-G-W′의 유통공식에서 첫 부분의 형태 변환, 즉 W-G는 즉각 뒷부분 G-W′와 연결될 필요는 없다. 오히려 물물교환이 아닌 유통에서는 판매와 구입이 필연적으로 분리되기 때문에 최초의 상품이 화폐로 환전되었을 때 판매자는 한동안 — 이 한동안이 얼마나 길든 간에 — 화폐를 보유하게 된다. 이제 이 화폐는 모든 상품과 또다시 교환될 수 있는 잠재력, 보다 정확히는, 사회적 권력(Macht)을 지니고 있기 때문에 화폐를 유통과정으로부터 떼어서 화폐 그 자체로서 고수하려는 "정열"도 생기게 된다.(p.144) 즉 상품판매자의 일부는 화폐축장자가 된다. 이와 함께 화폐물신의 위력도 커진다. 즉 금이나 은이 원래부터, 즉 그 자연적인 성질에 있어서 곧장 사회적인 권력을 지닌 것으로 보는 화폐숭배, 금·은에 대한 경이도 커진다. 다음은 맑스가 인용하고 있는 콜롬부스 편지의 한 구절이다:

"금은 경이로운 물건이다! 이것을 소유하는 사람은 그가 원하는 모든 것의 주인이다. 금을 가지고서는 영혼도 천국에 도달하도록 할 수 있다."(p.145, 인용구)

화폐 그 자체의 모습에서는 어떤 상품이 이 화폐로 바뀌었는지를 알 수 없기 때문에 화폐는 모든 것으로, 상품이든 사람이든 여자의 성(性)이든, 모든 것으로 바뀔 수 있다. 즉 화폐가 화폐로서 독자적인 힘을 얻음(화폐의 자립화)과 동시에 모든 것은 화폐로 매수될 수 있고 구입될 수 있다. 케인즈에 의해서 근사하게 이름 붙여진 화폐의 "유동성 선호"란 실은 모든 것으로 바뀔 수 있는 화폐의 이런 잠재력에 대한 소유욕이다. 화폐의 자립화와 더불어 더욱 무서운 사실은 화폐에 의해서 표현되는 이 절대적 교환가치 — 즉 앞의 상품분석을 상기한다면 모든 개별적인 대상적 인간노동이 지니는 일반성, 즉 사회성—가 사유(私有)될 수 있다는 것이다. 왜냐하면 화폐는 모든 사람의 사유재산이 될 수 있는 물건이기 때문이다. 그리하여 사회적 권력이 사인(私人)의 사적인 권력이 된다.

근대적 자본가의 초창기 인물들은 모든 것을 구입할 수 있는 이 화폐를 축장하기 위하여 W-G-W′의 유통공식을 가능한 한 분절시켜 G-W′의 과정을 줄이려 하였다. G-W′는 화폐가 다시 소비품, 즉 향유수단으로 바뀌는 것을 뜻한다. 즉 그들은 화폐물신(物神)에 그들의 육적 욕망을 제물로 바치며 금욕적인 생활을 할 수밖에 없었는데, 이 시기에 대응하는 시대정신은 성경 속에 쓰여진 금욕의 복음을 다시 진지한 것으로 받아들이는 것으로 되었다. 그리하여 근면, 절약, 금욕이 그들의 제1 덕목이 되었다. 이것은 많이 팔고 적게 사라는 경제적 축적논리의 정신적 반영인 것이다.

축장수단으로서의 화폐의 기능은 즉각 중세 초기 민중적이었던 수도원을 반(反)민중적인 수탈기구로 둔갑시키는 데도 일조한다. 원래 중세 초의 수도원은 가난한 신앙인들이 힘을 합쳐 생계를 구하려는 욕구에서 출발하였다. 그들은 가난하였기 때문에 그들의 유일한 잠재적 부(富)는 그들 간의 협업, 협동이었다.(이 협업의 경제적 효과에 관해서는 '상대적 잉여가치의 생산'장에서 상론하기로 하자.) 따라서 그들의 협동정신을 깰 수 있는 이기심과 이것의 원천일 수 있는 가족의 형성에 대해 적대적인 체제를 구축한다. 즉 집단생활의 원칙을 수도원의 존속의 기초로 확립한 것이다.(자세한 것은 E. 폭스의 『풍속의 역사』를 참조 바람.) 아무튼 이 수도원은 협업의 기초 위에서 당시 지배적인 개별적인 소농경에 비해 높은 생산성을 보여

주었을 뿐만 아니라 이 협업 속에서 우연히 발견되는 농업기술과 지혜를 축적할 수 있었다. 또한 이러한 협업적, 기술적 생산력으로 말미암은 일정한 잉여 덕택에 수도원 생활자의 일부는 육체노동으로부터 벗어날 수 있었고 그리하여 농업연구, 천문학, 수학, 자연연구 등에 시간을 할애할 수 있었다. 이런 까닭에 수도원의 생산력은 속인들의 소농경영에 비해 비교할 수 없이 높은 수준으로 올라섰던 것이다. 그들은 속인들에게 기술과 지식을 전수해 주었다. 뿐만 아니라 축적되는 잉여생산물을 속인들에게 주기적으로 나누어 주었다. 그것도 그럴 수밖에 없었던 것이 농산물은 오래 보관할 수 없었기 때문이다. 따라서 중세 중기 이전의 수도원은 모든 진보와 부의 원천이었으며 더구나 민중적인 성격을 지니고 있었다. 그러나 상품유통의 발전과 더불어 화폐가 위세를 떨치자 수도원은 무상으로 나누어 주던 잉여농산물을 팔기 시작하였고, 이렇게 벌어들인 돈은 농산물과 달리 오래 보관할 수가 있었다. 이렇게 하여 축장되기 시작한 화폐는 이러한 축장기능으로서만 그친 것이 아니라 다음에 설명하게 될 고리대자본으로 기능하기 시작한 것이다. 그리하여 수도원은 민중에게 베푸는 기관에서 민중을 흡혈하고 저당 잡힌 토지를 수탈하는 기관으로 둔갑하게 된 것이다. 중세 말기 민중들의 수도원에 대한 적대적 증오는 바로 이러한 사태를 반영한다.

화폐로서의 화폐의 기능 중 제2 기능은 지불수단으로서의 기능이다. 이것도 W-G-W′의 상품유통과정에서 유래한다. 유통과정에서 W-G는 W의 양도와 G의 지불이 시간적으로 분리될 수 있다. 즉 물건을 외상으로 팔 수 있는 것이다. 이때 판매자는 돈 받을 권리가 있는 채권자가 된다. 이것을 외상으로 산 자는 당연히 채무자가 된다. 이 채권자와 채무자의 관계는 원래 판매자와 구입자 간의 관계에서 나왔지만 이미 다른 면모로 바뀌어 있다. 즉 그것은 이제 매매관계가 아니라 신용관계(Kreditverhältnis)인 것이다. 이 신용관계 안에서 화폐의 역할은 이제 유통수단이 아니라 빚을 청산하는 기능, 즉 **지불수단**이다.

그런데 상품유통에서 신용관계는 어떤 사람에게 채권자인 사람이 다른 사람에게는 채무자이고 또 동일 인물들 간에도 채권자와 채무자의 지위가 시기에 따라 바뀔 수 있다. 이러는 한 신용관계는 한시적이고 "훈훈하다." 그러나 이 신용관계 안에서 채권자와 채무자의 양극단이 **고정돼버릴** 수 있기 때문에 — 즉 빚쟁이는 항상 빚쟁이고 채권자는 항상 채권자일 수 있기 때문에 — 양극단의 대립은 가혹할 수 있다. 더구나 이 채권자-채무자 관계는 상품유통과 무관하게도 등장할 수 있기 때문에 더욱 그렇다.(p.149) 즉 화폐를 축장하고 있는 고리대금업자가 돈을 신용대부할 수 있는 것이다. 이런 형태의 고리대신용관계는 보통 기존의 생산양식이 파괴되고 새로운 생산양식으로 이전하는 데 결정적인 역할을 수행하였다.

원시적 공산사회의 해체형태는 다양하고 그리스·로마의 형태는 유별나다는 점은 앞에서 지적되었었다. 그리스·로마의 본래적인 공산주의적 씨족 사회와 노예제 사이에는 **사적소유자로서의 소농이 지배하는** 고전적 공동체 시대(p.354 각주를 참조바람.)가 끼어 있었다. 이 시대는 사적소유가 있었지만 아직 계급분화가 없었고 공동체의 왕과 관리들이 전원 선출되거나 추첨으로 임명되는 민주주의 체제였다. 소농경영은 자기 가족 또는 가문의 노동력에만 의존하였기 때문에 자신들의 노동력의 범위를 넘어서는 토지는 주어도 경작할 수 없다. 즉 토지 소유의 크기는 가족노동력에 의해 제약되는 한계를 돌파할 수 없었다. 만약 이 한계가 돌파된다면, 그것은 남의 가족이나 부족의 노동력을 폭력으로 투입하는 것을 전제하는 것이다. 그런데 이 시대는 이미 개인적 생산력이 어느 정도 발전하여 전쟁포로로부터 일정한 경제적 가치를 발견하여 죽이지 않고 노예로 농경에 투입하는 선례들이 산발적으로 진행되는 시대였다. 이를 통해 부족원의 일부가 소농경영 규모를 돌파한 대토지소유자로 변해 갔고 도시국가의 국유지로 되어 있는 경작지도 횡탈하기 시작하였다. 이때부터 전쟁은 노예사냥을 위한 경제적 활동이라는 새로운 의미를 획득하고 더욱 목적의식적으로 빈번히 수행되었다. 이에 따라 노예투입의 경제적 이점을 뒤늦게 깨달았거나 노예분배의 기회로부터 배제되었던 소농들은 대토지소유자들과 달리 전쟁의 부담을 느끼기 시작하였고 이미 오래 전에 시작된 화폐유통 속에서 채무에 빠져들고 농토를 저당 잡히거나 파산하는 과정을 겪게 되었다. 이러한 자유소농의 빈곤화는 그들이 노예사냥을 위한 전쟁에 더욱 적게 기여할 수밖에 없게 하고 따라서 노예분배로부터 배제되게 하였다. 즉 빈부의 양극분화가 씨족사회 내에서 진행되어 계급관계가 정착하여 갔다. 이때 대토지소유자를 "파트리지어"(Patrizier)라 불렀고 빈곤한 소농을 "플레베이어"(Plebejer)라 불렀다. 만약 이 소농이 남은 땅까지 빚으로 수탈되면 "프롤레타리아"(Proletarier)라 불렀다. 이것은 오늘날 프롤레타리아라는 말의 어원이지만 로마시대의 프롤레타리아는 노동하지 않는, 더 정확히 표현하면 노동할 땅이 없는 무산자였는 데 반해 오늘날의 프롤레타리아는 노동하는 무산자란 점에서 다르다. 즉 로마의 프롤레타리아는 룸펜 프롤레타리아였다.

이 룸펜 프롤레타리아는 그리스 아테네에서도 대량으로 나타났다. 특히 노예제가 생산의 토대로 확립되면서부터는 대중을 이루었다. 그런데 이들도 대호족과 평등한 정치권, 특히 투표권을 가지고 있는 자유민이었다. 옛 씨족사회 안에서부터 사회적 기반을 굳힌 구귀족층과 새로이 해외무역을 통해 부호가 된 아테네 신흥 부르주아층의 계급투쟁이 한창일 당시에 이 룸펜 프롤레타리아들은 싸우는 두 계급의 집중적인 유세대상이 되었다. 당시 선전선동의 유일한 대중적 기제는 극장이었기 때문에 호머와 같이 구귀족 편에 선 자들은 이 귀족들의 선조들을 반신반인(半神半人)의 영웅으로 미화한 『일리아드와 오디세이』 등을 상연하였고, 신흥 부르주아의 입장에 선 아리스토파네스와 같은 사람은 풍자적인 코미디를 상연하여 귀족들의 행각을 비웃고 이들을 면피 주었다. 그런데 연극들은 관객이 있어야 했으므로 주로 시장이나 길거리에서 할 일 없이 어슬렁거리는 룸펜 프롤레타리아들에게 하루 일당을 주고 연극을 관람하게 하였다. 근세 초기 철없는 낭만주의자들은 일당을 주고 연극을 보여 주는 이 아테네 사회의 사회경제적 내막을 전혀 몰랐고 또 알려고도 하지 않았기 때문에 아테네 노예제 사회를 그 이유만으로도 지상낙원으로 찬양해 마지않았던 것이다. 이에 반해 대토지소유자에 의해 몰락한 로마의 룸펜 프롤레타리아들은 폭동을 자주 일으켰기 때문에 이를 막기 위해 관심전환으로 주로 콜로세움 경기장으로 초대되었다.

물론 소농들은 룸펜 프롤레타리아로 몰락하지 않기 위해 고리대 채권자이면서 대토지소유주인 파트리지어에 대항해서 격렬한 계급투쟁을 벌였다. 목표는 주로 이자율을 낮추거나 공유지를 공정하게 분배하기 위한 것들이었다. 그러나 투쟁은 항상 파트리지어의 승리로 굳혀져 갔고 도시 플레베이어의 대부분은 농토를 잃고 차츰 직접생산자의 지위를 상실해 갔다. 그들이 잃은 농토는 차츰 대토지 소유주의 손아귀에 집중되고 이에 따라 노예의 수요가 증가하면서 노예사냥전쟁이 상시화 되었다. 다른 한편 전쟁의 지속은 인민대중으로부터 분리된 상비군을 낳았고 이 상비군의 존재는 군사수령의 지위를 강화시켜 황제로 탈바꿈시켰다. 로마의 공화제는 무너지고 제정(帝政)으로 넘어간 것이다. 동시에 이것은 토대에 있어 직접생산자가 플레베이어에서 노예로 교체되는 것을 반영하는 과정이었다. 이 복잡한 과정을 맑스는 다음과 같이 간략히 서술하고 있다.

"예를 들면 고대세계의 계급투쟁은 주로 채권자와 채무자 간의 투쟁 형태로 운동하고 로마에서는 플레베이어 채무자의 몰락으로 끝나는 바, 이 채무자들은 노예들에 의해 교체되었다."

로마의 구체적인 역사적 경과를 잊은 한국어본 역자들은 로마의 직접 생산자가 플레베이어에서 노예로 교체되는 것을 뜻하는 구절, 즉 "이 채무자들은 노예들에 의해 교체되었다."는 구절을 "이 채무자들은 노예로 되어 버렸다."로 오역하고 있다. 채무자가 자신을 팔아 노예가 되는 현상이 일시적으로 있었지만 이것은 아테네에서 솔론에 의해 즉각 법령으로 금지되었고(『가족, 사적소유 및 국가의 기원』에서 엥겔스의 기술을 보라.) 로마에서는 황제령으로 엄금되었다. 즉 플레베이어는 파산하여 노예가 된 것이 아니라 룸펜 프롤레타리아가 되었다. 맑스의 윗 구절은 노예제로의 이행의 완결을 뜻하는 표현이다.

물론 플레베이어 전부가 룸펜 프롤레타리아로 변한 것은 아니다. 일부는 도시외곽의 농촌에서 끝까지 살아남기도 하고 그 중 소수는 대토지소유주에게 자신의 소농지소유권을 넘겨주어 채무를 변제하고도 여전히 자기 땅에 남아 일정한 공납의 의무를 가지고 토지를 경작하였다. 이 소작인들을 "콜로넨"(Kolonen)이라 불렀다. 이 콜로넨들의 사회적 지위는, 처음에는 여전히 자유인이었으나 로마제국 중기를 넘어서면서부터는 토지에 붙박인 반(半)자유인으로 변해 갔다. 이때 기존의 룸펜 프롤레타리아들도 부분적으로 이 체제에 편입된다.

다른 한편 대농장(Latifundium)이 4,000~5,000명의 노예로 경작되었는데 계속되는 노예반란으로 유지가 어려워지고 또 타산이 맞지 않자 이것은 곧 중간규모(200명 정도)의 노예 농장(Villa)으로 바뀌어 갔다. 물론 처음부터 노예농장은 이 중간규모가 주종을 이루었으나 나중에는 유일한 형태로 정착하였다. 그러나 이 노예농장도 제국 중기를 넘어서면서 노예제에 고유한 생산력 질곡(특히 노예의 경제적 계급투쟁)을 해결할 수 없어 해체되기 시작한다. 즉 노예주들은 생산자의 주체성과 생산의욕을 높이기 위해 점차 땅을 분할하여 노예들에게 분배해 주고 일정한 지대와 부역을 수취하는 식으로 체제를 변화시키게 된다. 이때 이 노예신분의 소작인을 유사(類似) 콜로넨(Quasi-Kolonen)이라 부른다.(물론 노예가 완전히 소멸하는 것은 아니다. 노예는 봉건제 초기에도 잔존한다.)

그리하여 로마제국 후기에 이르면 반(反)자유인 콜로넨과 조선시대 외거노비와 유사한 노예콜로넨이 직접생산자 대중의 주력을 이루게 된다. 이들은 중세의 예농과 농노의 선구가 된다. 이 민중이 어떻게 바우가우덴(Baugauden)운동 등의 지속적인 계급투쟁을 통하여 자신들의 불확실한 지위를 보다 공고히 하여 봉건적 예농과 농노로 변해 가는가에 대해서는 여기서 다룰 수 없겠다. 아무튼 계급분화를 몰랐던 게르만족들이 로마의 이러한 소유관계와 경제구조를 접하면서 동화되고 그들의 출원지인 북유럽 쪽에도 이 제도를 폭력적, 혁명적으로 이식시키는 과정은 로마의 노예제가 콜로넨식 소작제로 이행하는 과정보다 훨씬 짧은 기간에 걸쳐 이루어졌다. 즉 게르만족들은 자신들이 정복한 로마 영토에서 다음과 같은 세 종류의 부자유 생산자계급을 발견하였다 :

1. 노예(외거노비식의 유사콜로넨 : 법적 권리주체성이 부인됨)
2. 소작인(콜로넨 : 정량공물과 정해진 부역 의무. 토지에 긴박됨)
3. 리텐(Liten : 법적 지위에 대해 알려진 바 없음)

그러나 정복주체로서 게르만인들에게 있어서는 군사지휘관과 씨족장들뿐만 아니라 모든 게르만 부족원이 자유인이었고 봉건적인 토지를 분배받은 토지소유자들이었다. 그러나 끊임없는 전란으로 인해 씨족원들의 전통적인 병역의무(전 씨족원의 병역·무장 의무)는 특히 소농층에게 커다란 경제적, 신체적 부담이 되었고, 자유소농들은 병역을 피해 대토지소유주의 예농이나 농노로 되는 부자유인의 신분을 택했다.(병역의무는 자유민만의 의무였다.) 또한 전란 중의 신변적 위험은 호족과 교회에 토지를 기탁하고 이들의 그늘 밑에 숨어드는 과정을 촉진시켰다. 그리하여 게르만의 토지소유관계와 계급관계도 급속히 후기 로마식으로 개편되었는데 이 과정이 얼마나 급속히 진행되었는가는 다음 통계가 보여 준다.

9세기 초 파리근교 생-제르맹-데-프레(Saint-Germaindes-Prés) 수도원의 토지대장(Irminon 수도승 작성)

콜로넨 : 2,080 가구
리텐 : 35 가구
노예(유사콜로넨) : 220 가구
자유소농 : 8 가구

(엥겔스, 「프랑크 시대」, MEW, 19권, p.493)

이 부자유농들의 거의 대부분은 게르만족 출신이었다. 이렇게 하여 등장한 지방분권의 봉건영주는 10~12세기 이후 도시와 상품—화폐관계가 확산되자 도시에서 제작되거나 먼 나라에서 수입되는 사치품이나 군수품을 확보하기 위해 도시의 대상인과 화폐자본가(고리대상인)로부터 빚을 내기 시작한다. 이러한 채무관계는 결국 지방영주들의 몰락과 중앙집권적인 왕권의 강화를 가져오는데 이것이 곧 절대주의 시대이다. 즉 대상인 및 고리대상인과 중앙관리직의 대귀족 및 왕권의 연립정권인 셈이다. 이에 대해 맑스는 간략히 쓰고 있다.

"중세에 투쟁(채권자와 채무자 간의 투쟁)은 봉건적 채무자들의 몰락으로 끝나는데, 이들은 자신들의 정치적 권력을 그들의 경제적 토대와 함께 상실한다."(p.50)

그런데 맑스는 여기에 다음과 같은 말을 덧붙이는 것을 잊지 않았다.

"그럼에도 불구하고(indes) 여기에서 화폐형태—채권자와 채무자의 관계는 화폐관계의 형식을 취하는데—는 보다 깊이 놓여 있는 경제적 생존조건들의 적대성을 반영하고 있을 뿐이다."

즉 유통양식으로서 화폐관계는 심층에서 벌어지는 생산양식과 소유관계의 변화에서 나오는 적대관계를 다만 형식적으로 표현하거나 촉진시킬 뿐이지, 결코 이러한 적대관계를 창설하는 것은 아니다. 그리고 이러한 적대관계의 정착이 어떤 생산양식을 취하는가도 화폐의 성질로부터 도출될 수 있는 것이 아니라 생산력과 생산관계의 변증법으로부터만 도출된다. 그리스·로마에서의 채권자와 채무자의 계급투쟁은 노예제를 낳았고, 이에 반해 중세의 투쟁은 절대주의적인 초기 부르주아 체제를 낳았던 것이다.

신용관계가 그와 같은 적대적 관계를 매개하는 것이 아니라 순전히 유통과정 안에서만 맺어지는 경우, 그것은 유통시간을 단축시켜 준다. 즉 매번 곧바로 그 자리에서 현금을 주고받는 일을 생략하여 6개월이면 6개월, 1년이면 1년 식으로 정기적 정산을 할 수 있게 해주기 때문이다. 이때 돈을 주고받는 대신 어음을 주고받는다. 이 어음은 지불일까지 마치 현금처럼 돌고 돌며 통용되는데, 그 회전의 지역적, 부분적 광역성은 그 발행인의 현금동원력에 의해 규정된다. 이 어음을 은행이 발행하면 물론 더 큰 신용을 얻게 되는데 바로 이것이 신용화폐, 즉 은행권의 시초가 된다. 이러한 신용증권, 즉 유가증권들은 자본주의 생산양식이 발전함에 따라 **자본주의적 신용관계**를 발전시키는데 은행신용과 주식회사가 그것이다. 이러한, 특유하게 자본주의적인 신용의 발전에 따라 전(前)근대적인 고리대 자본(즉 사채)들은 점차 자취를 감추게 된다. 우리나라도 이 전근대적 사채들이 과거에 악성금융으로서 크게 활개 쳤으나, 이제는 제2금융권과 주식시장으로 몰려 들어가 근대적 투기자본이 됨으로써 오늘날은 거의 자취를 감추게 되었다. 물론 달러 빚과 같은 소비목적의 급전들은 잔존하나 이것은 제국주의 국가 한복판에도 존재한다.

그러나 근래 몇 년 사이에 일본 등에서 유입된 매판 금융자본이 활개를 치고 있는데 이는 과거의 사채가 중소자본가에 달라붙어 흡혈했다면, 이런 급전은 산동네나 빈촌의 빈민들의 예기치 않은 현금수요를 증식의 기회로 노리는 점이 다르다.

만약 이런 급전융통을 위한 고리대자본의 존재가 우리나라 자본의 반(半)자본주의성을 증거하는 것이라면, 서구제국주의 국가도 반자본주의라고 해야 할 것이다. 유럽 금융의 중심지인 프랑크푸르트에서 발행되는 거의 모든 신문에는 소규모의 금액(몇 천 마르크 정도)을 무담보로 빌려 주고 고리를 받겠다는 광고가 매일 실리고 필자가 살고 있는 기숙사에까지 광고지가 날아들기 때문이다.

제2편

화폐의 자본으로의 전환

제2편 화폐의 자본으로의 전화

제4장 화폐의 자본으로의 전화

이윤의 원천

화폐의 기능 중에 첫째는 가치척도로서의 화폐의 기능, 둘째는 유통수단으로서의 기능, 셋째는 화폐의 화폐 그 자체로서의 기능이며, 화폐 그 자체로서의 기능은 축장수단으로서의 기능, 지불수단으로서의 기능과 세계화폐로서의 기능으로 나누어진다. 이에 관해서는 앞에서 다루었다. 여기에서는 화폐가 등장한 이래 자본주의 사회에 와서야 처음으로 수행되는 자본으로서의 기능을 다루는 것으로 시작한다.

맑스는 화폐의 자본으로서의 기능을 설명하기 위해 앞에서 다루었던 상품분석과 교환과정분석, 화폐분석을 수행하지 않으면 안 되었다. 왜냐하면 이것이 자본의 세포형태와 세포기능들이기 때문이다. 이러한 것은 역사적 순서에 따른 서술형식이 아니며 자본을 설명하기 위해 그 세포들을 먼저 설명한 것이다. 마치 생물학 책에서 세포가 먼저 나오듯이(서문에서 맑스는 '세포'라는 술어를 도입하고 있다. 상품이라는 것은 세포다.) 그런데 전체로서 하나의 구조를 이해한다고 할 때 그 전체(Totalität)는 그것을 구성하고 있는 부분들의 총합보다 많은 것이다. 즉 전체는 각 부분들의 객관적 관계와 연관운동도 내포하는 것으로서, 여기서 전체를 구성하고 있는 부분들은 이미 전체의 객관적인 운동구조와 의미들을 그 내부에 내포하고 있다. 봉건제 사회 속에서 일정한 노동생산물이 상품이 될 때 이 상품은 교환가치와 사용가치가 그렇게 완전히 분리되고 대립된 것이 아니다. 자본의 세포로서의 상품과 화폐만이 그런 분리와 대립의 극단적 형태에 도달할 수 있었다. 즉 전(前)자본제적 상품과 자본의 상품은 내적으로 완전히 다른 것이다. 예를 들어 생물학의 경우 사람과 원숭이는 전체의 구조가 다르다. 그런데 원숭이의 한 부분인 간을 떼어 사람의 간이 빠진 곳에 집어넣으면 사람이 살지 못하는 것은 그 부분 속에 이미 서로 다른 전체의 맥락과 의미가 실현되어 있기 때문이다. 이렇게 보지 않고 각각의 부분에 대한 요소들의 유사성만 가지고 이야기하려고 할 때, 그것은 마치 어떤 기계의 부품이 다른 기계의 어떤 부품과 똑같으니까 이 부품을 빼서 저 부품에 넣으면 기계가 돌아갈 수 있다고 생각하는 것과 같은 기계론적 환상이다.

기계가 아닌 자본주의 사회를 분석하기 위해서는 자본주의 사회 전체를 규정해내야 하고 전체 속의 부분들이 그 전체의 의미를 고유하게 실현하고 있는 측면들을 알아내야 한다. 그 중에는 가장 근본적인 것과 덜 근본적인 것, 근본적이지 않은 것들, 없어도 되는 것들, 이런 식으로 생산관계들이 위계적 질서를 이루고 있다. 그 위계적 질서 중에 결정적인 것은 자본이다. 앞에서 자본은 여러 가지 현상형태를 취한다고 하였다. 첫째는 화폐자본 형태에서 상품자본 형태로, 둘째는 가변자본 형태와 불변자본 형태, 셋째는 다시 상품자본 형태에서 화폐자본 형태로 회전하여 들어온다. 이것이 우리가 다루려고 하는 생산적 자본의 기본적인 운동구조인데, 자본이라는 것은 가장 통념적인 형태에서는 돈 집어넣고 돈 만드는 것이니까 이윤만 나오면 된다. 전자본제적 상업자본도 최소한 그런 형태를 취했다. 팔고 사는 과정 즉 유통과정의 공식은 W-G-W′가 되는데, 자본의 공식은 그것이 거꾸로 뒤집어져서 G-W-G′라는 형식을 취하게 된다. G-W-G′의 공식을 일단 단순화된 형태로 보면 상품자본이나 상업자본도 그와 똑같은 형태를 취한다. 그런데 이 상품자본의 공식은 자기 내부에 일정한, 극복할 수 없는 모순을 갖고 있다. 우선 상품자본의 공식 G-W-G′에서 G′-G=⊿G가 이윤이 되는데 이 이윤은 불평등교환에서 나오는 것이다. 즉 싸게 사가지고 비싸게 파는 데서 나오는 것으로 등가교환과는 다른 것이다. 만약 등가교환이라면 G′-G=0이 되므로 상업자본은 내적 모순으로 소멸하게 된다. 그렇다면 이윤은 어디서 나오는가 하는 문제를 해명해야만 한다. 이 상업자본이 등가교환으로 바뀌는 역사적인 계기는 공장제 대공업에서이다. 공장제 대공업이 등장하면서 비로소 완전한 등가교환이 이루어지고 자유무역주의가 발전하게 되는 것이다. 이때 불평등교환에 기초한 전자본주의적 상업자본과 이것과 보통 동인(同人)연합식으로 융합되어 있던 고리대자본이 몰락하게 되는 역사적 계기가 마련되게 된다.

전자본제적 금융자본가들(화폐자본가)이 지배하던, 즉 구금융귀족층이 매뉴팩처 자본가나 소상품생산자의 등에 달라붙어 수탈하던 시대에 그 금융귀족층과 귀족들에 대항해 민중연합전선이 형성되고 프랑스 대혁명이 터졌다. 즉 흥기하는 공장제 대공업을 시작한 공장주들의 부분적인 연대·지도와 기존의 착취당하는 매뉴팩처 자본가들, 노동자들, 소상품생산자들, 수공업자들이 단결해서 프랑스 대혁명이 터지는 상황이 도래했던 것이다. 앞에서 말한 상업자본의 이윤형식이 더 간단해지면 G-G′가 되는데 G′에서 G를 빼면 일정한 이윤이 나오는 대부자본 형식이 되는 것이다. 돈 빌려 주고 돈 먹는, 돈 놓고 돈 먹기 자본이다. 그래서 이 G-G′ 공식으로 먹고 사는 층하고 G-W-G′로 먹고 사는 층, 이 두 층이 결합해서 구금융귀족층을 이루었다. 구금융귀족층과 달리 자유경쟁 자본주의 속에서 경쟁의 필연성이 관철되면서 형성되는 경제적 독점체, 즉 경제적 산업독점과 은행독점이 상호 융해되어 만들어지는 '새로운' 금융귀족층에 대해서는 『자본론』 제3권에 언급되어 있다. 이 새로운 금융귀족층도 이에 대항하는 민중연합전선을 통해서만 때려 부술 수 있다. 이것이 반독점 민중민주주의 혁명의 이론적 기초이다. 그렇지만 그때와는 완전히 달라진 조건 속에서이다. 앞에서 이야기했듯이 등가교환이 관철되면 전자본제적 상업이윤은 소멸해 버리거나 공장주가 떼어 주는 이문을 먹고 살아야 하기 때문에 완전히 공장제 대공업이 관철되면 상업자본은 산업자본에 종속되어 버린다. 따라서 상업자본이라는 형식상의 존재가 없어지는 것이 아니고 상업자본은 계속 존재하지만 내부의 내재적인 성격은 완전히 교체되어 버리는 것이다. 이전의 구상업자본, 즉 전자본주의적인 상업자본이 부등가교환에 기초하고 있었다면, 새로운 기계제 대공업에 기초한 산업자본에 예속된 상업자본은 완전히 등가교환에 기초하면서도 이윤이 나온다는 것이다. 이것이 새로운 자본주의적 상업이윤이다. 이 새로운 상업이윤은 생산적 산업자본이 산업노동자와 생산적인 지식 프롤레타리아트로부터 착취한 잉여가치의 일부로서 일정한 정율이윤이다.

『자본론』 제1권의 '일반적 정식의 제모순'(제4장 2절)에서 보면, 등가교환의 전제하에서 자본은 유통과정, 유통행위에서 이윤을 만들어 내야 하는 것이다. 이 전제를 받아들여 놓고 볼 때 상업자본은 완전한 모순에 빠지게 된다. 등가교환이라면 내가 상품을 사들인 가격이 5원이면 팔 때도 똑같이 5원으로 팔아야 하기 때문에 이윤이 나오지 않는데 유통과정에서 이윤이 나온다고 우긴다면 폭리·사기가 된다. 등가교환의 전제에 맞추려면 이윤이 나오지 않고, 등가교환이라는 전제를 빼고 나면 자본이 아니라는, 즉 전자본주의적 자본이지 자본주의적 자본이 아니라는 모순에 휘말려들게 된다. 만약 유통과정에서 5원에 사서 5원을 붙여 10원에 판다면 똑같이 다른 쪽도 그러한 방식으로 10원에 사서 20원에 팔 것이다. 결국 돌고 돌면 자신에게 돌아오게 된다. 이렇게 유통과정으로부터는 이윤이 나올 수 없다는 것을 맑스가 증명하는 과정이 2절이다.

자본이 G-W-G′로 회전하지 않으면 안 되는 것은 불가피하지만 유통과정 그 자체로부터 이윤이 나오는 것은 아니다. 유통을 해야만 자본이 유지되지만 동시에 유통으로부터는 이윤이 나오지 않는다. 맑스는 이런 모순을 다음과 같이 표현하고 있다.

"자본은 유통에서 발생할 수도 없고, 또 마찬가지로 유통에서 발생하지 않을 수도 없다. 자본은 유통에서 발생해야 하는 동시에 유통에서 발생해서는 안 된다.

이리하여 하나의 이중적인 결과가 나왔다.

화폐의 자본으로의 전화는 상품교환에 내재하는 여러 법칙들의 기초 위에서 전개되어야 하며 따라서 등가물끼리의 교환이 출발점으로 간주된다. 아직 자본가의 애벌레에 불과한 우리의 화폐소유자는 상품을 그 가치대로 구매하고 그 가치대로 판매하며 나아가서 그 과정의 끝부분에는 그가 투입한 것보다 많은 가치를 회수하지 않으면 안 된다. 애벌레로부터 나방으로의 성장은 유통영역에서 일어나야 하며 동시에 유통영역에서 일어나서는 안 된다. 이것이 문제의 조건이다. 이곳이 로두스 섬이다. 이곳에서 뛰어라!"(pp.180~181)

'이곳이 로두스 섬이다. 이곳에서 뛰어라!' 이 속담은 이솝우화에서 나온 것이다. 어느 허풍선이가 로두스 섬(그리스 앞바다에 있는 섬 이름이다.)에 가면 자기가 하늘 끝까지 뛸 수 있다고 하였다. 뻔한 거짓말인데 이것을 듣고 있던 사람 중 한 명이 재치를 발휘하여 '거기가 로두스가 아니라 네가 지금 서 있는 여기가 로두스 섬이니 여기서 뛰어 봐라'라고 하여 허풍선이의 말을 꺾을 때 쓴 것이다. '여기가 바로 현장이다. 여기서 일을 벌여 봐라'와 같은 말이다.

이 두 가지 측면의 모순이 바로 문제의 해결을 시작해야 할 점이다. 그것은 자본이 노동을 지배해서 착취하지 않고는, 즉 착취하는 과정이 그 안에(순환과정 안에) 들어 있지 않고는 이윤이 나올 수 없다는 것이다. 그러기 위해서는 G가 W를 사가지고 그냥 두는 것이 아니라 W에 일정한 가공을 하는 생산과정이 그 안에 끼어 있어야 한다. 그 다음에 상품을 만들어 팔아 돈으로 만드는 W′-G′가 연결된다. 이렇게 유통과정이 진행되다가 딱 단절됨으로써 생산과정이 여기에 끼어들고 다시 유통과정이 진행된다. 그러므로 이윤은 유통 안에서 발생할 수도 없지만 유통 안에서 발생하지 않을 수도 없다는 모순적인 명제가 현실로서 관철된다. 그래서 생산자본의 공식은 아래와 같다.

$$G\text{-}W \left\{ \begin{array}{l} Ak\cdots\cdots\cdots\cdots \\ \\ Pm\cdots\cdots\cdots\cdots \end{array} \right\} W'\text{-}G'$$

여기서 실선은 유통과정이며 점선은 생산과정이다. 이렇게 점선과 실선으로 구성해야만 생산적 자본의 공식이 만들어진다. 맑스는 의도적으로 이렇게 한 것이다. 자본이 계속 만들어지려면 빙빙 돌기는 돌아야 한다. 이윤은 G′-G=⊿G이다.

Ak는 노동력(Arbeitskraft)이며, Pm은 생산수단(Produktionsmittel)이다. 노동력과 생산수단이 합쳐져서 새로운 상품이 만들어지는 것이다. 그러면 먼저 자본은 노동력과 생산수단을 사들여야 한다. 그러나 노동력은 어느 시대에나 살 수 있는 것이 아니다. 노동력을 사는 것은 노동력을 담고 있는 사람(인신) 그 자체를 사는 전자본주의적인 것과는 다른, 완전히 새로운 것이다. 이것은 노동력이 시장으로 내몰려 나오고 이 상품이 자본가에 의해 사들여져서 노동자가 생산과정 속에서 통제를 받으면서 일을 하는 새로운 생산양식의 조건이 출현하는 역사적인 전제를 필요로 한다. 새로운 역사적인 전제, 이것을 설명하려고 맑스는 여기서 이 소절을 마련한 것이다.(제3절 노동력의 구매와 판매) 그런데 일단은 화폐를 가지고 노동력을 사는 사람의 시각에서는 노동력도 다른 단순한 보통 상품과 마찬가지로 상품에 지나지 않는다. 그러므로 화폐소유자의 입장에서는 노동력을 사고판다는 사실이 특별한 사건이 아니다. 이렇게 봤을 때 우선 노동력을 사고파는 그 조건을 피상적으로 묘사하는 첫 번째 조건이 얘기된다.

노동력의 상품화—세계사적 사건

두 번째 조건은 어떻게 해서 그 노동력이 시장으로 강제되어 나오지 않으면 안 되는가 하는 조건이다. 첫 번째 조건이 부르주아들이 가장 관심을 가지는 조건이라면 두 번째 조건은 맑스주의자들이 최대로 관심을 가져야 하는 조건이다. 일단 첫 번째 조건부터 보면:

"그러나 화폐소유자가 시장에서 상품으로서의 노동력을 발견하기 위해서는 여러 조건이 충족되어야 한다. 상품교환은 그 자체로서는 그 자신의 본성에서 나오는 것 말고는 어떠한 종속관계도 포함하지 않는다. 이러한 전제 아래에서 상품으로서의 노동력은 자신의 소유자, 곧 그 자체를 자기의 노동력으로 갖고 있는 사람에 의해 상품으로서 팔려고 내놓아졌든가 판매되는 경우에만 그리고 바로 그러한 까닭으로 말미암아 시장에 나타날 수 있다. 노동력의 소유자가 그것을 상품으로 판매하려면 그는 그것을 자유롭게 처분할 수 있어야 하며, 따라서 자기의 노동능력이나 자기 인격의 자유로운 소유자여야 한다. 노동력소유자와 화폐소유자는 시장에서 만나 대등한 상품소유자로서 상호관계를 맺는데, 이리하여 양자는 한편은 구매자이고 다른 한편은 판매자라는 점이 다를 뿐 법률상으로는 평등한 인격체이다. 이러한 관계가 지속되려면 노동력의 소유자는 항상 자기 노동력을 일정한 시간 동안만 판매해야 할 필요가 있다. 왜냐하면 만일 그가 노동력을 일괄하여 한꺼번에 판매해 버린다면 그는 그 자신을 판매한 것이 되어 자기를 자유인에서 노예로, 상품소유자에서 상품으로 전화시켜 버리게 되기 때문이다. 그는 인격체로서 자신의 노동력을 늘 자신의 소유물이며 자신의 상품으로 취급해야 한다. 그리고 이것은 그가 노동력을 항상 일시적으로만 (곧 일정한 시한부로) 구매자가 자유로이 처분하고 또 소비하도록 맡기는 한에서만, 따라서 노동력을 양도하여도 노동력에 대한 그의 소유권은 포기하지 않는 한에서만 가능하다."(pp.181~182)

이 부분은 꽤 중요하다. 왜냐하면 이것은 부르주아지의 시각에서 포착된 노동력의 교환과정에 대해 유포된 시각이기 때문이다. 그러나 이것은 표면적으로만 포착되었을 뿐이기 때문에 부르주아 경제학과 법학으로는 그 이유들을 전혀 설명할 수 없다. 부르주아 법학은 이 노동력의 구매과정에 대한 단순한 피상적 반영이다. 하지만 여기에서 최소한 노예제에 대해서는 반대할 수 있는 사상이 나온다. 문제는 여기서 **일정 시간 동안만** 노동력을 파는 것이다. 조금 더 보충한다면 실제로 종신적으로 한 회사에 근무하는 사람도 있지만 그는 이미 언제든지 그만두고 나갈 수 있다는 대전제하에서만 종신적으로 있는 것이다. 이 말은 항시 일정 기간 동안 근무할 수 있다는 것을 전제로 하고 일정 기간 동안만 자기의 노동력을 팔고 있다는 것을 뜻하는 것이다. 일정 기간 파는 것을 보존하기 위해 부르주아 입법 조치들이 취해지는데 '사람은 소유의 대상일 수 없다'는 원칙이나 또는 '빚을 졌을 때 빚진 사람이 전혀 재산을 가지고 있지 않으면 못 받는다.'(원래는 '주지 않아도 된다.')라는 것이 그 예이다. 만약 돈을 가지고 있지 않는데도 끝까지 소추할 수 있다면, 즉 아들 대까지도 받을 수 있다면, 그리고 나중에 돈을 벌어서 갚도록 하는 법률이 살아 있다면 그 사람은 종신관계 속에서 채무노예로 변하게 된다. 부르주아 민법과 상법은 그런 경우를 용납하지 않는다. 그렇게 되면 채무자는 노예가 되어 버리기 때문이다.

"그러므로 각종 입법은 노동계약의 최대한도를 확정하고 있다. 자유로운 노동이 행해지고 있는 국민들의 경우에는 모든 법전이 계약해제 예고조건을 규정하고 있다.

몇몇 국가 특히 멕시코에서는(미국의 남북전쟁 이전에는 멕시코로부터 할양된 지역이었던 곳이나, 쿠자 혁명 이전에는 사실상 도나우 지역이었던 곳에서도) 노예제도가 피오니지(Peonage : 채무노예제의 일종—한글판 역자)의 형태 아래에 은폐되어 있었다. 노동으로 갚아야 할(그리고 가족 대대로 전해지는) 전대금에 의해 노동자가 개인만 아니라 그 가족도 사실상 다른 개인이나 그 가족의 소유물이 된다. 후아레스(Juárez : 나중에 멕시코 대통령이 되는 자유주의자—필자)는 피오니지를 폐지하였다. 자칭 황제 맥시밀리안(오스트리아의 공작이며 나폴레옹 3세의 청탁을 받아 멕시코 황제로 갔다.

반동적인 일을 많이 하여 결국 후아레스가 이끄는 혁명군에 잡혀 처형된다—필자)은 칙령으로 다시 피오니지를 부활시켰는데 적절하게도 워싱턴 하원은 이 칙령을 멕시코의 노예제 부활을 위한 혁명이라고 비난했다.

'나의 특수한 육체적·정신적 활동기능 및 활동능력을 나는 …… 한정된 시간에 사용하도록 타인에게 양도할 수 있다. 왜냐하면 이 제한에 의해 이것들은 나의 전체성 및 일반성에 대해 외적 관계를 유지하기 때문이다. 노동을 통해 구체적인 나의 모든 시간 및 나의 생산물 전체를 양도함으로써 나는 이것들의 실체, 즉 나의 일반적 환경과 현실성, 나의 인격을 타인의 소유물로 만들어 버리게 될 것이다.'(헤겔, 『법철학』, p.104, 67절)"(pp.182~183, 각주 40)

이것은 멕시코에서 부르주아 혁명이 일어나기 이전 시대의 사회상을 묘사한 것이다. 돈을 갚을 수 없는데도 돈을 갚도록 하는 법률이 작동하고 있다면 다음과 같은 일이 벌어질 것이다. 어느 무일푼의 실업자가 빚을 갚을 수 없을 경우, 나중에 벌어서 갚으라는 식으로 법이 작동시킨다면 남의 회사에 근무하게 되더라도 끊임없이 돈을 뜯겨야 하므로 사실상의 노예가 된다. 남의 회사에 근무하더라도 그 회사로 오라고 하면 갈 수밖에 없고 그래서 데려다 놓고 노예로 만들 수 있는 것이다. 물론 자본주의 초기에는 자본축적 등을 위해 노예제를 사용하기도 하였지만 자본이 제 발로 서고 나서부터는 노예제와 싸우게 된다.

그런데 부르주아 법학은 왜 싸워야 하는지를 설명하지 못한다. 법률적인 환상 속에서 부르주아 입법이 그러하므로 안 된다는 식일 뿐이다. 이것은 설명이 아니라 사실 동어반복에 지나지 않는다. 왜 자본의 운동에서 노동력을 종신적으로 구입하면 안 되는가, 왜 노예제도로는 안 되는가를 설명하지 못한다. 이것을 설명해 내야만 맑스주의적 설명이다.

자본은 끊임없이 높은 이윤이 나오는 지역, 또는 떼돈이 벌리는 부분으로 이동하는 절대적 동요 속에 놓여 있다. 노예제도가 유지된다면 이것은 자본의 절대적 운동에 반해서 노동력을 이동하지 못하게 하는 결과를 낳게 된다. 예를 들어 한 쪽에서는 2,000명을 고용하고 있어서 1,000명이 남아돌지만(전부 노예인 경우) 다른 한 쪽에서는 3,000명이 필요한데 1,500명밖에 없을 때, 직접생산자가 소유당해 있기 때문에 신속히 다른 쪽 기업으로 이동할 수 없다면, 이것은 자본주의 체제 그 자체에 대한 중대한 장애요소가 된다. 그러니까 노예제도는 그것과 싸우는 부르주아지의 정열과 강도가 얼마가 되든지에 관계없이 그 생산양식의 본질에 있어서는 자본주의적 생산양식과 모순되는 것이다. 부르주아 학문은 이러한 이유는 설명하지 않은 채 그 사상의 숭고함만 강조하고 있다. 즉 물적 토대로부터 설명하지 못하는 것이다. 그런데 유물론적인 설명이 완료되었다 하더라도, 부르주아 제도가 봉건제도에 비해 별 볼일 없다거나 혹은 노예제도의 폐지를 위해 싸운 링컨과 북군의 노예제 폐지를 위한 싸움의 숭고성이 떨어진다는 것은 아니다. 동일한 부르주아 사이에서도 노예제도를 반대하는 강도가 다르다. 얼마나 더 정열적으로 싸우느냐는 다른 문제이다. 이런 까닭에 맑스와 엥겔스는 당시 당연히 북군의 편에 서서 수많은 정치평론을 썼을 뿐만 아니라, 맑스는 심지어 자신의 딸이 링컨 대통령에게 보내는 격려편지를 쓸 때 정성껏 거들어 주기까지 했다.

두 번째 조건은 노동력을 팔도록 강요당하는 체계이다. 첫 번째 조건에서는 형식상으로는 노동을 자유롭게 파는 것으로 나타나지만, 두 번째 조건에서는 팔지 않으면 굶어 죽기 때문에 실제로는 팔도록 강요당하는 것이다. 이렇게 강요당하는 체계가 되기 위해서는 맑스가 여러 번 이야기했듯이 벌거벗은 노동자로, 직접생산자가 모든 생산수단으로부터 축출당하는 그런 역사적인 대혁명과정, 즉 강제적인 과정을 통해 수탈당하는 것을 가속화시키는 폭력도 끊임없이 작동하는 자본의 원시적 축적기간이 필요하다. 원시적 축적기라는 것은 폭력이 하나의 본질적인 계기로서 등장하는 시기이다. 그리하여 모든 생산수단으로부터 노동력을 벗겨내어 버리는 동시에, 다른 한편으로는 그 노동력을 살 수 있는 자본가의 일정한 자본축적이 이미 어느 정도는 이루어져 있어야 한다. 이 두 가지 조건이 맞서면서 노동력이 팔리게 된다. 따라서 이미 노동력을 사고파는 것 속에서도 강제력, 즉 자본관계가 작동하고 있는 것이다. 그 다음 매매가 끝나고 난 뒤에 그 강제력과 동일한 강제력에 기초하여 기업의 권력관계를 구축해 내는 것이다. 수천 명, 수만 명까지도 지도, 지휘, 통제해 낼 수 있는 지배체제를 구축해 낸다. 그러므로 노동력이 시장에 나왔다는 사실이 세계사를 구획하는 대사건이라고 맑스는 쓰고 있다.

"자유로운 노동자가 무엇 때문에 유통영역에서 화폐소유자와 대면하는가 하는 문제는 노동시장을 상품시장의 한 특수부분으로 발견하는 화폐소유자에게는 관심 밖의 일이다. 그리고 당분간은 우리에게도 마찬가지이다. 화폐소유자가 실천적으로 사실에 집착하듯이, 우리는 이론적으로 사실에 집착한다. 그러나 한 가지는 분명하다. 자연은 한편에서는 화폐소유자 또는 상품소유자를 만들어 내고 다른 한편에서는 자기 노동력만을 소유하는 자를 만들어 내는 것이 아니다.(해설1) 이 관계는 결코 자연사적인 것도 아니며 또 역사상의 모든 시대에 공통되는 사회적 관계도 아니다. 그것은 분명히 선행한 역사적 발전의 결과이며 많은 경제적 변혁의 산물이자 일련의 낡은 구성체들(해설2)의 몰락의 사회적 산물이다.

우리가 앞에서 고찰한 경제적 범주들도 역시 그것들의 역사적 흔적을 띠고 있다. 생산물의 상품으로서의 현존재 속에는 일정한 역사적 조건들이 내포되어 있다. 상품이 되기 위해서 생산물은 생산자들 자신을 위한 직접적 생활수단으로서 생산되어서는 안 된다. 나아가 모든 생산물 또는 적어도 그 대다수가 어떠한 사정 아래에서 상품의 형태를 취하느냐를 탐구한다면, 이는 오로지 하나의 완전히 특수한 생산양식, 즉 자본주의적 생산양식의 바탕 위에서만 발생함을 알게 될 것이다. 그러나 이러한 연구는 상품의 분석과는 거리가 멀다. 비록 거의 압도적으로 대부분의 상품 물량이 직접 자기 수요를 위한 것이라서 상품으로 전화되지 않는다 하더라도, 또 사회적 생산과정이 그 전체의 폭이나 길이에 있어서 아직 완전히 교환가치의 지배를 받지 않는다 하더라도, 상품생산 및 상품유통은 발생할 수 있다. 생산물이 상품으로 나타나는 것은 사회 내의 분업(Teilung der Arbeit innerhalb der Gesellschaft)이 상당히 발달하여 처음에는 직접적 물물교환(unmittelbaren Tauschhandel)으로 시작된 사용가치와 교환가치 사이의 분리가 이미 실현되었다는 조건이 필요하다. 그러나 이러한 발전단계는 역사적으로 매우 다른 다양한 경제적 사회구성체들(ökonomischen Gesellschaftformationen, 해설3)에 공통된 것이다."(pp.183~184)

(해설1)

맑스가 강조하고 있는 것은 노동력만을 소유하는 자가 나타나는 것은 절대로 자연사적인 과정이 아니라 역사적 과정이라는 점이다. 그것도 모든 시대의 사회에 공통된 역사적 관계가 아니라는 것, 예를 들어 봉건제 사회에서는 그렇게 될 수가 없다. 물론 노동력이 판매되는 현상이 노예제나 봉건제에 전혀 없었던 것은 아니다. 그러나 그것은 지배적이지 못했다. 예를 들어 로마 노예제하에서는 노예는 노예주의 소유물이고 재산이기 때문에 망가지면 안 되었다. 그러므로 산재사고와 같은 위험이 따르는 대단히 해로운 노동조건에서는 교활한 노예주는 자신의 노예 대신 조금씩 돌아다니는 임금노동자를 투입했다. 이때 임금노동자의 존재는 생산양식의 토대로 작동하는 것이 아니라 보충적인 것에 지나지 않았다.

(해설2)

여기서 구성체는 경제적 사회구성체와 똑같은 것인데 이것은 생산양식의 총체를 포착하는 개념일 뿐 상부구조까지를 포함하는 개념은 아니다.

(해설3)

노예제, 봉건제에도 상품유통은 있었다. 노예제 이전에도 원시공산사회를 붕괴시킨 것은 상품유통이다. 부분적인 상품생산과 거기에 따른 상품 유통에 의해 고리대금업이 나타나면서 씨족사회 질서가 붕괴되어 갔다.

상품생산의 출현은 모든 사회구성체에 공통되는 것이라 하더라도 노동력의 상품화는 자본주의 사회에만 독특한 것이다. 맑스는 「방법론」(『정치경제학 비판 강요』에 붙인)에서 이런 말을 한다. 자본주의 사회구성체는 그것에 선행하는 수많은 파편에 의해 자기 자신을 구성했다. 하나의 근본적인 조건(자본관계)에다 그 이전의 파편들을 가지고 자본주의라는 건조물을 만든 것이다. 그러므로 자본주의 안에는 그 이전의 구성체와 유사하거나 공통된 파편들이 수없이 있을 수 있다. 그렇지만 그것이 하는 기능과 의미는 완전히 달라지는 것이다. 그 이전의 사회구성체적인 제반 요소들의 파편들은 자본주의식으로 잉여가치를 생산하는 데에 기여하지 못하면 완전히 없어진다. 반면에 자본주의를 도와주는 방향으로 기능하고 견고히 한다면 남겨 두어 그 잔재물로 새로운 구성체를 구성한다.

마찬가지로 사회주의도 전사회주의적인 생산구성체들의 파편으로 구성되지만 사회주의에 적대적인 요소나 역기능적인 요소들은 완전히 제거해버리는 차원에서 건설될 것이다. 그러므로 사회주의 사회구성체 속에서 자본주의와 유사한 것이 발견된다고 해서 자본주의가 되는 것은 아니다. 그것이 사회주의를 작동시키고 공고히 하기 위해 움직이느냐 아니냐에 따라 좌우된다. 또한 전자본주의 시대에도 있었던 상품유통이나 상품생산과 같은 제반의 추상적인 요소들은 자본주의 사회 속에서도 그대로 존속하는데, 그것들은 이제 완벽하게 일반적으로 확산된다. 그 이유는 노동력이 상품으로 등장하기 때문이다. 노동력이 상품으로 등장하면서 생활수단 전체가 상품화된다. 이것은 획기적인 사건이다.

"또 우리가 만일 화폐에 대해 고찰한다면 이것은 상품교환의 일정한 수준을 전제로 한다. 갖가지 특수한 화폐형태 즉 단순한 상품등가물·유통수단·지불수단·축장화폐·세계화폐 따위는 각 기능 범주의 차이와 상대적 중요성에 따라 사회적 생산과정의 여러 단계를 표시한다. 그럼에도 불구하고 이 모든 형태들이 형성되기 위해서는 경험상으로 보아 비교적 덜 발달한 상품유통으로도 충분하다. 자본은 그렇지 않다. 상품유통 및 화폐유통이 있다고 해서 자본의 역사적 존재조건들이 마련된 것은 결코 아니다. 자본은 생산수단 및 생활수단의 소유자가 시장에서 자기 노동력의 판매자로서의 자유로운 노동자를 발견할 때에만 비로소 발생하며, 그리하여 하나의 역사적 조건이 하나의 세계사를 포괄하는 것이다. 따라서 자본은 처음부터 사회적 생산과정의 한 시대를 알린다."(p.184)

맑스의 이러한 설명으로도 모든 문제가 완벽하게 드러나는 것은 아니다. 사적 유물론적인 완전한 설명이 되려면 노동력의 상품화라는 형식의 출현을 생산력과 생산관계의 변증법으로 설명해 내어야 한다.

상품노동력의 사적 유물론적 설명

먼저 가장 의문이 드는 것은 다음과 같은 것이다. 노예제도에서는 노예들이 노예농장으로부터 도망가려고 끊임없이 발버둥 쳤기 때문에 도망가는 것을 막기 위해서 경제외적인 강제력, 폭력으로 그들을 묶었다. 봉건제하에서의 농노들도 마찬가지로 끊임없이 도시로 도망갔다.(그리하여 중세도시를 형성하였다.) 조선 말기에도 농민들이 고향을 떠나 심심산천으로 또는 러시아, 간도로 끊임없이 도망갔다. 그때 이씨 정부는 해외로 도망가다가 붙잡힌 사람들을 주살해 버렸다. 따라서 봉건제 사회에서의 국경의 의미는 인신을 구속하는 것으로 작동하였다. 그런데 자본주의 하에서의 노동자들은 공장으로부터 도망가는 것이 아니라 끊임없이 공장으로 들어가려고 한다. 노동자들은 노동력을 팔기 위해 작업장으로 쇄도한다. 임노동자는 끊임없이 작업장으로 쇄도하고 전자본주의적 생산자들은 끊임없이 작업장으로부터 도망갔다.(자본주의 사회에서는 국경이 인신을 직접적으로 구속하는 것으로 작동하지는 않는다. 그러나 부자들만이 국경을 자유로이 왔다 갔다 하므로 국경을 넘나드는 것은 경제적으로 결정된다. 임노동자도 일꾼으로 해외로 팔려갈 수는 있는데, 이것은 일꾼으로 드나들도록 강제당하는 것으로서 노동력의 과잉과 부족을 조정하는 것 외에 다름 아니다. 국경의 경제적인 기능은 똑같은데 그것을 집행하는 형태와 강제력의 형태들은 달라졌다.)

생산력이 낙후한 상황에서는,—이것은 생산력의 양과 특질 모두를 뜻한다.—예를 들어 생산력이 아주 낙후하고 별 볼일 없는 도구로 농사를 짓던 노예제 하에서는 노예제 사회 전체를 원시림과 씨족사회가 완전히 포위하고 있었다. 그렇기 때문에 노예가 노예제 사회로부터 도망만 가면 다시 자유로운 자기의 생활이 보장되었다. 그리고 거기서 노예였을 때보다 더 가난하게 사는 것이 아니라 노예제 사회에서 쓰는 생산수단을, 즉 생산력이 별 볼일 없는 것이었으므로 도망가서 바로 쉽사리 재생산할 수가 있어서 곧 그 이전의 생활수준을 회복할 수 있었을 것이다. 봉건제 하에서도 마찬가지였다. 원시림이 그 이전보다 훨씬 줄어들었지만 봉건제 사회 속의 생산수단은 휴대에 간편한 것들이 많았다. 그래서 맑스는 『독일 이데올로기』의 어느 각주에서 왜 수공업자가 중세도시를 구성하게 되느냐 하는 문제와 관련시켜서 이러한 말을 한다. 농민은 땅을 갖고 도망갈 수 없지만, 농촌사회의 여기저기를 뛰어다니던 수공업자는 간단히 동산재산을 가지고 이탈할(이동할) 수 있었고 설혹 빈털터리로 가더라도 쉽게 생산수단을 재생산할 수 있는 상황이었기 때문에 쉽사리 이동할 수 있었다.

생산력의 질이라는 측면에서 볼 때

생산력 규모가 거대해지고 생산수단이 고도로 발전된 자본주의 하에서는 공장의 대기계를 갖고 도망갈 수 없다. 또한 자본주의 공장의 기계는 대부분의 경우 결코 혼자서 만들 수 없다. 대부분이 사회적 분업과 협업의 산물이기 때문이다. 따라서 공장을 홀로 벗어나게 되면 부르주아 사회가 규정하고 있는 그 생활수준을 유지할 수가 없다. 그러므로 공장으로 들어가야 한다. 부르주아 사회에서의 거지가 농노제 사회의 농노보다는 부자일지라도 생활수준은 역사적으로 규정되는 것이기 때문에 거지로서 살 수는 없다. 따라서 다른 지역으로 빈털터리로 도망가서 생산수단을 재생산한다는 것은 불가능하며 또 생활수준이 높아졌기 때문에 자본주의 사회의 생활수준을 유지할 수도 없다.

생산력의 양이라는 측면에서 볼 때

노동자가 완전고용되면 자본가는 노동자를 부릴 수가 없다. 완전고용 시에 노동자는 아무 데나 가도 쉽사리 고용되기 때문에 자본가의 지배방식이 마음에 들지 않으면 손쉽게 옮길 수 있다. 즉 노동력의 판매조건이 유리해지는 것이다. 이런 조건 속에서는 작업장의 지휘체계와 지배체계를 유지할 수가 없기 때문에 자본가들은 반드시 즉각적인 대응을 한다. 즉 외국인 노동자를 엄청나게 끌어들이든가 기술혁신을 일으켜 필요한 노동자의 수를 줄이고 실업자를 만들어 내는 것이 그것이다. 그러므로 자본주의 체제를 유지하기 위한 조건으로서 반드시 실업자가 일정량 끊임없이 인질로 잡혀 있어야 한다. 따라서 실업이라는 것은 자본주의 체제의 필수적인 존재조건이다. 자본주의가 새로운 형태의 권력관계를 공장이나 기업에서 유지하기 위해서는 실업자가 필요한데, 그 실업자가 거지짓을 해서 먹고 살든지 사회보장으로 최소한의 생계를 유지하든지 상관없이 그 일하지 않고 있는 직접적 생산자를 먹여 살릴 만큼 생산력이 거대해야 한다. 죽어 버리면 안 되기 때문이다. 그들을 유지할 만한 생산력의 여분이 있을 만큼 생산력이 축적이 된 상황에서만 자본주의적인 생산관계인 자본관계가 생겨나고 유지되고 작동할 수 있다. 이러한 설명은 역사적인 책들 아니면 나오지 않는다.(『자본론』 제1권에도 없다.) 생산력과 관련시켜 이 설명을 해야만 이 세계사적인 사건, 노동력을 사고팔고 하면서도 공장 체계 속에서 경제외적인 강제가 아닌 경제적인 강제만으로도 자본주의적인 지배, 피지배관계를 유지하는 것을 설명할 수가 있다. 생산력이 낙후한 상황에서는 계속 지배자를 위해 노동력을 발휘하도록 하려면 인신 자체를 구속해 버리지 않으면 안 되었는데, 사회적 생산력의 보다 높은 발전은 인신을 구속하지 않고 노동력에만 매입해서도 얼마든지 강제할 수 있는 강제력의 조건, 즉 자본관계를 가능하게 하였던 것이다.

노동력의 교환가치인 임금은 대단히 유동적인 것이다. 최소한, 즉 육체적으로 굶어 죽지 않을 만큼의 선은 있지만 그 이상으로는 얼마든지 증대될 수 있는 도덕적이고 역사적인 요소를 가지고 있다. 즉 계급투쟁에 따라 늘어날 수 있는 것이다. 노동력의 교환가치는 임금이고 노동력의 사용가치는 노동이다. 임금에 의해 표현되는 필요노동의 길이(교환가치)와 실제로 임금을 받고 수행하는 노동(사용가치) 사이의 노동시간의 길이의 격차 때문에 이윤이 나오는 것이다. 상품유통과정에서는 상품을 소유한 자들끼리 법률적인 관계 속에서 평등할 수 있는 관계가 맺어진다. 서로를 인격체로서 인정하는 부르주아적인 아주 현란한 사회, 시끌벅적하고 겉보기에 대단히 멋진 사회가 만들어지는데 유통과정과 그것에 연관된 수많은 업무에 관련된 인간의 생활관계 전체를 가리켜서 맑스는 "부르주아 사회의 표면"(Oberfläche der bürgerlichen Gesellschaft)이라고 하였다. 그리고 생산과정을 가리켜서 맑스는 "부르주아 사회의 심부"(Tiefe der bürgerlichen Gesellschaft)라고 하였다. 부르주아지의 시각에서는 부르주아 사회의 표면만 관찰하게 된다. 노동력을 사고파는 것만 보는 것은 '표면'만 보는 것이다. 심부로 들어가면 직접적인 노동력의 착취와 지배, 통제가 가해지는, 그리고 사람들이 손가락이 끊어지고 목숨을 잃을 수도 있는, 꽉 들어찬 먼지, 참을 수 없는 악취, 해로운 빛 속에서 건강이 손상되는 지옥과 같은 세계가 전개된다.

"그러면 우리도 화폐소유자 및 노동력 소유자와 함께 시끄럽고 표면에 위치해 있어서(해설1) 누구의 눈에나 쉽게 띄는 이 유통영역에서 벗어나, 이 두 사람에 대해서 가려져 있는 생산의 장 곧 '관계자 외 출입 금지'라는 팻말이 출입구에 붙어 있는 그 장소로 가 보도록 하자. 이곳에서는 자본이 어떻게 생산하는가뿐만 아니라, 자본 그 자체가 어떻게 생산되는가도 밝혀질 것이다. 화폐 증식(Plusmacherei)의 비밀도 마침내 폭로되고 말 것이다.

노동력의 판매와 구매가 그 한계 안에서 이루어지는 유통 또는 상품 교환의 영역은 사실 천부인권(Menschenrechte)의 진정한 낙원이었다. 여기에서 지배하고 있는 것은 오로지 자유·평등·소유 그리고 벤담(Bentham : 공리주의라는 의미 — 한글판 역자)이다. 자유! 이것은 어떤 한 상품교환 (가령 노동력)의 구매자나 판매자가 오로지 그들의 자유로운 의지에 의해 규정될 뿐이기 때문이다. 그들은 자유롭게 법적으로 대등한 인간으로서 계약을 맺는다. 계약은 이들의 의지가 하나의 공통된 법적 표현을 서로 주고받았다는 것을 보여 주는 최종 결과이다. 평등! 이것은 그들이 오로지 상품소유자로서 서로 관계하며 등가물을 교환하기 때문이다. 소유! 이것은 어느 쪽이나 모두 자기의 것만을 처분하기 때문이다. 벤담! 이것은 양쪽 모두에게 중요한 것은 오로지 자기 자신뿐이기 때문이다. 그들을 하나의 관계 속에 함께 있게끔 만드는 유일한 힘은 그들의 자기 이익, 그들의 개별적 이익, 그들의 사적 이해의 힘이다. 이렇듯 그들이 자기만을 생각하고 타인을 생각하지 않는 까닭에 모든 사람이 사물의 예정조화의 결과로서, 또는 빈틈없는 섭리의 보호

아래 오로지 그들 상호 이익의 사업을, 공익의 사업을, 전체 이익의 사업을 수행하는 것이다.

속류 자유무역론자는 이 단순한 유통 또는 상품교환의 영역으로부터 그들의 견해나 개념을 취하며 또 자본과 임노동(Lohnarbeit)의 사회에 관한 그의 판단기준을 취하고 있는데, 이제 이 영역을 떠나려 하니 우리 등장인물들의 용모들이 약간 변한 것처럼 보인다. 먼젓번의 화폐소유자는 자본가로서 앞서가며, 노동력소유자는 자본가의 노동자로서 그 뒤를 따라간다. 전자는 의미심장하게 웃음을 띠우면서 바쁘게, 후자는 머뭇머뭇 마지못해서 마치 자기의 가죽을 팔아 버리고 이제 무두질 당하는 것 말고는 아무것도 기대할 수 없는 사람처럼."(pp.189~191)

(해설1)

"표면"이라는 개념은 맑스에게 있어서 중요한 것이다. 부르주아 사회의 현상형태와 부르주아 사회의 본질, 심부를 가르는 개념으로 『자본론』 제1권에서 3권까지 관철되는 개념이다. 부르주아 학문의 방법론인 유통주의나 경제주의를 비판하기 위해 썼던 주요한 개념이다. 『자본론』 제1권은 심부를 다루는 것이고, 3권은 표면을 다루는 것이다. 그런데 제3권의 제1장을 보면 알 수 있는 바, 제3권은 심부(제1권)의 전체적인 논리의 입장에서 다루는 것이다. 예를 들어 표면에서 보면 G-G′가 돈 빌려 주고 더 많은 돈을 받는 것이므로 고리대금업자나 화폐자본가의 입장에서는 노동자와 만나지 않으므로 돈에서 돈이 나오는 것으로 보인다. 그리하여 황금거위가 황금알을 낳듯이, 돈은 항시 이자를 낳아야 한다는 착각에 빠진다. 그러나 사회의 생산기능이 정지되어 버릴 때에도 돈이 돈을 낳느냐,

천만의 말씀. 표면은 잉여가치가 이미 생산되어 가지고 표면에서 분배되는 과정일 뿐이다. 이자는 잉여가치의 한 현상형태다. 잉여가치는 표면에서 세 가지로 분할되는데 첫째는 기업가이윤이며, 둘째는 이자, 셋째는 지대이다. 이자는 잉여가치의 세 가지 현상형태 중의 하나에 지나지 않는다. 노동자에게서 빼앗은 것 중의 하나이다. 화폐소유자의 입장에서는 노동자를 만나지 않는다 할지라도 화폐 자체의 힘으로 돈을 낳는 것이 아니다. 표면에서 그렇게 보이는 것은 착각일 뿐이다. 심부에서부터 관찰해 가면 그것은 현상형태에 지나지 않는 것이다.

"속류 자유무역론자는 이 단순한 유통 또는 상품교환의 영역으로부터 그들의 견해나 개념을 취하며 또 자본과 임노동의 사회에 관한 그의 판단기준을 취하고 있는데"라는 말은 아주 중요하다. 속류 부르주아의 모든 이론적인 입장은 이 유통과정으로부터만 나온 것이다. 그런데 맑스는, 생산과정은 유통과정과 다를 뿐만 아니라 그것과 실제로 아무 관계없이 벌어지는 영역이라는 것을 강조한다. 그것은 유통과정처럼 평화로운 평등관계가 아니라 지배관계이다. 노동력을 소비한다는 말은 노동력을 사용가치로 발휘하게 한다는 것을 뜻하고, 노동력의 사용가치로서의 노동을 강제하는 것은 곧 노동을 수행하는 인간을 지배하는 것이다. 따라서 남의 노동력의 사용가치에 대한 소유의 사회경제적 내용은 인간의 인간에 대한 지배이다. 부르주아지의 시각에서는 이것이 망각된다.

제3편
절대적 잉여가치의 생산

제3편 절대적 잉여가치의 생산

제5장 노동과정과 가치증식과정

노동의 개념

절대적 잉여가치의 생산이란 아주 쉬운 개념이다. 6시간 일하던 사람을 9시간 일하게 해서 3시간의 잉여가치를 자본가가 더 가져가는 것이다. 그런데 문제는 6시간 일을 하되 노동강도를 높여서 아주 정신없이 일을 시키는 경우에 이것을 절대적 잉여가치의 생산이라고 할 것이냐 상대적 잉여가치의 생산이라고 할 것이냐의 문제이다. 이것을 두고 약간의 논란이 있다. 필자의 생각은 그것도 절대적 잉여가치의 생산으로 넣어야 한다는 것이다. 절대적 잉여가치는 노동시간의 연장 내지는 노동강도를 높이는 것을 포함한다.

자본주의적인 생산과정이라는 것은 **노동과정**과 잉여가치를 생산하는 **가치증식과정**의 통일이다. 자영으로 생산활동을 하는 소상품 생산자의 경우는 잉여가치를 생산하지 않는다. 이 경우는 노동과정과 가치증식과정이 아니라 노동과정과 **가치형성과정**이 통일되는 것이다. 노동과정과 가치형성과정의 통일은 소상품생산양식이다.

그런데 자본가의 통제 하에서 일을 하든 아니면 혼자 자영으로 일을 하든 노동과정은 일단 자연을 가공해 인간의 욕구에 맞는 사용가치를 생산하는 과정이다. 따라서 먼저 노동과정이 무엇인지 알아보자. 노동과정에 대한 맑스의 정의는 매우 중요한 것이다.

"노동력의 사용은 노동 그 자체이다. 노동력의 구매자는 노동력의 판매자를 노동시킴으로써 노동력을 소비한다. 이렇게 함으로써 노동력의 판매자는 현실적으로 활동하고 있는 노동력 곧 노동자가 되는데, 그 이전에는 잠재적으로 그러한 것에 지나지 않는다. 자신의 노동을 상품으로 나타내기 위해서 그는 무엇보다도 먼저 그것을 사용가치, 곧 무엇인가의 욕구를 충족시키기에 유용한 물품으로 나타내지 않으면 안 된다. 따라서 자본가가 노동자로 하여금 만들도록 하는 것은 어떤 특수한 사용가치 곧 어떤 일정한 물품이다. 사용가치 또는 재화의 생산이 자본가를 위하여 자본가의 통제 아래서 행해진다고 해서 그 생산의 일반적 본성이 변하는 것은 아니다. 그러므로 노동과정을 우선은 모든 특정한 사회형태로부터 독립적으로 고찰하여야 한다.(해설1)

노동은 우선 첫째로 인간과 자연 사이의 한 과정(해설2) 다시 말하면 인간이 자기 자신의 행위를 통해서 인간과 자연 사이의 물질대사를 매개하고 규제하며 통제하는 한 과정이다. 인간은 하나의 자연력으로서 자연소재에 대립한다. 그는 자연소재를 자기 자신의 생활에 사용될 수 있는 형태로 획득하기 위하여 자신의 신체에 속하는 자연력인 팔·다리·머리·손 등을 운동시킨다.(해설3) 그는 이러한 운동을 통해서 자기 외부의 자연에 작용하고 이것을 변화시킴으로써 나아가서 잠자고 있는 자기 자신의 본성을 변화시킨다.(해설4) 그는 자신의 본성 안에 잠자고 있는 잠재력을 발전시키고, 그것의 활동을 자신의 통제 아래 둔다. 여기서 우리는 동물적·본능적인 최초의 노동 형태(해설5)를 다루지 않는다. 노동자가 자신의 노동력의 판매자로서 상품시장에 나타나는 상태에서 본다면, 인간노동이 아직 그 최초의 본능적인 형태를 탈피하지 못했던 상태는 태곳적 배경으로서 물러서 있다. 우리들은 오로지 인간에게만 속하는 형태로서의 노동을 상정한다. 거미는 직물업자의 작업과 비슷한 작업을 수행하고, 또 꿀벌은 자신의 집을 지음으로써 수많은 인간 건축가를 무색하게 만든다. 하지만 아무리 서툰 건축가라도 가장 우수한 꿀벌보다 애초부터 우수한 점은, 건축가는 밀랍으로 집을 짓기 전에 미리 그것을 자신의 머릿속에서 짓고 있다는 데에 있다.(해설6) 모든 노동과정(Arbeitsprozesses)이 끝날 때에는, 처음에 이미 노동자의 표상 속에[따라서 이미 관념적으로] 존재하고 있던 성과가 나온다. 그는 자연물의 형태변화만을 일으키고 있는 것이 아니라, 동시에 자연물 안에서 그의 목적[즉 그가 알고 있고(해설7) 그의 행동방식을 법칙으로서 규정하며 그 자신의 의지를 종속시키지 않으면 안 되는 자신의 목적]을 실현한다.(해설8) 그리고 이러한 목적에의 의지의 종속은 개별화된 행위가 아니다. 노동이 전체적으로 지속되기 위해서는 노동하는 기관의 긴장 말고도 주의력으로 발현되는 합목적적인 의지가 필요한데, 더욱이 그 노동이 자체의 내용과 그 수행방식으로 말미암아 노동자를 매혹시키는 측면과 이에 따라 노동자가 노동을 자신의 육체적 및 정신적 능력의 활동으로서 즐기는 측면이 적으면 적을수록 그것은 더욱 더 필요해진다.(해설9)

노동과정의 단순한 계기들은 합목적적인 활동 곧 노동 그 자체와 그 대상 및 노동수단이다."(pp.192~193)

(해설1)

이 말은 노동과정을 사회구성체적인 특질들로부터 독립해서 자연과 인간 사이에 벌어지는 추상적인 물질대사관계로 고찰해야 한다는 것.

(해설2)

여기서 "한 과정"이 중요하다. 여러 과정이 있다는 것을 암묵적으로 전제하고 있다. 소비해서 버릴 때 폐기물을 자연 속에 내던지고 폐기물이 변해서 다시 자연을 가공할 수 있는 것으로 만드는 과정도 있는 것이다. 이 과정이 교란당할 때 공해문제가 생긴다. 공해문제를 최대로 야기하는 것이 자본주의적 생산이다.

(해설3)

인간도 자연의 일부라는 것이다. 그러므로 노동은 자연의 일부가 자연의 일부에 대해 작용을 가하는 것이다.

(해설4)

본성(Natur), 노동자는 일을 함으로써 자기 자신의 자연과 외부의 자연을 모두 변화시킨다. 자기 자신의 자연을 계발해 나간다는 말은 우리가 노동을 수행하기 위해서는 그것에 맞는 힘도 길러야 하고 지혜, 두뇌도 발전시켜야 하며 기술도 늘려간다는 뜻이다. 그리고 노동 속에서 인간들끼리 관계하다 보면 대단히 형이상학적인 능력까지 생기게 된다.

(해설5)

본능적인 형태로 노동하는 것은 제비, 꿀벌 등이 하는 것을 보면 곧 인지된다. 제비가 집을 짓는 것은 자연적 생산물이다. 맑스의 초기 노동에 관한 연구에 보면 다음과 같은 말이 있다. "다른 동물은 본능적인 노동을 하기 때문에 자기 자신의 종에 특유한 것만을 만드는 노동을 하지만 인간은 전자연을 재생산한다." 즉 인간은 모든 동물의 본성을 잘 알아 가지고 이 동물을 키울 수 있다. 인간의 본성을 동물에게 강요해서 동물을 죽여 버리는 것이 아니라 그 동물의 본성을 그대로 인정하여 잘 키워서 나중에 이용한다. 또 동물과 식물의 품종도 개발한다. 이것은 동물과 식물의 특유성을 인식할 뿐만 아니라 인정하기 때문에 가능한 것이다. 무기물의 가공에 있어서도 마찬가지다. 예를 들어 전자 칩의 경우를 보자. 자연의 본성 그 자체가 제대로 작동하도록 놓아두기 위해서는, 또 그것을 인간의 목적에 맞게 쓰기 위해서는 그것을 인식하는 정도에 그쳐서는 만들어 내지 못한다. **인식**을 넘어서 **인정**을 해야 한다. 발명이나 생산이란 칩 안에 들어 있는 전자적인 요소나 법칙을 인간을 위한 방향으로 작동하도록 배열만 바꾸는 것이기 때문에 자연의 본성 그 자체를 망가뜨려 버리면 아무것도 못 만든다. 인간은 전자연의 본성에 맞는 그 일을 노동을 통해 한다. 자연을 인식해야 하고 인식을 넘어서서 인정하는 행위 속의 노동과정이 진행되어야 한다. 인식을 망가뜨리는 데 쓴다면 그것은 생산이 아니라 파괴이다. 인식한 것을 실천적으로 인정해야 한다. 그래야만 생산적인 노동이 벌어질 수 있다.

(해설6)

건축가는 무엇을 만들기 전에 이미 그 표상을 두뇌 속에 가지고 있다. 그는 노동을 통해 그 상을 현실화시킨다. 바로 이 두뇌의 정신작용, 즉 정신능력은 또 하나의 생산력이다. 이에 반해 이데올로기론이나 관념론에서 다루고 있는 의식은 **사회적인** 의식이지 개인적인 능력으로서의 의식을 뜻하는 것이 아니다.(개인적인 능력으로서의 정신이 아닌 사회적 정신, 사회적 의식은 주로 과학, 종교, 이데올로기의 형태로 등장한다.) 엥겔스의 '원숭이가 사람이 되는 데에 있어서의 노동의 역할'이라는, 『자연변증법』의 한 장을 보면 그는 다음과 같이 말한다. 엥겔스의 그 테제들이 지금은 더 구체적인 형태로 증명되고 있다. 그는 노동이 중심적인 역할을 하면서 인간의 제반능력이 발전한다고 본다. 인간을 설명해 낼 때 출발점을 노동으로부터 잡지 않는, 인간이 다른 동물처럼 자연을 주워 먹지 않고 자기 노동을 통해 생산해서 먹는다는 것을 출발점으로 삼지 않는 모든 인간관은 관념론이다. 원숭이는 인간과 가장 근사한 동물인데도 물건을 잡을 수는 있어도 쥘 수는 없다. 원숭이의 엄지손가락은 전혀 발전되어 있지 않기 때문이다. 원숭이와 인간을 가르는 결정적인 차이는 엄지손가락이다. 여타의 것은 정도의 차이일 뿐 질적인 차이가 아니다. 인간은 엄지손가락을 자유자재로 쓸 수 있다. 사람만이 무언가를 쥘 수 있는데 이것은 도구를 가지고 일을 하는 과정에서 발전하였다. 엥겔스의 시대에는 이것이 증명되지 못했지만 현재에는 인간의 엄지손가락을 움직이는 신경계가 지능중추에 가장 근접해 있고 이것을 자극해 인간의 지능을 발전시킨다는 것이 알려졌다. 또 사람은 무엇인가를 만들려면 머릿속에 미리 그 표상을 떠올려야 하기 때문에 정신작용의 중요한 역할이 필요하다. 그리고 여러 가지 생산력을 발전시킬 때 협업을 해야 하기 때문에 언어의 필요와 언어를 사용할 수 있는 인간의 능력 간에 상호작용을 하면서 언어와 두뇌가 고도로 발전한다. 따라서 노동만이 인간학적 발전의 역사적인 설명을 해 낼 수 있다. 뿐만 아니라 노동을 사회적인 형식으로 포착해 내게 되면 사회적으로 어떻게 결합되고 만나고 하느냐가 나타난다. 인간은 노동을 하면서 만나고 결합하여 사회를 구성하게 된다. 지배구조 속에서 만나느냐 아니냐 하는 것도 노동과정의 사회적 결합형태에 의해 규정되게 된다. 노동과정의 사회적 결합에 다시 반작용해 들어가는 지배관계(생산관계)도 모르는 사이에 노동과정으로부터 발전해 나오게 되는 것이다. 예를 들면 제사장의 지배라는 것은 농업혁명이 일어난 뒤 가부장제 사회로 넘어가는 시기에 물을 통제하는 것, 즉 치수사업을 담당하면서 생겨난 것이다. 문명의 발생지인 티그리스강 유역이나 겐지스강 유역을 보면 이곳은 이란고원이나 히말라야에서 얼음이나 눈이 많이 퇴적되어 있다가 일정 기간 녹아내리기 때문에 어떤 때에는 홍수가 지고 어떤 때에는 가뭄이 생기는 지역—이러한 강유역에서 사람들이 살지 않으면 안 되었던 이유는 다른 풍요로운 지역에는 이미 인구가 많아져서 이동을 하지 않으면 안 되었기 때문이다.—이었기 때문에 물을 통제하는 치수사업이 필요했다. 치수사업에 있어서 가장 중요한 것은 어느 때 범람하고 어느 때 범람하지 않느냐 하는 것에 대한 정보와 치수를 재서 물을 대는 공사방법이다. 이러한 것을 지휘했던 사람이 점성술에 능했던 제사장이었다. 처음에는 노동하는 사람을 도와주는 사람으로 느꼈지만 그들이 모르는 사이에 지배자로 변해갔다. 중요한 생산에 관한 정보를 독점하고 있었기 때문에 지배력을 구축할 수 있었던 것이다. 또 그 당시는 동시에 노인장 지배시대였는데 이것은 장수하는 노인에게 물어서 간단한 도구의 생산과 노동방식을 배우고 사회전체의 일을 통제해야 했기 때문이다. 생산력이 낙후했던 이 시대에 자연적 재해나 2~3대만에 생기는 불상사, 예를 들어 월식이나 일식과 같은 경우는 노인에게 물어보고 나서야 공포로부터 벗어날 수 있었을 것이다. 떼죽음을 당하는 것이 아닌가 하는 공포로부터 보호해 주는 유일한 사람들은 생활정보를 가진 노인들이었다. 이들은 직접 경험하지는 않았다고 하더라도 선대로부터 들었기 때문에 생활에 절실한 정보를 가지고 있었던 것이다. 이러한 정보는 씨족사회에서 몇 세대에 걸쳐 전달되었다. 이러한 잔재로는 로마의 원로원을 들 수 있는데 로마도 그 이전에는 씨족사회였다. 제사장의 지배가 원로들의 지배를 압도하게 된 것은 다음과 같은 경로를 통해서였다. 겐지스강 티그리스강 유역 등의 제사장은 자신의 권력을 이용해서 사원 소유를 늘려갔다. 사원의 소유는 제사장의 사적 소유는 아니었지만—공유였다.—사원에 있는 것은 마음대로 통제할 수 있었다. 이러한 권력은 곧 원로의 권력을 누르고 부족사회의 최고권력이 되었다. 그러다가 제사장 지배하의 계급 모순과 적수관계에 있는 다른 부족들이 커져 대내외 무장투쟁(전쟁)이 결정적인 역할을 하면서 군사수령으로서 왕이 등장하였다. 왕이 등장하면서 이번에는 제사장의 권력이 눌리고 고대노예제 사회가 완성된다. 동양적 노예사회의 원형이 완성되는 것이다. 제사장이 지배하던 시기에는 주로 도시국가였다. 왕이 지배하면서부터는 통일국가가 되어 가고 함무라비 법전과 같은 것이 만들어지는 시대가 도래하는 것이다. 결국 노동과정에서의 단순한 인간과 인간의 만남, 순수한 의미의 지도, 존경, 실질적인 지식으로 지도하던 단계에서 전혀 존경스럽지 않더라도 복종해야 하는 권력관계로 바뀌어 간다.

(해설7)

정보, 즉 지식.

(해설8)

이 통일적인 노동과정의 기능이 분리되어 제각기 다른 사람에게 배타적으로 귀속되는 분업관계가 전개된다고 생각해 보자. 목적을 대표하는 사람이 제사장이고 그만이 무엇을, 어떻게 만드는지를 안다. 원래는 자기 자신의 목적에 의지를 종속시켜야 하는데, 이제는 제사장이 목적과 정보를 대표하기 때문에 제사장에 대해 자기 자신의 의지와 욕구를 종속시켜야 된다. 그러나 아직 여기서는 개인적인 노동과정으로 본다면 자기가 자기 자신을 종속시키는 것이므로 지배-피지배의 관계는 아니다. 그러나 정신노동과 육체노동이 자본주의식으로 갈라지는 경우 이 '아는' 기능이 과학적으로 교육된 정신노동자에게만 가능하므로 노동과정은 기술관료체제적인 지도를 받아야 하는 상황으로 바뀌게 된다. 독점자본주의시대의 지배적인 노동과정이 그렇다.

노동의 극복 가능성

(해설9)

노동이 힘들고 아주 하기 싫고 단순 반복적이 될수록 더 많은 인간의 인내력을 필요로 한다. 또 인내력을 잘 발휘하지 않으려 할 때 강제노동을 시켜야 할 필요도 생긴다.

따라서 사회주의 사회로 이행된다고 하더라도 노동이 그렇게 매력적인 것으로 급작스럽게 바뀌는 것은 아니기 때문에 착취를 위한 강제력은 아니지만 노동을 규율 바르게 하는 강제력은 불가피한 것이다. 노동시간이 단축되어 가면서야 맑스주의의 궁극적 목표인 노동 자체의 극복이 실현될 것이다. 그리하여 생산활동은 남지만 고통으로서의 노동은 소멸될 수가 있다. 고통으로서의 노동, 생산활동 일반으로서의 노동이 아닌 노동을 극복한다고 맑스는 말하였다. 공산주의 사회에서 이 목표가 실현되기 위해서는 일단은 노동이 매력적으로 변해야 가능하다. 분업이 극복되어 인간의 전면성이 발휘되고 또 너무 오래 노동하지 않아야 한다. 너무 오래 노동하면 인간의 신경이 역치(閾値, threshold)를 넘어서기 때문에 아무리 짧은 매력적인 노동도 고통으로 느껴질 것이다. 적절한 길이로 단축된 매력적인 노동은 고통으로서의 생산활동이 아니라, 건강하고 평균적 능력을 계발한 보통사람이면 누구나 하고 싶은, 즉 먹고 싶거나 자고 싶거나 놀고 싶거나 하는 생명의 욕구와 동일한 일차적 욕구사항이 될 것이다. 인간은 돌멩이 같은 무생물이거나 식물이 아니기 때문에, 죽은 사람이거나 식물인간 또는 병든 사람이 아니면 자기 자신의 내적인 생명 능력을 외부로 행동, 즉 정신적·육체적 실천을 통해 외화시켜 다른 인간의 육체적 · 정신적 욕구를 충족시켜 줌으로써 자신의 능력과 의미를 사회적으로 인정받으려는 근원적인 생명의 욕망을 갖는다.

그러나 착취사회 속에서의 노동은 이것이 어떠한 경이로운 힘을 발휘한다 하더라도 모조리 착취자의 능력과 의미로 둔갑하기 때문에 그러한 의미를 지닐 수 없다. 즉 그것은 자기 실현으로서의 노동이 아니라 자기 상실로서의 노동, 자기소외의 활동이다. 그러나 착취당하는 노동도 무노동보다는 낫다. 즉 결과에 있어서 소외되고 노동과정 속에서 억압받는다 하더라도 실업자가 되는 것보다는 낫다는 말이다. 이것은 두 가지 의미에서 그런데, 첫째는 착취당하는 노동 속에서도 재화를 생산함으로써 생계를 구할 수 있기 때문이고, 둘째는 돌멩이가 아닌 인간으로서 최소한 자신의 능력을 외화시키고 있기 때문이다.

여기서는 이 두 번째 의미가 주목되어야 하겠다. 실업의 고통은 생계를 구할 수 없는 고통이 물론 첫째겠지만, 두 번째는 연일 밀려오는 나날 속에서 할 일이 없다는 사실이다. 즉 자신이 아무것도(Nichts) 아니라는, 부정된 생명으로서의 고통이다. 빈둥거리는 것도 2~3주일이지 몇 달 몇 년을 돌멩이처럼, 카프카의 벌레처럼 지낼 수는 없는 것이다. 다시 말하면 아무리 철저하게 소외된 자본주의적 노동 속에도 생계를 구하는 것과는 무관한, 인간의 고유한 생명활동이 **숨어 있는** 것이다. 이것이 실업을 통해서 간접적으로 증명된다.

즉 인간의 노동은 생계를 구하려는 목적에 대해 **수단적인 필연성**으로서의 노동과 이것과 무관한 **생명적 욕구**로서의 인간활동이라는 두 측면을 갖는 것이다. 수단적 필연성으로서의 노동이라는 측면은 먹고 살기 위해 싫든 좋든 감당해야 하는 **억지**를 내포하는 측면이다. 그런데 노동이 착취로부터 해방되고 인간에게 적합한 수준으로 단축된 매력적인 활동으로 변한다면, 생계의 충족이 여전히 실현되는 속에서도 노동은 억지의 측면이 소멸하고 수단적 필연성에 비해 생명욕구의 자율성으로서의 측면이 우세하게 된다.

즉 자율성의 측면이 필연성의 측면을 자신의 규정 속으로 포섭함으로써 생계의 충족이라는 외적 목적이 노동을 자율적인 생산활동(즉 자유의 행위)으로 양질전화시킨다. 소외된 노동 속에서는 생명활동의 계기가 들어 있음에도 불구하고 생계수단으로서의 노동의 규정에 의해 은폐되고 숨겨져 버렸다면, 이 공산주의적 노동 속에서는 거꾸로 생계수단으로서의 노동의 측면이 생명활동으로서의 노동의 계기 속으로 소멸해 들어가 숨겨지게 된다. 마치 원 속에 직선의 개념이 소멸해 들어가 숨겨져 버리듯이. 따라서 맑스에 의해 얘기된 "노동의 극복"이란 지극히 변증법적인 시각에서 이해해야 할 것이다.

『독일 이데올로기』에서 맑스와 엥겔스에 의해 서술되는 "노동의 지양"이나 "분업의 지양"은 젊은 시절의 망상이 아니라, 이미 끝까지 추론된 변증법적인 꿈인 바, 이러한 인간주의적 꿈은 이런 까닭에서만 30여 년 뒤 『고타강령비판』에서 다시 명시적으로 거론되게 된 것이다.

노동수단의 구성체적 의미와 20세기 기술비판론 비판

"멸종한 동물 종족의 신체조직을 인식하는 데에는 유골의 구조가 중요한 것과 마찬가지로 몰락한 경제적 사회구성체를 판단하는 데에는 노동수단의 유물이 그러한 중요성을 갖는다. 무엇이 만들어졌는가가 아니라 어떠한 노동수단을 통해 어떻게 만들어졌는가가 경제적 시대들을 구별 짓는다. 노동수단은 인간의 노동력 발전의 척도(Grandmesser)일 뿐만 아니라, 그 속에서 노동이 행해지는 사회적 관계의 암시물(Anzeiger)이기도 하다."(pp.194~195)

이 구절을 절대시하거나 "암시물"을 "표시기"로 강하게 번역하다 보면, 생산력주의에 빠져들 염려가 있다. 노동수단이 모든 생산관계를 일방적으로 규정하는 것으로 읽힐 수 있는 이 구절은 "사회적 관계들의 암시물"이라고 이해함으로써 그런 위험이 회피될 수 있다. 독일어 anzeigen이라는 단어는 확실한 것을 지시할 때 쓰는 말이 아니라, 형사소송법상으로 '고소, 고발, 기소한다'는 뜻인데, 어떤 사람을 anzeigen한다 함은 용의자, 혐의자로 본다는 뜻일 뿐 아직 확정적인 유죄인으로 보지 않는다는 것을 전제하듯이, 일반 용어로 쓰일 때도 낌새가 '풍긴다', '암시한다'는 뜻이다. 따라서 노동수단이 **암시하는** 사회관계가 확실히 어떤 형태를 취하고 있는가에 대해서는 노동수단을 보고 초보적인 단서만을 얻을 수 있을 뿐이고, 구체적인 것은 비로소 '해독'되어야 할 것이다. 그만큼 노동수단 내지는 생산력의 사회규정성은 추상적이고 불분명하다. 사회관계의 구체적 성격을 최종적으로 규정짓는 것은 생산관계들인데, 이 중에서도 특히 **근본적 생산관계**이다. 이것은 앞에서 여러 번 얘기되었듯이 생산조건의 소유자와 생산자 간의 관계, 즉 잉여노동을 강탈하고 지배하는 관계형식을 뜻한다. 이런 까닭에 p.231에서 맑스는 위 테제와 일견 모순되는 것 같은 다음 테제를 말하고 있는 것이다 : "이 잉여노동이 직접적 생산자, 즉 노동자로부터 강탈되는 형식만이 경제적 사회구성체들을, 예를 들면 노예제 사회를 임노동제 사회로부터 구분해 준다."

한 곳에서는 경제적 사회구성체에 대해 노동수단(=객관적 생산력)이 중요한 역할을 한다고 얘기하고 있고, 다른 곳에서는 생산관계가 사회를 구분 짓는 규정성을 갖는다고 하고 있는데 구체적인 시대를 판정할 때는 이 두 테제를 결합시켜서 적용해야 할 것이다. 그렇지 않고 노동수단을 절대시하면 한 구성체의 몰락기와 뒤따르는 새 구성체의 초창기를 구분할 수 없을 것이다. 왜냐하면 이 두 가지는 노동수단의 기술적 토대는 동일하고 다만 생산관계만 다른 것이기 때문이다. 물론 생산주체의 의욕과 보다 왕성한 생산동기도 생산력으로 화하기 때문에 주체의 이러한 동기를 좀 더 큰 규모에서 용인하는 생산관계가 생산력 증대에 역작용해 들어오면 이전 사회구성체의 생산력보다 이후 사회구성체의 생산력이 같은 노동수단의 기초 위에서도 더 클 것이다. 후세 사람들이 이 두 구성체가 다 몰락한 뒤 땅을 파서 동일한 도구를 발견하면 이 상이한 구성체를 같은 구성체로 동일시하지 않으려면 생산관계에 관한 기록을 뒤져야 하듯이, 도구적 생산력은 절대화되어서는 안 된다. 따라서 보통 생산력주의라 함은 실은 생산관계에 의해 촉진되는 주체의 기술적 역량이나 기능, 동기 등의 발전을 사상하는, 도구적 생산력을 절대화하는 입장이다. 도구적 생산력의 관점에서 볼 때 봉건후기의 수공업적 도구나 자본주의적 매뉴팩처 초기의 도구는 같은 것이었음에도 불구하고 완전히 다른 노동관계 속에서 완전히 다른 생산관계가 펼쳐졌고 자본제적 초기 매뉴팩처는 봉건적 수공업보다 월등히 높은 생산력을 발휘하였음은 항상 염두에 두어야 할 것이다. 이런 이해의 전제하에서 『철학의 빈곤』에 나오는 구절, 즉 손방아는 봉건영주가 지배하는 사회를 만들었고, 증기기관은 자본가가 지배하는 사회를 만들었다는 맑스의 말도 유연하게 해석되어야 한다. 물론 아주 멍청한 사람도 이해할 수 있도록 맑스는 여기서 역사를 진보시키는 기본동력으로서의 도구적 생산력을 강조한 셈이다. 이 구절을 비변증법적으로 경직화시켜 봉건시대의 손방아가 마치 자본주의 시대에는 작동하지 않는 것으로 왜곡시키고 H. 마르쿠제처럼 왜 자본주의 시대에 만들어진 전자계산기가 사회주의 사회에서도 작동하는가라고(『일차원적 인간』에서) 반문해서는 안 될 것이다.

봉건시대의 손방아는 자본주의 시대에서도 기술적으로 보면 작동할 수 있고 오늘날 국가독점자본주의 시대에도 작동할 수 있다. 그러나 경제적 시각에서는 사회적 생산력이 될 수 없다. 이것을 사용하는 자는 경쟁에 패할 것이기 때문이다. 그런데 손방아도 분명 산업혁명의 기계가 출현하기 전 매뉴팩처 시대까지는 경제적으로 사용되었던 것이다. 그리고 나중에 산업혁명을 통과하면서 자본이 증기방아를 사회적 생산의 일반적 토대로 확산시킨 후에야 소멸했다. 이와 동일한 이유에서 자본주의 시대의 산물인 전자계산기는 사회주의 초기에 경제성을 유지하면서 사용될 수 있다. 사회주의가 이 생산력을 넘어서는 고유한 생산력 구조를 갖추게 되면 비로소 그것은 사라질 것이다. 그러나 극소전자적 자동화, 즉 오늘날 자본주의 하에서 시작된 극소전자혁명은 자본주의 안에서는 보편적으로 확산될 수 없을 것이다. 기술적으로 불가능한 것이 아니라 생산관계상 불가능하기 때문이다. 현재의 과학기술혁명의 생산력은 너무 엄청나서 엄청난 실업을 만들어 내고 있고 이 실업은 노동력의 가치를 하락시키거나 상승을 억제케 만들어 새 기술투입에 드는 비용이 기술투입으로 방출되어 나가는 저임금 노동자의 임금 합계보다 많거나 같게 만들 것이기 때문에 일정 수준의 극소전자기술의 투입 이후에는 그 확산을 저지시킬 것이다. 즉 자본주의적 생산관계가 새로운 도구적 생산력의 발전을 저지, 억제하는 질곡으로 변하는 것이다. 그러나 사회주의는 실업의 공포 없이 이 새로운 생산력을 생산의 일반적 토대로 확산시킬 수 있는 것이다.

앞에서 말한 마르쿠제의 예는 현재 서구 기술비판론자들의 공통된 관점이다. 즉 이들은 보통 기술을 생산력과 등치시키고 생산력 일반을 도구적 생산력과 등치시킨다. 그러나 모든 기술이 생산력인 것은 아니다. 예를 들어 SDI(Strategic Defense Initiative, 전략방위구상)가 생산력이 아니고 파괴력이듯이, 모든 전쟁기술과 지배기술이 그렇다. 기술 일반을 생산력과 등치시키는 사고는 위험하다. 오로지 경제적 생산성 향상에 기여하는 기술만이 생산력일 수 있고, 이러한 경제적 기술투입은 기술공학적 법칙에 따르는 것이 아니라, 앞에서 말했듯이 경제적 법칙에 따른다. 그리고 도구적 생산력의 발전은 생산력 발전의 결정적인 부분이지만 앞에서 말했듯이 주체의 능력, 기능, 동기의 발전과 결부되어야만 기능할 수 있고 또 현실화될 수 있다. 3세대 산업 로봇을 다루는 노동자는 고도로 교육되고 숙련된, 그리고 보다 자유로운 노동자이어야 할 것이다. 아무런 능력개발이 없는 노예는 이 생산기술을 활용하는 것이 아니라 전부 망가뜨려 버릴 것이다. 즉 도구적 생산력을 적절한 "노동의 불로 세례받아야"(p.198)만 현실적인 생산력으로 "깨어나는" 것이다.

기술비판론자들은 생산력과 생산관계의 갈등으로부터 역사발전의 동력을 설명해 낼 때, 이 생산력을 기술과 등치시켜 놓고 이제는 기술이 지배와 파괴력으로 더 쓰이고 있으므로 맑스의 생산력 개념도 비판되어야 한다고 강변한다. 그러나 모든 기술이 생산력은 아니기 때문에 생산력 개념이 비판될 근거는 없다. 더구나 산업 로봇의 통제용 모니터(생산력)나 작업장의 노동자의 일거수일투족을 확인하는 모니터(지배기술)나 군사용 모니터(파괴력)나 그 기술적 원리에 있어서는 동일하기 때문에 기술 그 자체의 비판도 불가능하다. 오직 우리는 그것의 사용방식만을 비판할 수 있을 것이다. 인류의 모든 경제적, 사회적 발전은 기술에 말미암은 것으로 설명하는 부르주아 기술사관(史觀)이 적극적 기술물신주의에 빠져든 것이라면 좌파 기술비판론은 이것의 정반대인 소극적 기술물신주의다.

가치증식과정과 자본의 세부적 형태변화

자본주의적 생산과정은 앞에서 노동과정과 잉여가치를 뽑아내는 가치증식과정의 통일이라고 하였다. 따라서 이제 이 가치증식과정에 대해서 알아보자. 노동자는 자신의 노동력을 이것의 교환가치, 즉 이 노동력을 재생산하고 유지하는 데 들어가는 생활자료에 투입된 노동시간어치의 가치로 팔게 되는데, 이 매매가 끝나고 자본가의 작업장에 들어서면서부터 노동자의 노동력은 자본가의 소유가 된다. 만약 배구공을 그 교환가치를 주고 산다면 이 배구공의 사용가치는 이 구입자의 소유물이고 따라서 그것을 마음대로 사용할 수 있듯이, 자본가는 남의 노동력을 마음대로 사용할 수 있다. 노동자는 자본가가 그의 소유권을 행사하도록, 즉 노동력을 마음대로 사용하도록 하기 위해 그의 고유한 의지를 버리고 자본가의 명령과 지시에 자기의지를 종속시켜야 한다. 이러한 거래상의 논리로부터 거래관계와의 질적으로 구분되는 자본가의 노동자에 대한 **지배관계**가 성립되어 나오는 것이다. 자본가는 이러한 지배·강제 관계에 의존하여 노동력의 사용, 즉 노동을 노동력의 가치에 구현된 노동시간보다 더 많은 양으로 늘려 잉여노동을 잉여가치의 형식으로 착취한다. 따라서 가치증식과정이란 지배과정이면서 동시에 착취과정이다. 그리하여 단순한 노동과정 안에서 노동자의 노동수단으로 나타났던 것이 이제 지배수단이요 착취수단으로 나타나게 된다.

자본의 지배권력에 대해서 미리 앞질러 그 이중성을 파악해 보자. 첫째, 자본의 지휘권은 노동자가 질서 바르게 그리고 적절한 강도(强度)로 일하도록 하는 권력으로 등장한다. 이러한 자본의 기능은 노동이 아직 매력적이지 않은 한에서 불가피하고 또 협업적 노동 안에서는 밀어야 할 자리에서 당기고 당겨야 할 자리에서 미는 무질서가 생기는 것을 막고 교통정리할 필요에서 볼 때 필수적인 것이다. 즉 생산적 기능이라는 것이다. 이 측면은 지배의 측면이 아니라, 어느 정도는 모든 협업적 노동에 공통된 것이다.

둘째, "자본은 노동계급을 그의 고유한 생활욕구의 협소한 범위가 규정하는 것보다 많은 노동을 하도록 강박하는 강제관계로 발전한다."(p.328) 이 잉여노동을 위한 강제관계, 즉 자본관계는 지배관계이다. 따라서 지배관계는 영원한 것이 아니라, 이 착취관계의 철폐와 더불어 해소 가능한 것이다. "자본가와 노동자의 관계가 생산과정 안에서 겪게 되는 변화들의 세부적 측면"(같은 곳)에 대해서는 매뉴팩처와 공장에 관해 상론할 때 거론키로 하고 여기서는 다음과 같은 점만 언급해 두겠다. 생산과정에서의 지배관계는 자본관계 그 자체에 근거한 해고의 위협만으로 그치는 것이 아니라, 병영적 규율과 조직의 형태에 의해서나 또는 관료체제적 조직 형태에 의해 권위적인 구조로 철갑화되게 된다. 조직은 사회구성체적인 생산관계들의 관계처럼 객관적인 이익관계의 필연성에만 기초하는 것이 아니라, 일정한 가치관과 규범에 근거하는 것으로서 자본가의 적나라한 권력을 권위적으로 만들어 주며, 이러한 윤활제를 매개로, 적나라한 권력으로만 남아 있을 때 이 권력이 부딪힐 수 있는 갈등의 정도를 맞춰준다.

단순노동과 복잡노동의 관계

아무튼 자본의 지배는 착취를 위한 것이다. 만약 노동자가 수행하는 10시간 노동 중 4시간은 임금으로 받아오고 6시간은 빼앗긴다면, 이 앞의 4시간을 노동자가 생계에 필요한 시간으로 필요노동이라 부르고, 뒤의 6시간을 잉여노동이라 부른다. 이때 착취율은

6/4×100=150%이다. 그런데 이러한 착취율은 동일한 나라의 자본에 고용되는 노동자들에게 있어, 즉 복잡노동자든 단순노동자든 동일하다. 앞에서 복잡노동은 몇 곱의 단순노동으로 환산된다는 것에 관해 말했었다. 자본은 몇 곱으로 환산되느냐에 관계없이 복잡노동도 동일한 비율로 착취한다 : "자본가에 의해 점취되는 노동이 단순한 사회적 평균노동이든 보다 복잡한 노동, 즉 보다 고차적인 특유한 비중의 노동이든 가치증식과정에 대해서는 전적으로 아무래도 상관없다. 사회적 평균노동에 대해 보다 고차적인, 복잡한 노동으로서 간주되는 노동은 보다 높은 교육비가 들어가 이것의 생산에 단순노동력보다 더 많은 노동시간을 소모하고 그리하여 보다 높은 가치를 갖는 노동력의 표현이다."(pp.211~212) 물론 양자의 임금은 다르다 : "예를 들면 임금의 높낮이에 있어서의 ……차이는 대부분 ……단순노동과 복잡노동 간의 차이에 근거하고 이 차이가 상이한 생산영역에 있는 노동자들의 운명을 꽤 불평등하게 만들고 있을지라도 이 상이한 영역의 노동의 착취율을 건드리는 것은 아니다. 예를 들면 금세공 노동자의 잉여노동은 동일한 비율로 막노동자의 노동보다 더 많은 잉여가치를 산출하는 것이다."* 금세공 노동자는 기계공, 기계수리공들과 함께 산업혁명 이후에 잔존한 **수공업적** 노동자들로서 맑스, 엥겔스 생존 당시 (매수되었다는 의미에서가 아니라 나중에 살펴볼 **객관적** 의미에서) 노동귀족(Arbeiteraristokratie)이었다. 오늘날의 복잡노동자들은 테일러리즘 · 포디즘의 관철 이후에 등장한 대졸 임노동자들인 고도 정신노동자들이다. 이들에게도 앞의 맑

---

* 칼 맑스, 『자본론』 제3권, MEW, 25권, p.151.

스의 말은 그대로 타당하다. 만약 이 대졸평사원들의 노동이 단순 육체노동자의 평균임금보다 두 배 높다 하더라도 착취율은 똑같고 착취당하는 잉여가치의 양은 후자의 두 배이다. 이것을 이해하기 쉽게 도식화해 보자. 막대기둥의 두께는 복잡도를 뜻한다.(여기서 2 : 1의 비율은 하나의 예증에 불과하다.)

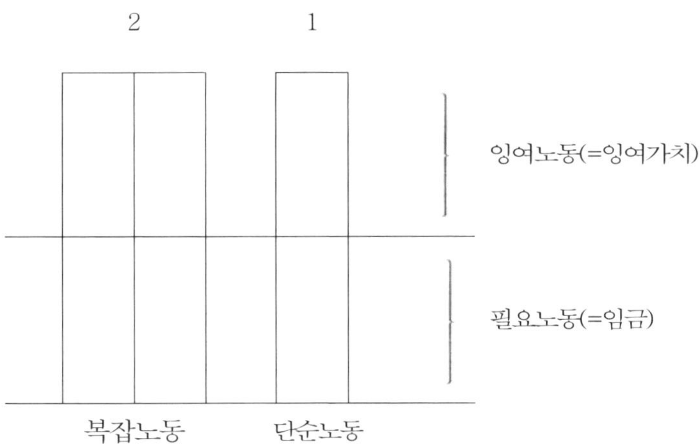

따라서 대졸사원이 기업관료(과장, 차장, 부장 등)가 아니라 평사원이라면 비록 단순노동자보다 두 배 임금을 많이 받는다 하더라도, 결코 신쁘띠 부르주아거나 부르주아가 아니라 "지식 프롤레타리아트"(엥겔스)이다. 이에 관해서는 뒤에 가서 다시 다루겠다.

그런데 복잡노동이 몇 배의 단순노동으로 확산되는 것이 사회적으로 공정한가와 관련해서는 정설이 없다. 필자 입장에서는 과거 소련에서 대립하는 입장들 양편이 다 틀린 것으로 느껴진다. 한편은 복잡노동의 임금은 교육비(교수노동+교재비+학용품비)+학생의 학습노동시간+학습기간 동안의 생활비+이자(여기에 투여된 밑천에 대한 이자)가 고려되어야 한다고 주장하고, 다른 쪽은 복잡노동의 문제를 경제적 계산으로 환원될 수 없는 완전히 새로운 노동력의 창출 문제로 보고 환원문제 자체를 기피한다. 첫 번째 입장은 교육에 투여된 밑천이 자본이 아닌데도 이자를 포함시키고 있는 점에서, 그리고 매년 임금 지불 시마다 항상 고려되어야 한다고 보는 점에서 문제가 있고, 두 번째 입장은 맑스주의를 일정 정도 일탈하고 있다. 순수 경제적 시각에서 볼 때 공정한 것은 교육을 마친 노동자에게 위에서 열거된 교육비 등에서 이자를 빼고 고용 시에 일시불로 주든가 종신의 임금에 분할해서 주든가 하는 것이다.

그러나 생산 메커니즘은 항상 역동하는 운동 속에 있는 까닭에 임금계산에 있어서 지체와 앞지름이 있는 것이다. 가령 어느 작업분야에 2,000명의 화공지식 프롤레타리아가 필요한데 4,000명이 공급된다면 임금은 하락될 것이고, 거꾸로 5만 명이 필요한데 2만 명밖에 공급되지 않는다면 임금은 오를 것이다. 이러한 임금변동의 장기적 평균은 결국 교육비와 기타 비용 및 교육 · 학습 노동시간 등을 추가 합산한 단순임금일 것이다.

그런데 지금과 같이 과학기술혁명의 와중에서는 지식 프롤레타리아트의 양이 지속적으로 확대되어야 하는데, 이것을 유인하기 위해 지식 프롤레타리아트의 임금이 상승한다면, 지식 프롤레타리아트는 지속적으로 경제적 환산치의 평균을 넘는 임금을 받게 된다.

그런데 이것은 생산양식상 불가피하다. 맑스는 『자본론』 제3권 어디에선가 사회적, 법적 정의(正義)란 생산양식의 보존발전의 법칙에 의해 규정된다 하였다. 따라서 정의를 꼭 위와 같은 산술적 계산으로 보기보다는 이러한 운동의 시각에서 봐야 할 것이다. 물론 이때는 자본주의적 정의이다. 그러나 이 측면은 사회주의 사회에서도 그대로 적용되는데, 단순노동자의 임금과 지식 프롤레타리아트의 임금을 몇 대 몇으로 확정해야 하느냐 하는 것은 결국 장기적으로 볼 때 사회주의적 생산양식의 발전법칙에 의해 규정될 것이다. 지식 프롤레타리아트의 수가 생산양식의 확충과 강화를 위해 계속 급속히 늘어나야 한다면, 임금격차는 커져야 할 것이다. 왜냐하면 대학교육을 받을 사람을 자극하고 유인하기 위해서이다. 가령 대졸임금과 단순노동임금이 같다면 대부분의 사람들은 그 어려운 시련을 뚫고 공부하거나 책상물림의 생활(Karenzzeit)을 기피하고자 할 것이다. 그러나 임금격차가 있으면 대학입학생 수가 늘고, 격차가 더 크면 그만큼 더욱 급속히 늘 것이다. 필요 이상으로 대졸사원이 공급되면 임금격차를 적절히 줄이면 된다. 즉 지식 프롤레타리아트와 단순노동자의 임금격차는 사회주의의 중요한 정책적 지렛대가 되는 것이다. 구소련 말기 페레스트로이카아래에서는 과학 기술혁명에 대응하는 대량의 대졸사원을 확보하기 위해 임금수평주의 경향을 타파하고 임금격차를 늘린바 있다. 이것은 당시 불가피한(공산주의적인 정의는 아니지만) 사회주의식 정의였다. 왜냐하면 사회주의는 자본가와 노동자 간의 적대적 모순만을 철폐한 것일 뿐, 나머지 모순은 대개 변모된 형태로 남아 사회주의 사회의 추진력이 되기 때문이다.

자본주의 사회에서 복잡노동과 단순노동의 수적 비례와 임금격차는 시간 요소를 집어넣어 생각할 때 끊임없이 변한다. 즉 복잡노동의 경우 분업에 의해 구획된 노동간 이동이 어렵기 때문에 부문마다 노동간 경쟁의 강도가 달라서 중기적(中期的), 단기적으로 끊임없이 변하고, 또 교육수준의 향상과 지식의 확산으로 과거에 복잡노동이었던 것이 단순노동으로 간주되거나(한국에서 컴퓨터 오퍼레이터는 얼마 전까지만 하더라도 복잡노동자로 대우받았으나 지금은 대량생산으로 단순노동자의 지위로 떨어지고 있다.), 거꾸로 새로운 기술의 출현으로 과거에 복잡노동이 우글거리던 곳에 단순노동이 투입된 후에도 과거의 전통과 관습에 따라 단순노동이 복잡노동으로 계속 간주되는 사례도 나타난다. 이러한 전반적인 풍경의 우여곡절을 맑스는 각주 18(p.212)에서 다음과 같이 정리해 주고 있다.

"보다 고차적인 노동과 보도 단순한 노동 간의 차이, 즉 'skilled'와 'unskilled labour'의 차이는 부분적으로 단순한 환상이나 또는 적어도 일찍이 실제이기를 그쳤고 다만 전통적인 관습에 따라 지속되고 있는 차이에 근거하거나, 자신들의 노동력의 가치를 쟁취할 여지를 노동계급의 다른 계층보다 더 적게 허용하는, 일정한 계층들의 어쩔 수 없는 상황에 근거한다. 여기에서 우연적인 상황은 아주 큰 역할을 하여 동일한 노동종류가 지위를 바꾼다."

여기에 맑스는 "그 소위 'skilled labour'가 일국적(一國的) 노동안에서 양적으로 현격한 규모를 점할 거라고 망상해서는 안 된다."

고 덧붙이고 있다. 즉 단순노동이 전국적 임노동의 대종을 이룬다는 말이다. 이 말은 현대의 복잡노동의 전형을 이루는 지식 프롤레타리아트와 노동계급 간의 관계에도 그대로 적용된다. 물론 미래적으로 볼 때 과학기술혁명의 일정한 진행에 대응하는 지식 프롤레타리아트의 확산과 노동계급의 비례적 축소가 분명할 것이지만, 현재로선 그렇다는 말이다.

참고삼아 1840년대 영국의 계급구조를 알아보기 위해 레잉(S. Laing)의 통계치를 잠깐 분석해 보자. 레잉은 여기서 전통적 부르주아 이론의 애매모호한 계급분류에 따라 통계를 뽑고 있는데, 그는 여기서 한 걸음 더 나아가 복잡노동자를 모두 중산계급(Mittelklasse)에 집어넣고 있다. 이 통계치에 따르면 계급구조는 다음과 같다.

귀 족	100만
중산 계급	465만
단순 노동계급	1100만
룸 펜	150만
영국과 웨일즈 총인구	1800만

여기서 '중산계급'이라는 범주가 가장 코미디 같은 범주이다. 레잉은 이 범주에 산업 및 상업자본가, 은행가, 소상품생산 및 소상인, 중소이자생활자, 관리, 문필가, 예술가, 교사, 심지어 "보다 낮게 지불받는 모든 공장노동자들"까지도 집어넣고 있다. 그리고 이 중산계급의 노동하는 부류에 상공자본가뿐만 아니라 전형적인 비생산적 자본가인 은행가도 포함시키면서 여기에 이 은행가와 나란

히 "보다 낫게 지불받는" 복잡노동자를 나열해 놓고 있다. 맑스는 이러한 분류법에 실소를 금치 못하고 있는데, 우리는 이러한 사실로부터 다음과 같은 사실을 유추할 수 있다. 첫째, 당시 복잡노동자는 제작과 구상(정신노동)을 동시에 수행하는 전문적인 수공업적 노동자로서 다른 노동자들보다 임금이 월등히 높은 **노동귀족층**이라서 레잉이 이러한 실수를 범하고 있다는 것이다. 또 사실상 이 노동귀족층은 당시 자유주의적 노조운동을 주름잡던 지도분파로서 이념적으로 자유주의자들과 크게 구별될 게 없었다. 둘째, 맑스의 실소는 비록 이 노동귀족층이 단순노동자층과 여러 가지 면에서 현격한 차이를 이룬다 하더라도 노동력을 상품으로 파는 임노동자들로서 노동계급에 속하며 결코 '중산계급'이 아니라는 것이다. 즉 도식으로 나타내면 다음과 같다.

프롤레타리아트=노동계급
- 1. 단순노동자층
- 2. 복잡노동자층(노동귀족층)

그런데 이러한 노동계급의 위상(프롤레타리아트=노동계급)과 내적 구조는 독점자본주의의 심화 · 발전과 더불어 무너지게 되는데, 이에 관해서는 다음에 다시 거론하겠다.

제6장 불변자본과 가변자본

제6장(p.214)은 순수하게 개념설명을 위한 장이다. 불변자본이라 함은 생산과정에서 아무런 가치를 보태지도 빼지도 않는 자본, 즉 생산수단(=노동수단+노동재료)의 구입에 투여한 자본이고, 가변자본은 노동력의 구입에 투여된 자본, 즉 임금으로 지불되는 자본이다. 따라서 불변자본은 생산과정의 객관적 요소에 대응하는 것이고, 가변자본은 주체적 요소에 대응한다. 불변자본은 자신의 가치를 생산되는 상품에 다만 이전시킬 뿐이다. 그런데 여기서 기계나 도구에 투입된 불변자본분(分)은 점진적인 마모를 통하여 조금씩 조금씩만 상품으로 이전된다. 이것을 기계의 감가상각비라고 한다. 그런데 가변자본은 본래의 자본분을 이전시킬 뿐만 아니라 잉여가치를 첨가함으로써 가변하는, 즉 커지는 방향으로 변하는 자본이다.

제7장 잉여가치율

제7장은 잉여가치율이다. 불변자본을 c, 가변자본을 v, 잉여가치를 m, 총자본을 C라고 할 때, C=c+v이다. 이 상태에서 생산이 진행되면 잉여가치가 첨가되어, C′=c+v+m이 된다. v는 임금으로서 필요노동의, m은 잉여노동의 가치표현이다. 또한 앞에서 착취율은 $\frac{\text{잉여노동}}{\text{필요노동}}\times 100$이라 하였는데, 잉여가치율은 이것을 가치표현으로 바꾼 것이다. 즉 $\frac{m}{v}\times 100$이다. 여기서 원래의 총자본 C로 m을 나눈 것, 즉 $\frac{m}{c}$을 이윤율이라 하는데, 부르주아 이론은 당시 잉여가치율과 이윤율을 혼동하는 수가 허다하였다. 『자본론』 제3권에서 다루어지는 이윤율 하락의 법칙은 잉여가치율이 상승하더라도 이윤율은 하락하게 되는 것을 보여준다.

제8장 노동일

노동일(Arbeitstag)은 1일 노동시간을 뜻한다. 이것은 하루에 소용되는 노동의 절대적 크기로서, 필요노동과 잉여노동을 다 포함한다. 따라서 이것은 노동력의 하루 사용가치인 셈이다. 그런데 이 노동일은 최대치적 한계를 갖는다. 노동자는 24시간 내내 일할 수 없다. 최대치적 한계는 **신체적** 한계를 뜻한다. 두 번째, 이것 외에 노동일은 **도덕적** 한계들에 의해 제한당한다. 이 한계는 생산성의 발전 및 계급투쟁과 이로 인한 사회적, 문화적 진보의 수준에 의해 규정된다. 즉 노동일은 14, 12, 10, 8, 7시간일 수 있고 머지않아 하루 7시간씩 주당 5일 노동하는 나라도 나타날 것이다. 그리하여 21세기 초에는 주당 3일, 1일 7시간 또는 주당 4일, 1일 5시간 또는 주당 5일, 1일 4시간 등 다양한 노동제들이 쟁취될 것이다. 나머지 시간은 노동자들이 사회적 공공업무나 문화 활동, 레크리에이션, 학문에 투자하는 시간으로 할당될 것이다. 이러한 역사적 진보는 오직 계급투쟁에 의해서만 추진되는 것이고, 기술진보의 자동주의적인 결과가 아니다. 자본주의하에서의 기술진보, 특히 극소전자혁명의 진보는 현역노동자 수를 급속히 감소시켜 실업을 최대화하게 한다. 즉 현역 노동자와 실업자가 거의 대등한 규모에서 반분될 전망밖에는 없는 것이다. 이때 노동시간 단축을 위한 투쟁은 현역노동자의 짧은 노동시간 덕택에 창출되는 일자리와 이를 통한 실업의 축소를 가져올 수 있는 유일한 출로(出路)이다. 자본은 이것을 하지 못한다. 오직 노동계급과 지식 프롤레타리아트만이 할 수 있다. 이 투쟁은 필연적으로 역사적인 정치투쟁으로 이어져 자본관계의 해소를 가져올 수 있을 것이다. 왜냐하면 이런 상태에서 완전고용을 달성하려는 노동시간 단축투쟁은 곧 이윤율의 급속한 하락을 의미하고, 자본은 이것을 용납지 않으려 할 것이므로 필연적으로 정치투쟁으로 전화할 기초를 창출할 것이기 때문이다. 이 정치투쟁의 분위기는 사회주의적 사상의 급속한 확산과 조직화를 위한 새로운 토대를 이룰 것이다.

자본과 노동의 자본주의적 이율배반성

물론 노동시간 단축투쟁이나 임금인상투쟁은 그 자체로 볼 때 자본관계 내에서 벌어지는 체제 내적인 투쟁으로, 자본주의 체제의 한 요소이다. 그것은 자본주의적 상품교환법칙의 이율배반성의 한 표현인 것이다.

자본가는 노동력 상품의 교환가치를 지불했으므로 상품교환의 원리에 따라 이 노동력 상품의 사용가치를 자기의 소유물로 규정하고 하루 10시간이든 20시간이든 마음대로 사용할 권리를 얻는다. 더구나 이 자본가가 다른 자본가와의 경쟁 속에 들어 있기 때문에 이러한 "잉여노동에 대한 탐욕"은 체제적 필연성이 된다. 그러나 노동력은 노동자의 신체로부터 분리시킬 수 없기 때문에 자본가에 의한 나의 노동력의 초과이용은 노동력 판매자인 나의 정신과 신체의 약탈로 나타난다. 나는 나의 거래상대, 즉 자본가의 정신과 신체를 약탈하지 않기 때문에 당연히 대등한 교환관계라면 나의 정신과 신체를 방어하는 것이 나의 판매자로서의 정당한 권리이다. 그리하여 "권리가 권리와 대립하는, 이 양자가 동등하게 상품교환의 법칙에 의해 인정된 권리들 간의 이율배반이 생겨나는 것이다. 동등한 권리들 간에는 권력(Gewalt)이 문제를 결정한다."(p.249) 따라서 이 부르주아 사회의 근저에는 법이나 권리가 아니라 권력 내지는 강력(强力)으로 문제를 해결해야 하는 씨름판 논리가 들어 있다. 부르주아의 법률주의적 환상 속에서는 이것이 이상하게 비칠지 모르지만, 이 부르주아 법률이 생겨난 출처인 상품교환의 원칙 자체에 따를 때 권력 게임은 불가피한 것이다. 그리하여, "자본주의적 생산의 역사 속에서 노동일의 표준화과정은 노동일의 한계를 둘러싼 투쟁과정으로—말하자면 전체자본가, 즉 자본가계급과 전체노동자, 즉 노동계급 간의 투쟁으로 펼쳐지게 된다."(p.249)

'무노동 무임금' 구호의 반자본주의적 반인간성

또한 이 투쟁은 일정한 시간을 필요로 하는데, 이 투쟁기간에 대해 자본가들은 '무노동 무임금'의 구호를 외치고, 노동자는 당연히 상품교환의 원칙에 따른 임금지불을 요구한다. 노동자인 나의 입장에서 볼 때, 이 싸움은 자본의 학대에 대한 노동력 상품 소유자의 정당방위이고 따라서 여기서 생기는 손해는 자본의 몫인 것이다.

나는 노동력을 판 것이지 노동을 판 것이 아니며, 자본가가 이것을 사용하는 것은 그의 능력과 기술의 문제이다. 노동력을 부리지 못하는 것은 자본가의 무능이고 이 무능을 노동력 판매자에게 전가하려 해서는 안 된다. 따라서 투쟁기간의 임금을 지불하려고 하지 않는 것은 자본주의적 근본논리, 즉 노동력을 상품화하는 자본관계에 대한 부정으로서 자본주의의 원리에도 반하는 것이다. 동시에 '무노동 무임금' 논리는 부르주아 인도주의에도 반하는 반인간적 논리이다. 예를 들면 말은 고집이 꽤 센 동물인데, 주인이 함부로 취급하면 가끔 일체 어떤 지시에도 따르지 않고 꿈쩍도 하지 않는 '버티기' 투쟁, 즉 말 나름의 '파업'을 한다. 이때 말이 하루 종일 일을 하지 않았다고 해서 말에게 먹이를 안 주거나 마구간을 보살펴 주지 않거나 하지는 않는다. 만약에 자본가가 '무노동 무임금'이라고 소리친다면 그는 노동자를 이 마소보다 못한 존재로 취급하는 셈이다. 최소한 이 말보다는 나은 존재, 즉 최소한 자본가와 대등한 상품판매자라는 것을 증명하기 위해서라도 '무노동 무임금'의 철폐를 위해 투쟁해야 한다. 결국 이것은 상품교환의 원리로부터 파생되는 이율배반이고 논리로 해결되는 것이 아니라 최종적으로는 다시 '권력'이 결정할 것이다. 자본가가 즐겨 인용하는 서구의 사례들은 노동자가 매번 자본가의 권력에 패배한 사례들이라서 내가 알 바 아니고 나는 우리의 권력만을 신뢰할 것이다. 이것이 노동자의 진정한 계급적 관점이다. 따라서 '무노동 무임금' 주장에 논리적으로 동조하는 노동자나 그 지도자들은 자본가가 노동자를 마소보다 못한 존재로 취급하는 것에 고개를 끄덕거리는 계급배반자들이다. 권력이 모자라 강요당하는 것과 논리적으로 승인하는 것은 별개의 문제이기 때문이다.

표준노동일을 둘러싼 투쟁의 두 단계

표준노동일을 위한 투쟁은 유럽에서 수세기에 걸쳐 벌어졌다. 그러나 이 투쟁의 역사는 두 갈래의 대립된 종류를 보여 준다. 첫 단계의 흐름은 14세기에서 18세기에 이르는 흐름으로써, 자본을 대표하는 국가권력이 노동시간을 강제법규로 늘이려는 자본의 노동에 대한 계급투쟁의 과정이다.

매뉴팩처 시대

유럽의 14세기에서 18세기의 마지막 3분기까지는 매뉴팩처 시대이다. 이때의 생산양식은 나중에 뒤에 가서 다시 취급하겠지만 근본적으로 새로운 노동도구의 투입 없이 다만 노동의 협업적 분업에만 기초한 생산 형태라서, 여전히 수공업적인 노동자가 본질적인 생산력을 대표하였다. 이때 수공업적 임노동자는 비록 생산수단이 없이 자본에 형식적으로 포섭되었다 할지라도 모든 생산지식과 기술을 독점하고 생산물을 구상, 제작하였을 뿐만 아니라 노동과정의 진행과 속도를 자율적으로 통제하였다. 즉, 적어도 그의 노동과정 안에서는 그가 주인이었던 것이다. 따라서 그는 자본가의 부당한 요구와 탐욕에 저항할 사회적 권력이 있었고, 높은 임금을 받았으며, 주당 4일 노동하고 3일을 쉬었다. 이에 반해 자본은 그 규모가 유아적인 상태를 넘지 못했고 또 조금만 더 축적되더라도 수공업적 노동의 긴 교육기간으로 말미암은 노동력 공급의 지체로 인해 항상 애를 먹었다. 이런 상태 속에서의 축적속도는 완만할 수밖에 없었는 바, 이것을 가속화시키기 위해 국가권력이 개입하여 노동일을 강제적으로 연장하려 하였던 것이다. 즉, 소규모 자본이 갖는 **경제적 강제력**은 아직 미약했기 때문에 국가권력이 **경제외적인 강제력**으로 개입한 것이다. 따라서 이때는 노동시간을 연장하려고 국가법률들이 제정되게 된다. 그럼에도 불구하고 이것은 노동자를 구하기가 어려웠기 때문에 경제외적인 국가권력에 의해 지원받는 자본의 요구는 나중에 수공업적 노동자를 기계투입으로 분쇄하고 엄청난 경제적 강제력으로 새로이 무자하게 된 공장자본의 요구에 비하면 겸손한 것이었다 : "물론 자본이 비로소 생겨나고 그리하여 아직 경제적 관계의 단순한 강력에 의해서만 아니라 국가권력의 도움으로 충분한 양의 잉여노동에 대한 흡혈권을 보장하는 태아상태에서의 자본의 요구들은 자본이 자신의 성년기에 으르렁거리며 마지못해 내놓지 않으면 안 되었던 양보들과 비교할 때 전적으로 얌전한 것으로 나타난다."(pp.286~287) p.287에는 이런 비교에 관한 노동시간상의 대비가 나온다.

이러한 매뉴팩처 시대의 노동시간 연장에 관한 강제법규들은, 공장제 자본들이 자신의 막강해진 **경제적** 강제를 이용해 경쟁적으로 노동시간을 법규에 규정된 것 이상으로 늘여 뺄 수 있게 되면서부터는 "우스꽝스런 비정상"(p.768)이 되었다. 그러나 자본가들은 돌발적인 사태에 대비하기 위해 이 비정상인 법규를 계속 유지하다가 19세기 초에 가서야 폐지한다 : "이 노동법규들은 …… 그것이 일찍이 생산제관계에 의해서 제거된 후에도 1813년에야 비로소 공식적으로 폐지되었다."(p.286 각주 115)

공장제 시대

매뉴팩처 시대에는 절대주의 국가체제가 대응하는데, 노동일의 연장을 위한 강제법규만이 제정되었던 것은 아니다. 임금의 상승을 막기 위한 최고임금제, 파업의 엄금, 작업장에서의 노동자의 복종의무법 등 별 해괴망측스런 법규들이 즐비하였다. 태동기의 자본들은 이러한 절대주의적 법률체계의 도움으로 어느 정도 축적을 하자, 더욱 많은 노력이 필요해지고 또한 자본유통에 의해 깨어난 상품시장의 확대로 더욱 큰 규모의 상품생산이 절박해지자, 노동력의 소유자와의 세력관계를 전면적으로 재개편해야 할 절박한 필요에 내몰리게 된다. 세력관계의 재개편을 위해서는 먼저 수공업적 고도 노동자를 단순화, 즉 단순노동자로 교체하여 1. 생산과정에서의 노동자의 사회적 권력을 분쇄하고, 2. 단순노동자의 짧은 교육기간의 덕택으로 임금을 인하하고, 3. 교육기간의 단축을 통해 노동공급을 원활히 하고, 4. 누구든 공장노동자가 될 수 있는 노동의 단순화와 임금의 하락이 공동(共動)하여 그 이전에 수공업적 노동자가 혼자 벌어 이끌었던 가계를 전 식구(부인, 어린이 등)에게로 전가시켜 광대한 노동인구층을 확보하는 것이었다. 1항과 2항은 분명히 당시 자본가들에 의해 의식적으로 추구된 것이었고, 3항과 4항은 무의식적 귀결이었다. 아무튼 이러한 목적을 수행하기 위해 투입된 것은 그동안 축적된 자본으로 구입한 기계였다. 일거사득의 이점을 가져다 준 기계는 따라서 노동자계급에 대한 자본가의 경제적 계급투쟁을 위한 전쟁무기였던 것이고, 18세기 말~19세기의 산업혁명은 이러한 자본가의 경제투쟁을 통해 시발된 것이다.

이러한 과정을 통해 강력해진 자본의 경제적 강제권력은 이제 더 이상 절대적주의적 국가권력의 지원, 개입을 불필요한 것으로 느끼기 시작할 정도로 무진장한 정열을 가지고 노동시간을 연장하고(16시간, 14시간 등), 대규모의 유년노동과 여성노동을 혹사하여 노동자의 산업활동 기간을 급속히 단축시켰다. 즉 공장에 취업한 후 10년 안팎의 노동자들은 곧장 병들거나 쇠약해지고 산재를 당해 방출 당함으로써 폐인이 되었다. 물론 이 정도 되면서부터 자본은 더 이상 절대주의 국가를 필요치 않게 되었고, 절대주의 국가가 자본에 일정한 지원을 준다는 구실 하에 귀족과 고리대자본 및 구(舊)상업자본의 동아리인 특권적 구(舊)금융귀족층의 이익을 위하여 산업자본의 활동을 제약하는 요소도 있었기 때문에 절대주의 국가형태를 부르주아 혁명 및 개혁을 통해 날려 버리게 된다. 물론 이러한 변혁은 십 수 년 사이에 완수된 것이 아니라 수십 년간에 걸쳐 완수된 것이다.(프랑스 : 1789~1848, 영국 : 1820~1860 등) 즉, 소규모의 매뉴팩처 자본이 성장할 때 썼던 지팡이를 초기 공장제자본들은 귀찮아해 하면서 "내던져 버린" 것이다.(『정치경제학 비판 강요』 어디에선가의 맑스의 표현.)

그런데 개별자본들의 권력은 이제 너무 위력적인 것이 된 까닭에 앞에서 잠깐 암시했듯이 그들의 착취의 원자재인 노동계급 자체를 고갈시켜 버리려는 기세로 넘어갔다. 이것은 총자본의 입장에서는 큰 손실을 의미하였기 때문에 자본관계를 일정 정도 '보수하려는' '부르주아 사회주의'의식이 생겨나기 시작하고, 막 투입되기 시작한 기계의 소음에 넋을 잃었던 노동자들도 차츰 기력을 회복하면서 노동시간 단축을 위한 계급투쟁을 벌여 나가기 시작한다. 그리하여 12시간, 10시간, 9시간…… 등으로 노동시간이 단축되기 시작한 것이다. 즉 : "변화된 생산양식과 이에 대응하는, 생산자들의 변화된 사회적 관계들은 먼저 절도 없는 범칙(犯則)을 창출하고 다음은 반대로 사회적 통제를 초래한다."(p.316) 노동일의 단축을 위한 노동계급의 투쟁사는 "자본가계급과 노동계급 간의 장구한 …… 은폐된 내전"(p.316)의 역사이었다. 그러나 총자본의 입장에서 볼 때 이러한 표준노동일의 수락은 앞을 다투어 경쟁적으로 노동자의 살을 파먹는 개별적 자본들의 **적극적인** 가치증식욕에 대비되는 사회적 총자본의 **소극적** 가치증식욕의 표현일 뿐이었다. 즉, 그것은 착취자료(노동자) 자체의 보존을 위한 총자본의 욕구가 실현된 것에 지나지 않는다.

쁘띠 부르주아적 생산과 자본주의적 생산을 가르는 계선(界線)의 문제와 양질전화의 변증법

'절대적 잉여가치의 생산'에 관련된 부분을 마감하기 전에 마지막으로 언급해야 할 것은 자본주의적 기업과 쁘띠 부르주아적 생산을 가르는 계선(界線)과 이에 관련된 양의 질적 전화의 변증법이다. pp.326~327에서 맑스는 이에 관하여 치밀한 설명을 하고 있는데, 맑스가 쓰고 있는 가설적 설명 모델이 설명의 간편성을 위해 현실적 군더더기를 사상한 것이라서 현장감이 너무 멀기 때문에 좀 더 현실에 근접한 예를 들어 보겠다. 소상품생산은 가장 혼자만 생산에 관여하면서 시작하는 것이 아니라 이 가장과 더불어 부인, 그리고 조부모, 자녀 등이 함께 참여하는 것이 보통이다. 물론 세월이 가면서 돈이 모이고 사업이 어느 정도 팽창하면 조부모가 제일 먼저 일에서 손을 떼고 안집에 들어앉아 집안일을 보고, 다음은 보통 초·중고등학교 다니는 자녀가 점포에서 심부름하는 것을 그만두고 입시에 몰두하거나 하는 일 없이 쏘다닌다. 다음은 부인이 일에서 손을 떼고 대학에 떨어졌거나 대학에 합격했어도 돈이 없어서 또는 대학이 '시시해서' 입학을 포기한 장남이나 장녀가 부인이 하던 일을 도맡아 하게 된다. 부인은 그동안 집안일과 자녀들에게 신경 쓸 여유가 없어서 엉망이 된 집안일에 몰두하고 실패한 장남의 경우를 한탄하면서, 이제 좀 정돈된 분위기 속에서 차남이나 차녀 등을 반드시 일류대에 집어넣으려 벼른다. 물론 수년 뒤 이 희망이 성공할 수도 있고 실패할 수도 있지만, 아무튼 대학생이 나와도 이 쁘띠 부르주아 가정은 통일성을 회복하지 못한다. 대학생은 급진적 좌편성향의 성난 쁘띠 부르주아이고, 점포의 장남이나 장녀는 세상이 어지러워지는 것을 두려워하는 경제적 실천 속의 쁘띠 부르주아이기 때문에 노상 밥상머리에서든 TV 앞에서든 충돌이다. 이러한 사상적 분열은 쁘띠 부르주아 집안에서 꽤 보편적이다. 어머니는 차남 편이고 아버지는 장남 편이다. 물론 경우에 따라 뒤바뀔 수도 있지만 이에 관한 신통한 법칙은 없다.

만약 노동자의 임금이 1일 노동시간 12시간에 1달 임금이 250만 원이고 착취율이 100%라면, 그리고 조부모와 자녀들의 허드렛일을 그만두게끔 임노동자 한 명을 고용한다면, 임노동자 한 명의 6시간 잉여노동의 착취를 통하여 이들은 노동에서 해방될 것이다. 이때 한 명의 임노동자에 대한 감독과 대외적 상업관계는 대수롭지 않아서 가장 혼자 본래의 노동과 더불어 짬짬이 수행할 수 있다. 이때 이 가족의 수입은 가장의 노동과 부인의 노동에 대한 대가로 1000만 원(부인과 가장의 임금+부인과 가장의 가공적 잉여노동)이다. 이중 700만 원은 가용으로 쓰고, 300만 원으로 계를 넣든 재형저축을 하든 해서 모든 돈으로 기본산업자산을 늘린다면 사업이 좀 더 팽창하게 된다. 그리하여 도합 4명의 노동자를 고용할 수 있게 된다면, 이 4명의 노동자를 고용할 수 있게 된다면, 이 4명의 노동자가 착취당하는 잉여가치의 매월 합계는 화폐로 표현할 때 1000만 원이 된다. 그래도 가장이 생산과정에 직접 손을 대며 계속 노동을 한다면, 이 가족의 총수입은 2000만 원에 달하게 되는데, 1000만 원은 가용으로 쓰고 1000만 원은 재투자한다고 하자. 이 시점에서 가장과 부인을 대체한 장남이 직접적인 생산적 노동으로부터 손을 떼고 이제 규모가 커진 상거래 업무(상담, 판매, 계약 등)와 임노동자에 대한 감독·관리노동에만 전적으로 관여하려면 4명의 노동자를 더 고용해야 한다. 왜냐하면 2000만 원의 이윤이 여전히 유지되려면 가장과 장남이 그들의 임금 및 가공적 잉여가치(각각 25만 원이므로 250×2×2=1000)를 대체하기 위해서 4명의 잉여가치를 더 착취하여야 하기 때문이다.(250×4=1000) 물론 재투자가 여의치 않아 임노동자 총수가 8명이 아니라 6명밖에 되지 않는다면, 가장만 손노동으로부터 해방되고 장남은 계속 손노동 속에 남아 있게 된다. 7명인 경우는, 장남이 반은 손노동에 반은 현금출납 업무 등의 정신노동을 수행할 수 있을 것이다. 4명을 더 고용하여 도합 8명을 고용하게 되면 전 가족이 직접적 생산노동으로부터 해방되어 비로소 **소자본가 집안**이 되는 것이다. 이러한 자본가 번데기의 자본가로의 부화는 자본의 최소량의 **연속량적인** 증가와 임노동자의 **양적** 증가를 통해 이루어진 **질적 변화**다. 이러한 **질적 변화**는 다면적인 의미를 갖는다.

다음의 도표는 임노동자 수의 증가에 따른 자본기능의 변화를 나타낸 것이다. 이 도피에서 Ⅱ부류의 생산자들은 아직 자본가가 아니다. 왜냐하면 자신이 직접 생산과정에 손을 대고 있기 때문이다. 즉 이것으로부터 방면되기 위해서 필요한 추가적 생산수단에 소요되는 추가자본을 확보하지 못해 자신의 직접적 생산노동을 대신할 임노동자를 고용치 못하고 있는 것이다 : "물론 그 자신이 그의 노동자와 동일하게 직접 생산과정에 손을 댈 수 있지만, 이런 경우 그는 자본가와 노동자 사이의 중간자, 즉 소(小)경영주일 뿐이다."(p.326) 여기서 생산과정에 직접 손을 댄다고 할 때 반드시 육체노동만을 의미하는 것은 아니다. 왜냐하면 예를 들면 영세출판사의 '소경영주', 즉 사장들은 직접 번역하거나 교정을 보는 경우가 많은데, 이때 이 노동은 생산적 노동이지만 정신노동이기 때문이다. 여기에서 자본이 축적되고 고용인원이 하나 둘씩 더 늘기 시

작하면(자본과

임노동자수의 증가에 따른 자본기능의 변화

	자본의 증 가	임노동자 수의 증가	경제학적 의미	사회학적 의미
I		0	임노동자를 전혀 고용하지 않고 따라서 전혀 착취가 없다.	순수한 하층 쁘띠 부르주아로서 순수한 가족 경리체
II		1 2 3 4 5 6 7	임노동자를 일부 고용하여 착취하나 가족의 일부는 여전히 손노동에 종사. 또한 임노동자도 대개 친족인 경우가 허다함. 한편 가족의 일부, 즉 가장(家長)이나 그 부인은 손노동으로부터 해방되어 있는 경우가 허다하다. 그러나 가장이나 부인은 (직접적인 생산적 손노동에서 면해지지만) 비생산적인 지배기능 및 상업적 기능 외에 순수한 생산적 지도로서의 감독, 조정, 매개의 기능을 동시에 수행함	어느 정도 형편이 핀 중상층 쁘띠 부르주아로서 가족의 기능적·지식적 통일성이 깨져 있는 관계로 가족의 사회의식이 극히 분열적이다. 임노동자와 경영주, 생산에 참여하는 손노동자로서의 가족의 일부와 가부장과의 대립은 끊임없이 나타나지만, 계급대립의 형식을 취하지 못하고 임노동자의 '개개기'와 영주의 '달래기' 또는 후자의 경우 가정불화로 현상한다.
III		8 9 10 11 ⋮ 498 499	자본가의 전 가족이 손노동으로부터 해방되고 이 생산적 손노동은 임노동자들에게 전가됨으로써 전적으로 남의 노동의 착취에 기초하여 운영되는 중소기업. 그러나 임노동자들은 그 지역사람들이거나 사장과 지연, 혈연, 연줄 관계에 있는 경우가 허다함. 사장이나 그 가족의 일부가 수행하는 경제기능은 비생산적인 판매기능 외에 지배기능과 생산적 지도의 기능이 결합된 이중적 성격의 관리기능을 수행한다. 기업 전체는 대기업 및 독점체의 수탈 속에 들어 있다.	사장이나 그 가족의 일부가 기업 내에서 정신적 기능에 종사하고 경영에 참가하지 않는 나머지 가족성원은 대학과정에 진학하여 마칠 수 있거나 유한 마담 생활을 할 수 있게 되는 까닭에 정신적 문화세계에 참여하게 되며 가정불화가 개인주의 속에서 진정된다. 기업 내에서는 엄연한 자본관계가 완성되나 경영주의 안면을 익힐 수 있는 관계라서 계급대립은 전면적인 익명성을 띠지 못한다. 경영주도 대개의 경우 직접적인 손노동의 경험시절이나 그 세계가 멀지 않아 아직 냉혈한이 아니다.
IV		500 501	자본가의 경영기능에서 지배와 착취의 기능이 생산적 지도와 판매·	자본관계 및 계급관계가 전면적인 익명성을 띠고 발전함. 자본

		⋮	상업기능을 양적으로 능가하여 자본가가 "노골적인" 자본가로 등장하게 되는 비독점 대기업. 이 기업들은 때로 중소기업을 수탈하기도 하고 때로 독점자본에 수탈당하기도 하는 기업들이다.	가의 사회의식은 중소자본가와 독점자본가 사이의 이중성 내지는 과도기성을 띤다.
V		수만 수십만명	수개 또는 수십 개의 대기업으로 구성된 트러스트 또는 콘체른 조직 위에 올라선 금융자본 성격의 독점체들. 독점체의 금융자본가(소유주+이사들)들은 거의 생산적 지도기능을 하지 않고 주로 지배·착취를 위한 감독기능과 음모에 매진한다.	이 자본가들은 민중으로부터 전적으로 유리된 금융과두층을 구성하는 "새로운 유형"의 기생충들이다. 이들은 결혼도 저희들끼리 하고 사회생활도 저희들끼리 하는 유사(類似) 신분적 귀족층을 형성한다.

임노동자의 양적 증가) 질적 전환, 즉 기업주가 직접적인 생산적 노동으로부터 해방되어 지배기능과 비생산적인 상업기능 및 생산적 지도·조정기능만을 수행한다.

소기업가, 흔히 영세기업가를 뜻하는 III부류의 하층(이들이 고용하는 임노동자 하한선은 보통 ILO에 의하면 10명이나 이것은 생산분야나 기술수준의 변동에 따라 다르므로 개별적으로 평가해야 한다. 물론 설명상의 8명도 하나의 가정이다.)은 한마디로 정신없을 만큼 바쁘고 쪼들리지만, 순전히 정신적 기능에만 종사한다. 물론 이 중 생산적 임노동자의 통일성을 조정하거나 업무를 가지런히 질서 잡는 기능은 생산적이나, 나머지 기능은 완전히 억압적이거나 비생산적인 상업기능이다.(어음관리, 상담, 업무기획, 구상, 판매, 계약 등) 예를 들면 이 소자본가들은 7명 고용하던 상태에서 8명 고용으로 상승하면서 비로소 생산적 노동에 매달리던 꾀죄죄하고 거친 외모를 벗고 말쑥하게 단장할 수 있게 되며, 부인이나 자식들을 사업의 생산적 업무로부터 해방시키고 자식을 대학에 보낼 수 있게 된다. 즉, 다음 세대는 지성적 세계로 입문할 수 있게 되는 것이다. Ⅲ부류 자본가 중 중상층(국제이론에서는 보통 500명 미만의 임노동을 고용한 중기업)은 기본속성상 소자본가와 다를 게 없으나 소자본가가 영세기업(보통 '마찌꼬바')식의 비(非)공식적 기업가인 데 반하여 일정한 공식적 기구들을 갖추고 있는바, 불안정하지만 일정한 관료체제적 조직도 흉내 내는 경향을 보인다. 그러나 자본기반의 취약성과 대자본·독점자본의 경제적 압박으로 여전히 영세한 입장을 면치 못하여 공식적 기제(機制)들이 대폭 폐지되거나 갑자기 증폭되는 등 극히 불안정하다.

Ⅲ부류의 중소자본가들은 모두 이들의 관리기능 중 아직 생산적 지도와 기술적 생산예비활동 등이 양적으로 우세하기 때문에 스스로 착취자로 느끼는 것이 아니라 '생산자'로 느끼는 까닭에, 자신들의 개인소득을 자신의 노동에 대한 정당한 대가, 즉 '임금'으로 생각한다. 이러한 관념은 얼마간 사실에 기초하고 얼마간은 허상에 기초하는바, 이 점에 관해서 여기서 상론하겠다.

중소자본가 기능의 이중성

『자본론』 제1권 「협업」 장에서 다시 다루게 될 것이지만 앞에서 잠깐 언급했듯이 생산적 자본가의 기능은 본래 이중적이다. 첫째, 일정한 규모의 복수적인 노동자들이 협업적 방식으로 작업하는 생산과정에는 이 개인들의 생산기능들을 조화·조정하고 올바른 방향으로 교통정리하며 지도 · 감독하는 필수적인 일반적 기능, 즉 **생산적 지도**의 측면이 있다. 이것은 사회주의 기업에서도 필수적인 기능이다. 둘째, 착취를 위한 강제 기능으로서의 **지배기능**이다. 즉, 생산적 자본가의 **생산경영**은 이 두 기능의 복합기능이다. 다른 한편 자본가는 판매, 상담, 광고, 판촉, 계약 등의 **상업경영**이 있다. 이 지속적인 상업경영은 이자생활자를 제외한 모든 중소자본가들이 수행하는 기능인데, 그 **일부**는 사회주의적 기업이 상품생산을 하는 한, 사회주의 체제 속에서도 필수적인 경영이다. 따라서 생산경영과 상업경영의 **일부**는 각각 생산적 지도노동이거나, 비생산적일지라도 사회적으로 필수적인 상업노동이다. 반대로 그 일부는 비생산적 억압 기능이거나, 자본주의 하에서는 필수적이되 사회주의 하에서는 불필요한 상업기능이다. 우리는 여기에 중소자본가를, 직접적인 생산적 손노동으로부터 방면되었으나 그의 생산 및 상업경영의 기능에서 생산적 지도와 필수적인 상업기능이 역사적으로 불필요한 억압 및 상업기능에 비해 **양적으로 우세한** 자본가로 정의한다. 그런데 "자본의 기술적 구성도"(p.640)가 고도화됨에 따라 생산적 자본가의 기능은 맑스에 의해 암시된 바와 같이 "생산적인 전체 기구의 운동으로부터 생겨나는 일반적 기능"(p.350), 즉 새로운 기술과 기계의 미묘한 차이를 판별하여 적시에 투입하고 전체 생산기구를 조직하는 **생산의 기술적 조직자로서의 생산적 기능**이 증대된다.(이것은 자본가가 기술의 정밀한 공학적 지식을 습득하지 않고도 수행 가능하며 또 이 기술공학적 기능과 본질적으로 구별되는 것이다.) 자본의 기술적 구성도가 증가하면 이전에 일정한 생산효과를 위해 (예를 들면) 이제 400명만을 고용해도 되며 이런 규모에서 기술적 기계체제의 거대화로 인해 자본가의 생산적 활동이 이전의 700명 규모에 비해 증대하게 된다. 즉, 더욱 고차적인 기술토대를 가진 (예를 들면) 400여 명의 고용규모의 기업을 관리하는 자본가의 생산적 기능의 비율이 기술구성도가 훨씬 낮은 80명 규모의 기업을 소유한 자본가의 생산적 기능의 비율과 같거나 더 높을 수 있는 것이다. 즉, "노동과정의 사회적 규제"는 "공동적인 노동수단, 말하자면 기계체계의 적용"의 규모가 커질수록 더 많이 "필요해진다."(p.447 참조) 따라서 생산적 지도기능 및 필수적 상업경영 기능을 억압적 내지는 불필요한 기능보다 더 많이 수행하는 자본가, 즉 중소자본가를 구별해주는 고용규모의 상한선, 즉 변증법적 계선(界線)은 사회적 총자본의 기술적 구성도의 고도화에 따라 높아지게 된다. 맑스, 엥겔스, 레닌 시대의 중소자본기업은 5명 이상 50명 미만이었는 데(참조 : 레닌, 『제국주의론』 선집, 1, Berlin, 1970, p.776) 반하여, 자본의 기술적 구성도가 더욱 고도화된 오늘날은 보통 10명 이상 500명 미만의 임노동자를 고용한 기업을 중소자본이라 한다. 이것은 생산적 자본을 기준으로 하는 수치로서 상업자본들 중 어떤 특정 자본은 10명보다 적은 4~5명 선에서 자본가를 손노동으로부터 방면시켜 주고, 또 500명보다 적은 임노동자를 고용하고 있음에도 생산자본이 500명 이상 고용하는 데 필요한 자본규모에 달해 있음을 감안해야 할 것이다. 즉, 500명 이하의 임노동자를 고용하고 있더라도 그 자본규모가 생산분야에서 500명 이상 고용하고 있는 생산자본과 같거나 큰 자본은 중소자본이 아니라 대자본이다.

중소자본과 대자본을 가르는 계선

아무튼 중소자본가의 개인소득은 그의 생산적 내지는 필수적 경영기능에 대응한 부분인 한에서 정당한 것이고 억압적 내지는 불필요한 기능에 대응한 것인 한 부당한 것, 즉 남의 노동의 착취분이다. 예를 들면 200명을 고용한 자본가의 노동시간이 노동자와 동일하게 10시간이고, 노동자의 착취율이 100%, 자본가의 관리노동이 노동자의 평균노동보다 두 배 복잡한 고도노동이며 노동자의 평균임금이 30만 원, 자본가의 1개월 개인소득이 240만 원, 그리고 자본가의 관리기능 중 생산적 필요기능과 억압적 불필요기능의 비율이 6 : 4라면, 자본가의 소득은 노동자의 임금보다 8배 많다. 이 자본가가 착취하는 잉여가치의 합계는 화폐로 환산할 때 매달 30만 원×200명=6,000만 원인데 이 중 일부는 이자로, 일부는 관리자들의 수당으로, 일부는 기계·건물 등의 임대료로, 일부는 세금으로, 일부는 정치자금으로, 일부는 사회활동비 등으로 도합 4,000만 원이 지출되고 1,000만 원이 확대 재투자되고 760만 원이 각종 보험료로 지출된다고 하자 : 자본가의 정당한 소득, 즉 단순노동보다 두 배 복잡한 노동이 착취 없이 받아야 하는 '임금'은 60만 원(노동자의 정당한 임금은 착취가 없을 때 60만 원이다.)×2=120만 원이다. 그런데 그의 기능 중 6/10만이 생산적 기능이므로 72만 원이 정당한 '임금'이 된다. 나머지 168만 원은 착취된 잉여가치로서 그의 착취기능에 대응하는 것이다. 따라서 중소자본가의 의식 속에서 정당한 '임금'으로 나타나는 그의 소득은 실은 약 60%가 부당한 것에 속한다. 나중에 『자본론』 제1권 p.594~595에서 살펴보겠지만, 자본가의 최초의 자본은 일정 기간 후 완전히 남의 잉여가치로 대체되고 위에서 매월 확대 재투자되는 것과 합하여 이 자본가의 소유로 화(化)하기 때문에 자본가의 **매월 소득의 분석에 탐구가 멈춰서는 안 되겠다.** 그러나 자본가의 개인소비로 들어가는 소득이 정당한 일부의 금액을 포함하고 있는 한, 중소자본가는 자신의 역사적인 존재근거를 상실하지 않고 이자생활자나 지대 및 임대료 수취자 및 금융재벌 등의 **무위도식자들**에 대하여 자신들의 **정당한 역사적 권리**를 주장할 근거와 의지를 가지며 이에 따른 역사적 건강성을 유지한다.

이런 까닭에 맑스는 대자본(50명 이상 고용한 산업자본)과 소자본(5명보다 많고 50명 미만을 고용한 산업자본)의 대별(大別)밖에 없던 시대의 눈으로 "소자본가"와 "노골적인 자본가"(Kapitalisten sans phrase)를 가르고 있다 : "의심할 바 없이 많은 동업조합의 소(小) 직장(職長)과 훨씬 더 많은 독립적인 수공업자 또는 임금노동자도 **소자본가**로 바뀌었고, 임금노동의 점차 더 넓은 착취와 상응하는 축적을 거쳐 **노골적인 자본가**로 탈바꿈했다."(p.777, 강조는 필자) 물론 두말할 것 없이 오늘날의 "소자본가"는 앞에서 얘기했듯이 500명 미만의 중소자본가를 뜻하고, "노골적인 자본가"는 500명 이상의 비독점대자본가나 독점자본가들을 뜻한다. 따라서 중소자본과 대·독점자본의 구별은 엄밀한 이론적 근거가 있는 것이다.

중소자본이 축적의 지속에 성공하면 고용자 수가 증대하고 자본가의 기능 중에서 억압적 내지는 불필요기능이 다른 생산적 기능을 양적으로 능가하게 되는데, 이 양질전화의 변증법적 계선은 대충 500명으로 얘기된다. 만약 1,000명의 임노동자를 고용한 대자본가가 위 중소자본의 경우와 동일한 조건하에서 기능하되, 그의 기능 중 생산적 기능 대 비생산적 기능의 비율이 4 : 6이라고 할 때, 자본가는 위 중소자본가보다 5배 많은 노동자를 고용하고 있으므로 대충 이 중소자본가보다 5배 많은 개인소득, 즉 1,200만 원을 매월 가져 갈 것이다. 이 중 그의 생산적 기능에 대응하는 정당한 금액은 120만 원×4/10=48만 원이고 나머지는 잉여가치로서 그의 착취기능에 따른 것이다. 즉, 그의 개인소득 중 2%만이 정당한 것이고 나머지는 부당한 것으로서 그는 이제 노골적인 착취자, 즉 노골적인 자본가가 되었다. 물론 앞에서 얘기했듯이 자본가의 본질 규정이 소득에 있는 것이 아니라 자본소유에 있는 까닭에, 노동자와의 차이를 드러낼 때는 소득분석에만 그쳐서는 안 되지만 소득의 성격 분석은 이처럼 같은 자본가들의 질적 차이를 드러내준다.

독점재벌의 기생성

한편 수개 또는 수십 개의 대기업 위에 올라서 있는 독점적 금융자본가들은 기업들의 생산적 측면과 거의 아무런 관계없는 기생충들이다. 생산의 구체적, 소재적 측면에 대한 이들의 절대적 무차별성은 독점적 금융자본이 이윤이 생기는 분야라면 어느 곳이나, 즉 그것이 라면 생산이든 컴퓨터 생산이든, 보험업이든 책장사든, 무기생산이든 은행업이든 아무 데나 문어발처럼 확장하는 데에서 극명하게 드러난다. 우리나라 S재벌의 지배자들의 숫자는 400여 명(회장+각급 이사+감사)인데, 이들의 업무는 대개 노동자와의 계급투쟁에 관한 쑥덕공론, 재무감독, 정부관료들과의 음모, 정당패거리들과의 음모적 회합, 다른 재벌들과의 담합 및 갈등, 아무것도 하지 않고 봉록만 챙기는 용관(冗官) 노릇 등 사회적으로 거의 백해무익한 기능만을 수행한다. 소위 요즘 유행하는 관피아도 여기에 해당한다.(따라서 그들이 무의식적으로 수행하는 근소한 생산적 기능이나 필수적인 기능을 고려한다 하더라도, 재벌의 사회화와 민주화 이후에는 현재의 1/10, 즉 40명의 기업소장들만으로도 값싸게 잘 관리될 수 있을 것이다. 따라서 나머지 360여 명의 이사, 감사, 회장 등은 불필요한 기생충들인 셈이다.) 이들은 맑스가 언급한 "새로운 종류의 기생충들", 즉 "새로운 금융귀족층"이다. 이때 '새로운'이라는 형용사는 절대주의 시대의 상인고리대자본가들의 구(舊)금융귀족층에 대비해서 사용된 말이다. 이 구(舊)금융귀족층은 생산적 산업자본가들에 의해 지도되는 민중(소생산자, 소상인, 임금노동자, 농민 등)의 자연발생적 통일전선에 의해 타도되었었다.(부르주아 혁명) 이 새로운 금융귀족층은 이제 프롤레타리아트(노동계급+지식 프롤레타리아트)에 의해 지도되는 민중(농민, 소생산자, 소상인, 중소자본가)에 의해 타도되어야 할 것이다. 그런데 신식민지의 종속적 독점자본주의에서 이러한 민중민주주의 혁명은 반제민족민주주의 혁명의 형식으로 수행되지 않으면 안 될 것이다. 왜냐하면 민족억압이 규정적으로 정착된 신식민지에서 어떤 올바른 민중혁명도 반제민족자주화의 과업을 우회할 수 없는 것이기 때문이다.

반독점 민중민주주의와 우리나라

맑스는 「폴란드를 위하여」라는 기사에서 당시 러시아에 의해 억압받던 폴란드의 선차적 과업이 민족해방투쟁임을 다음과 같이 입론(立論)하고 있다 : "자신의 억압자에 대한 부단한 영웅적 투쟁을 통해 민족적 독립과 자결에 관한 자신의 역사적 권리를 증명한 피압박 민족에 대한 동정은 …… 당연한 것이다. 국제적 노동당이 폴란드 민족의 재활을 추구하는 것은 전혀 모순이 아니다. 반대로 폴란드가 자신의 독립을 탈환하고 난 후에만, 자립적인 민족으로서 자기 자신을 다시 관리할 수 있게 된 후에만, 자신의 국내적인 발전이 다시 시작되고 유럽의 사회적 변혁에 독자적으로 공동(共動)할 수 있다. 생명력 있는 민족은 외래 정복자에 의해 질곡당해 있는 한, 그의 권력, 그의 모든 안간힘을, 아니 그의 모든 정력을 불가피하게 외적(外敵)에 대항하여 돌리게 된다. 이러는 한 그의 국내적인 생활은 마비되고 사회해방을 위해 활약할 여력이 없다.(영국지배하의 — 필자)에이레, 몽고 지배하의 러시아 등이 이 명제에 대한 적확한 예증을 제공하고 있다."(MEW, 18권, p.574).

물론 1875년 당시 러시아의 완전 식민지하에 있었던 폴란드에 관한 이 명제가 신식민지 국가들에 그대로 적용되는 것은 아니지만, 신식민지 피압박 민족의 정치과업 전략적 선차성도 반제민족자주화에 있음을 잘 보여 주고 있다. 신식민지의 정치적 독립은 비록 나라마다 차이를 보이면서도 법적 주권은 명백히 국내 지배계급의 수중에 직접적으로 이전되어 있는 까닭에 전략과제의 제기와 해결을 위한 전술적 소단계의 소과업들이 완전식민지인 당시 폴란드 및 에이레의 경우와 분명 구별될 수밖에 없는 바, 이 점에서 결정적인 차이는 완전 식민지의 경우 매판세력과의 투쟁이 외적과의 투장에 뒤따르는 데 반하여, 신식민지의 경우는 신매판(Neokompradorisch)세력과의 투쟁이 전술적인 선차성을 갖는다는 것이다. 이 문제에 있어서의 모든 혼란은 식민지와 신식민지의 혼동 및 전략적 과제와 전술적 과제의 혼동에 기인한다. 신매판세력(군부파쇼세력 또는 반민족적 정치세력+신매판적 독점자본)과의 투쟁은 근본적으로 민주화투쟁으로 규정되는데, 이 민주화투쟁의 심화발전을 위해서는 다시 반제적인 전략적 과제가 이 전술단계에 맞게 형태 변환되어 계속 결합되어 나가야 할 것이다. 그렇지 않는다면 전략적 과업과 전술적 과업이 장성(長城)으로 갈라져 버리고 말 것이며 신매판세력과의 민주화 투쟁도 유효하지 못할 것이다. 여기서 '신매판' 세력이란 외적의 '하수인'으로서 아무런 국내적 권력기반이 없던 구(舊)매판과는 달리 일정한 국내적 권력과 자본기반을 갖춘 새로운 매판, 즉 제국주의자와 "손아래 동업자"(Junior Partner)로 기능하는 매판을 뜻한다.

신식민지에서의 민족민주주의 운동은 민중주의적 편향(민중의 다양한 계급적 구성과 이 계급구성 속에서의 프롤레타리아트의 헤게모니를 부정하고 주민을 애국세력과 매국세력으로만 구분하거나 이에 따라 실천하는 경향)을 배제하고 동시에 계급주의적 좌편향(집단적 주체는 민족, 인종, 민중, 계급 등으로 다양한데, 이 중 계급주체를 근본적 주체로 보고 프롤레타리아트의 헤게모니를 주장하는 것이 아니라, 계급을 절대적 주체로, 그리고 프롤레타리아트의 절대적 권력을 주장하며 다른 집단적 주체의 형태들을 완전히 부인하는 소아병적 입장)을 배척해야 할 것이다. 프롤레타리아트 헤게모니가 민중주의 속에서는 애당초 부정당해 버린다면, 계급주의적 좌편향 속에서는 궁극적으로 해소되어 버릴 것이다. 왜냐하면 프롤레타리아트의 역사적 헤게모니란 다른 계층들을 따돌리고 부인하는 데 있는 것이 아니라 이 계층들의 공통이익을 담는 보다 넓은 집단적 주체들인 민족이나 민중의 공통과업을 실현하는 데에 있어서 프롤레타리아트가 다른 계층들을 지도하고 이끌 수 있는 이론적이고 실천적인 능력과 업적으로 쟁취되는 것이기 때문이다.

즉, 프롤레타리아트가 지도계급임을 민족이나 민중 앞에 입증하는 유일한 길은 (민족이나 민중의 공통이익을 부인하고 자신의 최고강령을 이 민족과 민중에게 강요하는 것이 아니라) 이 공통이익의 실현에 있어서 선구자가 되는 것이다. 따라서 자신의 이익을 이 공통이익에 합치되는 부분과 선(線)까지만 밀고 나가야 할 것이다. 역사의 발전단계는 오히려 프롤레타리아트에게 이것을 명령한다. 이 단계를 뛰어넘으려는 모든 시도는 돈키호테 짓이 될 것이다. 따라서 현 시기 프롤레타리아트의 과제는 민족민주주의의 형태와 수위를 넘을 수 없다.

그리하여 전략적 과제로서의 민족자주화투쟁과 전술적 과제로서의 민주화투쟁은 프롤레타리아트의 모든 계급투쟁의 형태와 수위를 규정한다. 초기 부르주아지가 종교의 자유를 위한 계급투쟁을 봉건세력 **전체**에 대한 **계급투쟁의 형식**으로 수행한 것이 아니라 봉건세력의 진보적인 적응세력을 획득하여 봉건세력의 가장 반동적인 **부분**에 대한 **종교전쟁의 형식**으로 수행하였듯이, 프롤레타리아트의 계급투쟁도 항상, 자본가계급 전체에 대한 반자본주의적 계급투쟁의 형식으로만 현상하는 것이 아니다. 즉 프롤레타리아트의 투쟁은 민족자주화투쟁이나 반파쇼민주화투쟁으로도 현상할 수 있다. 계급투쟁의 **역사적 현상형태**는 주어진 시기의 당면한 과제와 계급관계에 의해 규정되는 것으로서, 계급운동은 이 현상형태를 역사적 단계로서 거쳐가야 하는 것이며 뛰어넘으려 해서는 안 된다. 즉 계급투쟁의 현 시기적 현상형태인 민족자주화투쟁을 계급투쟁 자체와 대립시키려는 관념은 청년 개념을 인간 개념과 대립시키는 논리적 혼란이다.

따라서 반독점투쟁이라는 반자본주의적 부분과업은 반제반매판 자주화의 형식, 즉 이 현상형태로 수행되어야 하며 이 부분과업의 실현은 반미자주화투쟁의 결과로서 나타나야 할 것이다. 물론 독점체의 등장이 가시적인 형태로 명백해진 단계에서는 자본들의 적성(敵性)이 애국·매국의 기준만으로 분류되기에는 부족하며 항상 독점과 비독점의 분단화 현상이라는 부차적 기준을 같이 사용하여 규정되어야 한다. 왜냐하면 민족의 자주성과 민주주의를 짓밟는 세력은 이제 제국주의만이 아니라 거대한 토착독점체와 이것의 정치적 대변자들이기 때문이다. 독점재벌들과 그 정치적 대변자들은 신매판세력들이면서도 다시 파쇼적 반(反)민주분파와 비(非)파쇼적 분파로 분화되어 있다. 이 후자의 범주는 아주 중요하다.

반제반독점 민족자주화 민중민주주의 혁명의 전략단계의 첫 번째 전술적 소(小)단계는 분명 반(反)파쇼민주화이고, 두 번째 소단계는 반제반독점 민중정권 수립단계일 것이다. 반(反)파쇼민주화 단계에서 신매판세력들 중 위의 비(非)파쇼적 분파들은 분명 견인의 대상이다. 이들의 정치적 대변자들은 민정당의 비파쇼분파(소수)와 민주당의 비(非)파쇼분파로 존재하는데, 반파쇼투쟁은 민정당을 공중분해하고 민정당 소수파와 민주당 다수파에 의한 비(非)파쇼 보수세력의 집권(보수정체 수립)을 직접적인 목표로 할 수밖에 없다.(물론 이 보수세력의 집권은 평민당의 보수파의 지원으로 이루어질 수도 있다.) 이 경우 완전한 자유민주주의는 아닐지라도 제한된 정치적 민주주의가 가능할 것이다.(독점체의 사회 환원 및 이것의 자주관리적 민주화 없이는 중소자본가들이 비밀리에 바라고 있는 진정한 자유민주주의는 불가능하다.)

비(非)독점 대기업들은 반(反)매판세력은 아니지만 그렇다고 매판세력도 아닌 중간형으로서, 보다 엄밀히 규정하면 비(非)매판세력으로 구분되어야 할 것이다. 즉, 그들은 애국세력도 아니고 매국세력도 아니다. 따라서 반(反)제 과업과 관련해서는 중립화의 대상이다. 그런데 이 비(非)매판세력은 다시 반(反)파쇼적 민주세력과 비(非)파쇼세력 사이에서 오락가락하기 일쑤인데, 아무튼 반(反)파쇼민주화 단계에서는 무조건 견인의 대상이다.

중소자본의 내적 차별성 : 민족·민주자본과 악덕·관료·룸펜자본

마지막으로 중소자본이 있다. 이들의 정치적·사회적 성격은 '민족적인' 단색(單色) 규정을 지닌 것도 아니고 '한시적으로만 진보적 역할을 하는', 역사적 생명력이 없는 무기력한 그 무엇도 아니다. 중소자본은 앞에서 살펴보았듯이 아직 역사적 건강성을 유지하고 있고 또 엥겔스의 『공산주의 원칙』에서 이미 규정한 바대로 또 현재 사회주의권의 개혁에서 다시 확인되는 바대로 사회주의 안에서도 길이 남을 부류도 있다. 중소자본은 우선 크게 세 분파로 구분할 수 있다. 첫 번째 분파는 내수를 지향하는 농수산물 가공업체나 부농·목축업 및 과수업 등의 농업자본, 수출을 지향하는 중소자본들로서, 미국의 농수산물 개방 압력과 환율 압박 등에 의해 휘청대는 기업들이다. 이들은 반미자주화에 관심이 있을 뿐만 아니라 실천적 행동을 전개하며 정부의 대미 저자세 외교를 공박한다. 그런데 특이한 점은 이들이 미국에 시달리면서도 정부의 특혜를 향유하는 까닭에 반(反)파쇼민주화에는 별반 관심이 없다. 이들은 과장 없이 민족자본이라고 규정할 수 있을 것이다. 둘째, 독점기업이나 대기업에 하청계열화 되어 있거나 유통관계를 통해 종속적 위치에서 시달리는 중소자본들이 있는데, 이들은 공공연히 반(反)독점적이고 은밀히 반(反)파쇼적이다. 이 자본들은 합세하여 반(反)독점적 규탄을 공공연히 발하는 데 반하여, 자의적인 파쇼권력의 횡포를 두려워하여 정치적 입장은 깊이 숨기면서 은밀히 민주당이나 평민당에 정치자금을 제공하는 일이 허다하다. 우리는 이 자본들을 민주자본이라 부를 수 있겠다. 세 번째는, **반민족적, 반민주적, 반사회적 자본**이 있다. 즉, 민주노조를 용납지 않고 악착같이 분쇄해 버리고 마는 **악덕자본**, 정부관료나 정치배들이 뇌물이나 부정적 방법의 대출 등으로 설립한 **관료자본**, 파쇼군부세력이나 민간인 반동들의 **반동자본**, 규모는 작아도 극히 매판적이고 Wendy, Macdonald 등에 참여한 **매판자본** 및 외국인 출자자본, 마지막으로 **룸펜자본**(조직폭력배와 연계된 향락기업이나 옐로우하우스 등의 섹스기업) 등이다.

처음 두 분파, 즉 민족민주자본에 있어서의 프롤레타리아트의 계급투쟁은 민족민주운동의 전략·전술적 과업에 의해 형태규정되며 따라서 **비(非)적대적 대립**의 문제로 풀어야 할 것이다. 이 두 분파는 민족민주운동이 어떻게 해서든 **우호**(중립)**세력**으로 견인하여야 하며, 변혁의 성패는 다른 조건이 완벽한 상태에서라면 바로 이것에 달려 있다. 문제를 비(非)적대적 대립의 문제로 푼다 함은 계급투쟁의 폭과 성격을 **진정한** 자유민주주의 체제하에서 허용되는 민주노조 및 민주적 제반노동권의 확보를 위한 경제적 투쟁으로 한정시키고, 독점재벌과의 관계에서는 노동자가 중소자본과 공생(共生)의 관계를 확립하고 중소자본을 견인하여 독점재벌과의 **적대적** 투쟁으로 방향지어야 할 것이다. 이 투쟁이 이런 방향에서 성공하면 평민당과 민주당이 민족민주세력과 원만한 관계를 유지할 것이고 만약 좌편향에 흐르면 그들이 민족민주세력으로부터 의외로 멀리 떨어지려 할 것이다. 마지막의 반민족, 반민주, 반사회적 자본에 대해서는 규모 여하에 관계없이 적대적 투쟁을 통하여 해소시켜야 할 것이다. 이 자본들이 망하면 망할수록 민족민주자본이 상권을 확장할 수 있기 때문에 민족민주자본을 간접적으로 살찌우는 것이 된다.

다시 본문으로 돌아오자. 중세도시의 길드 규정은 수공업자 직장(職長)이 자본가가 되는 것을 장인 및 도제 수를 제한함으로써 소자본가로 '부화'되는 것을 강력히 막았다. 왜냐하면 자본가가 나와서 상품을 대량생산하여 경쟁을 부채질하면 다른 수공업자들은 이전보다 더 많이 일하고 더 많이 만들어도 상품가격의 하락으로 인해 더 못살게 될 것이기 때문이다. 맑스는 이에 관해 다음과 같이 기술하였다: "중세의 수공업자 동직조합은 개별적인 직장이 고용해도 되는 노동자 수를 근소한 최대한에 국한시킴으로써 수공업 직장의 자본가화를 강력으로 저지하려고 노력하였다. 화폐 또는 상품 소유자는 생산에 투자된 최소금액이 중세적 최대한을 훨씬 뛰어넘는 곳에서야 비로소 진정으로 자본가로 변하게 된다. 자연과학에서와 마찬가지로 여기에서도 헤겔에 의해 『논리학』에서 발견된 법칙, 즉 단순히 양적인 변화들이 일정한 결절점에서 질적인 차이로 전환된다는 법칙의 올바름이 확증된다."(p.327) 이러한 질적인 차이의 사회경제적 의미는 위에서 본 바와 같은데, 이에 대해 맑스는 다음과 같이 말하고 있다 : "자본주의적 생산이 일정한 높이에 이르게 되면 자본가가 자본가로서, 즉 인격화된 자본으로 기능하는 전(全)시간을 남의 노동의 점취와 통제 그리고 이 노동의 생산물의 판매를 위해 사용할 수 있게끔 된다."(p.326) 즉, 자본가는 생산과정에 직접 손을 대야 하는 생산적 노동으로부터 해방되는 것이다.

따라서 생산과정 속의 먼지, 소음, 악취, 위험, 해로운 광선 등으로부터도 해방되어 말쑥해진다. 그런데 맑스는 p.327 각주의 존스 인용문("자본가계급은 처음에는 부분적으로, 결국은 전적으로 손노동의 필연성으로부터 해방된다.")에서도 그렇고, p.350 또는 p.351의 "노동사용자(자본가—필자) 자신을 손노동으로부터 해방시킨다."는 구절에서도 그렇고, 직접적 생산기능으로부터의 해방을 **손노동**, 즉 육체노동으로부터의 해방으로 표현하고 있는데, 이 경우의 손노동(Handarbeit)이라는 술어는 육체노동으로 경직시키지 말고 생산에 손(Hand)을 대야 하는 노동이라는 뜻으로 유연화시켜야 할 것이다. 왜냐하면 앞에서 얘기했듯이 출판사의 경우도 있기 때문이다.

물론 독점자본가들은 앞에서 말했듯이 중소자본가와 비독점 대자본가가 수행하는 노동의 점취, 통제(이 통제는 지배기능과 생산적 기능의 이중성을 지닌다.), 판매 등의 기능으로부터도 완전히 분리되며 오직 파괴적, 억압적, 음모적 기능과 이윤율 타산에만 국한된 활동을 한다. 그들은 이미 "역사적으로 불필요한" 계층인 것이다.(엥겔스)

법적 정부독점자본 : 관료적 국가자본주의

개별 자본가가 자본가로 부화되기 위해서 장악해야 하는 자본의 최소한은 "자본주의적 생산의 상이한 발전단계에 따라" 다르고 주어진 발전 단계에서도 생산분야마다 "특수한 기술적 조건에 따라" 다르다.(p.327) 따라서 예를 들면 고전적 독점자본주의에서 지배적인 생산분야였던 중공업에서 자본가로 활동하고 또 경쟁에 버티며 자신을 관철시키기 위해서 자본가는 독점자본의 규모를 장악해야 했고, 국가독점자본주의 단계에서 지배적인 생산분야인 첨단산업분야(우주항공, 산업 로봇 생산, 컴퓨터 개발 등)에서 자본가이기 위해서는 더 큰 규모가 필요하다는 것은 말할 필요가 없겠다. 17세기 자본주의 단계에서도 무기제작 등의 대규모 사업 분야에서는 자본의 최소한이 거대해서 이것이 개인의 손아귀에 자연발생적 과정의 느림보 걸음을 통해서 모이기를 기다리는 것은 너무 더딜 것이기 때문에 "콜베르 시대 프랑스나 우리시대의 많은 독일제국(諸國)에서처럼 그러한 사인(私人)들에게 국가지원금"이 주어졌거나 "일정한 산업 및 상업분야(특히 은행—필자)의 사업에 대해 법적인 독점권을 지닌 회사들"이 세워졌는데, 이것은 "근대적인 주식회사의 선구들"이었다.(p.328) 따라서 최소자본의 형성과 증식을 위한 이러한 국가개입은 자본주의에 있어서 정상적인 것으로 결코 '반(半)자본주의적' 요소는 아니다. 특히 영국, 프랑스, 베네룩스 3국에 비해 자본주의 발전이 뒤떨어졌던 프러시아 정부가 이미 독점자본주의 단계에 들어가고 있던 이 서구자본들에 대항하여 수없이 세운 정부독점회사나 전매회사, 기타 정부특허의 자유경쟁 단계를 거쳐 성립한 사(私)독점체들은 영국과 프랑스의 **경제적 독점**들이 아니라 맑스 말대로 "법적 독점" 또는 레닌의 말대로 "**국가자본주의적** 독점"(레닌 『국가와 혁명』, 선집 2권, Berlin, p.359, 강조는 레닌)이지만, 결코 전(前)근대적인 자본들이 아니라 서구와 **유형**이 다른 중구(中歐)의 **근대적인** 자본들로서, **관료적 국가자본주의**의 근대적인 선구를 이루는 것이다. 독일은 자유경쟁자본주의의 단계를, 이러한 국가

자본주의를 통해 압축적으로 뛰어넘어 서구와 동일한 자본규모에 도달하는데, 이때부터 국가소유의 독점회사나 전매회사, 국책기관, 공영기관들이 사(私)독점체로 이양되어(소위 '민영화'되어) 경제정책 수립의 주도권이 사(私)독점체로 이동된다.(금융자본의 자립화) 이에 따라 국가형태는 권위주의적 형태를 벗어나 다른 서구제국주의 국가처럼 부르주아 자유주의 정체(1918년 11월 혁명과 바이마르 공화국의 수립)를 취하거나(1933년 히틀러 집권) 2차대전 이후처럼 국가독점자본주의 하의 비(非)파쇼적 **보수정체**를 취한다.

물론 2차 대전 후의 신식민지 지역에서의 관료적 국가자본주의(혹자는 관료독점자본주의라고도 부른다.)는 독일의 경우를 모방한 것들이지만, 그것이 **종속적 파시즘 정치형태**를 취하고 등장하는 점이 다르다. 여기서 '관료적'이라는 접두어를 붙이는 이유는 비(非)자본주의적 발전경로를 거쳐 사회주의로 나아가려는 탈식민화된 자주적인 후진국들(탄자니아, 이디오피아, 알제리, 짐바브웨 등)이나 자유개량주의적 자본주의 국가들(인도, 멕시코, 코스타리카, 베네주엘라 등)의 국가자본주의처럼 사(私)독점의 형성을 억제하거나 이들과 싸우는 민중적인 성격을 지닌 것이 아니라, ① 궁극적으로 사(私)독점의 형성을 가속화시키기 위한 것이고, ② 이 과정에서 경제정책의 주도권을 부패하고 자의적인 봉록관적 상층관료(Staatspfründner)들이 장악하고 있기 때문이다. 이 권위주의적인 국가봉록관들은 장관직이나 국책기관, 공영대기업 등의 국가기간산업과 정부독점적인 금융기관의 이사 · 감사진의 관직을 독식하면서 사(私)자본에 대해 고압적인 위치에서 관료주의적 방식으로 지도하고 관리하며 때에 따라 처벌하기도 하는 까닭에, 사자본들은 정부나 이 국가봉록관들에 대한 종속성으로부터 탈피하여 거꾸로 이들에 대해 자신의 주도권을 관철시킬 수 있게 해줄 **자립적인 금융자본**을 형성하지 못한다.

우리나라에서 관료적 국가자본주의와 국가독점자본주의의 이론적 혼동

국제이론에서 제국주의적 독점자본주의 단계(Phase 또는 Stadium)를 고전적 독점자본주의 소단계(Etappe)와 국가독점자본주의 소단계로 분류하는데, 그 이유는 이 양자에 공통적인 기초, 즉 정부에 대해 상대적으로 자립적인 금융자본의 존재 때문이다. **금융자본**(Finanz Kapital)이란 사(私)산업독점자본이 사(私)은행독점자본과 여신과 투자 관계를 통해 **상호** 융합된 자본이다.(레닌) 따라서 이러한 자립적인 사(私)금융자본이 등장할 수 없는 관료적 국가자본주의를 국가독점자본주의로 오해하는 것은 국가독점자본주의의 ABC도 모르는 사람들의 이론적 혼란이다.

관료적 국가자본주의가 궁극적으로 사독점체의 형성을 가속화시키기 위한 것이지만 동시에 종속적 파시즘의 정치적 권력과 경제적 이익의 기초이기 때문에, 당연히 이 파시즘 체제는 자립적 금융자본의 출현, 즉 종속적 국가독점자본주의로의 이행에 대해 끈질긴 대척세력이 된다. 사(私)독점자본가들과 국가봉록관들의 이익은 일반적 테두리 안에서 공통적 측면을 갖지만 동시에 그 세력관계의 우열을 놓고 다툴 수 있는 대립의 측면이 있다. 그러나 미제나 사자본가는 둘 다 정부형태의 변화에 대해서 기회주의적이다. 미제의 전통적인 대(對)식민지 전략이야 익히 알려져 있듯이 토착정권이 어떤 것이든 시끄럽지 않으면 그대로 이용하다가 너무 시끄러워 토착정권뿐만 아니라 신식민지의 부르주아 체제 자체가 무너질 징조가 보이면 보수정체로 바꾸는 까닭에 기회주의적인 것이고, 사(私)독점자본가들은 보수정체 하에서는 자신들의 금융자본을 형성할 수 있어 좋지만 이로 인해 파쇼체제가 제거되면 광범한 기층민중의 정치적 진출로 인해 자본의 가치증식이 타격받게 될 것이므로 초법적 파쇼체제의 존속을 바라는 양면성을 갖는다. 즉, 미제나 사(私)자본은 파쇼체제와 관료적 국가자본주의의 해소 및 종속적 국가독점자본주의로의 이행을 능동적으로 선택할 수 있는 세력이 아니라는 뜻이다.

우리나라의 관료적 국가자본주의는 1980년부터 진행한 은행의 '민영화'(6개 시중은행), 국책기관의 공영화(전매청 → 전매공사, 전화국 → 통신공사 등), 공영기업의 '민영화'(포항제철의 '국민주'화 등), 제2금융권의 형성(증권회사, 단자회사, 보험회사의 확산 등), 정부통제 하의 잔존 은행의 일부 주식의 '민간' 분양(사독점체에게 불하, 2010년 현재 100대 재벌이 장악한 은행주식은 약 40%에 이른다.) 등을 통해 해체되는 중이며, 경제기획원의 계획에 의하면 이러한 '민영화'를 1991년까지 마감한다는 것이다. 따라서 우리나라의 현재 상황은 이미 관료적 국가자본주의도 아니고 아직 국가독점자본주의도 아닌 과도기, 즉 이행기에 있다.

이 과도기는 파쇼반동이 다시 정국주도권을 잡고 민중의 정치적 진출을 무화시키는 데 성공하는 경우 의외로 길어질 수 있다. 즉, 비(非)파쇼적 보수정체와 종속적 국가독점자본주의로의 완전한 이행이 저지될 수도 있는 까닭에 이러한 이행도 자본규모의 단순한 산술적 증대에 따라 자동주의적으로 이루어지는 과정이 아니라, 다른 한편으로는 민중의 정치적 진출 및 정치세력으로의 조직화에 의해 강요되는 것이다.

마지막으로 '법적 독점권'에 기초한 관료적 국가자본주의가 전적으로 근대적이며 정상적인 자본주의인 이유는 비록 대부분의 결정적인 자본이 국가소유이고 경제적인 경쟁관계가 제약받는다 하더라도 이 국가기업 및 국영기업, 기타 정부특혜기업 내에서의 노동착취가 경제외적인 국가폭력에 의해 이루어지는 것이 아니라 전적으로 자본주의적인 강제관계, 즉 자본관계(Kapitalverhältnis)에 의해 이루어지기 때문이다. 자본주의의 본질적 성격은 자본과 자본 간의 관계에 의해서가 아니라 자본소유자와 노동자 간의 자본관계에 의해서 규정된다는 점을 상기할 때 자본끼리의 관계가 국가개입을 통해 정치적 성격을 띤다 하더라도 이것은 자본주의의 본질에는 아무런 영향을 미치지 못한다. 설령 사회의 총자본이 국유화되어 국가가 '관념적 총자본가'에서 '현실적인 총자본가'가 된다 하더라도 자본관계는 폐지되는 것이 아니다 : "그것(국가—필자)은 생산력을 자신의 소유로 더 많이 넘겨받으면 받을수록 그만큼 더 많이 현실적인 총자본가가 되고 더 많은 국민을 착취하게 된다. 노동자는 임금노동자, 즉 프롤레타리아로 남아 있다. 자본관계는 폐지되는 것이 아니라, 오히려 첨예화된다."(엥겔스, 『반뒤링론』, MEW,

20권, p.260) 따라서 자유경쟁단계를 전혀 경험해 보지 못한 신식민지의 관료적 국가자본주의는 비록 이런 점에서 서구의 자본주의와 분명 그 유형이 다르지만, 서구와 유형이 다르다는 이유로 전(前)근대적인 것이 되는 게 아니라, 서구와 유형이 다른 근대적 자본주의인 것이다. 서구와 유형이 다르면 무조건 전근대적인 것이라고 규정하는 사람들의 사유 속에는 이들의 표면적인 구호와는 달리 실은 깊은 민족적 열등의식과 민족허무주의가, 그리고 권위에 대한 무격(巫覡)적인 맹종주의가 들어 있다.

제4편
상대적 잉여가치의 생산

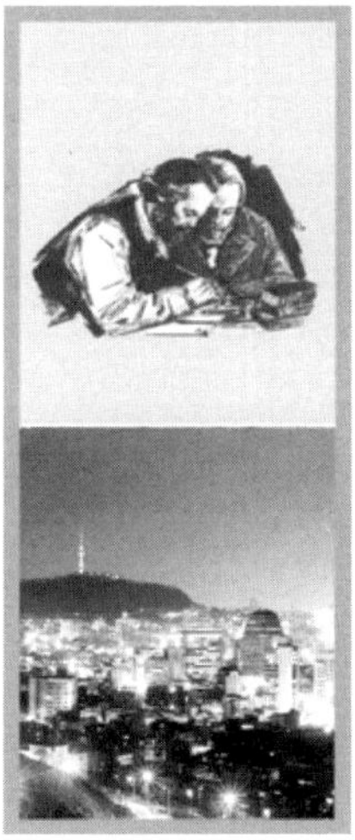

제4편 상대적 잉여가치의 생산

제10장 상대적 잉여가치의 개념

상대적 잉여가치의 생산의 개념

"상대적 잉여가치의 생산"이란 기술발전 및 이로 인한 노동생산성의 향상과 함께 노동자의 필요노동 부분이 단축되어(노동시간의 절대적 길이가 불변임에도 불구하고) 잉여노동 부분이 늘어나는 것을 뜻한다. 경제법칙을 통한 관철 메커니즘을 일단 고려하지 않을 때 상대적 잉여가치의 수리적 설명은 아주 간단하다. 예를 들어 현재 총노동시간이 12시간이고 착취율이 100%라면, 다음과 같이 도식화될 수 있다.

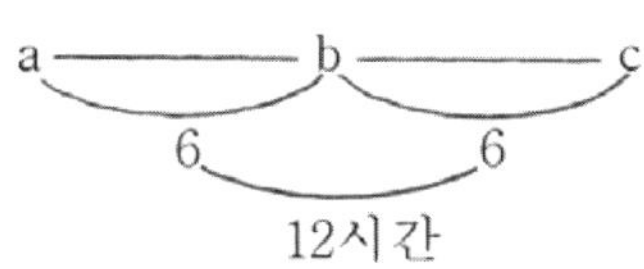

만약 기계 및 노동조직의 혁신을 통해 노동생산성이 증대되어

노동자가 지금과 동일한 양의 생계자료를 얻는 데 6시간이 아니라 이제 5시간만 소요되게 된다면 다음과 같이 된다.

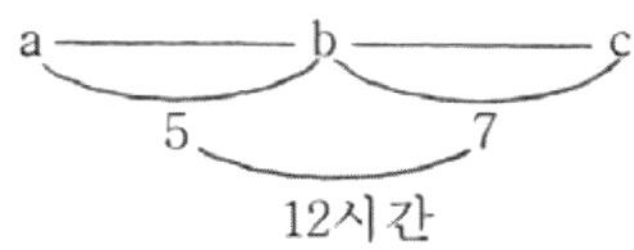

즉, 전체노동시간은 12시간으로 불변인데도 잉여노동시간은 7시간으로 늘어났다. 절대적 잉여가치의 생산이 기존의 전체노동의 절대적 크기를 13시간, 14시간…… 등으로 늘림으로써 이루어지는 것이라면, 이번의 잉여생산은 상대적이다. 즉 절대적 크기의 변동 없이도 착취율은 140(=7/5×100)%로 늘어난 것이다.

이것을 경제적 법칙에 따라 설명하자면 꽤 복잡해진다. 우선 노동자의 생계자료의 생산에 드는 시간이 5시간으로 줄었다면 이것은 생계자료의 가격이 약 17% 가량 하락한 것인데 이것의 경제적 표현형태는 다양하다. 첫째, 자본가의 정치적 권력이 절대적인 때는 노동자의 화폐임금의 절대적 인하(17%)로 나타날 수 있다. 그래도 노동자의 생계자료의 사용가치적 양은 변화가 없다. 그러나 이것은 노동자의 반발로 전시(戰時)가 아니면 관철시키기 불가능할 것이다. 둘째, 이것은 보통 개별 자본가들이 고용하고 있는 노동자 수를 17%만큼 줄이는 것이다. 즉 실업자를 방출하는 것이다. 이것은 개별 자본가들에게는 새로운 기술 투입으로 생산비가 하락하는 것으로 나타날 것이기 때문에 자본가의 입장에서 잉여창출의 효과는 동일하다. 그러나 이것 또한 노동계급의 조직적 의식적 힘이 아직 초보적으로만 발전해 있을 때라도 공황기가 아니면 관철시키기 어렵다. 셋째, 가장 일반적인 형식으로는 새로운 고용을 멈추거나 둔화시키는 것으로 나타난다. 자본축적은 공황기가 아니면 계속 진행되는 것이기 때문에 고용노동자의 수가 자본축적에 따라 어느 정도 계속 증대할 수밖에 없는데, 이 증대분(分)이 기술 향상에 의한 노동절감을 통해 상쇄되거나 둔화되는 식으로 현상하는 것이다. 넷째, 현대와 같이 관리통화제가 일반적인 상태에서는 17%로 통화 인플레이션을 슬금슬금 달성해 내면 노동자의 화폐임금의 실질가치가 17% 하락하는 것이므로 보다 부드럽게 관철될 수 있다. 우리나라는 이승만 정부와 군사정부시절 많은 인플레이션으로 노동착취가 자연스레 이루어진 바 있다. 아무튼 상품가치가 17% 하락한 상황에서 17% 인플레이션이 된다면, 효과는 상품가격은 이전과 동일한데 임금만 17%로 인하된 셈이라는 것이다. 자본가들의 더 교묘한 술수가 많지만 상대적 잉여가치의 현실경제의 현상형태에 관해서는 이것으로 그치기로 하자.

문제는 노동자의 생활자료의 교환가치가 하락하기 위해서는 ① **생활자료 생산업체나 ② 이 생산업체에 생산수단을 공급하는** 생산수단 생산업체에서 생산성 향상의 진보가 일어나야 한다는 것이다.(p.334 참조) 따라서 "필수적인 생활자료도 또 이것을 제조하기 위한 생산수단도 공급하지 않는 생산분야에서의 향상된 생산력은 노동력의 가치를 전혀 변화시키지 않는다."(p.334) 예를 들면 사치품 생산이나 무기 생산 분야에서의 생산력 발전은 상대적 잉여가치의 생산과 무관하다는 것이다.

특별잉여가치와 독점적 초과이윤

다른 한편 개별 자본가들은 결코 상대적 잉여가치를 **의식적으로** 추구하는 것이 아니라는 것이다. 이들에게는 다만 사회의 평균적 생산비 이하에서 생산할 수 있는 비용절감효과만을 직접적으로 추구하는 것으로 나타난다. 즉 어떤 상품 x의 시장가격이 1,000원인데, 만약 어떤 개별 자본가가 기술향상에 의해 600원에 생산할 수 있도록 노동절약을 해냈다면 400원의 차액을 다른 자본가보다 더 많이 벌어들일 수 있게 된다. 물론 현실세계에서는 보통 자본가들이 시장을 더 많이 점하기 위해서 이런 경우 1,000원에 물건을 출하하는 것이 아니라 900원 정도에 내놓게 되는데 이때 이 자본가는 원래 벌던 Δx의 이윤에 덧붙여 300원(900-600=300)을 더 벌게 된다. 이 300원을 **별도잉여가치** 또는 **특별잉여가치**(Extramehrwert)라 한다. 이때 작동하는 경쟁메커니즘은 생산력이 낙후된 다른 자본가들에게 생산성 향상을 외적 강제법칙으로서 강요한다. 즉 다른 자본가들이 만약 앞의 자본가와 동일한 수준의 생산성을 만회하지 못하면 시장을 잃고 망하게 된다. 따라서 회사의 존폐를 걸고 생산성 향상을 이룩하게 되는데 이렇게 될 때 앞의 **자본가의 별도잉여가치는 소멸하고**(사회의 모든 생필품 생산 및 이와 유관한 생산 분야에서 동일한 생산성 향상이 그동안 일어났다고 가정할 때) **상품가격이 하락하면서 비로소** 상대적 잉여가치의 효과가 나타나게 된다.

만약에 중소자본과 독점자본 간의 관계에서 보이듯이 중소자본의 경쟁력이 독점체와 항구적으로 경쟁할 수 없을 때는 독점체의 별도잉여가치가 **항구적으로** 되는데 이것을 **독점적 초과이윤**, 또는 간단히 **독점이윤**이라 한다. 즉 중소자본이 시장을 잃거나 지역적 소규모 차원에서 어렵게 꾸려가면서 지속적인 수탈을 당하는 것이다. 이 문제는 별도의 이론전개가 필요하므로 여기서는 암시하는 것으로 그치겠다.

아무튼 자본주의에서 경제적 기술발전은 직접적으로 사회를 복되게 하려는 데 있는 것이 아니라 노동의 보다 많은 착취를 겨냥하는 것이다. 곧 자본주의 경제메커니즘 그 자체에만 입각할 때 기술발전, 경제발전은 결코 **사회적 진보**로 귀착되지 않는다. 이 사회적 진보를 추진시키는 원동력은 그러한 기술발전, 경제발전이 아니라 계급투쟁이다. 노동생산성 향상분(分)을 임금인상과 노동시간 단축, 사회보장의 확대 등으로 전화시키는 노동계급의 투쟁인 것이다. 이때 노동조합은 보통 **생산성 임금**을 기준으로 한다. 다시 말해 노동생산성이 17% 향상되면 임금도 17%로 인상시키기 위해 투쟁하는 것이다. 만약 이 투쟁이 **전적으로** 성공하면, 도식은 다음과 같이 변화될 것이다.

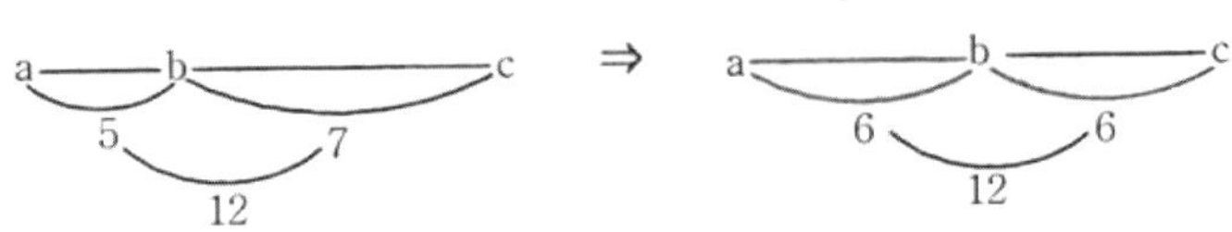

즉, 착취율 140%가 다시 100%로 떨어지고 상품가격이 17% 하

락한 상태에서 임금의 실질가치는 6시간의 화폐출현으로 그 전과 동일한 수준으로 회복된다. 이때 노동자는 이 임금으로 (상품가격이 17%만큼 더 싸졌으므로) 17%만큼 더 많은 생활자료의 사용가치도 늘릴 수 있다. 예를 들면 그 이전에 돈이 아까워 못 받아 보았던 「한겨레신문」도 볼 수 있고, 영화 「명랑」도 관람하는 최소한의 문화생활을 할 수 있게 된다. 물론 임금인상투쟁 대신에 노동시간단축투쟁도 할 수 있다. 그래서 이 투쟁이 100% 성공해서 12시간이 10시간으로 단축되면 착취율은 동일하게 100%로 떨어진다.

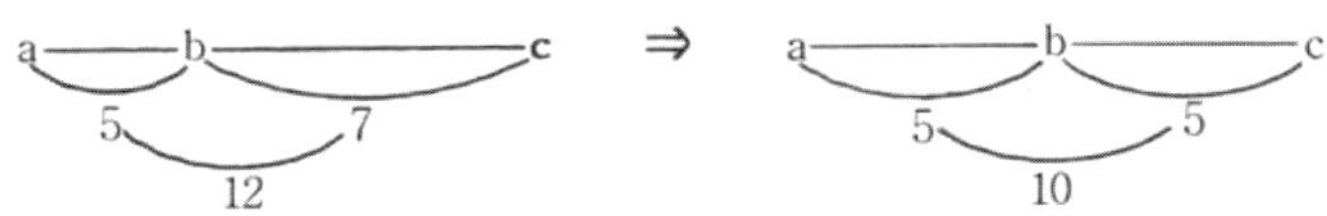

즉, 착취율은 다시 7/5×100=140%에서 5/5×100=100%로 하락하고 9시 출근, 오후 7시 퇴근이 가능하게 되어 저녁반 '노동법강의'에도 참가할 수 있게 된다.

그러나 현실적인 계급투쟁은 그렇게 전적으로 성공적일 수 없고 자본가의 반격에 의해 언제나 지지부진할 것이기 때문에 착취율이 100% 선으로 떨어지는 것이 아니라 108% 혹은 110% 선에서 멈추기 일쑤다. 따라서 역사의 장기적 시각에서 볼 때 자본주의 발전과 더불어 착취율은 조금씩 조금씩 상승하는데, 이것이 장기적으로 누적되어 착취율이 200%까지 올라갈 때도 있다. 이때 첨가적인 노동시간 단축투쟁을 통해 절대시간을 줄인다 하더라도 자본가는 노동강도를 높임으로써 되받아치기 때문에 쌍방의 전술은 서로 얽히고설켜 무궁무진해진다.

경제적인 절대적 궁핍화의 불가능성

아무튼 그렇다 치더라도 역사의 추세는 노동계급의 의식화와 조직화에 기초한 투쟁이 힘을 얻어 달팽이나 거북이걸음 같기는 하지만 진보의 방향으로 움직여 왔고 또 움직이고 있기 때문에, 노동계급의 생활자료의 양(量)은 자본주의 내에서도 지속적으로 늘어나고 노동시간은 조금씩 줄여진다. 즉 노동계급을 투쟁하지 못하는 '돌멩이'로 간주했을 때나 가능한 노동자의 **경제적** '절대적 궁핍화'라는 **경제주의적** 명제는 사실상 토대의 **근본적** 규정성에 근거한 것이 아니라 그것의 **절대적** 규정성을 견제하는 사이비 유물론적 시각이다.

경제적인 '절대적 궁핍화'를 주장하는 사람들 중에는 노동자의 생활자료의 사용가치적 양이 증가하더라도 그 교환가치의 양은 절대적으로 하락하기 때문에 맑스의 경제적인 '절대적 궁핍화' 테제는 지금도 여전히 타당하다고 주장한다. 이 주장은 노동계급이 상대적 잉여가치의 생산을 통해 높여진 착취율을 전량 다시 원위치로 끌어내리지 못하기 때문에 위에서 말한 대로 역사의 장기적 시각에서 볼 때 착취율이 누적적으로 높아진다는 것을 함축하는 노동력의 '교환가치의 절대적 하락'만을 주장하는 것이라면 분명 옳다. 그러나 동시에 틀렸다. 첫째, 교환가치의 점진적인 절대적 하락은 경제적인 절대적 '궁핍화'를 뜻하는 것이 아니라 실은 노동자의 경제생활의 절대적 풍부화를 뜻하며 다만 자본가의 부유화 속도와 비교할 때 상대적으로 궁핍화된다는 것을 뜻하는 까닭에 상대적 궁핍 이론의 다른 표현일 뿐이다. 즉 노동자의 착취율의 증대는 노동자 자신의 노동력의 가치와의 관계 속에서는 그 교환가치의 점진적인 절대적 하락으로 표현되고 자본가와의 관계 속에서는 상대적 궁핍화로 표현되기 때문이다. 그것은 하나의 현상, 즉 동전의 양면이다. 둘째, 이 사람들이 맑스의 테제라고 무고하고 있는 '절대적 궁핍화' 테제는 맑스의 것이 아니다. 맑스는 경제적인 '절대적' 궁핍화라는 표현을 입 밖에 낸 적이 없다. 나중에 살펴보겠지만 맑스는 실업자의 누진적 증가와 관련하여 한 쪽에 부가 집적되고 다른 쪽에는 빈민이 집적되는 것이 "자본주의적 축적의 절대적, 일반적 법칙"이라고 언급한 적이 있는데, 이것은 현역 노동자의 경제적인 '절대적 궁핍화'를 뜻하는 것이 아니라 상대적 과잉인구의 최하층의 빈민화를 뜻하는 것이기 때문에 소위 현역 노동자대중의 경제적인 '절대적 궁핍화' 테제와 무관한 것이고, 또 이 실업자의 누진적 빈곤화도 맑스에 의해 다음과 같은 말로 한정당하고 있다. "다른 모든 법칙들과 마찬가지로 이 법칙도 그 현실화 속에서는 다양한 사정들에 의해 수정되게 되는데, 이 사정의 분석은 여기에 속하지 않는다."(p.674) 이 '다양한 사정'들이란 수없이 많지만 가장 중요한 것은 계급투쟁, 제국주의('빈곤의 해외 수출'), 오늘날은 사회주의 세계 체제의 승리와 실존으로 말미암은 부르주아 계급의 수세적 방어로서의 전술적 사회보장 등이다. 경제학적 법칙으로서가 아니라 사회학적 법칙으로서의 절대적 궁핍화에 관해서는 뒤에서 다시 다루겠다.

군수산업의 국가독점자본주의적 불가피성과 경제적 공황의 인류적 위기로의 형태전환

마지막으로 오늘날 위력적으로 관철되고 있는 군산복합체의 무기생산의 필연성에 관하여 간략히 언급하겠다. 위에서 노동자의 생필품이나 이것의 생산에 필요한 생산수단 분야에서의 기술혁신만이 상대적 잉여가치의 생산으로 귀착된다고 했다. 그러나 이 분야에서의 지속적인 기술발전은 상품시장의 과잉을 가져오고 이것은 필연적으로 상품가치의 폭락을 초래하기 때문에 이 분야에서의 지속적인 자본축적은 항상 난관에 봉착한다.(공황) 또한 이 분야의 과잉자본을 사치품 생산에 돌리더라도—사치품은 그 가치하락에 수요가 덜 민감하기 때문에—더 빠른 속도로 시장과잉에 도달한다. 따라서 시장과잉에 도달하지 않는 유일한 상품은 군비인데, 이것은 각국의 국방에 관련되는 사항이므로 신제품이 개발되면 기존의 무기체계가 있다 하더라도 곧 '도덕적'으로 '마모'시켜 시장을 창출한다. 즉 군비생산은 "공급이 수요를 창출한다."는 세이(Jean Baptiste Say, 1767~1832)의 판로설이 타당한 유일한 부분인 것이다. 따라서 현재의 국가독점자본주의적 제국주의 하에서 군비생산은 과잉자본이 투입될 수 있는 유일한 분야가 된다. 그리하여 경제분야의 주기적인 공황이 경제분야에 대한 국가의 케인즈주의적, 즉 국가독점자본주의적 간섭을 통해 불황과 호황의 교체로 수정되는 정도에 비례하여 인간의 생산력의 일부가 군사적 파괴력으로 이전되는 양이 늘고 이제 경제적 위기(economic crisis)가 인류의 존망의 위기로 형태 변환되는 것이다. 자본주의 체제는 이 체제의 전제하에서 자신의 모순과 위기를 해결하거나 완화시킬 수 있는 것이 아니라 다만 다른 형태를 재생산하여 첨예화시킬 뿐이다. 즉 우리가 살펴본 상품의 발전적 운동과 마찬가지로 자본주의의 "발전"은 "그 각종 모순을 지양하는 것"이 아니라 "이 모순들이 운동할 수 있는 형태들을 창출한다." 이것이 자본주의 전제하에서 무릇 "현실적인 모순이 해결되는 방법"이다.(p.118) 다시 말해 자본주의의 경제적 모순이 자본주의의 사회적, 국제적, 군사적 모순으로 형태 변환을 겪는 것이다. 따라서 이것을 인식하지 못하고 자본주의 모순이 제거되었다고 주장하는 부르주아 이론이나, 소위 고전적 형태의 맑스 공황론을 현재의 제국주의 경제에 교조적으로 대입하는 트로츠키주의적인 맑스주의 이론(소위 '장기파동론')은 둘 다 옳지 않다. 현재 제국주의 상황에서 올바른 맑스주의적 계급투쟁의 가장 긴박한 국제적 과업은 인류의 공망(共亡)을 저지하기 위한 평화투쟁, 제국주의의 가장 반동적 부분, 즉 군산복합체 독점체들의 군사대결주의나 평화 파괴음모를 분쇄하는 평화운동이다. 그럼에도 반제투쟁을 군사대결방식으로 부르짖는 자들은 좌익소아병자들로서 『자본론』에 대한 불충분한 이해나 오독된 단편적 지식을 교조적으로 붙잡고 늘어지는, 그리하여 제국주의의 가장 반동적인 분파와 무의식중에 내통하는 반(反)맑스주의자들이다.

다른 한편 경제적인 '절대적 궁핍화'를 근거로 하여 오늘날 '공황론'을 주장하는 것은 맑스주의 이론의 반(反)수정주의적 고수를 슬로건으로 내걸면서 실은 반(反)민중적인, 따라서 결국 반(反)맑스주의적 길을 가는 것이 된다. 이들의 정서는 보통 노동자의 생활향상을 개량화의 위험한 시초로 보고 두려워하거나 임금인상투쟁이나 노동시간 단축투쟁의 의미를 과소평가하면서 문제를 일거에 해결할 수 있는 기회를 찾아보려고 궁리하는 성급한 자들로서, 직접적으로 노동자의 생활향상에 대해 불안해하며 통계를 조작하려 한다. 이것은 그 직접적인 표현 형태에 있어서 노동자의 불우한 생활을 외면하는 태도이거나 불우한 상태에 계속 남아 있기를 바라는 반(反)민중적인 자세이다. 이러한 심리적 메커니즘은 극히 잘못된 혁명관에 근거하는 것인데, 노동자의 생활향상으로 어느 정도 욕구가 채워지면 반체제적인 힘이 소멸할 거라고 보는, 즉 노동자의 경제적 궁핍만을 혁명의 동력으로 보는 관점으로서, 빈곤의 표상을 벗지 못한 1920~30년대의 낡은 혁명관을 전제로 하고 있다. 그러나 노동자의 기본욕구 충족은 곧 모든 욕구의 소멸을 뜻하는 것이 아니라 끊임없이 새로운, 보다 높은 욕구에 대한 열망을 낳을 것이라고 봐야 하는 바, 그것은 우리나라가 대부분의 현역 노동자들이 자가용을 갖고 있는 제국주의 국가도 아니고, 또 노동자가 죽은 사물이 아닌 한 노동자의 실질적 생활향상보다 더 빠른 속도로 유복해지며 흥청거리는 부르주아들을 보고 사회적 위화감을 갖지 않을 수는 없기 때문이다. 맑스는 자본주의가 빈곤 때문에 붕괴되는 것이 아니라 풍요의 불합리한, 반(反)인간적 관리로 말미암아 무너진다고 보았기 때문에 더욱 그렇다. 동시에 노동자의 일정한 생활향상이 전제되지 않고는 「한겨레신문」을 구독한다거나 영화관을 찾아 「명량」을 보거나 야간 교양반 공부도 모두 사치품에 불과할 것이고 따라서 이념의 일반적 확산은 어려워질 것이기 때문이다. 배고픈 노동자들이 민주주의나 이념을 먹고 살 수는 없다. 즉 기본욕구 충족의 문제를 넘어선 노동계급만이 체제를 넘어서서 올바른 민주적 평등사회를 건설하려는 고차적인 욕망을 갖는 것이다. 배고픈 노동계급이 전쟁부담과 환난 속에서 기존의 체제를 파괴한 적은 있었지만 과연 그들이 올바른 사회주의 사회를 건설했느냐는 별개의 문제이다. 기본욕구의 충족을 충분히 이룩해 낸 동구 근로계급과 계층들이 이제야 체제개혁에 떨쳐나설 수 있게 된 상황을 눈여겨본다면 시사하는 바를 얻을 수 없을 것이다.

제11장 협 업

노동의 생산성 향상을 가져오는 노동양식은 지금까지 두 가지 형태로 발전해 왔는데, 매뉴팩처적 분업과 공장제 기계공업이 그것이다. 현재 진행되고 있는 극소전자적 과학기술혁명이 자본주의를 넘어서는 차원에서 미래의 노동양식으로 정착할 것이라는 점은 의심할 바 없으나 자본주의 하에서는 그 전면적 관철이 불가능하므로 일단 빼고 생각하자. 그런데, 매뉴팩처적 분업은 분업에 기초한 협업이고 공장제는 기계제적 분업에 기초한 협업으로서 두 형태의 공통된 토대는 협업이다. 이 협업 중 여러 사람에게 분배된 부분적 기능들이 각 개인에게 종신적으로 고착되지 않은 협업형태를 단순협업(einfache Kooperation)이라고 하는데 맑스는 이것의 분석으로부터 출발하고 있다.

이 단순협업은 자본주의적 생산형태의 특정한 단계를 이루지는 않지만 매뉴팩처 초기나 또는 본래적인 매뉴팩처 시대에 여기저기에서 등장한 것으로서 오늘날도 모심기나 취로사업, 또는 공장제 내부에서 일정공정에 사람이 나란히 서서 동일한 기능을 수행하는 경우에 관측될 수 있다. 아무튼 아무리 간단한 생산형태를 갖는 자본이라도 이 단순협업을 반드시 취해야 하는바, 그 까닭은 앞에서 설명했듯이 자본가가 직접적인 생산적 기능으로부터 해방되기 위해서는 복수의 노동자들이 고용되어야 하기 때문이다. 즉 협업은 자본의 개념에 이미 필연적으로 내포된 것이다. 이 협업의 규모가 커가면서, 예를 들면 50명, 100명, 1,000명으로 커가면서 자본가의 노동시간 계산은 노동자들의 개인차를 상쇄하고 보다 정밀해질 수 있다. 4~5명의 노동자를 고용한 자본가의 입장에서는 개별 노동자의 숙련도와 솜씨가 크게 대비되겠지만, 50명의 하나의 사업장의 노동능력과 또 하나의 50명의 사업장의 노동능력을 대비하면 개인차는 그 50명 내부에서 각각 상쇄되어 50명 : 50명의 차이는 없는 것으로 나타날 것이다. 이러한 균일화는 1,000명, 10,000명으로 그 고용규모가 늘어날 때 더욱 그렇다. 그리하여 모든 노동자의 노동시간을 대략 동일한 것으로, 즉 그 개인들의 강도와 능력의 차이를 사상하고 계산할 수 있는 토대가 마련되는 것이다.(p.342)

단순협업의 두 형태

협업의 정의는 "동일한 생산과정에서 또는 상이하지만 연관적인 생산과정들 속에서 계획적으로 나란히 그리고 협력하여 노동하는 다수의 사람들의 노동형식"(p.344—강조는 필자)이다.

이 짧은 정의 안에는 단순협업 안에서 가장 단순한 형태와 가장 복잡한 형태가 한꺼번에 얘기되고 있다. 곧 '동일한 생산과정' 안에서 '나란히' 노동하는 형태는 가장 단순한 형태이고, '상이하지만 연관적인 생산과정들' 안에서 '협력하여' 노동하는 것은 가장 복잡한 단순협업 형태이다. 즉 도식하면 다음과 같다.

- 협업
  - 단순협업
    - 가장 단순한 형태
    - 가장 복잡한형태
  - 분업적 협업
    - 매뉴팩처 분업
    - 공장제적 기계분업

가장 단순한 형태(die einfachste Form, p.346)의 단순협업은 동일한 생산공정에서 여러 사람이 동일한 기능을 수행하면서 서로 나란히 작업하는 것이다. 즉 각 사람이 서로 동일한 작업을 처음부터 끝까지 수행하는 것으로서 서로 간에 나란히 앉아 있을 뿐 공정의 기능상 아무런 연관을 맺지 않는 경우이다. 예를 들면 쇠말뚝을 만드는 대장장이들이 동일한 쇠말뚝을 만들면서 화덕을 공동으로 사용하거나 같은 지붕 밑에서 일하지만 쇠말뚝 제작의 처음과 끝을 각각 다 해내는 경우가 이에 해당한다.

'가장 복잡한 단순협업'과 분업의 개념적 혼동의 비판 : 맑스의 분업극복의 테제의 과학성

협업의 '가장 복잡한 형태'(die ausgebildetste Gestalt, pp.345~347)는 각각이 서로 다른 기능과정이 연관되어 공통된 목적을 수행하는 경우이다. 예를 들면 p.347 각주의 사례에서처럼 나룻배를 타고 한 사람은 배를 젓고, 다른 어린 사람은 키를 잡고, 제3의 사람은 그물을 던지는 경우가 이에 해당한다. 이들은 고기잡이라는 공통된 목적을 수행하지만 각각 하는 기능은 다르다. 그렇지만 이

나룻배에서의 서로 다른 기능은 각각의 기능이 종신적으로 각 개인에게 배타적으로 고정될 경제적 필연성이 없기 때문에 그들은 내일이나 모레, 또는 키잡이 이동이 있으면 곧 기능을 서로 맞바꿀 수 있다. 이러한 일정한 시간 내에서 서로 다른 기능을 서로 교환할 수 있는 복잡한 형태의 단순협업을 노동의 단순한 '결합' 또는 '조합'(Kombination, p.346)이라고 할 수 있는데 보통 사람들은 이 **단순한 노동결합**을 '분업'과 혼동한다. 그러나 분업은 서로 연관된 다른 기능이 **종신적으로** 또는 **인생의 대부분에 걸쳐서** 일개인들에게 **배타적으로 고착되는** 경우이기 때문에 혼동하면 안 될 것이다. 이렇게 되기 위해서는 여러 가지 전제가 필요한데 일정한 기술적 토대의 발전과 업무의 복잡성의 증대, 경제적 고려의 필연성 등이 그것이다. 예를 들면 위의 나룻배가 아니라 대형 범선이나 기선의 경우 노잡이는 기관사로, 키잡이는 항해사로, 그물 던지는 자는 평선원으로 변하는데 이것은 더 이상 단순한 노동결합이 아니라 분업이다. 왜냐하면 항해사, 평선원, 기관사는 컴퓨터 엔지니어, 기능사, 청소부, 단순노동자 등과 같이 종신적인 직업이기 때문이다.

이러한 이해를 전제로 하면 『독일 이데올로기』나 『고타강령비판』에서의 **분업의 극복**에 관한 테제는 곧 이해될 수 있게 된다. 분업의 극복이란 서로 상이한, 복잡한 기능들을 각 개인이 나누어 하는 것을 폐지하려는 것이 아니라 그 종신적 **고착성**을 깨려는 것으로, ① 분업체계 속에 갇혀 있는 사람들 중에서 특히 불행한 직업, 예를 들면 장의 노동자, 청소부, 똥 푸는 사람, 육체적 중노동자들을 염두에 둔 것이다. 이러한 부류의 직업은 기술이 고도로 발달하면 크게 줄어들겠지만 소멸하는 데에는 장구한 기간이 걸릴 것이다. 따라서 기술이 해결해 줄 거라고 주장하는 사람들은 자신들의 이익을 대변하는 것이지 이 불행한 사람들의 이익을 대변하는 것이 아니다. 그러나 이러한 부류의 직업이 수적으로 어느 정도 감소하면 사람들이 청년기에 사회를 위해 수행하던 병역의 의무 같은 것을(미래는 더욱 평화로워질 것이므로) 사회역(役)으로 바꾸어 1년이면 1년, 6개월이면 6개월 시체를 염하고(병원에서), 똥 푸고, 청소하고, 중노동하고 한다면 모든 사회인은 똥 푸고 청소하고 중노동을 한 적이 있거나 또는 현재 하고 있다 할지라도 장의 노동자, 똥 푸는 사람, 청소부, 중노동자의 직업범주는 소멸하는 것이다. ② 분업체계 안에서 유리한 위치에 있는 자들은 그렇지 않아도 능력이 많으니까 여기저기 공무에 참가하고 전직하고 선거에 당선될 것이므로 이들의 분업 극복에 대해서는 별로 어렵게 생각할 필요가 없다.

아무튼 맑스, 엥겔스의 '분업의 극복'이라는 테제는 분업이 단순한 노동결합으로 전환되는 것을 의미할 뿐, 노동결합 자체의 폐지를 뜻하는 기만적, 공상적 계획이 아니다.

단순협업의 경제적 이점과 협업의 인간발생적 생산력 : 유적(類的) 생산력

단순협업은 그 단순성 속에서도 여러 가지 경제적 이점이 있다. 즉, 노동생산성을 높여 준다. 첫째, 간접적인 방식의 생산성 향상으로서 생산수단의 절약이다. 단순협업의 가장 단순한 형태에서도 앞에서 예로 든 대장장이들의 단순협업의 경우 화덕을 공동으로 사용하므로 각각 흩어져서 노동할 때와는 달리 화덕을 절약할 수 있고 건물과 장소의 크기도 노동자 수의 증가에 정비례하는 것이 아니므로 절약이 된다. **둘째**, 여럿이 모여서 하는 까닭에 외롭지 않아 노동의 열기, 활기, 노동의 생명감이 넘쳐 고립되어 노동할 때보다 생산성이 올라간다. **셋째**, 수많은 노동에는 노동을 수행해야 할 바로 그 시점, 즉 일의 성패를 가르는 임계적 시점(critical point)이 있다. 예를 들면 모내기는 봄비가 내렸을 때 해야지 때를 놓치면 할 수 없게 되고, 추수는 대개 서리가 내리기 전에 마쳐야 한다. 이때 100명이 10일 해야 되는 추수량을 2명이 500일에 한다면 대부분의 곡식은 거의 1~2년 이상 썩게 되므로 추수하려 해도 추수할 게 없을 것이다. 이때는 반드시 인간의 집단적 생산력이 필요하게 된다. 단순협업은 바로 이러한 위업을 해낸다. **넷째**, 협업이 가져 오는 가장 중요한 이점으로서, 인간을 인간이게끔 해주는 **유적(類的) 생산력**, 즉 이러한 새로운 생산력의 발전을 통해서 동물세계의 하등수준에서 인간이 인간 스스로를 고양시켰을 뿐만 아니라 이는 유독 인간이기 때문에만 발휘하는 생산력이다. 예를 들면 20명이 움직여야 하는 커다란 바위를 10명이나 12명만으로는 영원히 움직일 수 없다. 말하자면 이 20명의 집단적 생산력은 20명의 개인적 생산력의 산술적 합계가 아니라 초개인적인, 특유하게 유적(類的)인 힘이다. 가령 2,000명의 노동자가 1년 걸려 지은 고층건물을 1명이 지을 수는 없을 것이다. 왜냐하면 그것은 개인이 노동할 수 있는 수명이 30년 정도일 뿐만 아니라, 여러 사람이 동시에 들어야 한다거나 동시에 작업해야 하는 것이 대부분이기 때문이다. 가령 5명이 1시간 동안 끌어올려야 하는 대들보를 1명이 5시간 만에 끌어올릴 수는 없는 것이다. 한 사람은 영원히 끌어올릴 수 없다. 따라서 이러한 사회적 생산력은 일개인의 관점에서는 언제나 초개인적인 것으로 현상한다. 즉 인간은 협업을 통하여 그의 "개인적 한계"를 돌파하고 "그의 유적(類的) 능력을 발전시켜" 나가는 것이다.(p.349) 그러나 이 초개인적인 생산력은 이 집단적 주체에 소원한 다른 개인, 예를 들면 파라오나 왕, 자본가 등에 의해 조직되면 바로 이들의 힘으로 나타나는데 바로 이 소외된 인간의 사회적 능력은 이때 일개인의 시각에서는 낯선 신적(神的)인 힘으로 둔갑한다. 즉, 자연신이 아닌, 문명 이후의 신의 진상은 바로 소외된 사회적 인간의 유적 힘인 것이다.

자본주의 시대에 이러한 단순협업의 모든 경제적 이점은 자본의 생산력이요 자본의 권력으로 현상한다. 자본주의 초기에 자본은 특별한 기술적 토대를 가지고서 노동자를 자신 아래로 포섭한 것이 아니라, 중세 말까지 발전된 도구적 생산력과 직장(職長)—도제관계의 가부장적 노동조직, 기타 노동자의 수공업적 노동기능을 고스란히 전제한 상태에서 생산수단(도구, 건물, 원료 등)이 없는 수공업적 노동자들을 단순히 한 장소에 모아 노동시킴으로써 잉여가치를 착취하였다. 따라서 동시에 착취당하는 노동자들의 일정한 수, 즉 "생산되는 잉여가치의 양이 노동사용자 자신을 손노동으로부터 해방시켜 소(小)주인을 자본가로 만들기에 충분해야" 한다. 이렇게 특별한 기술발전이나 특별한 노동조직의 형태변화나 노동의 형태변화 없이 맺어진 자본의 노동에 대한 권력관계, 즉 자본관계를 '형식적 자본관계'라고 하고 이러한 노동의 자본 밑으로의 단순한 포섭을 '형식적 포섭'이라고 부른다.(이에 관해서는 나중에 상론한다.) '형식적 자본관계'(formelles Kapitalverhältnis)라는 개념은 『자본론』에서 단 한 번도 사용되지 않는데, 예를 들면 「직접적 생산과정의 제결과」에서는 이것을 "형식적 자본주의적 경영"(formellkapitalistischer Betrieb, MEGA, II, 4. 1, p.106) 또는 "형식적 자본주의적 생산양식"(formellkapitalistische Produktionsweise, 같은 책, p.116) 이라고 표현하기도 하고, 1861~1863년 『자본론』 준비초고에서는 자본과 임노동의 "형식적 관계"(MEGA, II, 3. 6, p.2142)라고 하기도 하다가 결국 "형식적 자본관계"(같은 책, p.2155)라고 표현한다. 이에 대비되는, 노동이 기계적 분업을 통해 변형, 단순화되어 기술적으로도 자본 아래로 종속되어 들어가는 상태를 "노동의 자본 밑으로의 실질적 포섭"이라고 불렀고 이러한 생산양식을 "특유하게 자본주의적인 생산양식"(spezifisch kapitalistische Produktionsweise, 또는 "특유한 자본주의적 생산양식"이라 번역해도 상관없다.)이라고 불렀다. 우리는 이것을 **실질적 자본관계**나 **실질적인 자본주의적 생산양식**이라고 바꿔 부를 수도 있겠다. 이 생산양식은 매뉴팩처를 과도기로 거쳐 기계제 대공업에서 부분적으로 완성되었다가 테일러리즘·포디즘·극소전자적인 부분 또는 반(半)자동화단계에서 전면적으로 완성된다. 이에 관해서는 나중에 다시 다루기로 하자.

일단 형식적 자본관계에서는 노동자가 생산과정에서 자본가의 지시를 따라야 하지만 노동과정 안에서는 자율권력을 가진 노동주체의 지위를 상실하지 않는다. 그는 모든 생산지식과 기능을 장악하고 있기 때문에 자본가의 기술적 간섭이나 개입으로부터 자유롭게 노동속도를 조정할 수 있다. 맑스는 형식적 자본관계라는 표현과 가장 근접한 표현을 『자본론』 제1권에서 단 한 번 사용하는데, "자본관계를 형식적으로 산출한다."(das Kapitalverhältnis formell herzustellen, p.350)는 표현이 그것이다. 지금까지 장황되게 소개한 개념형태들은 모두 현재적인 생산과정의 분석과 계급분석에 지극히 중요한 도구들이다.

자본가의 생산적 기능과 적대적 기능의 이중성

형식적 자본관계의 성립과 함께 노동력의 구입자는 명령권자가 되고 노동력의 판매자는 복종해야 되는 종속된 자가 된다. 이 자본가의 사업지도는 이중적인 성격을 갖는다. 첫째, 그것은 모든 협업적 노동과정에 필수적인 생산적 지도기능의 측면을 갖는다. 맑스는 협업적, 또는 사회적 활동에서 이러한 지도기능의 필수성을 설명하기 위하여 자주 교향악단 지휘를 예로 들고 있다. 왜냐하면 교향악단은 적대적 억압 속에서 진행되어야 하는 자본주의적인 물질적 생산영역 밖의 자유로운 활동이기 때문이다. 즉 억압적이지 않은 자유활동 안에서도 그것이 협동적이거나 공동적이면 지도나 지휘가 필요하다는 말이다. 교향악단의 지휘자는 "오케스트라의 악기들의 소유권자일 필요도 없고, 여타 단원들의 '임금'에 관여하는 것이

지휘자로서의 그의 기능의 일부도 아니다."(『자본론』 제3권, MEW, 25권, p.400) 그렇지만 상당한 규모에 달한 모든 직접적으로 사회적인 또는 공동적인 노동은 개인적 활동의 조화를 매개하고, 생산적 전체구조체로부터 이것의 자립적인 기관(器官)들의 운동과는 달리 생겨나는 일반적 기능들을 수행하는 관리(Direktion)를 많건 적건 필요로 하듯이 오케스트라도 지휘를 필요로 한다. "개별적인 바이올린 연주자는 자기자신을 지휘하지만, 오케스트라는 지휘자를 필요로 하는 것이다. 지도(Leitung), 감독과 매개의 이러한 기능은 자본에 종속되는 노동이 협업적으로 되자마자 자본의 기능이 된다."(p.350) 이것은 중소자본이 수행하는 **생산적 지도기능**이다. 공산주의적 기업도 이것을 필요로 한다. 그러나 두 번째, 자본은 **잉여노동**을 짜내는 강제관계, 즉 자본관계로서 **적대적 지배기능**을 갖는다. 따라서 생산적 지도기능을 완전히 방출해 버린 독점자본가들을 제외하면 그 여타 자본가들, 특히 중소자본가들의 기능은 위에서 말한 생산적 지도기능과 적대적 지배-억압기능의 **이중성**을 지니고 있다.(중소자본가 기능의 기능적 이중성) 여기서 중요한 것은 현실적 자본기능 속에서 어떤 것이 생산적 지도기능이고 어떤 것이 지배 기능인지 아무리 가리기 어렵다 할지라도 이 이중성에 대한 분석시각을 확고히 가져야 한다는 것이다. 이 시각의 상실은 **어떤** 조직이든 **지배**를 요한다는 **기능주의**에의 항복을 뜻한다. 부르주아들은 위 두 기능을 뒤범벅 하여 지배는 필수적이라는 궤변을 늘어놓기 때문이다. 그런데 "동시에 고용된 노동자의 규모가 커감에 따라 그들의 저항과, 필연적으로 이 저항을 처리해야 할 자본의 억압도 증대된다." 이 저항력은 협업적 규모가 커감에 따라 산술급수적으로 증대하는 것이 아니라 새로운 질적 차원으로 비약하기 때문에 자본의 억압도 예를 들면 복비례로 증가해야 되고 따라서 관리자의 수가 노동자 수에 복비례해서 증가하게 된다. 예를 들면 10명의 노동자는 자본가 혼자 감독하고 억압할 수 있는데 노동자의 수가 20명이 되면 자본가를 포함하여 관리자가 2명이 필요한 것이 아니라 4명이 필요하다. 즉 자본가, 1명의 공장장, 2명의 작업반장이 필요한 것이다. 또 노동자수가 1,000명으로 증대하면 100명의 관리자가 있으면 되는 것이 아니라 보통 250여 명의 관리자가 필요하다. 따라서 여기에 쓸데없는 감독노동과 감독비가 지배관계로 말미암아 필요하게 된다. 그러나 이러한 관리자들의 위계체제의 확립은 자본가의 권력을 증대시켜 준다.

권력과 권위의 개념

권력이란 타인의 저항에도 불구하고 자신의 이익을 관철시킬 수 있는 **지속적인** 강제**관계**로 정의될 수 있다.* 따라서 사회의 총자

---

* 즉, 권력이란 ① 개개 권력자들의 의지에 관계없이 객관적으로 관철되는 경제법칙적 이익관계든 의식적인 의지든 특정한 이익을 ② 일회적으로나 상호교호적으로가 아니라 지속적으로 ③ 타인이 거부하는 경우에도 ④ 강제로 관철시킬 수 있는 **관계**이다. 권력을 관계로 파악하는 것이 아니라 개인이 마치 사물처럼 가지고 있을 수 있는 **실체**로 파악한다든지 사태의 단순한 **양상**으로서의 **기회**로 파악하는 것은 본질규명적인 것이 되지 못한다. 예를 들면 M. 베버는 권력을 "해당자의 저항에 대해서 자신의 의지를

본가와 총노동자 사이에 작동하는 "경제적 관계의 소리 없는 강제"(p.765)로서의 **자본관계**도 정의에 따라 엄정한 권력관계이다. 여기서 '소리 없는 강제'라 함은 사물적 객관성(Sachlichkeit)을 띠고서 인간의 의사, 의식, 감정에 관계없이 마치 자연법칙적으로 관철되는 강제라는 뜻이다. 이 사물적 자본관계는 두 차원에서 의지적 형식으로 전환되는데 그것은 전(全)사회적 차원에서 전사회적 계급지배의 이데올로기적 조직으로서의 **국가조직**과 개별 자본가와 개개 노동자 간의 인격적 상명하복관계로서의 **기업체제**이다. 이 개별기업의 권력구조를 보자면 사물적 자본관계는 이 권력구조에 참여하는 자들의 배후에서 작용할 뿐 직접적으로는 현상하지 않는바, 기업권력관계는 사람과 사람의 직접적인 의사접촉, 즉 의지, 의식, 감정이 주도적인 기능을 수행하는 상하관계이다. 즉, 권력은 이제 더 이상 자본관계처럼 사물과 사물 간의 관계를 취하는 것이 아니라 개인적 **의지와 의지의 관계**로 형태 변환된다.

이때 권력이란 다른 편에서 "우리 의지의 하위(下位)를 전제하는", "남의 **의지**의 우리의 **의지**에 대한 상위"(上位, 엥겔스)의 관계

관철시키는 기회"라고 정의하고 있는데, 이 정의는 관철시키는 것을 의지로만 한정함으로써 자본가의 개인적 의지에 관계없이 객관적으로 관철되는 **소리 없는** 관계로서의 자본관계 같은 것을 도외시할 염려가 있고, "기회"로 규정한 것은 마치 누구에게나 주어질 수 있는 것 같은 환상을 유발함과 아울러 일회적이거나 교호적인 강제의 관계인, 승소한 채권자가 채무자의 의사에 반하여 빚을 받아내는 경우나 노동자가 밀린 임금을 소송에 의존하여 자본가의 의지에 반하여 받아내는 관계도 '권력'으로 파악할 애매모호성을 내포하고 있다.

가 된다. 즉 기업 내에서 "그들의(임노동자들의—필자) 노동들의 연관은 그들에게 관념적으로는 계획으로, 실천적으로는 자본가의 권위, 즉 그들의 행위를 그의 목적에 복종시키는 남의 의지의 권력으로 등장하는 것이다."(p.351) 여기서 맑스는 권위를 '남의 의지의 권력'과 등치시키고 있다. 즉 권위란 단순한, 발가벗은 권력이 아니라 권력을 당하는 자들의 의지를 점취, 장악한, 말하자면 이들에 의해 어떤 방식으로든 수락된(물론 이 수락은 전술적일 수도 있고 존경과 감탄에 의한 것일 수도 있고 이데올로기적 승복일 수도 있으며 그 양상과 정도는 다양하다.) 타인의 의사의 권력인 셈이다. 이 자본가의 의지의 권력(=권위)을 노동자가 그의 의지로 수락, 승인하는 측면은 자본관계의 역사적 정착을 위해서 아주 중요하다. 이런 까닭에 맑스는 다음과 같이 말하고 있다.

"한 극에 노동조건이 자본으로 등장하고 다른 극에 노동력 외에 아무것도 팔 것이 없는 사람들이 등장하는 것으로 충분하지 않다. 또 그들을 자발적으로 팔도록 강제하는 것으로도 충분하지 않다. 교육, 전통, 습관에서 저 생산양식의 요구를 자명한 자연법칙으로 승인하는 노동계급이 자본주의적 생산의 진행과정 속에서 발전되게 된다."(p.763)

그런데 이런 의지 사이의 승인된 권력, 즉 권위는 남과 우리의 관계에서뿐만 아니라 우리와 실책이나 범칙을 범함 우리의 일부간에도 있을 수 있다.(원시공산사회, 미래의 공산사회) 이 중 이익대립에 의해 규정되는 "남"과 "우리" 간에 존재하는, 의지의 장악을 전제한 권력관계를 지배관계라 한다: "동물, 토지 등과는 근본적으로 볼 때 동물이 (인간에게—필자) 봉사한다고 하더라도 점취를 통해 어떤 지배관계도 야기될 수 없다. 남의 **의지**의 점취가 지배관계의 전제이다. 따라서 예를 들면 동물과 같이 의지가 없는 것은 봉사할 수는 있지만 점취자를 **지배자**로 만들지는 않는다."(『정치경제학 비판 강요』, MEW, 42권, p.408) 따라서 자본가의 노동자에 대한 권위관계는 지배관계이다. 그런데 '경제적 관계의 소리 없는 강제'로서의 자본관계는 노동자로 하여금 자신의 의지를 자본가의 의지에 내맡기도록 강제는 배후의 권력으로 여전히 작용한다. "경제적 관계의 소리 없는 강제는 노동자에 대한 자본가의 지배를 봉인(封印)한다."(p.765) 그리하여 우리는 자본주의 사회의 권력, 권위, 지배를 다음과 같이 도식, 분류할 수 있게 된다.*

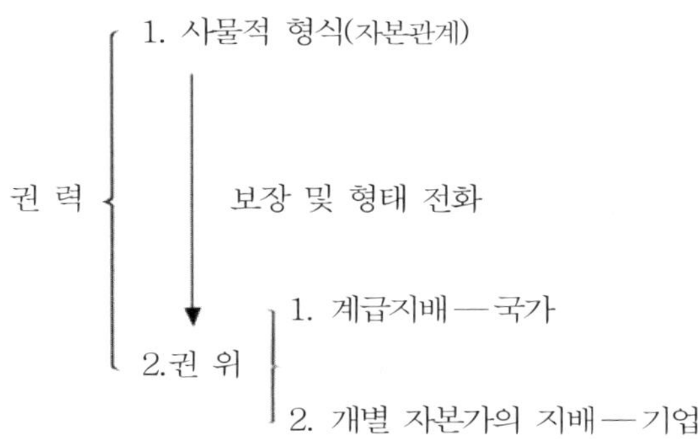

사물적 권력형식을 권위화하는 가장 유효한 방법은 권력을 **조직**화하는 것이다. 여기서 **조직**이란 주입된, 또는 내면화된 이데올로

* 사계의 '권위'니 컴퓨터의 '권위자'니 식의 비유적 의미로 권위개념을 사용하는 경우는 이 개념적 논구에서 배제한다.

기적 규범과 가치관 및 기타 정서에 기초한 객관적인 인간관계로 정의한다. 위계조직은 권력을 조직적으로 권위화하는 대표적인 형식이다. 그런데 이런 위계조직은 그 기관원들의 생계보장과 매수적 충성확보를 위해 많은 경비가 지출된다.

기업의 구성체적 생산관계와 조직적 관계

소자본가는 이러한 위계조직을 발전시킬 잉여가치(이윤)의 여유가 없기 십상인데, 이런 까닭에 자본가 대 노동자의 단일 위계로 맞서는 소자본가들은 노동자들에 대해 자본관계적 해고권력을 갖지만 아무런 권위가 없어서 크고 작은 갈등이 많다. 그러나 고용자 수가 증대하여 이윤량이 증대하고 위계조직이 발달해 가면서 지배구조가 **공식적** 조직형태를 갖추어 가면 자본가의 권력이 **권위로워진다**. 숨 막히는 권위체계가 들어서게 되는 것이다. 이때 노동자들이 윗 관리자나 자본가와 만날 때 느끼는 '오갈'은 당장 해고의 위협을 받지 않더라도 인간 간의 위계조직의 작용으로 인해 **단적으로** 생기는 것이다. 즉, 자본가와 그 상급관리자의 권위는 (궁극적으로 자본관계, 즉 사회구성체적 생산관계에 기초한 것이지만) **조직**을 통해서야 비로소 창출되는 형식이다.(사회구성체[=토대]와 사회조직[상부구조]의 관계) 인간의 경제적 이익과 자본관계와의 매개를 통해 궁극적으로 토대에 의해 규정되는 이 사회조직은 그럼에도 불구하고 이 토대와 구별되는 이데올로기적 가치관과 규범, 정서 등에 근거하는 인간관계로서 **상부구조적인** 것이다. 즉, 기업의 분업관계, 소유관계로서의 사물적 권력관계 등은 토대적 요소이지만 그것의 권위적 조직과 이데올로기는 기업의 상부구조이다. 동일한 토대 위에서는 그 권력의 원활한 발휘가 이 기업조직의 질적 수준에 의해 좌우된다. 기업가의 권력도 적절한 **조직**형태들(이런 것들에 관해 연구하는 것이 부르주아 경영학의 중요 내용 중의 하나다.)을 통해서 철갑화되면 될수록 더욱 권위롭게, 더욱 수월하게, 마찰 없이 관철될 수 있게 된다.

자본주의적 지도는 지도되어야 할 생산과정이 한편으로는 생산물의 제작을 위한 사회적 노동과정이면서 다른 한편으로는 자본의 가치증식과정이라는 **대립적 이중성**(Zwieschlächtigkeit) 때문에 "내용상 대립적 이중성을 지닌" 것이고 "형식상 전제적인" 것이다.(p.351) 이 형태상의 전제성이란 그 지도에 노동자가 참여하거나 노동자들의 자치(自治)가 아닌, 즉 노동자의 의사가 전적으로 또는 본질적으로 배제된다는 의미이다. 이 **전제체제**는 사업규모의 확대에 따라 "특유한 형태들(Formen)"을 발전시켜 나가는데 이것은 손노동으로부터 해방된 자본가가 이번에는 '직접적이고 지속적인 감독의 기능'을 '특수한 종류의 임금노동자들'에게 이전시킴으로써 성립한다. 여기서 '특수한 종류의 임금노동자들'이란 정상적인 임노동자가 아니라는 뜻인데, 첫째는 관리, 감독의 기능만을 수행한다는 뜻이며 둘째는 이들의 임노동자로서의 성격이 **형식적**이라는 뜻이다. 즉, 형식적으로는 다른, 억압당하는 노동자들과 같이 화폐임금을 수령하지만, 그들의 **노동력의 상품성**, 즉 사물처럼 언제든 자본에 의해 투입되고 또 내던져질 수 있는 생활의 불안정성이 크게 완화되거나 (고위관리자들의 경우에는) 궁극적으로 소거되어 버릴 수 있다. 즉, 그들은 **조직적으로 매수된 부패한** 임노동자들이다. 맑스 시대에 이 위계질서는 자본가와 고위관리자(당시 이들은 혈연이나 연줄을 통해 충원되었다.)의 관계는 보통 옛 상인길드에서의 **상인주(主)-조수관계**(Prinzipal-Handlungsgehilfe-Verhältnis : 수공업적 직장-도제관계와 같이 가부장제적 위계)가 잔존하면서 발전되어 갔고 이 고위관리자와 현장감독, 현장감독과 노동자의 관계는 기계가 투입되어 역학적 자동화가 가능해진 분야(유기적 생산분야 : 이에 관해서는 나중에 상론하겠다.)에서 병영적인 조직형태(군대식 규율, 군대식 명령, 고함, 경례, 장교, 하사관, 병졸의 위계형태 등)를 빌려 와 활용하였다. 물론 다른 분야에서는 광범하게 아직 수공업적 위계질서가 유지되었다. 아무튼 대규모 공장에서는 일단 병영적 조직을 채용하였기 때문에 맑스는 '산업장교'(지배인), '산업하사관'(현장감독), '통수권'(Kommand) 등의 술어를 사용하고 있다.

자본주의적 기업 전제체제와 관리자들의 기능적 이중성

따라서 자본주의적 기업 전제체제(專制體制)의 최근의 조직형태는 병영적 조직이었다. 이것은 잔존하는 가부장제적 직장-장인-도제관계를 깨고 나온 최초의 형태로서 우리나라는 1960년 중반 이후부터 일반화되어 70년대를 지배하였고 지금도 '현대' 등의 공장 조직에는 강력히 잔존해 있다. 병영적 조직의 다음 형태는 관료체제적 전제형태로서 독점 자본주의 시대에 일반화되는데 우리나라에서도 대부분의 재벌기업에는 관철되었거나 관철되고 있다.

앞에서 말하였듯이 자본주의적 기업지도는 이중적 성격을 갖는다. 즉 순수한 지도와 지배기능의 대립 등이 뒤범벅이다. 이 점은 모든 계급적 생산형태에 공통된 것이며, 모든 계급국가도 마찬가지이다. 국가의 기능은 본질적으로 계급지배의 기능이면서, 동시에 모든 사회(계급사회+무계급사회)의 통제기구에 공통적인 순수지도의 기능이다. 따라서 무계급사회에서는 전자는 해소되고 후자만 남는다.

아무튼 자본주의적 기업관리가 이렇듯 **순수지도와 지배**의 모순적 혼합체인데도 불구하고 과거에 콩트주의자들, 그리고 베버와 베버주의자들, 오늘날의 부르주아 구조기능주의자, 제도학파들은 지배를 순수지도와 뒤범벅하여 지배기능 부분을 정당화한다. 즉, "자본주의적 생산양식을 고찰할 때" 그들은 "공통적 노동과정으로부터 나오는 지도의 기능을 이 과정의 자본주의적인, 따라서 적대적인 성격에 의해 규정되는 기능과 동일시하는 것이다."(p.352) 그리하여 지배의 '영원한' 필연성을 강변한다. 이런 식이라면 "오귀스트 콩트와 그 학파는 그들이 자본가를 위해서 했던 동일한 방식으로 봉건영주의 영원한 필연성을 증명할 수 있을 것이다."(p.352 각주).

그렇지만 분명한 것은 순수지도는 어떤 조직체나 필요한 것이지만 사회의 적대성으로부터 나오는 지배는 이 적대적 관계의 해소와 함께 폐지될 수 있다. 부르주아들은 이와 같은 방법론적 사기를 통해 지배의 필연성을 증명해 놓고 맑스주의의 국가 사멸론이나 지배의 지양의 이론을 부인해 왔다. 따라서 부르주아 이론가들과 유사하게 자본가의 생산적 지도기능과 지배기능을 엄밀히 구별하지 못한 채 양자를 뒤범벅해 놓고 자본가의 모든 기능을 간접적으로 정당화하고 말 것이다.

제12장 분업과 매뉴팩처

수공업적 노동이 일정한 공정단계로 분할되어 여러 개인들에게 종신적으로 고정되는 분업은 특정한 형태의 협업을 기초로 해서만 하나의 완제품을 만들 수 있을 것이다. 따라서 이러한 형태의 협업을 맑스는 분업에 기초한 협업이라 불렀다. 이것은 역사적으로 매뉴팩처에서 그 '고전적 형태'를 이룩하였다. 이 매뉴팩처는 서양에서 약 1550~1770년대에 걸친 200여 년 간 지배적이었다.

한 생산물의 생산공정을 적절한 단계로 나누어 여러 사람들에게 종신적으로 고정시키는 것을 핵심으로 하는 분업은 각 사람들이 전공정과정을 처음부터 끝까지 수행하거나 또는 적절한 단계로 나누어 수행하더라도 각 기능의 수행자들이 일정한 시간적 간격을 두고 위치를 서로 교체하거나 또는 이 단계들을 참여자 모두가 한 단계씩 밟아나가는 것 등에 비교할 때 여러 가지 경제적 이점을 갖고 있다.

우리나라에서는 19세기 중엽 여러 생산분야에서 자본주의적 매뉴팩처가 시작되는데, 그 전형을 이루었던 정주 납청 놋그릇 제조업의 경우를 보기로 하자. 바리점(店)에서는 부질대장, 제질대장, 깨풍구, 곁풍구(이상 주물공), 가질대장, 곁벗김대장, 거죽벗김대장(이상 선반공) 및 광일꾼(그릇의 빛깔을 내는 일꾼) 등의 8공정으로 분업화되어 있었고 숟가락점의 경우는 숟가락대장, 망치대장, 풍무대장, 좃대장 및 재물대장 등의 6공정으로 나누어 있었다. 그리고 각 공정에 배치된 노동자들은 그 부분 기능을 **종신적 직업**으로 하는 부분노동자들이었다.

분업의 경제적 이점

이러한 분업의 경제적 이점은 다음과 같다.

첫째, 노동시간의 절약이다. 한 노동자가 숟가락 생산의 전공정을 수행할 경우 숟가락 하나를 만들기 위해서는 각 공정을 따라 자리를 이동하고 도구를 바꿔 잡아야 하는 등 노동대상에 투하되지 않는 시간이 끼어들게 되는데 분업은 각 노동자들이 한 곳에 고정되고 도구가 각 공정에 맞게 이미 배치되어 있기 때문에 장소와 도구를 바꾸는 시간을 절약할 수 있다. 이 시간의 절약은 공정 전체와 장기간의 시각에서 볼 때 엄청날 것이다.

둘째, 부분노동자의 부분기능이 정밀화되고 고도화된다. 한 노동자가 종신적으로 부분기능만 수행하므로 이 부분기능만큼은 비록 지루할지라도 정확하고 능란하게 수행할 수 있게 된다.

셋째, 노동자의 교육비와 교육시간을 절약한다. 전공정을 익혀야 하는 독립수공업자나 단순협업 속의 노동자에 비하여 부분기능의 습득은 적은 비용과 비교적 단기간에 이루어진다.

넷째, 생산도구가 절약된다. 전공정을 처음부터 끝까지 단독으로 수행하는 단순협업집단의 노동자들은 각 고정에 맞는 모든 도구를 제각기 다 갖추어야 한다. 즉, 숟가락 공정에서 6개의 도구가 필요하다면 6명이 작업할 때 36개의 각종 도구가 필요할 것이다. 그러나 분업하에서는 각 부분노동자가 한 개의 도구만 있으면 되므로 6개만 있으면 된다.

다섯째, 각 공정의 특징에 맞추어 노동자의 타고난 적성과 소질에 따라 적절하게 배치·개발할 수 있음으로써 이전에 어떤 한 노동부분의 능력이 부족하여 노동인구에서 배제되었던 많은 인원이 노동인구로 편입될 수 있다.

여섯째, 각 공정에 특유한 도구들이 자연발생적으로 발전되어 나와 도구를 다양하게 제작하는 철제가공업의 정밀한 기술이 축적되어 기계제작의 토대를 발전시킨다. 바리점의 경우 노동도구가 아주 세분화되어 네핌공정과 가질공정에서 사용되는 도구만 해도 수십 종을 헤아렸다 한다. 전공정을 한 노동자가 밟아야 하는 노동양식에서는 가능한 한 도구의 교체에 따른 시간을 줄여야 하였기 때문에 몇 개의 공정에 공통적으로 사용될 수 있는 미분화된 다목적용 도구들이 사용되었다.

자본주의적 분업의 기능적 이중성 : 네오맑스주의적 극좌이론의 비판

이러한 경제적 이점은 개인들을 부분노동자로 불구화시키는 예종의 체계를 강제하는데 각각 노동자들은 이제 전체 공정에 대한 정보로부터 차단당하게 되고 완전한 수공업자에 비해 생산과정에서 일정 정도 사회적 힘이 약화된다. 따라서 자본주의적 분업은 경제적 생산성의 향상과 자본의 지배권력의 상대적 증대라는 이중적 역할을 수행하게 된다. 맑스는 분업의 이러한 이중성을 다음과 같이 포착하고 있다 : "그것(매뉴팩처적 분업 — 필자)은 노동자를 위해서가 아니라 자본가를 위해서 노동의 사회적 생산력을 발전시킬 뿐만 아니라 개인적 노동자의 불구화를 통해서 생산력을 발전시킨다. 그리하여 그것은 노동에 대한 자본의 지배의 새로운 조건을 산출한다. 따라서 그것은 한편으로는 사회의 경제적 형성과정 안에서의 역사적 진보와 필연적인 발전계기로 현상한다면, 다른 한편으로는 문명화되고 세련된 착취수단으로 형성한다."(p.386)

이러한 분업의 대립적 이중성에도 불구하고 분업의 경제적 이점만을 절대시하는 부르주아 이론가들의 일면적인 주장이 오류라면, 분업의 착취 기능적 측면만을 유일시하는 소위 네오맑스주의적 극좌이론가(예를 들면 Stephen Marglin마글린 등)의 일면적 주장도 동일한 정도로 오류이다. 분업 일반의 경제성에 관한 위의 언급은 기계개발의 기초에 관련된 사항만을 제외하면 정신노동과 육체노동의 분업에도 그대로 적용된다. 따라서 정신노동과 육체노동 간의 대립과 불평등이 아무리 뚜렷하다 할지라도(이 대립과 불평등을 강제하는) 분업의 경제성을 새로운 기술·경제적 토대의 보다 큰 경제성을 통해 대체하거나 능가하지 않으면 이 대립적 불평등은 사회주의 사회에서도 잔존할 수밖에 없을 것이다. 따라서 새로운 기술적 · 경제적 토대의 일반적 확산 없이 전신노동과 육체노동의 분업을 분쇄하려는 시도는 돈키호테 짓이 되고 말 것이다.

정신노동과 육체노동의 분리와 지식 프롤레타리아트의 좌우편향적 이론에 대한 비판

여기서 새로운 기술적 토대란 극소전자적 과학기술혁명을 뜻하는데 이 혁명은 이미 시작되었고 일본의 몇몇 기업에서는 그 최고의 형태, 즉 노동자가 없는 완전자동화공장을 낳고 있다. 극소전자적 완전자동화는 정신노동과 육체노동의 재통합을 통해 정신노동과 육체노동의 대립을 해소하는 것이 아니라 대립의 한 극단, 즉 육체노동을 공장으로부터 소멸시켜 모든 노동이 정신노동이 되게끔 함으로써 그 대립을 해체시킨다. 정신노동과 육체노동의 재통일이라는 헤겔주의적, 모택동주의적 사변의 구호는 인텔리적이면서 동시에 육체적인 온전한 노동자의 산출을 염두에 두는바, 보통 "전노동계급의 인텔리화, 전인텔리의 노동계급화"라는 허무맹랑한 슬로건으로 요약된다.

그러나 새로운 기술적 토대 없이 정신노동과 육체노동을 통일시키려는 시도(지식인·전문인 '하방제' 또는 상호교대제)는 일정 기간 전문인을 단순직에 주기적으로 썩히거나 정신기능과 육체적 기능을 골고루 갖춘 노동자의 교육에 드는 비용과 시간을 낭비함으로써 좌초하거나 헛구호로 남을 것이고, 새로운 기술적 토대가 일반화된다면 이번에는 육체노동이나 단순기능에 구속된 노동계급의 수가 갈수록 감소하고 거꾸로 지식 프롤레타리의 수가 폭증하게 되어 '전인텔리의 노동계급화'는 불가능해질 것이다. 또한 노동계급은 '인

텔리화' 되는 것이 아니라, **지식 프롤레타리아트화** 될 뿐이다. 인텔리란 부르주아계급의 이데올로기적 기능을 담당하는 지식층 및 관료층("이데올로기적 신분들"—맑스)이나 자유업 또는 반(半)자유업(교수 등)에 종사하는 학자, 변호사, 예술가, 의사, 성직자 등을 뜻하는 데 반하여 "지식 프롤레타리아트"(엥겔스)는 자본주의 사회에서처럼 자본에 직접 예속된 임금노동자이거나 사회주의 사회에서처럼 경제기업에 고용된 지식노동자들로서 아무런 관료적 권한과 특권을 향유하지 않는 **탈(脫)관료화된 평사원**들을 뜻한다. 사회주의권의 계급이론 안에서는 부동하는 인텔리와 지식 프롤레타리아트가 미분화되어 있기 일쑤인데(예를 들면 W. W. Sagladin편, 『국제공산주의운동』, 1984) 이것은 사회주의권의 과학기술혁명의 진척 정도가 제국주의 국가보다 아직 저급하여 기층 노동자계급이 지식 프롤레타리아트를 수적으로 엄청나게 압도하고 있는 사태를 반영하는 것일 것이다. 나델(S. N. Nadel, 러시아), 뢰취(M. Lötsch, 독일), 『서독제국주의』 저자 그룹(1971, Berlin), 딜리겐스키 그룹(G. Diligenski 그룹, 1987, 러시아) 등은 예외로 과학·기술노동자들을 프롤레타리아로 보고 있는데 불행히도 프롤레타리아트=노동계급이라는 고전적 등식의 고수하에 지식 프롤레타리아트를 노동계급에 집어넣음으로써 우편향에 빠져들고 있다. 이런 입장은 T. 쿠친스키 같은 좌편향 학자들과 대립해 있다.

생산적인 지식 프롤레타리아트를 구(舊)인텔리 개념으로 얼버무려 '전인텔리의 노동계급화' 정책을 관철시키려 하는 것이 명백한 좌편향이라면, 지식 프롤레타리아트와 노동계급이 공히 프롤레타리아트에 속하면서 이미 계급적 이중화(klassenmäßige Verdopplung des Proletariats)에 들어 있는 점을 간과하고 지식 프롤레타리아트를 노동계급에 집어넣는 것은 노동계급의 고유한 처지와 고난을 희석화시킬 염려가 있는 것으로서 명백한 우편향이다. 지식 프롤레타리아트는 지식 프롤레타리아트라는 자신의 고유한 범주로 정식화 되어야 할 것이다.

아무튼 초기 자본주의 시대에 시작하여 독점자본주의 시대에 그 극단으로까지 첨예화된 정신노동과 육체노동의 대립은 정신노동과 육체노동의 재통일을 통해서가 아니라 정신노동과 육체적인(스포츠적, 유희적, 예술적) 활동의 개인적, 사회적 결합을 통해서 극복될 전망이다.

정신노동과 육체노동의 분리는(과거의 지배계급과 그 아류들이 수행하던) "정신노동"과(소농·소생산자들이 정신노동과 육체노동을 통합하여 수행하던) "물질적 노동"(맑스, 엥겔스)의 분리와 전적으로 다른 것으로서 전(前)자본주의 시대에는 원칙적으로 존재하지 않았고 있었다 할지라도 '산발적'인 것이었는바, 협업, 분업, 기계제 공업을 그 기초로 하는 자본주의적 생산양식의 특유한 산물이다. 정신노동과 육체노동을 "정신노동과 물질적 노동의 분리"(『독일 이데올로기』)와 혼동하는 것은 지금까지 주의 깊지 못한 (동서양의) 모든 맑스주의자들에게 공통된 것이었다. 그러나 전자는 특유하게 자본주의적인 것이고 후자는 옛 계급사회에서 사회주의 사회에까지 적용되는 초역사성을 갖는 문제이다. '물질적 노동'이란 육체적 노동만을 내포하는 것이 아니라 물질적 생산에 참여하는 정신적인 기능의 측면도 아울러 포함하는 개념으로서 정신노동과 육체노동이 미분화된 소농과 수공업자들의 노동 또는 **물질적 재화를 생산하는** 모든 노동, 즉 현대의 육체노동, 산업자본가의 정신적 기능 및 엔지니어의 복잡한 정신노동 등을 모두 의미한다.

맑스는 자본주의적 생산과정 안에서 정신노동과 육체노동의 분업이 심화되는 과정을 다음과 같이 묘사하고 있다.

"자영농민이나 수공업자가, 전쟁의 모든 기술을 개인적 교지(狡智)로서 발휘하는 야만인들처럼, 아무리 낮은 수준일지라도 개발하게 되는 지식, 통찰 및 의지는 이제 작업장 전체에 대해서만 필요하다. 생산의 정신적 역량들은 한편에서 규모를 확대하는데 그 까닭은 다른 편에서 그것이 사라지기 때문이다. 부분노동자들이 잃는 것은 이들에 맞선 자본 속에 집중된다. 부분노동자들에 대해 물질적 생산과정의 정신적 역량들을 낯선 소유물로서, 그리고 부분 노동자들을 지배하는 권력으로서 대립시키는 것은 매뉴팩처적 분업의 한 산물이다. 이러한 분리과정은 자본가가 개별적인 노동자들에 대해 사회적 노동체의 통일성과 의지를 대표하게 되는 단순협업 안에서 시작된다. 그리고 그것은 노동자를 부분노동자로 불구화시키는 매뉴팩처 안에서 더욱 발전한다. 나아가 그것은 과학을 자립적인 생산역량으로서 노동으로부터 분리시켜 자본에 복무하도록 밀어 넣는 대공업에서 완성된다."(p.382)

마지막 구절은 일정 정도 유연화시켜야 할 것이다. 생산지식이 과학의 형태로 전환되어 생산과정 외부에서 준비되고 생산됨으로써 다시 외부로부터 **자본가의 기계**의 형태로 전환되어 들어오는 메커니즘 속에서 노동자의 지식적 소외는 정점에 도달하지만, 맑스 생존 시의 자본주의적 생산과정은 이러한 지식적 소외를 일반화할 수 없었기 때문이다. 정신노동과 육체노동의 분리는 맑스 사후 본격적인 독점자본주의 시대가 도래하면서 테일러리즘과 포디즘의 도입을 통해 계속되어 서구에서는 1940년대 전쟁 중에 마감된다.

유기적 생산과정과 이종적(異種的) 생산과정의 개념

이 맥락을 이해하기 위해서는 맑스의 매뉴팩처 분석의 정밀한 독서를 요한다. p.362에서 맑스는 매뉴팩처의 "두 가지 기본형태"를 "이종적 매뉴팩처"와 "유기적 매뉴팩처"로 구분하고 있다. "매뉴팩처의 체계는 때때로 서로 엉겨 있음에도 불구하고 두 가지 본질적으로 상이한 종류를 이루고 나중에 매뉴팩처가 기계로 경영되는 대공업으로 탈바꿈될 때 완전히 상이한 역할을 하는 두 기본형태를 갖는다."(강조는 필자) 따라서 이 두 기본형태는 매뉴팩처 시대에만 고유한 것이 아니라 기계제 대공업 단계에서도 그대로 유지되는 구분이다. 이런 까닭에 우리는 이 두 형태를 이종적 생산과정과 유기적 생산과정으로 바꿔 표현할 수 있는데, 이 생산과정의 이러한 근본적 차이는 "제작물 자체의 본성으로부터 생겨나는 것이다." 예를 들면 기차, 기계, 시계, 건물 등의 생산은 숟가락, 철강, 철판, 섬유, 밀가루, 종이, 벼로부터의 쌀의 생산 등과는 근본적으로 다른 생산과정을 거친다. 전자의 부류는 "독립적인 부분 생산물들의 ……역학적 조립"을 통해 만들어진다. "예를 들면 기차는 500여 개 이상의 독립적인 부품들로 이루어진다." 이 독립적인 부품들은 기차의 유리창이나 의자, 베어링이나 증기기관과 같이 독립적으로 다른 용도에도 쓰일 수 있는 것들로서 기차 조립 이전에 **선행적 부품생산공정**에서 먼저 만들어진 뒤 한데 모여 조합되는 **조립공정**을 거쳐 완제품이 된다. 즉, 이종적 생산과정은 실은 이질적인 두 공정으로 이루어지며 이 두 공정을 거쳐서야 완제품을 생산한다.

이에 반하여 예를 들면 섬유생산은 '**일련의 연관적인** 과정과 조작'을 통해 이루어진다. 이런 유형의 생산물들은 이미 매뉴팩처 단계에서도 **흐름식** 생산이 가능하고 기계제 대공업에서는 이 '일련의 연관적인 과정과 조작'을 차례차례 기계체계에 이양함으로써 두뇌공학을 전혀 모르는 역학적 기계의 토대 위에서 일정한 자동화에 도달한다. 섬유공장이나 방앗간을 상상해 보라. 사람은 기계를 망보거나 기계에 원료를 집어넣는 보조기능에만 국한되고 나머지 본질적인 작업은 모조리 기계가 수행한다. 따라서 유기적 생산과정에서는 역학기계에 기초한 자동화가 성립하는데, 이것을 오늘날의 **극소전자적(두뇌공학적) 자동화**와 구별하여 **역학적 자동화**(mechanische Automatisierung)라 한다. 그리하여 유기적 생산공정에서는 산업혁명과 더불어 매뉴팩처 수공업적 노동자가 내쫓기거나 단순화되어 거대한 단순노동자층이 형성되게 된다. 즉, 여기에서 기계는 **질적 변혁**을 초래하는 혁명적 역할을 수행하여 정신노동과 육체노동의 분리와 노동의 자본 하로의 실질적 포섭을 **이미 완성한다**.

노동귀족층의 개념

그러나 이종적 생산과정에서 기계의 역할은 양적 변화에 국한되는 시시한 변동만을 가져왔을 뿐이다. 유기적 생산공정에서 생산도구로 기능하는 기계를 제작하는 선행적 부품생산공정에서나 조립공정에서 기계는 아무런 질적 변혁을 초래하지 못했다. 조립공정에서보다 기계가 많이 투입된 선행적 부품생산공정을 보면, (유기적 생산공정에서 완제품으로 제공된) 철판에서 원형, 원추, 네모, 세모 등의 여러 가지 모형을 제작해 내야 하는 데서 기계의 역할은 정밀성의 비교적인 향상이나 증기력에 의한 동력의 배가 등에 그쳤다. 즉, 여기에서는 기계는 모든 일을 단독으로 수행하지 못하고 결국 능숙한 기계공에 의해 조종되어야 했던 것이다. 따라서 여기에서 노동자의 기능은 기계투입 이후 더 단순화된 것이 아니라 오히려 기계조작의 습득에 투입된 교육시간만큼 더 복잡해졌고 그만큼 그들의 임금과 사회적인 지위가 향상되었다. 그들은 비록 부분노동자들이었지만 자신이 맡은 부문 내에서는 정신노동(구상, 개발, 개선 등)과 육체노동(기계조작에 필요한 고도로 능란한 손 기능)을 동시에 수행하는 노동과정 속의 주인으로서 군림하였다. 이러한 사정은 제작된 부품들을 조립하는 조립공에게도 마찬가지였다. 그들은 제품의 구석구석에 대하여 전체적으로 조감하는, 다면적으로 숙련된 고도 노동자들이었다. 즉 이종적 생산공정에서는 기계투입 이후에도 매뉴팩처 시대의 노동자와 다름없거나 이보다 형편이 나은 형식적 포섭상태에 남아 있었다. 이 노동자들은 맑스와 엥겔스 생존 시에 그리고 20세기 초까지도, 따라서 레닌 시대까지도 노동계급 내의 노동귀족층을 구성하였고 그들의 조직된 권력으로 낯선 기계류의 너무 신속한 교체도 저지할 수 있었다. 1885년 엥겔스는 영국 노동귀족층에 관하여 다음과 같이 기술하고 있다 : "여기에서는 여성노동자의 경쟁도 유년노동자의 경쟁도 또 기계의 경쟁도 지금까지 그들(남성노동자들—필자)의 조직적 힘을 깨뜨릴 수 없었다. 기계공들, 목공들 그리고 기계수선공들 및 건축노동자들은 제각기 독자적으로 하나의 권력체들이어서 건축노동자들이 그렇듯이 기계류의 도입에 성공적으로 저항할 수 있다. 그들의 처지는 1848년 이래 이상하리만치 개선되었다. …… 그들은 노동계급 내의 귀족층을 이룬다."(MEW, 21권, p.194)

여기서 노동귀족층이란 오용되어온 '노동귀족', 즉 자본가계급에 의해 매수되어 부패한 노동자층을 뜻하는 것이 아니라 자신의 노동능력에 대응하는 임금과 대우를 받는, 객관적 의미에서의 최고 임금수령층을 가리킨다. 앞에서 얘기했듯이 이들도 자본에 의해 동일한 비율로 착취당하고 해고당한다. 엥겔스는 이 노동귀족층을, 자본의 해외수탈에서 생긴 초과이윤에 참여하는 소수노동자층과 동일시하지 않았고, 레닌도 『제국주의론』 어디에서도 "노동귀족층"의 매수된 '상층'을 노동귀족층 그 자체와 등치키시지 않았다. 맑스는 오히려 『자본론』 제1권, p.697에서 "노동계급의 가장 잘 지불받는 부분"을 노동계급의 "귀족층"이라고 명명하고, 이들도 공황기에는 임노동자의 공통된 운명을 겪게 되는 것을 '기계공' 실업자들의 기사를 인용하며 증명하고 있다. 맑스와 엥겔스는 '노동귀족층'의 개념으로써 이종적 생산과정에서 정신기능과 손기능이 종합된 반(半)수공업적 노동자층과 유기적 생산공정에서 기계 정비와 수선을 맡던 엔지니어, 수선공, 기계공 등의 '수적으로 미미한' 계층(형식적 포섭상태의 노동자층)을 지칭하였을 뿐이다. 레닌에 의해서 지목된 매수된, 즉 '부패한' 노동자들은 노동귀족층뿐만 아니라 단순노동자층으로부터도 얼마든지 생겨날 수 있고(조장, 반장 등) 상업부문의 노동자분파로부터도 생겨날 수 있는 것이다. 노동귀족층의 본질적인 특징은 결코 '매수됨'에 있는 것이 아니라 노동과정 안에서 자율권을 잃지 않은, 자본에 단지 형식적으로만 포섭된 노동자층을 가리킬 뿐이다. 자본에 경제적으로 예속되어 있는 가운데에서도 유지되는 이들의 이러한 노동자율성은 그들의 노동의 내용적 복잡성에 대응하는바, 이 복잡성은 당연히 그들의 높은 임금과 생활수준으로도 표현되어 나온다.

맑스 시대에 이와 같이 이종적 생산과정에서는 정신노동과 손기능을 동시에 수행하는 노동자들이 남아 있었다면, 위에서 인용된 맑스의 문장 "그것(노동으로부터 정신적 역량의 분리과정—필자)은 …… 대공업에서 완성된다."는 테제는 유기적 생산과정과만 관련된 것으로 유연화시켜야 할 것이다.

아무튼 유기적 생산공정에서는 기계투입 이후 형성된 단순 손노동자층을 병영적 통제체제로 조직, 규율화하는데 이것은 특히 맑스 생존 시 섬유산업에서 그 전형적 표현에 도달한다. 따라서 맑스는 '기계제 대공업' 장(章)에서 주로 이 섬유산업의 공장조직을 분석함으로써 당시로서는 '가장 완성된 형태'의 공장관계(p.441)를 서술하고 있다.(pp.441~447) 그러나 당시 기계제조 등의 중공업분야에서는, 즉 이종적 생산과정에서는 병영적 통제체제가 아니라 직장-도제관계의 가부장적 위계질서가 잔존하게 된다. 이종적 생산과정의 이 가부장적 위계체제는 비로소 테일러리즘의 투입 이후에야 기술관료적 성격의 작업장 관료체제로 대체된다. 테일러리즘은 정신노동과 육체노동의 분리를 의식적으로 정점까지 추진하고 여기서 정신노동자가 기술적 지식의 독점에 기초하여 단순화된 손노동자를 기술적으로 지도하는 기술관료체제를 뜻한다. 이에 관해서는 나중에 지식 프롤레타리아트, 즉 새로운 노동귀족층의 출현과 관련하여 다시 상세히 설명할 것이다.

매뉴팩처 노동자의 노동자립성과 저항력

매뉴팩처적 분업이 아무리 기존의 수공업적 노동형태를 불구화시킨다 하더라도 파편화, 단순화에는 도달하지 못하는 까닭에 매뉴팩처의 토대는 여전히 수공업적으로 남아 있었다. 따라서 "매뉴팩처 안에서 작동하는 전체 메커니즘이 노동자들 자체로부터 독립된 객관적인 골격을 취하지 못하고 있었기 때문에" 자본은 "끊임없이" 완강한 수공업적 복잡노동자의 '불복종'과 '고투하지' 않으면 안 되었다. 더구나 비교적 긴 수공업적 노동자의 교육시간은 자본의 노동수요에 항상 못 미치는 노동공급을 항구화시켰고 이러한 까닭에 "임금상승이 시작된다." "이에 대한 하소연"은 화폐임금은 상승했으나 식민지로부터 금·은의 대량 유입 이후 화폐의 평가절하에 비례하여 임금이 오르지 않았던 16세기를 제외하고 "15세기 전기간과 18세기 전반기 동안 영국 안에서 무성했고"(p.641) 또한 "16세기부터 대공업시대까지 자본이 매뉴팩처 노동자의 이용 가능한 전노동 시간을 장악하는 데에도 성공하지 못했다."(p.390) 이에 더하여 노동과정 내에서의 노동자의 노동자율권과 이에 근거한 저항력은 자본의 노동착취를 일정 범위 내에 가두어 두고 있었다. "그리하여 매뉴팩처 전시대에 걸쳐 노동자들의 기율문란에 대한 하소연이 울려 퍼지게 된다."(p.390) 그리하여 "매뉴팩처의 협애한 기술적 토대는 일정한 발전 정도에서 자신에 의해 창출된 생산욕망과 모순에 빠지게 되었다."(같은 곳) 이러한 모순을 분쇄하기 위해 노동자에 대한 경제적 계급투쟁의 수단으로 투입되기 시작한 기계는 "한편으로는 노동자를 부분기능에 종신하도록 합체시키는 기술적 기초를 제거하고" "다른 한편으로는 동일한 원리가 자본의 지배에 대해 부과하고 있던 장애물들"을 분쇄하게 된다.(같은 곳)

제13장 기계와 대공업

자본이 사용가치를 추구하는 것이 아니라 교환가치 형태의 이윤을 추구하는 한 어떤 생산분야에서 가치증식을 하더라도 상관없는 것이라서 본성상 **절대적 이동성** 속에 있어야 하는 것임에도 불구하고 매뉴팩처 시대에는 일정한 생산물을 제조하는 기술이 노동자의 수공업적 손노동과 떼려야 뗄 수 없는 통일성 속에 들어 있었기 때문에 항상 인력난에 시달리던 매뉴팩처 자본은 일단 일정 분야에 투하되면 생산물 및 인력시장에 대한 정보 부족으로 인해 한 분야에 붙박여 있는 것이 예사였다. 따라서 갑자기 또는 점차 일정 상품의 수요가 줄거나 없어지면 이 분야의 자본은 다른 분야로 신속히 이동하지 못하고 망해 버리는 것이 당시의 불가피한 현상이었는바, 이런 까닭에 매뉴팩처 자본은 "단명했고"(p.390) 또 인력난에 시달리는 매뉴팩처는 "노동자들의 이출입에 따라 어떤 지방에서의 그들의 소재지를 떠나 저 지방에 정착해야 했었다."(같은 곳) 즉, 이때는 노동자가 자본을 쫓아다닌 것이 아니라 반대로 자본이 노동자의 소재를 쫓아다녔다. 매뉴팩처 자본이 노동자의 이출입에 영향 받지 않고 조용히 영업하려면 노동자를 강제적으로 한 곳에 가두어 두고 착취하는 노예제를 위장된 형태로나마 도입하지 않으면 안 되었다. 따라서 매뉴팩처 전 기간에 걸쳐 자본주의적 매뉴팩처와 나란히 우리나라의 '형제복지원'과 유사한 수많은 "노역소"(Workhouse)가 들어섰다. 현대에도 양탄자를 제작하는 인도의 매뉴팩처업에서는 유년노예제가 보편적이다. 인도 최고법원 부설의 한 조사위원회의 보고서(1986년 11월 20일)를 보면 : "도망을 방지하기 위해 때로는 발이나 팔 또는 등에 낙인이 찍힌 유년노예의 수는 공식 통계에 의하더라도 1,700만 명에 달한다. 이 유년노예들은 인도 양탄자매뉴팩처의 주요노동력이다. 이들은 채무에 빠져든 적빈(赤貧)의 부모들에 의해 팔려 나온 어린이들이다."(「한국일보」, 1986년 11월 21일자)

정상적인 자본주의적 매뉴팩처에 고용된 수공업자들은 그들의 사회경제적 위력을 바탕으로 '4일 일하고' 3일 쉬며 전 가족을 부양하는 태평성세를 누렸다면(p.290 참조) 자본이 아무런 흥미도 느끼지 못하는 무기능의 부랑아들은 도시근교에 수만 명씩 거지마을을 이루고 있었으며 이 중 재수 없는 자들은 "노역소"에 잡혀가 노예가 되었다. 말하자면 매뉴팩처 시대는 지상에 천당과 지옥이 공존하는 시대였는데, 매뉴팩처 수공업자들은 이 천당에 사는 소수에 끼는 셈이었다.

이런 전체적 시각에서 당시를 조명하면, 당시로선 특권적이었던 매뉴팩처 수공업자들의 저항에도 불구하고 기계를 투입하여 노동기능을 단순화시킴으로써 사회의 모든 부랑아를 노동인구로 전환시킨 자본은 이에 저항하던 수공업자들에 비하면 상대적으로 진보적인 것이었으며, 『실락원』을 읊으며 옛 천국으로 복귀하고자 하는 복고주의적 "길드 사회주의자들"에 비하면 더욱 진보적인 것이었다.

자본은 기계투입과 함께 이제 어디서나 구할 수 있는 단순노동자를 이용하여 어떤 부문으로든 자유로이 이동할 수 있게 됨으로써 '자유주의'를 부르짖고 노예제에 반대하게 되는바 특권적인 수공업자와 마찬가지로 이제 노예제도 불필요해졌기 때문이다.

"매뉴팩처에서 생산양식의 변혁은 노동력을 출발점으로 삼는 데 반하여 대공업에서는 노동수단을 출발점으로 삼는다."(p.391) 노동수단이 기계로 발전함으로써 자본은 노동과정을 노동자들 자신과 기술적으로 독립된 객관적 골격을 지닌 기능 메커니즘으로 탈바꿈시킴으로써, 이 기계 메커니즘의 소유를 통하여 이 메커니즘에 구현되어 있는 생산기술을 소유하게 된다. 이에 반하여 과거의 수공업적 노동자는 기술을 잃음으로써 일자리를 잃고 부인과 자녀들을 공장으로 내모는 가부장적 독재자로 영락한다. 물론 이러한 역사적 대변혁은 유기적 생산과정에만 국한된 것이었으나 부랑아, 여성, 어린이가 노동시장에 새로이 편입됨으로써 언제나 노동시장이 노동력으로 넘쳐흐르는 관계로 총자본과 총노동의 전사회적 세력관계는 자본에게 극도로 유리한 방향으로 변화되었다. 이러한 세력변동을 배경으로 자본은 유기적 생산과정에 병영적 독재체제를 구축한다.

기계의 역사적 개념

그렇다면 이러한 모든 변화의 출발점이 되는 기계란 무엇인가?

기계의 정의와 관련하여 수학자들과 기계공들은 "도구를 단순히 기계로 그리고 기계를 복잡한 도구"로 설명한다. 이런 식의 정의에서는 매뉴팩처의 수공업적 도구뿐만 아니라 전(前)역사시대의 도구와 연장들도 모두 기계인 셈이 된다. 이러한 비역사적 정의는 따라서 쓸모없다. 다른 한편 인간의 힘으로 움직이는 것은 도구이고 자연력으로 움직이는 도구는 기계라고 주장한다. 그렇다면 소나 말로 움직이는 쟁기는 기계가 될 것이다. 이러한 설명들에는 "역사적 요소가 결여되어 있다."(p.392) 이러한 설명들은 "경제학적 시각에서 볼 때 아무런 소용이 없는" 것들이다.

경제와 사회가 기계공학적 또는 생물학적 운동법칙에 따르는 것이 아니라 경제학적 법칙과 계급투쟁의 역사법칙에 따라 운동하는 한에서 노동도구의 형태 발전은 경제적 이익의 관점에서 추진되고 이렇게 하여 달성된 형태발전이 경제적, 역사적 관계의 변화에 다시 영향을 미치게 되는바, 노동도구의 발전과 관련하여 경제적, 역사적 시각에서 중요한 것은 **노동도구의 모든 공학적, 화학적 형태 변화가 아니라** 경제적 이익에 의해 추진되고 또 경제적 영향의 의미를 가져온 형태변화만이다. 이것이 노동도구의 발전을 바라보는 경제적, 역사적 시각이다.

자연과학적 유물론 비판

그러나 부르주아 이론가들은 산업혁명을 규명하는 데 있어서 이러한 역사적 시각이 아니라 공학적 시각에 사로잡힌다. 한 걸음 더 나아가 전 역사를 기술의 발전에 의해서만 추진된 것으로 봄으로써 생산력을 기술 일반과 등치시키고 이것과 변증법적 관계에 놓여 있는 생산관계와 함께 계급투쟁의 명명백백한 역사과정을 소거해 버리는 **기술사관**(史觀)을 전개한다. 한 걸음 더 나아가 그들 중 일부는 관념론에 빠져드는 다른 일파에 대항하여 추상적 **자연과학적 유물론**(der abstrakt naturwissenschaftliche Materialismus)을 주장하기도 한다. 이 자연과학적 유물론은 매뉴팩처 시대에 대응하는, 인간이나 사회를 좀 복잡한 '시계'(시계는 매뉴팩처 시대의 최대의 발명품이다.) 정도로 생각하는 **기계론적 유물론**이 기계의 발전과 자연과학의 진보에 발맞추어 새로 등장한 자연과학적 법칙들과 범주들로 '신장개업한' 신판 기계론인바, 역사를 다원주의에 입각하여 설명하거나(사회다원주의) 물리학이나 생물학, 화학 등의 인식틀에 맞춰 사회를 '체계'(System), '균형', '불균형', '자정작용'(feedback) 등의 범주로(구조기능주의적 시스템 이론), 또는 인간의 형태를 '자극'과 '반응'의 생물학적 관계로(행태주의) 설명하는 것을 말한다. 이러한 입장들은 사회구성체들 간의 질적 차이를 양적 차이로 환원시켜 ① 체제 초월적 역사진보의 개념을 제거하고 ② 사회 내의 갈등과 계급투쟁을 '체제'의 '교란'이나 '질병' 등으로 비정상적 사태로 규정하며 ③ 이내 곧 '자정작용'(처벌, 징역, 처형 등)을 통해 평정될 것으로 보는 ① 반역사적(반동적) ② 반민중적 ③ 냉소주의적 이데올로기를 대변하는 방법이다. 당시의 추상적 자연과학적 유물론과 관련하여 맑스는 다음과 같이 비판적 평가를 내리고 있는데 이러한 평가는 현대 부르주아 사회과학의 세련된 자연과학적 유물론에도 여전히 부분적으로 타당하다.

> "역사적 과정을 배제하는 추상적 자연과학적 유물론의 결함은 이것의 대변자들이 그들의 전문영역을 당돌하게 뛰어넘자마자 이들의 추상적이고 이데올로기적인 관념들에서 곧 간파된다."(p.393 각주)

그렇다면 경제적, 역사적 시각에서 산업혁명의 출발점이 되었던 것은 무엇인가? 우선 경제적 시각에서 볼 때 그것은 생산성을 증대시키는 것이었어야 할 것이고, 역사적 시각에서 볼 때는 아무 막노동꾼이나 투입할 수 있었던 풀무질, 무거운 것을 들어 올리는 일, 돌리는 일 등의 동력 제공 부분이 아니라 고도의 기능을 가진 수공업적 노동자가 담당하고 있으면서 계급투쟁의 거점으로 삼던 직접적인 작업기능, 즉 노동대상을 직접 다루는 곳이다.

즉, 산업혁명은 노동기계 또는 작업기계의 발명과 확산으로부터 출발한다. 이 작업기계와 연결되는 전동(동력전달)장치나 동력기계 등은 이 작업기계의 출현 없이는 필요 없는 것이고 또 작업기계의 거대한 작업열량에 대응해서만 발전하고 세련화 되는 것이다. 따라서 사람을 동력으로 하더라도 작업과정을 인간의 손이 아니라 도구의 복합적 연관을 통해 수행하면 기계가 된다. 최초의 작업기계들의 동력은 사람의 근육력, 자연력(풍력, 수력 등), 동물력 등이었다. 작업기계들이 커지고 늘어남에 따라 이 에너지의 손실 없는 전달을 위해 전동장치들이 발명되고 개선되어 나온다. 그런데 많은 작업기에 동시에 많은 동력을 전달하려는 발전방향은 이 동력장치를 비대하게 한다. 수많은 거대한 작업기와 비대한 동력장치를 동시에 작동시켜야 하는 필연성은 다시 사람, 자연력, 동물 등을 추방하고 원동기(증기기관 등)의 발명을 가속화시킨다. 작업기계, 동력전달장치, 동력기계의 순서적 발전은 기계의 역사적 발전순서이다. 이것은 기계 각 부분의 사회경제적 중요성의 순서이기도 하다. 사적 유물론적 인간관에 있어서 인간의 역사적 발전이 노동을 통한 생산으로부터 출발하여 손기능, 손근육의 발전에 따른 의식과 언어의 발전을 도출하듯이 기계의 발전에 있어서도 마찬가지이다.

유기적 생산과정에서 기계의 혁명적 역할

유기적 생산과정에서 작업기계는 단순한 도구를 대치한다. 단순한 수공업적 도구를 가지고 작업할 때 각 개인이 동시에 움직여야 하는 "노동도구의 수는 그의 자연적 생산도구, 즉 그의 신체적 기관(器官)의 수에 의해 제한된다." 즉 손이 두 개밖에 없는 베짜기의 거장도 "두 줄의 실을 동시에 짤 수는 없고" 이런 사람이 있다면 그것은 "머리 둘을 가진 사람만큼이나 드물었다."(p.394) 그러나 베짜는 작업기계는 애당초 12~18개의 방추(紡錘)를 가지고 1,000개의 바늘로 동시에 작업한다. 사람이 손 두 개로 한 개의 방추만을 움직일 수 있었다면 이것은 사람 손 24~36개의 역할을 하는 셈이나 다름없다. 그리하여 "동일한 작업기계가 동시에 움직이는 도구의 수는 애당초 노동자의 손도구를 제약하는 (사람의—필자) 유기체적 한계로부터 해방된다." 즉 유기적 생산과정의 작업기계는 노동자의 수와 도구의 수의 비례관계를 혁명적으로 변화시켜 결국 생산력을 비약적으로 발전시키는 역사적, 질적 역할을 수행하는 것이다.

이 작업기계가 여러 대 일렬로 배치되어 동력전달장치의 중심축으로부터 뻗어 나오는 작은 전달장치들(피댓줄이나 톱니바퀴 등)에 의해 동력을 전달받게 되면 **기계체계**가 되고 이 기계체계 전체가 하나의 전동기계에 의해 추진된다면 이 기계체계는 거대한 **자동기계**가 된다.(pp.401~402) 즉 유기적 생산과정 전체가 공학적, 역학적 기계체계에 의해 완전 자동화에 도달하는 것이다. 따라서 유기적 생산과정은 기계화의 토대 위에서 일찍이 **흐름식** 생산과정이 되었다. "선진적 공장에서는 개별과정들의 **연속성**이 지배하게 되는 것이다."(p.401) 그리하여 이 자동공장은 인간의 '뒤치다꺼리'(Nachhilfe)만을 필요로 하게 되어 복잡노동자들은 거의 소멸하게 된다.

이종적 생산과정에서 기계의 단순한 보족적 역할

유기적 생산과정에서의 이러한 자동기계체계의 급속한 확산은 **수공업적인** 기계제작과정을 특별한 산업부문으로 독립시키고 분화시켰을 뿐만 아니라 수공업적 기계제작의 낙후한 기술적 토대와 갈등에 빠지게 된다. 그리하여 수공업적 기계제작은 기계에 의한 기계제작으로 이행하게 되는데 맑스는 이것을 "대공업이 자신의 적절한 기술적 밑받침을 마련하고 제 발로 서게 되었다."(p.405)고 기술하고 있다. 그러나 이것은 앞에서 얘기했듯이 너무 완결적인 의미로 해석해서는 안 되는바 그 까닭은 맑스도 암시하고 있듯이 기계가 기계제작과 같은 이종적 생산공정에서는 별 대수롭지 않은 역할을 할 뿐이었기 때문이다. 여기서 기계는 여전히 사람의 '뒤치다꺼리' 또는 보조기능을 했을 뿐이다.

개개 기계부품의 제조에 필요한 "엄격히 기하학적인 형태들", 즉 선, 평면, 원, 실린더(원통), 원추, 구(球) 등의 제작은 활대(滑台, sliderest)의 발명을 통해 어느 정도 손노동의 난관을 완화시켜 주었으나(p.405), "이러한 기계적 장치는 어떤 특수한 도구를 대치한 것이 아니라, 절단기 등의 칼날을 노동재료, 예를 들면 철강에 대해 또는 철강 위에 대고 있거나 쥐거나 방향지음으로써 일정한 형태를 만들어 내는 손을 대치한다."(p.406) 따라서 개별적인 기계부분의 기하학적 형태들을 "손의 축적된 경험" 없이도 "일정 정도 용이하고 정확하고 신속하게" 생산하는 데에는 성공했으나 이런 종류의 손노동을 없애 줌과 동시에 새로운 손노동, 즉 보다 고도의 노동인 이 장치의 **조종노동**을 창출해 냈다. 왜냐하면 '수공업적 도구'는 사라진 것이 아니라 규모만 확대되어, 즉 '거대한 규모로' '다시 나타났기' 때문이다.(같은 곳) 즉 볼링기는 "증기기관에 의해 추진되는 엄청난 볼링기"였고 선반기는 다시 "보통 흔한 밟는 선반의 대규적 재현물"이었으며, 대패기계는 "동일한 도구로 철 안에서 일하는 철로 된 목수"였고, 베니어판을 자르는 도구는 "거대한 면도칼"이었다. 따라서 원동기계에 의해 추동되는 이 기계들을 **조종하는** 인간노동이 불가피하게 주된 역할을 하게 되고 모든 형태물의 생산에 있어서 노동주체의 예리한 **정신적 판단**과 순간적인 능란한 손기능이 동시에 소요되는 것이다. 이뿐만 아니라 이러한 부분형태들의 조립에는 다시 고도의 정신적, 육체적 기능을 필요로 하게 된다. 따라서 이종적 생산과정에서 기계는 생산의 규모만을 확대시켰을 뿐, 노동자와의 관계 속에서 본질적으로 아무런 사회경제적, 조직적인 변동을 가져오지 못했다. 따라서 맑스는 나중에 (p.441 이후) 공장 분석에서 일단 이종적 생산과정의 이 저급한 공장형태들을 분석에서 제외시킨다.

기계의 경제적 이용의 자본주의적 필연성

기계는 자본주의적 생산양식 이전에도 존재하였다. 예를 들면 증기기관은 엥겔스가 『자연변증법』에서 언급하고 있듯이 2,000여 년 전 희랍 시대에 이미 있었다.(『자연변증법』, MEW, 20권, p.392 참조) 그러나 이 증기기관은 노예제생산양식의 거부로 장난감이나 유흥시설을 돌리는 데나 이용되었다. 첫째, 맑스가 얘기하고 있듯이 증기기관과 같이 섬세한 도구는 노동주체의 노예적 지위와 관련하여 투입될 수 없었다 : “그는(노예는 — 필자) 이것들(동물과 노동도구 — 필자)과의 차이라는 자아감정을, 이것들을 학대하고 재미로 망가뜨림으로써 확보한다. 따라서 이 생산양식 안에서는 가장 조야하고 무겁지만 그 불필요하게 둔탁한 특성으로 인해 부수기 어려운 노동도구만을 투입하는 것이 경제적 원칙으로 간주된다.”(pp.210~211 각주) 뿐만 아니라 생산 속에 기계를 투입하여 노예의 가격이 폭락하면 노예주의 결정적인 경제적 손실이 초래될 것이다. 이런 사태연관은 고대 로마에서 발명된, 수력에 의해 추동되게 되어 있던 자동방아 기계를 황제가 포고를 내려 모조리 파괴하도록 한 일화와도 관련되어 있다. 야만지역으로부터 귀중한 노예를 잡아다 주는 것으로서 자신의 권력기구인 상비군과 이에 기초한 자신의 황제권력이 유지되고 있는 상황에서 자동물방아는 소요되는 노예의 수를 감소시키고 결국 황제의 지위하락을 가져올 것이기 때문이다. 중세에도 여러 번 기계가 생산분야에 투입된 적이 있었으나 신분제적 수공업도시의 행정청은 기계발명가를 죽이고 기계를 파괴하였다. 이 기계가 수많은 수공업자들을 실업자로 만들 것을 두려워했기 때문이다.(p.451 각주) 전자본주의 시대의 생산양식들은 기계에 대해 한결같이 적대적이었던 것이다. 따라서 모든 자동기계는 생산영역 밖의 유희활동에서 장난감노릇밖에 못하였다. 자본제에 와서야 기계는 자본가의 경제적 "전쟁수단"(p.459)으로서 생산력으로 화할 수 있었다. 이런 사실(史實) 앞에서 모든 부르주아 기술사관은 붕괴한다.

초기 기계의 경제적 투입은 오직 노동자에 대한 경제적 계급투쟁의 일환으로 진행되었다. 즉, 기술발전 자체가 경제적 모순관계에서 생겨나는 경제적 계급투쟁에 의해 추동된 것이다. 물론 기계의 일반적 확산은 **자본 간 경쟁**에 의해 추진되지만, **모든 새 기계의 투입은 자본과 노동 간의 계급투쟁**에 의해 추진된다. 따라서 자본주의 내의 기술발전의 본질적 추동력은 자본과 노동 간의 **경제적**, 사회적 계급투쟁이다.

기계가 경제분야에 투입된 후에도 기계의 이용은 과학기술적, 또는 공학적 법칙을 따라 운동하는 것이 아니라 특유한 **경제법칙**에 따라 움직인다. 기계는 불변자본으로서 마모를 통해 조금씩 조금씩 만 생산물로 이전된다. 이 기계의 마모는 '물질적' 마모와 '도덕적' 마모로 구분되는데 전자는 다시 **사용**을 통해서 마모되겠지만, 또한 녹이 슬거나 먼지가 낌으로써 비(非)사용을 통해서도 마모된다. 사용을 통한 마모는 사용하는 정도와 보통 정비례하고 자연적 마모는 사용과 반비례한다. 따라서 기계가 사용하지 않아서 마모되는 것을 가능한 한 줄이기 위해서는 기계를 더 많이 사용하는 수밖에 없다. 마지막으로 도덕적 마모가 있는데 기존의 기계는 새로운 성능 좋은 기계 앞에서 '사기'를 잃는바, 이 경우 기계의 가치는 사용하든 사용하지 않든 기계끼리의 경쟁 속에서 마모된다. 물레방아가 사용되지 않는 것은 기술·역학적으로 운동시키는 것이 불가능해서가 아니라 이미 새로운 기계에 의해 도덕적으로 마모되었기 때문이다.

기계사용을 규제하는 경제법칙

동시에 새 기계의 투입은 노동력의 가치, 즉 임금의 높낮이와의 경제법칙적 관계 속에 들어 있다. 노동자의 경제투쟁을 통해 임금이 상승하면 기술혁신이 가속화된다.(현재 우리나라 반자동화기계의 투입 상황에 이것은 그대로 적용된다.) 그러나 많은 기술투입으로 현장노동자 수가 줄고 실업이 늘면 임금이 하향적 압박을 받게 되고 새 기술투입이 일시 정지되거나 둔화된다. 이전의 임금이 100원이고 하락한 임금이 80원이라면, 그리고 노동자 100명을 방출하는 데

9,000원어치의 기계가 필요하다면 기계 투입은 손해가 된다. 왜냐하면 기계가격은 9,000원인데, 노동절감으로 오는 비용감소는 100×80 =8,000원밖에 안 되기 때문이다. 여기서 다시 노동자의 계급투쟁으로 임금이 95원으로 인상되었다면 기계는 다시 급속히 투입되기 시작한다. 이제 100명을 몰아내면 9,500원의 비용이 절감되어 9,000원어치의 기계를 투입하더라도 9,500−9,000=500원의 생산비 절감을 가져오기 때문이다. 이 법칙은 자본주의에 특유한 법칙이다. 왜냐하면 공산주의 안에서는 다른 법칙을 따르기 때문이다.

생산물의 저렴화 수단으로 고찰할 때 "기계 사용의 한계는 그 기계 자체의 생산이 그 기계의 투입이 노동을 대체하는 것보다 적은 노동을 소모한다는 사실에서 주어진다."(p.414) 하지만 "이 한계는 자본에게 있어서 더 좁게 표현된다." "자본이 투입된 노동에 대해 지불하는 것이 아니라 투입된 노동력의 가치에 대해 지불하기 때문에 기계사용은 자본에게 있어서 기계가치와 기계에 의해 대치된 노동력의 가치 간의 차이에 의해 한계지어지기 때문이다."(같은 곳) 노동력의 가치는 임금인데 자본주의적 기계투입은, 위에서 계산을 통해 보여주었듯이, 기계의 가치(기계 생산에 투입된 노동시간)가 기계에 의해 불필요해지는 노동자의 임금보다 더 적어야만이 가능하다. 만약 자본가가 임금, 즉 필요노동뿐만 아니라 잉여노동에 대해서도 지불해야 한다면, 기계는 이것의 생산에 투입된 노동시간이 노동자의 전(全)노동시간(필요+잉여)보다 적으면 무조건 투입될 것이다. 잉여노동에 대해서도 지불한다 함은 착취가 없다는 뜻이기 때문에 이것은 공산주의 사회에서나 가능할 것이다.

위의 예증에 따르면 (10시간 노동, 착취율 100%일 경우) 노동자의 월급은 항상 200원이고 기계에 투입된 노동시간은, 9,000÷200=45×10=450시간이 된다. 이때 절감될 노동시간은 100×10=1,000시간이 된다. 따라서 기계는 항상 투입될 것이다. 이것은 공산주의하에서는 실업의 생산으로 나타나는 것이 아니라, 개개 노동자의 노동시간의 단축으로 나타날 것이다.

공산주의 하의 기계투입은 노동력의 가치에 의해 규제되는 것이 아니라, 노동자의 총노동시간에 의해 규제될 것이므로 더 폭넓을 것이다. 이런 까닭에 맑스는 다음과 같이 말하고 있다 : "공산주의 사회 안에서 따라서 기계류는 부르주아 사회와 완전히 다른 운동공간을 가질 것이다."(p.414 각주)

생산관계로서의 공장

공장은 "기계사용에 기초한 작업장"일 뿐만 아니라 이것에 의해 창출된 객관적인 인간관계, 즉 '**생산관계**'이다.(맑스, 『철학의 빈곤』, MEW, 4권, p.149) 기계와 더불어 매뉴팩처 시대와 완전히 다른 새로운 분업관계가 전개되고 이 안에서 생산의 기능을 맡는 노동자들의 용모가 완전히 일신된다.

또한 공장은 생산관계일 뿐만 아니라, 자본가가 자신의 임의로 제정한 사(私)적인 규율체계(사법권)에 의해 철갑화 된 **사회조직**(상부구조의 일부)이기도 하다. 이 기계체계, 생산관계, 사회조직의 합체로서 공장을 맑스는 "공장전체"(Fabrikganzen)라고 표현하면서 이 공장전체 중에서 앞에서 이미 다룬 기계체계를 빼놓은 나머지 측면을 취급하고 있다. 동시에 맑스는 이 생산관계와 사회조직으로서의 공장을 "그것도 이것의 가장 완성된 형태에 있어서"(und zwar in seiner ausgebildesten Gestalt) 고찰한다고 함으로써(p.441) 유기적 생산과정에 완결된 공장체제만을 고찰할 것이라는 사실을 암시하고 있다.

공장 내 분업

유기적 생산공정에서 노동자를 단순화, 무력화시켜 자본에 실질적으로 포섭시키는 수단인 자동체계는 생산관계로서의 공장 속에서 "자동기계일 뿐만 아니라 독재자"(nicht nur Automat, sondern auch Autokrat)가 된다. 이 독재자로서의 기계체계에 의해 매뉴팩처 분업은 분쇄되고 새로운 기계적 분업이 등장한다. 매뉴팩처 시대의 가부장적인 '노동자들 간의 위계체계'(p.381)는 붕괴되고, "마쉬니스트"(Maschinist)로 불리는 "주노동자와 2~3명의 조수의 연관체"가 등장한다.(p.443) 본질적인 분할은 다음과 같다.

1. 작업기계를 맡는 주(主)노동자(여기에는 동력기계를 감시하거나 연료를 집어넣는 몇 명의 노동자도 속한다.)
2. (작업기계를 맡는 노동자들의 조수로서의) 보조원[작업기계에 재료를 집어넣는 일을 맡는 모든 "피더"(feeders)가 이에 속한다.]

비생산적 노동으로서의 기계점검 및 수선노동

맑스는 이 노동자들을 공장노동자의 "주요부류"라고 하고 있다. 그런데 공장은 거대한 자동기계체계이므로 "이 전체 기계체계의 **점검**(Kontrolle)과 항구적인 **수선**(Reparatur)을 맡는 …… 직원"(Personal)인 "엔지니어, 메카니커(기계공), 수선공 등"이 필요하다.(p.443) 그러나 이 직원들은 공장노동자의 주요부류에 비하면 '수적으로 미미해서' 당시로서 계급론상의 중요성을 점하지 못했을 뿐만 아니라 생산물을 만드는 **기계에**—그것도 가동 중의 이 기계를 멈추거나 중단시키고—노동을 투하하는 노동자들이기 때문에 그들이 잉여노동을 수행하느냐 안 하느냐에 관계없이 **비**(非)**생산적** 노동자들이었다. 자본주의적 시각에서 생산적인 노동이란—뒤에서 살펴보겠지만—직접 손을 대든 아니면 직접 머리를 쓰든 ① 생산물의 사용가치를 창출하거나 높이는 노동이면서 동시에 ② 자본을 위해 잉여가치를 생산해 주어야 하는 노동을 뜻한다. 따라서 이 자본주의적 기준에서 보면 앞에서 우리가 살펴본 중소자본가들도 비록 사용가치의 생산에 관여한다는 단순한 의미에서의 생산적 지도기능을 한다 하더라도 자신이 생산하는 가치보다 더 많은 잉여가치를 수취하기 때문에 자본주의적 의미의 생산적 노동자가 아니다. 즉 그는 보편적인 의미의 생산적 기능을 일부 수행하지만 잉여노동을 하는 것이 아니라 오히려 남의 잉여노동을 수취한다. 이에 반하여 기계의 점검(정비)과 수선을 맡는 노동은 잉여노동을 수행할지라도 이들을 고용한 공장에서 생산되는 제품의 사용가치를 전혀 높이거나 추가하지 않고, 이 공장주의 시각에서는 그들의 잉여노동뿐만 아니라 필요노동조차도 손실로 나타난다. 이것은 마치 구두재봉틀로 구두를 제조하는 소생산자적 제화업자가 이 재봉틀이 고장나거나 이 재봉틀의 정비에 하루 노동을 소비했다 하더라도 하루 노동분(分)의 구두가 느는 것이 아니라 반대로 줄게 되는 이치와 동일하다. 즉, 재봉틀에 투하된 그의 하루 노동은 그에게 손실로 기록되며 이것의 정비와 수선을 다른 사람에게 부탁하더라도 마찬가지다. 따라서 위 자본주의적 공장의 정비공이나 수선공의 노동은 자본주의적 시각에서도 비(非)생산적 노동이다. 자본주의적 의미의 생산적 노동이기 위한 위 두 가지 조건 중 첫 번째 조건을 위배하고 있다.(중소기업자는 이에 반해 두 번째 조건을 위배하고 있다.) 정비공과 수선공의 노동이 비생산적 노동이라는 사실은 이해하기 쉽지 않지만 엄밀히 숙고하면 납득할 수밖에 없을 것이다.*

일반 공장의 수선공이나 정비직원은 비생산적 노동자로서 공장의 생산적 "집합 노동자", 즉 **생산적** 공장노동자 집단 전체에는 포함되지 않는다. 또한 그들은 이 공장노동자들의 평균적 노동기능보다 더 높은 기능을 구비한 노동자들로서 "보다 고차원적인, 부분적으로 과학적으로 교육되고 부분적으로 수공업적인 노동자 부류"인 바 "공장노동자들 범위 밖에 위치하면서 이 공장노동자들에게 다

---

* 『자본론』 제2권, MEW, 24권, pp.173~181, 참조. 물론 이 정비기술자와 수선공들이 어떤 수선·정비회사의 자본가에 고용되어 이 자본가를 위해 다른 공장들의 기계를 정비, 수선하는 일을 수행한다면 생산적 노동자들이다. 이것은 노동력의 "빵꾸"를 "때우고 깁는", 자본주의적 대병원에 고용된 의사가 생산적 노동자인 것이나 다름없다.

만 편입되어 있을 뿐이다."(p.443) 이들이 당시 정식 공과대학이 없었는데도 "부분적으로 과학적으로 교육되었다." 함은 당시 국가 주도로 여기저기 생겨나던 "왕립과학기술협회"나 기타 개별적인 전문고등교육기관 등에서 비교적 단기 코스로 교육되었거나 독학을 통해 기술공학을 학습했음을 의미한다. 맑스가 『자본론』의 자료를 수집하였던 1850~1860년 당시 이 대졸 기술자의 수요는 "미미해서" 대졸 기술자의 "대량생산공장"인 공과대학이 필요하지 않았다.

"인간에게 배타적으로 속하는" 노동이란 앞에서 노동과정 설명과 관련하여 얘기되었듯이 생산물을 미리 "머릿속에서 짓는"(p.193), 즉 구상(Konzeption)하는 과정을 포함한다. 생산물의 구상과 개발은 따라서 전적으로 정신적인 기능인데 이것은 일단 생산물을 구성할 재료들과 이에 필요한 도구들에 대한 **정신적 점취**(인식, 즉 지식의 획득)의 과정과 이 지식·정보의(두뇌 속에서의) **관념적 조합과정** 및 실제로 시험 삼아 만들어 보는 **실험과정**, 그리고 노동과정의 **관념적 재배열과정**으로 구획될 수 있다. 생산물의 개발과 구상은 모든 인간노동에 공통된 것으로서 어떤 형식으로든 존재해야 한다. 소농, 소생산자, 매뉴팩처 노동자들은 손기능과 이 정신적 기능을 함께 수행하였다. 오늘날 개발과 구상은 공과대학을 통해 양산(量産)된 정신노동자들에 의해 분업화되어 독립적으로 수행된다. 즉, 사용가치를 생산하는 노동과정의 전반부(前半部)가 공장 밖으로 돌출해서 나가 독립분과로 배치되는 것이다. 그럼에도 불구하고 전체노동 과정의 일부임에는 틀림이 없고 또 여기에 고용된 생산자들이 대부분 탈(脫)관료화된 평사원들이라 잉여노동을 수탈당하는 까닭에 자본주의적 의미에서의 생산적 노동자들이다. 오늘날 경제분야에 투입된 지식 프롤레타리아의 주종을 이루는 것이 이 **생산적** 지식 프롤레타리아들이다.

따라서 서독 '계급분석 프로젝트'(Projekt Klassenanalyse) 집단이나 우리나라 일부 이론가들이 잘못 생각하듯이 『자본론』 제1권, p.443에서 맑스에 의해 언급된 **비생산적** 임노동자들로서의 "엔지니어, 기계공, 수선공 등"은 **오늘날의 지식 프롤레타리아의 선구가 결코 아니다.** 물론 오늘날은 기계정비나 수선을 맡은 엔지니어와 기술자들이 자본의 기술적 구성도의 고도화와 함께 맑스 시대보다 비례적으로 더 증가했음은 분명하지만 이들이 오늘날의 지식 프롤레타리아트 안에서 차지하는 비율은 크지 않다. 한 마디로 잘라 말하자면 p.443에서 맑스는 생산물과 노동과정의 구상과 개발을 담당하는 노동자들에 관해서 아무런 언급도 할 수 없었다. 왜냐하면 당시 이 개발과 구상은 생산적 지도와 억압적 지배기능을 통합하여 수행하는 "산업장교"와 "산업하사관"들이 겸하여 수행하고 있었기 때문이다. 이들에 관해서는 맑스가 p.447에서 언급하고 있는데 당시 개발과 구상의 노동은 보잘것없어서 이들의 생산적 기능으로부터 **아직** 분리되어 나오지 않았고 따라서 이런 직업부류가 유기적 생산공정의 공장 내에 존재할 수 없었다. 동시에 이종적 공정에서는 공장관계가 앞에서 여러 번 언급했듯이 미발전 상태에 있어서 개발과 구상의 노동을 노동자 자신이 수행하였기 때문에 여기에도 독립적인 개발과 구상 분과가 없었다. 즉, 맑스는 독점자본주의 시대에야 뚜렷한 모습으로 등장하기 시작하는 순수한 생산적 지식 프롤레타리아를 목도할 수 없었던 것이다. 물론 맑스보다 12년 가량 오래 살았던 엥겔스(1895년 사망)는 초기 독점자본주의의 좀 더 뚜렷한 면모를 대할 수 있었고 따라서 생산분야에서 더욱 중요한 요소로 되어가는 생산적 지식노동자도 포착할 수 있었는 바, 이들을 "지식 프롤레타리아트"로 명명하였다.(「사회주의 대학생 국제대회에 부쳐」 MEW, 22권, p.415) 이에 관해서는 뒤에서 다시 상론하기로 한다.

아무튼 『자본론』 제1권, p.443의 공장 분업은 주요 기계노동자, 보조원, 정비·수선노동자로 대별된다. 여기서 기계노동자는 숙련노동자이고 보조원은 반(半)숙련 내지는 비(非)숙련 노동자들이었다. 이에 비해 정비·수선노동자들은 고도의 기술공들이었다. 이 기술공들에게 본래적인 공장노동자들을 지시할 권한은 분명 주어지지 않았을 것이지만(물론 이 정비·수선공들은 엔지니어에 의해 통제되었을 것이다.) 기계노동자와 보조원의 관계는 비(非)공식적 지도관계일 수밖에 없었다. 그렇지만 이들 세 부류의 노동자들 간에는 **공식적인 권력관계**가 개재되지 않은 **수평적 분업관계**에 들어 있었다. 이러한 분업을 맑스는 "순수히 기술적"(rein technisch)이라고 규정하고 있다.

'기술적 분업?'

그런데 맑스의 이러한 규정은 기술 속에 이미 그 방법론에서부터 지배논리가 관철된다고 우기는 현대 기술비판론자들과의 비판적 대결을 하려다 보면 꽤 애매한 규정임을 인정할 수밖에 없고, 또 폴란차스 등이 분업을 맑스에 근거하여 부당하게 "기술적 분업"과 "사회적 분업"으로 나누고 있음을 볼 때(폴란차스, 「현대자본주의와 중간계급」, 박우현 편역, 『사회계급론』, p.214) 여기에서 정치화(精致化)될 필요가 있다.

여기에서 '순수히 기술적'이라는 규정은 오직 사회조직적 권력관계의 개입이 없다는 의미에서만 사용된 것으로 봐야 할 것이다. 사회조직적 권력관계에 기초해서 구축되고 또 이러한 권력관계를 구성하는 공장의 병영적 통제체제 내에서의 수직적 기능분할에 관해서는 p.447에서 언급하고 있다.

분업은 '순수히 기술적'일 수 없다. 경제적 과정에서 기술의 발전과 사용은 앞에서 얘기했듯이 기술적 법칙에 따르는 것이 아니라 경제적 비용법칙 등, 기타 경제적 법칙에 따른다. 분업이란 단순한 노동결합, 즉 서로 상이한 기능들을 상이한 개인들에게 분배해 주었다가 주기적으로 또는 일정 기간 후에 서로 기능을 맞바꾸는 단순협업의 "가장 완성된 형태"와 뚜렷이 구별되는 것으로서 이 분배된 기능들을 개인들에게 **종신적으로** 또는 아주 장기간 결박시키는 것을 뜻한다. 이 결박의 필연성은 기술적 필연성이 아니라 **경제적** 필연성이다. 경제적 손실, 또는 비용을 고려하지 않는다면 위의 기계노동자, 보조노동자, 정비수선공들의 기능도 주기적으로 교대할 수 있을 것이다. 동일한 기술적 토대 위에서도 이것은 충분히 가능하다. 그러나 이러기 위해서는 이 모든 노동자들이 정비 · 수선공의 높은 기능수준으로 골고루 교육되어야 할 것이다. 그러나 이것은 교육비와 교육기간 등 엄청난 경제적 손실을 초래할 것이다. 바로 이러한 경제적 고려만이 기술적 조건에 따라 분배된 기능들을 개인들에게 종신하도록 결박시켜 '직업'으로 만드는 것이다. 양상논리에 의하면 가능성과 필연성의 통일은 현실성이다. 여기에서 기술은 가능성의 역할을, 경제는 필연성의 역할을 수행하여 그 종합으로서 분업의 현실성을 낳는 것이다. 즉, 기술의 변동만으로는 분업을 창조할 수 없고 오직 기존의 분업관계의 변동만을 가져올 뿐이다. 따라서 위 맑스의 "순수히 기술적"이라는 말은 경제분야에서 이미 경제논리가 작용하고 있는 점을 전제하고 기술된 것으로 해석되어야 할 것이다.

따라서 폴란차스가 말하는 '기술적 분업'이란 성립할 수 없다. 그리고 이 말의 대극이 되고 있는 '사회적 분업'이라는 술어도 무용(無用)하다. 맑스에 의해 '순수히 기술적'이라고 언명된 기계노동자, 보조노동자, 정비수선노동자의 분업도 명백히 노동 내에서의 기능을 분할하여 사회학적 역할을 상이하게 규정짓는 사회적 분업이기 때문이다. 동시에 '기술적 분업'이라는 술어는 이들 간의 기능, 노동조건, 임금의 차이를 은폐할 위험이 있다. 정비기술자와 수선공은 당시(p.212에서 부르주아 학자 S. Laing이 이들을 부르주아 계급과 함께 '중간계급'에 집어넣는 잔꾀를 부릴 만큼) 높은 임금을 받고 있었고 노동 안에서 자립성을 향유하던 '노동귀족층'에 속했었다.

기술은 분업을 강제하는 필연으로 기능하는 것이 아니라 오히려 노동기능의 교대를 가능하게 함으로써 분업의 극복을 위한 가능성을 제공한다. 바로 다음 단락에서 맑스는 바로 이 점을 지적하고 있다.

"……기계경영은, 동일한 노동자를 동일한 기능에 지속적으로 결부시킴으로써 이러한 분배를 매뉴팩처식으로 고착시킬 필연성을 지양한다. 공장의 전체적 운동이 노동자로부터가 아니라 기계로부터 출발하기 때문에 노동과정의 중단 없이 지속적인 인원교대가 벌어질 수 있다."(pp.443~444) 그러나 자본은 이 가능성(……"수 있다.")을 "비상시"가 아니면 결코 실현시키지 않는다.(p.443 각주, 맑스의 유어에 대한 비꼬는 비판 참조) 그리하여 "옛 분업체계"는 "자본에 의해 체계적으로 노동력의 착취수단으로 훨씬 구역질나는 형태로 재생산되고 공고화된다."(p.445) 즉 기계는 노동자 자신을 유년시절부터 부분기계의 한 부분으로 변질시키기 위한 수단으로 "오용되는" 것이다.

그런데 이 구절도 유연화가 필요하다. 맑스가 앞에서 분업의 착취-지배수단으로서의 성격과 생산성 향상수단으로서의 성격, 즉 그 이중성을 지적하였듯이 이 기계제 안에서의 분업도 착취가 아니더라도 생산성을 위한 순수한 경제적 측면에서 본 다른 근거가 있다. 이런 까닭에 사회주의권의 모든 공장이 이 분업을 극복하지 못하고 있는 것이다. 즉, 맑스가 본 기계경영은 단순한 보조노동 간의 교대는 가능하게 하지만, 교육비와 교육시간의 낭비 없이 정비기술자와 기계노동자, 또는 기계노동자와 보조노동자 및 정비노동자와 단순보조노동자 간의 교대까지 가능하게 해주는 것이 아니다. 또한 단순노동자 간의 단순한 노동기능의 교대는 교대가 없을 때 권태로 인한 갈등, 파업 등의 증대로 결국 자본의 손실을 가져왔기 때문에 국가독점자본주의 하에서 '업무확대', '업무풍부화' 등의 전술적 기치 아래 이미 자본에 의해 보편적으로 실시되고 있다. 그러나 과학기술혁명은 점차 단순노동자의 수를 줄여가 결국 소멸시키고 고도의 정신노동자들을 대략으로 필요하게 할 것이므로 고도노동자들과 단순노동자들 간의 분업을 종식시킬 수 있는 기술적 기초를 마련해 주고 있다. 단순노동자들이 일정 소규모로 줄어들면 고도노동자들이 당번을 정해 이 단순기능을 수행함으로써 단순노동기능이 기술적으로 완전히 소멸하기 전에 별 경제적 손실 없이 단순노동의 직업범주를 소거해 버릴 수 있기 때문이다.

자동체계 속에서의 기계노동은 신경계통을 극단적으로 저해하고 근육의 다양한 놀림을 억압하며 모든 자유로운 신체적, 정신적 활동을 앗아간다. 노동의 용이화(用易化)가 이루어지는 경우에도 기계는 노동자를 노동으로부터 해방하는 것이 아니라 노동의 내용을 앗아간다.(pp.445~446) 생산과정의 정신적 역량이 손노동으로부터 분리되어 노동에 대한 자본의 권력으로 탈바꿈되는 것은 자동기계체계 위에 세워진 대공업 안에서 완성된다. 개인적인, '텅 빈' 기계노동자의 세부적 기능은 과학 앞에서 '별 볼 일 없는 부차적 사실'로서 소멸한다.

공장권력체제와 병영적 통제 형태

따라서 유기적 생산과정의 '가장 발전된' 공장은 단순한 기계체계와 공장건물로 되어 있는 것이 아니라 이것에 기초한 **소유권력**과 **조직권력**의 권력복합체로서(물론 구성체적인 소유권력이 조직권력에 선행하는 것이다. 그러나 양자는 같은 성격의 것이 아니다.) '병영적 규율'에 기초한 "완전무결한 **공장권력체제**"(vollständiges Fabrikregime, p.447)이다. 이것은 자본가 사령관, 산업장교단, 산업하사관, 산업병졸의 병영적 위계질서와 군대 예절 속에서 관철된다. 자본은 기계도입 후 유기적 생산공정에서 매뉴팩처적 가부장체제를 분쇄한 후 고유한 조직체계를 창출한 것이 아니라 까마득히 오래 전부터 전래돼 온 군대조직을 모방하여 공장을 조직하였는데, 이 병영적 통제체제는 나중에 독점자본주의 시대에 구축되기 시작하는 **관료적 통제체제**에 대비할 때 그 특유성을 갖는다. 첫째, 위계질서의 명백하고 경직된 분단성에도 불구하고 자본가와 산업장교단 간의 계급적, 조직적, 사회적 분리가 **일시적**, 형식적이었다. 산업장교단은 당시 으레 족벌체제 내지는 정실체제(Vetternwirtscaft)로 되어 있었기 때문에 곧 가업으로 공업을 넘겨받거나 자본 분할에 참여하거나 지점의 책임자로 부분적 소유권자로 승진되어 나가거나 업무를 다 배운 후(다른 자본가의 아들로서 위탁교육을 받는 셈인 경우) 다른 공장의 소유주로 올라서거나 공장주의 딸들과 결혼하여 공장이나 그 지점을 넘겨받았다. 이것은 하나의 암묵적 관습이었기 때문에 자본가도 어길 수 없는 하나의 엄연한 사회제도였다. 물론 이 관습은 상인길드와 수공업자길드 시대의 유습이었다. 둘째, 명령하달은 군대식으로 욕설의 언어나 구령이었고 예의범절도 군대식이었고 처벌도 가끔씩은 주먹질이나 매질 또는 욕설로 행해졌다. 이런 명령 · 복종의 체제는 위계질서의 아래로 내려올수록 더욱 뚜렷해졌다. 따라서 당연히 감정이 들끓는 갈등을 내포하고 있었다. 셋째, 관리자들 간의 기능분립이 미지근해서 업무수행의 엄밀성이 부족한 대신 형식주의적 업무수행의 폐단이 아직 등장하지 않고 있었다. 문제가 생겼을 때는 책임이 공장장교단 전체에게 물어졌다.

이러한 병영적 통제체제의 시행은 자동체계적 기계경영의 경제논리에 합당한 세밀한 규율체계의 수립에 의존하였다. 왜냐하면 "자동공장 안에서의 주된 난관은 사람들을 비규칙적인 노동습관을 포기하게 만들어 거대한 자동기계의 불변적인 규칙성과 일치시키는 데 있었기 때문이다."(p.447, 유어의 인용문) 이러한 새로운 규율법전을 "발명"하고 성공적으로 관철시키는 것은 따라서 기계의 기술적 논리나 기계에 대한 자본가의 사회구성체적인 소유권력으로부터 저절로 생겨난 것이 아니라 별도의 사회조직론적 탐구와 이데올로기적 두뇌노력의 산물인바 이것은 병영적 통제조직과 함께 공장의 상부구조를 형성한다.* 따라서 이러한 규율법전과 통제조직의 개발 없이 자신이 발명한 기계를 가지고 공장을 열었던 발명가들은 모두 망하고 말았는데 수력 방적기의 발명가로 알려진 아

* 상부구조는 항상 정치적 관계나 정치 이데올로기만을 뜻하는 것이 아니다. 폴란차스는 상부구조를 정치적인 것과 완전히 일치시키는 혼란 속에서 공장의 이 상부구조를 거듭 "정치 · 이데올로기적 관계"로 규정하고 노동과정의 관리와 감독을 "정치적 관계"로 보고 있다. 폴란차스, 앞의 책, p.243 참조. 즉, 그는 정치분야와 경제분야의 분계선을 없애는 미궁에 빠져들고 있다. 공장상부구조는 정치적 조직관계나 정치적 이데올로기가 아니면서도 "상부구조"일 수 있는 것이다.

크라이트(Richard Arkwright, 1732~1792)만은 예외였다. "아크라이트의 인생사를 아는 사람은 '고귀한'이라는 단어를 결코 붙여주지 않을 것이다. 이 천재적인 발명가는 처음에 이발사로 생업을 유지했으나 하그리브즈(J. Hargreaves)가 발명한 다축방적기(多軸紡績機)를 개량하여 방적기를 발명하였다. "그는 논란의 여지없이 남의 발명들의 최대 도적이고 가장 비열한 녀석이다."(p.447 각주) 이 가장 비열하고 독창성도 없는 아크라이트가 공장 경영에 성공한 비결은 새로운 규율법전을 "발명"하여 교묘히 "시행"하는 데 성공했기 때문이다. 부르주아 공학이론가 유어는 이것을 "헤라클레이토스의 업적에 버금가는 위업"으로 극찬하면서, 이것이 "아크라이트의 고귀한 업적"이라고 추켜세우고 있다.

공장의 사회화의 필연적 귀결로서 공장조직의 민주화 문제

이것은 자본이 그의 고유한 소유권력과 노동자들을 실질적으로 예속시킨 기계를 장악하고도 이것을 관철시킬 규율법전과 병영적 통제조직이 없었다면 노동자 대중에 대한 자신의 지배체제를 구축한다는 것이 불가능하였다는 것을 뜻한다. 공장에 참여하는 모든 인간요소들을 소유 및 기술토대를 바탕으로 조직적으로 얽어매고, 자본의 지배요구를 개개 요소들에게 빈틈없이 삼투시키는 명령 계통을 세우고, 개개 요소의 활동들을 한 지배권력자의 의지 밑에 공식적으로 종합할 필요성, 공장 내 생산제관계의 사(私)규율적, 조직적 종합(체계화)의 필요성은 사회구성체가 자신의 공식적 종합으로서 국가를 요구하는 필요성과 동일한 것이었다. 또한 동일한 소유와 기술적 토대가 주어져 있다면 공장운영의 성패와 우열은 이 생산관계를 종합하는 규율과 조직의 적합성과 우열에 의해 좌우된다. 이런 까닭에 자본은 전제주의적 공장조직을 가부장적 직장-도제조직에서 병영적 조직으로, 병영적 조직에서 관료체제로 **끊임없이** 발전시키고 완벽화 하는바, 이것으로부터 우리는 "사회주의적" 공장도 단순히 공장직원 전체에 국법으로 점유권이 부여되는 것으로 선포된다 하더라도 자본주의로부터 유습된 관료체제를 극복하고 새로운 **민주적인**, 그러나 **튼튼한** 조직을 발전시키려는 조직창출의 지속적인 노력 없이는 **공장의 사회주의적 생산관계의 반(反)사회주의적 관료조직**이라는 스탈린적 기형으로 그치고 말 것이라는 것을 익히 알 수 있겠다. 공장의 **소유권**이 전(全)민중에게 속하고 공장의 **점유권**이 공장 직원 **전체**에 속한다는 사회주의적 생산관계를 적절히 사회조직적으로 실현시키기 위해서는, 자본주의적 기업조직의 다양한 형태변화에 본질적으로 공통된 속성이며 또 자본주의적 생산관계에 본질적으로 대응하는 **전제주의** 또는 **독재성**에 맞서는 민주주의, 즉 전민중과 공장 전직원이 결정에 **일상적으로** 참여하여 그 주체가 되는 새로운 **일관된 민주주의**(레닌)가 본질 · 필연적인 것이다. 이것은 현재 페레스트로이카의 핵심적 목표이다.

공장지배체제는 자유주의적 부르주아가 정치분야에서 그렇게 소리 높여 외치면서 실현시킨 권력분립도 또 대의제도도 없는 완전한 전체체제, 독재체제이다. 이 점은 노동자의 경영참가제가 실시되고 있는 서구기업의 '계몽 군주제'에 있어서도 본질적으로 동일하다. 따라서 공장체제 위에 떠 있는 국가분야에서 내각이 총사퇴하고 그보다 큰 난리와 변혁이 일어난다 하더라도 공장의 부르주아 독재만 온전하다면 부르주아 사회는 조금도 동요하지 않고 굳건히 지탱된다. 이 말은 노동계급이 정치권력의 획득에 전념할 필요가 없다는 말이 아니라 정치권력을 획득하더라도 공장독재의 분쇄와 민주적 통제조직의 건설을 위해 투입되어야 한다는 것을 뜻한다.

프롤레타리아에 의한 정치권력의 장악은 그 자체로서 의미가 있는 것이 아니라 사회혁명의 지렛대로서의 의미가 있는 것이며, 맑스가 오웬주의자가 아닌 오웬에게 전적으로 동조하면서 말하고 있듯이 공장체제의 변혁이 "사회혁명의 출발점"이기(p.526 각주) 때문이다. 그렇지 않다면 그 정치권력은 부패하고 매수된 노동자분파의 권력이거나, 봉록관적 당간부집단의 권력일 것이다.

공장독재의 분쇄와 민주화의 필요성을 맑스는 다음과 같이 부르주아 공장제체의 비판적 풍자를 통해 간접적으로 표현하고 있다.

"공장규율법전 안에 자본은 노동자들에 대한 독자체제를 다른 경우라면 부르주아지가 그렇게 애호하는 권력분립제와 그보다 애호하는 대의제도도 없이 공식화해 놓고 있다."(p.447) 따라서 부르주아 공장규율체계란 앞에서 얘기했듯이 자본의 생산적 지도기능에 대응하는 필수적인 규율 부분을 지배-착취기능에 대응하는 전제적 규율에 의해 왜곡시킨 것일 수밖에 없는바, 그것은 "대규모의 협업과 공동적 노동수단, 즉 기계체계의 적용과 함께 필요한, 노동과정의 사회적 규제의 자본주의적 희화물"인 셈이다.(p.447) 사회적 지도행정의 전제주의적 희화물은 나중에 관료체제에서 그 완성을 기하는데 기업관료체제의 분쇄와 민주적 행정기구의 수립에 관하여 레닌은 다음과 같이 못 박고 있다.

"이 모든 기업들 안에서 노동자들은 당연히 '대표자를 선출하고 일종의 의회를 건설할' 것이다.

그러나 이 '일종의 의회'가 부르주아 의회주의적 결사체라는 의미에서의 의회이지 않을 것이라는 것이 바로 문제의 전적인 핵심이다. 아니 카우츠키가 그리고 있듯이 이 '일종의 의회'가 '노동규정을 확정하고 관료체제적인 기구를 감독할' 뿐만 아니라는 것이 문제의 핵심인데, 카우츠키의 생각은 부르주아 의회주의의 테두리를 넘어가지 못하고 있다. 사회주의 사회에서 당연히 노동자대표자들의 '일종의 의회'는 '노동규정을 확정하고' '기구의 행정을 감독할' 것이지만, 그러나 동시에 이 기구가 관료체제적이지 않을 것이라는 것이다. 노동자들은 정치권력의 정복 이후에 낡은 관료체제적 기구를 분쇄하고 이것을 그 토대에까지 파괴해 버릴 것이며 이 기구의 한 조각도 다른 토대 위에 남겨놓지 않을 것이다. 노동자들은 관료기구를 새로운 기구로, 즉 바로 이 노동자들과 사무직원들로 구성된 새로운 기구로 대치할 것이며, 이들이 다시 관료들로 변질되는 것을 막기 위해 맑스와 엥겔스에 의해 심층적으로 탐구된 조치들을 취할 것이다 : ① 선임제뿐만 아니라 항시적 해임제, ② 노동자임금을 넘지 않는 지불, ③ 모두가 통제와 감독의 기능들을 수행함으로써 모두가 한동안 '관료'가 되어 결국 아무도 '관료'가 될 수 없는 상태로의 즉각적인 이행"(레닌, 『국가와 혁명』, 선집 2권, Berlin, p.410)

이 구절이 임금획일주의나 지식인 '하방제'(중국에서 당 · 정부 · 군 간부들과 도시 고학력자들을 낙후된 변경지방의 농촌이나 공장으로 보내 일하도록 한 운동으로 1957년부터 시작돼 문화대혁명 당시 한동안 중단되었다가 1980년대에 다시 재개된 바 있다.) 등으로 왜곡되지 않기 위해서는 레닌 사상의 꽤 심층적인 서술이 필요한데, 이에 관해서는 필자의 다른 글(「더 많은 사회주의로서의 페레스트로이카」, 『창작과 비평』, 1988. 가을호, pp.292~297)을 참조하도록 미루는 수밖에 없겠다.

기업의 관료체제화

관료체제에 관하여 이미 여기저기서 언급되었는데 이제 이것에 대해서 상론할 때가 된 것 같다. 기업의 관료조직화는 처음 공장부문으로부터 출발하는 것이 아니라 공장 위에 설치된 경리실(經理室, Fabrikkontor)로부터 출발한다. 경리실이 공장에 비해 "사라질 듯 작은" 규모(『자본론』 제3권, MEW, 25권, p.310)였던 경쟁자본주의 단계에서는 평균보다 높은 노동기능(3~4개의 외국어 구사, 어음·수표 관계의 지식, 기타 상거래상의 법률 및 계약관계, 유가증권의 시세에 따른 투쟁에 관한 노하우의 체득 등)을 가진 "보다 높은 임금을 지불받는 임노동자들"로 구성되어 있었다.(앞의 책, p.311) 그런데 이 경리실 조직은 당시 관료체제가 아니라 상인길드의 유제인 상인주(商人主)와 조수 관계(Prinzipal-Handlungsgehilfe Verhältnis)의 가부장적 조직이었고(이와 유사한 조직은 이조말의 점방 체제—송방, 경방 등—에서도 있었을 것이다.), 이 조직에 들어가는 사람은 상인주의 아들, 친척 또는 이 상인주의 친구인 다른 상인주의 아들, 친척, 또는 기타 친구들의 자제들이었고, 사환으로부터 시작하여 최고참 경리까지 승진하든가 업무수업을 다 마친 3~4년 후 자기 집안의 경리실을 떠맡았다. 이어받을 경리실이 없는 고참 경리는 상인주가 지점의 경리실을 따로 떼어주든가 자본의 지분을 주든가, 또는 자신의 딸과 결혼을 시켜 자본가로 만들어 주어야 하는 의무를 지니고 있었다. 1872년 엥겔스는 이 경리실 직원들에 대해 다음과 같이 말하고 있다 : "이 계층은 보통 조만간에 자신이 부르주아가 될 것을 고대하고 있는 부르주아의 하수인들로 구성되어 있다."(MEW, 33권, p.394) 경리실 내의 위계질서는 먼저 들어온 경리가 무조건 고참행세를 하는, 한 마디로 '짬밥' 순으로 조직된 직선적 위계질서(lineare Hierarchie)였다. 따라서 승진체계는 시간에 따라 자동주의적으로 이루어졌고, 만약에 상인주가 고참 경리를 독립시키지 않아 승진이 연체되면 고참 경리는 상인주인 자본가에 항의할 역사적, 도덕적 권리가 있었다. 따라서 진정한 임명권자는 상인주가 아니라 시간이었다.

이렇게 볼 때 경리실 근무자들은 임노동자의 형식적 외피만을 쓰고 있을 뿐, 임금노동자가 아니라 실은 예비자본가들이었고 경리실은 경영기술을 훈련시키는 예비자본가 양성소였던 셈이다. 엥겔스도 그의 아버지 친구인 브레멘 대(大)상인 로이폴트(Leupold)의 경리실에서 약 3년 동안의 상인 도제수업을 마친 후 나중에 아버지의 섬유공장을 떠맡는다.(아버지의 경리실에서 1837년 10월 25일부터 1년 정도 상인도제로 있다가 1838년 7월 중순~1841년 3월 말까지 로이폴트 하우스에서 상인수업을 받았다.*)

따라서 경쟁자본주의 시대에 한 기업의 공장부분은 병영적 조직을 가지고 있으면서도 병영적 조직의 상단이나 경리실은 가부장적, 전통적 조직을 유지하고 있는 시대였다. 그러나 자본주의가 독점단계에 들어서면서 한 개별기업의 조직적, 상업적 업무가 증대하여 상업직원의 수가 폭증하고 자본가계급의 형성과정이 완료되어 자본가계급으로의 상승가능성이 희박해지는 한편(현재의 우리나라처럼), 자본가계급과 여타 사회계급의 분계선이 유사(類似)신분적 각질화를 겪을 뿐만 아니라 자본가계급이 독점자본주의적 과두화를 거치면서 경리실의 가부장적 조직은 붕괴하고 관료체제로 탈바꿈하기 시작한다. 경제관계의 관료체제화의 출발점은 상업경리실이었고, 무엇보다도 그것은 은행조직에서 두드러졌다. 이러한 변화는 맑스 시대에 초기 독점단계에 들어서고 있던 영국에 맹아적으로 시작되어 있었기 때문에 맑스에 의해서도 목도되었을 것이지만, 맹아적 관료체제화 현상이 그의 관심을 끌 수는 없었고, 다만 인도의 동인도회사의 "저열한" 관료체제적 행정을 비판하는 글에서 한 번 집중적으로 논의되었을 뿐이었다.(MEW, 9권, pp.186~187) 따라서 맑스는 기업이나 은행의 관료체제화에 관한 뚜렷한 인식이 없었던 것으로 봐야 할 것이다. 그러나 엥겔스는 경제영역의 관료체제화를 목도했음에 틀림이 없다. 맑스보다 오래 살았던 엥겔스는 1894년 다음과 같이 표현하고 있다. "엄청나게 비대해진 은행들이 특히 독일에서 …… 온갖 관료체제적인 명칭 하에 점점 담보회사들의 담당체"가 돼가고 있다.(『자본론』 제3권, MEW, 25권, p.918)

---

* F. Engels, *Dokumente seines Lebens*, Leipzig, 1977, p.64ff.

독점자본은 상업부문에 있어서나 공장부문에 있어서나 노동자와 생산물 유통량의 엄청난 집중으로 말미암아 이것을 감당할 새로운 조직체계를 필요로 하였다. 왜냐하면 "동시에 고용된 노동자대중과 함께 그들의 저항과 이와 더불어 필연적으로 이 저항을 감당해야 할 자본의 억압도 증대되기" 때문이며 억압업무 및 상업업무의 증대로 인해 급격히 늘어난 모든 경리실 노동자를 이제 더 이상 예비자본가로 대우할 수 없게 되기 때문이다.

물론 독점자본의 억압력도 '경제외적인 직접적 권력'에 의해서 동원되는 것이 아니라 예전과 마찬가지로 "경제적 관계들의 소리 없는 강제"에 기초하는 것이다. 그러나 중소자본들이 지배적이었던 경쟁자본주의 단계에서는 자본의 기업지배가 자본가와 이 사람에 의해 정실관계 속에서 임명된 산업장교들에 의해 구현되었고 또 고함과 욕설, 개인적인 비난과 모독,—비록 예외적이었지만—심지어 직접적인 폭행 등을 배제하지 않았던 자의적이고 무규칙적인 병영적 전제체제를 취했었다. 그러나 수천, 수만, 수십만 명의 노동자와 사무원들을 유일한 지휘권 아래 복속시키고 있고 따라서 엄청난 저항의 잠재력을 배태하고 있는 독점자본에 있어서 이전에 가장 안성맞춤의 억압형태였던 저 병영적 전제체제는 제 기능을 다할 수 없었다. 권력중앙과 노동자들 간의 직접적인 접촉은 증가된 위계질서의 서열단계에 의해 일찍이 단절되었고 익명화된 노동자대중과 이들의 저항은 엄청나게 증대되어 저 자의적인 병영적 전제체제는 이제 저항을 처리하는 것이 아니라 차라리 계급적 분격을 부채질하는 것으로 바뀌었다. 기업지배의 새로운 보장과 증대된 계급저항의 가능한 한 마찰 없는 처리 및 다층적인 위계체제와 다면적인 업무분야의 빈틈없는 통합 등을 위한 과업은 새로운, 극히 기계적 전제적인 행정기구, 즉 관료체제를 필수적으로 요구했다.

국가관료체제의 오랜 전통 속에서 살아온 유럽대륙과 동아시아(중국, 한국, 일본 등) 사람들은 관료체제가 오직 국가분야에서만 고유한 것으로 느끼는 까닭에 '기업관료체제'라는 말조차 이상하게 생각한다. 소위 사회주의 이론가 카우츠키마저도 이러한 속된 관념으로부터 벗어날 수 없었다. 카우츠키는 다음과 같이 말한다 : "극히 다양한 형태들의 기업들, 관료체제적 기업, 노동조합기업, 협동조합기업, 개인기업 등이 사회주의 사회 안에 나란히 존재할 수 있을 것이다. ……예를 들면, 관료체제적 조직 없이 기능할 수 없는 철도 등과 같은 기업도 있다." 즉 카우츠키도 국유화된 철도청이나 우체국 등만을 관료체제화된 것으로 착각하고 있다. 이에 대항하여 레닌은 다음과 같이 말하고 있다 : "현재 우체국은 국가자본주의적 독점의 유형에 따라 조직된 기업이다. 제국주의는 점차 모든 트러스트를 유사한 유형의 조직으로 변화시키고 있다. 악착같이 일하고 굶주리는 '단순한' 근로자들 위에 여기에도 동일한 부르주아적 관료체제가 서 있다."(레닌, 『국가와 혁명』, 선집 2권, 베를린, p.359) 보다 요점적으로 : "소위 필수적이라는 '관료체제적' 조직에 관한 한 철도는 기계제 대공업의 모든 기업, 임의의 공장, 대사업체, 대자본주의적 농업기업 등과 하등의 구별점도 없다."(앞의 책, p.409) 따라서 카우츠키의 관찰력은 자유주의자 M. 베버의 관찰력보다 못한 셈이다. 베버는 1920년경 다음과 같이 말하고 있다 : "국가적 사무

행위와 사(私)경제적 경리행위가 뭔가 내적으로 본질상 상이한 것이라는 관념은 유럽대륙적인 것이고, 이에 반해 미국인들에게는 완전히 생소한 것이다."*

관료체제의 개념

따라서 독점자본주의 시대의 개막은 기업의 관료체제화의 시작을 알리는 것이다. 그렇다면 관료체제적 행정이란 무엇인가?

관료체제는 가부장체제나 병영적 전제체제와 마찬가지로 지배자의 지배수단이다. 따라서 관료체제의 조직형태와 기능방식 속에는 무엇보다도 먼저 지배이익이 반영된다. 그러나 관료체제적 행정지도과정은 지배기능과 [전(前)관료체제적인 자본주의적 지도와 마찬가지로] 생산적 지도기능의 모순적 통일이다. 관료체제의 형식적 요소들은 본질적으로 이질적인, 즉 모순적인 합리성들에 의해서, 즉 지배기술적 합리성과 노동방법적 합리성에 의해 규정된다. 따라서 관료체제는 항상 "이중적 본성"의 시각에서(맑스) 고찰되어야 한다. 물론 이 두 가지 합리성은 동등한 것이 아니라 지배기술적 합리성이 언제나 노동방법적 합리성이 우월한 것이다. 왜냐하면 관료체제란 본질적으로 지배자의 지배수단이기 때문이다. 따라서 M. 베버식으로 관료체제적 행정에 내포된 모든 특징을 동등한 평면 위에 나열하는 것은 부분적으로 언제나 관료체제 속의 노동방법적 합리성으로 지배기술적 합리성을 은폐하는 '가치 비(非)중립적인' 술수

* M. Weber, *Wirtschaft und Gesellschaft*, Stuttgart, 1985, p.552

가 될 것이다. 베버는 6가지 관료체제적 요소를 다음과 같이 동일한 평면 위에 나열하고 있다 : ① 일반적으로 체제화된 확고한 관청적 권한의 원리, ② 그 독임제(獨任制)식으로 제도화된 관직 위계체제의 원리, ③ 관직수행의 문서성(性), ④ 관리의 전문교육, ⑤ 명예직이나 부업이 아닌 온전한 직업으로서의 관직, ⑥ 관직수행의 규칙입각성(앞의 책, pp.551~552) 베버는 여기에서 지배기술적 요소들을 노동방법적 요소들과 등치, 혼합하고 있다. 여기에서 위(지배자)와 아래(대중)로부터 분리된 관청적 권한의 수직적 분할로 구현되는 관직 위계체제의 원리만이 지배수단으로서의 관료체제에 본질적인 것이다. 다른 원리들은 전(前)관료주의적 또는 비(非)관료주의적, 또는 민주적 행정지도 안에서도 보편적으로 그리고 부분적으로 발견되는 요소들이다. 이것들은 그 자체로 볼 때 노동방법적인 것들이다.

관료체제에 대한 혼돈된 규정으로 인해 베버는 관료체제를 최고 기술적인 행정으로 극찬하고 그리하여 관료체제의 둔감성과 지연성, 무책임성, 반민중성의 원인을 알지 못하게 된다. 관료체제의 내적 모순은 실은 본질적으로 지배기술적 요소가 생산적 지도기능에 가하는 왜곡, 차단으로부터 생겨나는 것이다.

지배기술로서의 관료체제의 본질태인 관료적 위계질서는 다음과 같은 다섯 가지 특징을 갖는다.

1. 관료적 위계는 지배자에 대해서도 도구적이고 따라서 지배자로부터 분리된다. 관료들은 보통 지배자로 승진할 수 없다. 그리하

여 지배자가 드물게 관료의 경력을 가질 수 있지만, 지배자(대통령, 국회의원, 수상, 장관, 자본가, 이사, 감사)이기 위해서는 새로운 경력과 행로를 밟아야 한다. 이에 반하여 우리가 앞에서 살펴보았듯이 직업신분적, 가부장적 위계에 있어서는 장인이나 도제, 또는 상인조수나 상인도제가 직장(Meister)이나 상인주(Prinzipal)로 승진하는 것이 일반적 규칙이었다. 최고 경영자제도(이사, 감사제도)가 소유권자-자본가와 이 자의 관료체제 간의 차이를 완화시키는 것으로 보이지만 이사나 감사가 대부분 옛 은행가, 옛 정치가나 고위국가관료, 장군출신, (서구에서는) 계급배반적 노동조합 간부 또는 박사, 교수들이기 때문에 그 차이는 여전하다. 이러한 조직적, 이해관계적, 출신상의 관료체제의 지배자로부터의 분리성은 꼭대기에서 지배자가 바뀌는 것에 대한 무관성의 근거를 이룬다.

2. 관료적 상명하복관계의 권위적 구조는 한 상사관료가 3~4명의 참모 관료를 거느리는 독임제(獨任制)적 지도의 피라미드식 위계질서를 구성하고 지배자가 관료들을 배타적으로 임명하고 해임함으로써, 즉 관직임명에 있어서 모든 민주적 선임을 배제함으로써 보장된다. 이 전제적인 임면권력은 한 상사 아래 여러 명의 부하 참모가 모여 하나의 관청(관료체제의 기본세포)을 구성하는 피라미드식 위계체제 속에서야 비로소 실질적인 것이 된다. 즉, 이제 지배자가 언제든 그의 재량에 따라 배치할 수 있는 상사관직에 대해 여러 명의 후보자(참모들)가 경쟁하며 도사리고 있기 때문에 지배자는 이들 중에서 선택할 수 있는 지위에 선다. 피라미드식 위계질

서가 완전히 발전함과 동시에 옛 가부장적인 직선적 위계체제 안에서 원칙적으로 가능했던, 시간이 지남에 따라 자동적으로 주어지던 승진의 기회가 협소해지고 지배자의 임면권력은 더욱 실질적으로 변해간다. 이에 반해 (레닌이 꿈꾸었던, 그리고 고르바초프가 단행했던 사회주의에서 개혁) 아래로부터 민주적으로 선출되고 해임되는 관리는 전혀 본래적인 관료가 아니다. 왜냐하면 관리로서의 그의 개인적 운명은 지배자의 의지에 좌우되는 것이 아니라 그에 의해 지도되는 대중의 의지에 좌우되기 때문이다. 반면 모든 관료의 운명은 오직 지배자의 의지와 위계질서의 공고성 및 이 안에서의 그의 서열에만 달려 있기 때문에 관료는 피지배 대중의 이익을 고려할 필요가 없고 배타적으로 지배자의 이익과 이 위계질서의 고유한 이익을 위해 지배기술적으로 가장 합리적인 방식으로 관직을 수행하면 된다. 그리하여 관료체제에 의한 권력의 남용은 이 관료적 위계질서의 필연적인 귀결이다.(관료적 위계질서의 소위 '자기운동'의 결과) 이러한 의미에서 맑스는 다음과 같이 말하고 있다 : "위계체제" 그 자체가 권력의 "최대남용"이고 관료체제의 이 "필연적인 위계체제 죄악"은 "관리들의 몇몇 개인적 죄악들과 비교할 바가 아니다." (『헤겔 법철학 비판』, MEW, 1권, p.255) 왜냐하면 "위계체제는 관리가 위계체제에 저항하는 죄를 범하거나 위계체제에 불필요한 죄악을 범하는 한에서 관리를 처벌하지만, 관료체제가 이 관리에게 죄악을 범하도록 시키자마자 이 관리를 지켜 준다. 그뿐만 아니라 위계체제가 그들의 구성원들의 죄악을 확신한다는 것은 어려운 일이다." (같은 곳, 강조는 필자) 그리고 지배자에게 있어서도 관료들이 그의 명령을 그의 지배수단인 위계체제를 공고화시키는 방향으로 수행하는 것은 본래적으로 이익이 된다. 그리하여 불법적인 권한남용이 상부기관의 암시에 따라 또는 위계에 대한 충성을 지키면서 범해지는 경우 관료체제적 위계질서는 이 권한남용을 보호·은폐하게 된다.(횡령한 금품이나 뇌물의 위계질서적 분배, 이근안의 은닉, 박종철 사건, 권 양 사건 등) 서울시 공무원 중 1년에 부정부패로 '재수 없어' 해고되는 공무원이 매년 500여 명이라는 데 주목해야 한다.

3. 모든 관료들은 형식상으로 볼 때 (신분적 예속과 생산수단 양자가 없다는 의미의) '이중적으로 자유로운' 인격체로서 봉급을 그의 생계원천으로 하는 임금노동자들이다. 그러나 그들의 고용조건은 일정한 특권들을 통해 본래적인 임금노동자들보다 더 낫게 보장되어 있고, 그들의 고용은 보통 종신적이라서 그들의 해고는 반(反)위계질서적 범행이 없는 한 통상 배제된다.(이러한 특권적 신분보장은 국가관료체제에서 전형을 이루고, 기업체제에서도 모방적으로 관철된다.) 그들의 임금은 유사(類似)신분제적인바 노동시간이 아니라 근무연한과 서열에 따라 지급된다. 그들 신분의 종신성 유사신분적 봉급제 등은 임노동관계의 조직적 한정 내지는 변위인바, 그들은 제도적-체계적으로 매수된 부패한 임노동자들이다. 즉, 그들은 임노동자의 본질적 규정인 노동력의 상품성, 즉 자본의 이익에 따라 언제든 해고시킬 수 있는 사물로서의 취급을 거의 벗어나 있는 한에서, 본질적으로 볼 때 임노동자가 아니다. 이러한 특권들은 기업에 대한 충성적 결속을 보장할 뿐만 아니라 위계체제 내의 '질서'를 보장한

다. 왜냐하면 봉급이나 권한, 기타 특권들은 위계질서상의 서열에 따라 차등화 되어 있기 때문이다. 이런 관계는 굽신거리며 업적을 보이려는 정신을 만연시키고 동시에 관료세계의 특유한 심리적 질병인 '관직사냥'과 '승진욕'으로 미친 듯 날뛰게 한다.(엥겔스) 왜냐하면 관료의 자본주의적 임노동자성(性)은 관료의 지위가 기업의 중앙권력에 접근할수록 약화되다가 결국 소멸하기 때문이다. 관료서열의 일정 수준에서 관료의 봉급은 노동력의 가치를 넘어서게 되고 그들의 종신고용의 특권은 완벽화 된다. 따라서 순수한 의미의 관료층은 부르주아와 쁘띠 부르주아로 분류될 수 있겠다. 다른 한편 이미 결정된 사항을 집행하는 일에만 국한되는 기능적 업무로 내몰리는 하급관료들(보통 참모로 규정된다.)은 임노동자로서의 성격이 강화되다가 결국 **탈관료화**(Entbürokratisierung)되고 만다.

이러한 일은 독점자본주의가 고도로 발전하면서 나타나게 되는 바, 상사 한 명 아래 서너 명 또는 네댓 명의 참모가 근무하는 소공간 사무실에서 상사 한 명 아래 두세 명의 대리자가 사무실 내의 관청을 꾸리면서 수십 명, 때로는 수백 명(서양의 경우)의 대졸 평사원 또는 (아무 권한 없는) 형식상의 대리급 사원들을 통제하는 **대공간 사무실**로 바뀐다. 그래서 소위 원래의 관료체제적 의미로 본다면 '참모'인 이 평사원들은 자신들의 노동력의 가치에 대응하는 대우 외의 모든 관료적 특권을 상실하고 탈관료화 되어 **지식 프롤레타리아**로 화한다. 사무직원의 대다수가 관료체제의 주체에서 객체로 탈바꿈된 사무실의 **고도노동자만**이 지식 프롤레타리아라 규정될 수 있다.(단순사무직 노동자들은 관료도 지식 프롤레타리아도 아니고 노동계급의 비생산적 분파이다.) 그들은 제도적인 고용보장도 없고 승진의 가능성도 없는 반(半)익명화된 기능인들이다. 옛 우리나라 관청의 지방관(벼슬아치) 밑에 배치된 순수한 기능인들(아전들 : 이방, 호방, 예방……)을 순우리말로 '구실아치'라 하였는데, 이 과정을 우리는 벼슬아치의 구실아치화(化) 과정이라고도 표현할 수 있겠다. 이에 반해 단순사무직은 옛 관노비의 역할에 해당한다. 우리나라에서는 이러한 상태로 이행 중에 있는데 가장 먼저 이행한 분야인 연구소나 대병원 분야에서 노동조합운동이 활발한 것은 이 새로운 '지식 프롤레타리아'의 출현을 알리는 전주곡이다.

4. 관료적 위계는 관직수행에 있어서 원칙적으로 피지배자의 참여를 배제한다. 관료는 수동적으로 상부의 명령을 따르기만 하는 것이 아니다. 대중에 대해서는 이 관료가 본질적으로 능동적이다. 왜냐하면 지배자의 항상 추상적인 명령을 구체화하고 구체적으로 집행하는 자는 관료이기 때문이다. 그러나 관료적 위계는 이러한 업무처리에 있어서 공공성을 배제하고 대중으로부터 스스로를 분리시킨다. 관료는 대중을 단순한 대상으로 취급하여 죽은 소재로 만들 수 있고, 능동적으로 지시하고 권위적으로 명령할 수 있는데 그것도 관료체제의 보장 아래 그리고 '상부의 명령'이라는 구실 아래 그럴 수 있다 : "첫째, 그(관료—필자)는 현실적 생(生)을 소재적인 것으로 간주한다. 왜냐하면 이 생의 정신은 관료체제 안에서 그의 독자적으로 분리된 실존을 갖게 때문이다. 관료체제는 그리하여 생을 가능한 한 소재적인 것으로 만드는 쪽으로 나아가지 않을 수

없다. 둘째, 현실적인 생은 관료 자신이 볼 때, 즉 그것이 관료적 취급의 대상으로 된 한에서 소재적이다 …… 관료는 세계 안에서 자신이 취급할 단순한 객체를 볼 뿐이다."(『헤겔 국법론 비판』, MEW, 1권, pp.249~250) 관료를 상부명령의 단순한 수동적 집행자로 특징짓는 빈번한 시도들은 어디까지나 일면적인 것에 지나지 않는다.

5. 관료체제적 위계는 지배의 이익을 위해 엄격히 중앙집권화되어 있는바, 관료들 간의 독자적인 수평적 협력과 정보교환을 원칙적으로 배제한다. 관료체제는 지식(정보)에 의한 지배이고, 모든 보고는 서면의 명령에 따라 서면으로 상부를 향해서만 이루어지고, 부서 간 협력은 상부의 허가에 의해서만 가능하다. 왜냐하면 관료들 간의 단결이나 전체업무에 대한 개별관료들의 폭넓은 정보획득을 성공적으로 분쇄하는 것은 직접적인 지배기술에 합리적이기 때문이다. 그리하여 A분과의 참모가 B분과의 참모와 동일한 수준에서 협력해야 하는 경우 그의 상관에게 허가를 구하고 이 상관은 다시 B분과의 상관을 공통적으로 통제하는 그의 보다 높은 상관에게 허가를 구해야 한다. 만약 허가 없이 A분과의 참모가 부탁한 일을 B분과의 참모가 수행해 주다 발각되면 B분과의 참모는 그의 상관에게 호된 꾸지람을 듣게 된다. 이것은 노동방법적 합리성과 정면으로 모순되는, 모든 관료들을 '전문바보들'로 만드는 근본요소이다. 그리하여 "이 관료층의 곰팡내 나고 저열한 정신"(맑스, MEW, 9권, p.186)에게는 "양심과 과업의 원대성에 의해 규정되는" 전체의 이익에 관한 폭넓은 생각은 "그들의 이해능력을 넘어서는" 불합리한

"낭만"으로 현상한다.[아직 반동적으로 변질되지 않았던 버크(Edmund Burke, 1729~1797)로부터 맑스의 인용, 앞의 책, p.187] 그리하여 늙은 관료는 '사회 변혁운동'을 하는 자식의 웅지를 영원히 이해하지 못하고 '철없는' 자식을 영원히 증오하는 것이다. 동시에 관료는 파시즘의 근원적인 지지자이고 모든 소수독재의 조직적 기초이다. 여기서는 간단히 1930년대 초 히틀러의 집권에 대해 모든 주민층이 놀라 주춤거리고 있을 때 아직 지식 프롤레타리아화 되지 않았던 관료적 사무직원들이 최초로 히틀러 지지 선언을 했던 역사적 사례를 회상해 보는 것으로 족하겠다.(네덜란드 운하업체 DHV사의 예)

기업의 상업 업무분야의 관료체제화

관료체제의 위계에 대한 분석에서 알 수 있듯이 관료체제의 유지에는 대단한 잉여가치가 소요된다. 즉 지배비용이다. 이 유지비는 대부분 독점적 초과이윤이다. 따라서 중소기업은 이 관료체제를 흉내낼 뿐 안정적인 관료체제를 발전시키는 못한다. 오직 대기업과 독점재벌만이 비교적 안정된 관료체제를 구축(해야 하고 또)할 수 있다.

독점화과정과 함께 진행된 기업의 관료체제화는 앞에서 애기했듯이 상업기능분야, 즉 경리분야에서 먼저 진행된다. 이 분야의 관료화는 나중에 살펴볼 생산과정의 관료화에 비하여 그리 어려운 과업이 아니었다. 이미 경리분야는 관료체제를 성립시킬 제반 전제를 다 갖추고 있었다. 중요한 매매계약은 오래 전부터 서면계약으로 이루어졌고 상사(商社) 간 통신은 자본주의적으로 조탁된 언어와 공문서식을 갖추고 있었으며, 어음 및 기타 유가증권은 그 자체 문서의 형식을 취하고 있었다. 더구나 경리란 "자기증식하는 가치"로서의 자본의 생산적 그리고 유통적 운동을 계산화폐에 의해 "관념적으로", 즉 자본주의적 "상품생산자의 두뇌 안에" "고정시키고 통제하는" 과정이다.(『자본론』 제2권, MEW, 24권, p.135) 즉, "생산과 가치증식의 과정"은 상품의 "관념적 가치성을 계산화폐로 고정시키는" 경리과정을 통해 "관념 속에서의 상징적 반영태를 획득하는" 것이다.(같은 곳) 따라서 경리란 본질적으로 "과정의 통제와 관념적 종합"의 기능을 수행한다.(앞의 책, p.137). 물론 경리란 생산과정의 소재-기술적 통제와 정보획득이 아니라 그것의 가치-형식적 통제와 정보 획득에 지나지 않지만, 이러한 정보는 일정한 보고서식을 통해 개별 경리사원으로부터 자본가의 손에 종합될 수 있었기 때문에 경리·상업분야만은 자본가의 관료체제적 통제로 쉽사리 바뀔 수 있었다.

더구나 경리 및 상업업무와 이 분야의 인원의 증대는 자연발생적으로, 자본가로 승진할 수 있는 사람을 '가장 충성스럽고 가장 유능한' 극소수로 국한시킴으로써 자본가와 경리실직원의 계급적 분리를 촉진시키고 업무의 세분화를 강제하였다. 이러한 제반 전제 위에서 상업 및 경리분야는 국가관료체제의 요소들을 쉽사리 도입하여 관료체제적 세포조직(상사와 수명의 참모로 구성되는 관청적 분과)을 중첩화시킨 피라미드식 위계체제로 개편되었다. 그리하여 자본가는 이제 관료들에 대한 임면권력을 실질적으로 행사할 수 있게 되었다. 한 관직을 두고 여러 참모들이 경쟁하는 **내부 노동력시장**이 형성되었기 때문이다. 이 고전적 기업관료체제에서는 일단 지식 프롤레타리아를 발견할 수 없다. 소공간 사무실에서는 상사나 참모 모두가 일정기간 동안 한 직책에 종사한 후 승진이 보장되는 특권적인 관료들이었기 때문이다. 물론 이 상사나 참모로 규정되는 중심적인 사무직노동자들의 업무에 필수적으로 따르는 귀찮은 잔일거리(계산, 기록, 문서보관, 타자, 전화수령 등)를 본 업무로부터 분리시켜 개인들에게 종신토록 고정시킴으로써 **단순사무직노동자들**이 이때 이미 출현하지만, 이들은 지식 프롤레타리아가 아니라 노동계급의 비생산적 분파이며 수적으로 항상 중심적 사무직노동자보다 적었기 때문에 1920~30년대 당시로선 계급 간 세력관계에 별반 영향을 주지 못했다. 즉, 경리 및 상업분야는 다음과 같은 식으로 분리되어 있었다.

상업 및 경리 사무직원
- 1. 기업관료(중심적 사무직원) : 쁘띠 부르주아 내지는 부르주아에 귀속됨
- 2. 단순사무직 : 노동계급의 비생산적 분파

그러나 이후 상업·경리·기업행정 업무가 더욱 확대되자 사무실은 **대공간사무실**(Großraumbüro)로 변모되고, 피라미드식 위계체제의 밑변이 과도하게 넓어져 일정 선(보통 과장) 이상을 승진하지

못하는 인사정체가 항구화되며, 일정 선 아래의 참모들의 관료적 특권이 약화·소멸해 갔고, 한 상사 밑에 배치된 수십 명, 수백 명의 평범한 사원들이 상사에 대한 반(半)익명성 속에서 서로 나란히 근무하게 되는 사태가 도래하였다. 이것은 주로 2차 세계대전 이후에 진행된 일이며 우리나라 대재벌회사에서는 현재 이 상태로 넘어가는 과도기에 있고 분야에 따라(연구분야, 연구소 등) 이미 이행이 완료된 곳도 있다. 이와 같이 탈관료화된 과거의 '참모들'은 여전히 고도의 정신적 기능으로 무장된 중심적 사무직 노동자들이지만, 그들의 사회조직적 위상은 크게 변화된 것이다. 이들은 프롤레타리아화 되어 프롤레타리아트 범주 일반에는 속하지만 그렇다고 실질적으로 포섭된 노동계급에는 속하지 않는, 형식적으로 포섭된 복잡노동자들인바, 그 까닭은 사무실에서 이들과 단순사무직 간의 분업적 격차가 심화되어 양자는 동류(同類)로 간주될 수 없게 되었기 때문이다. 이들은 '지식 프롤레타리아트'라고 불리어질 수 있다. 그리하여 사무직원은 다음과 같이 분류된다.

상업, 경리, 기업행정 분야 사무직원

- 1. 관료(과장, 차장, 부장) : 쁘띠 부르주아 및 부르주아 층
- 2. 프롤레타리아트
  - ① 지식 프롤레타리아트(비생산적)
  - ② 노동계급의 비생산적 분파(단순사무직)

생산과정의 관료체제화 — 테일러리즘

상업 · 경리과정의 관료화에 비하면 생산과정의 관료체제화에는 좀 더 복잡한 걸림돌이 끼어 있었다. 생산과정, 특히 이종적 생산과정은 생산의 직접적인 담당자인 노동자가 아니면 알 수 없는 수많은 생산정보 및 생산지식, 생산의 노하우, 비결 등이 위계의 최하층에 비장되어 있어서 외부로부터는 형식적 통제 외에 그 어떤 내용적, 소재-기술적 통제도 가할 수 없었다. 자본의 가치증식에 대한 심각한 장애는 물론 노동자들이 거의 단순화되어 있는 유기적 생산과정이 아니라 이종적 생산과정으로부터 생겨났다. 자본주의적 축적이 일정 규모에 이르자 자본주의적 생산분야들의 중요성이 재개편되고 새로운 소비성향이 나타나기 시작하였다. 즉, 생산의 중심은 경공업에서 중공업으로 이동했고, 이종적 생산과정의 생산물의 일부가 일상적 소비품(재봉틀, 자전거, 수도, 타자기, 전화, 기성복, 나중에는 자동차 및 가전제품들 등)으로 정착하기 시작하였다. 이러한 이종적 생산과정의 상품에 대한 폭발적인 수요증대는 유기적 생산분야의 확대에 따른 기계수요에 의해서도 배가되었다. 그러나 이러한 이종적 생산물의 수요증대에 반하여 이종적 생산과정은 노동자가 생산과정의 속도를 조절할 수 있는, 그리하여 자본과 노동의 권력이 중첩하는 **이중권력상태**에 있었다.

이러한 자본증식의 난관은 포디즘과 테일러리즘에 의해 해결된다. 포디즘과 테일러리즘의 해설은 장구한 논쟁의 역사를 갖고 있다. 파렌캄프(R. Vahrenkamp)나 에드워드(R. Edwards) 같은 사람들은 테일러리즘이란 포디즘 및 기타 다른 방법들에 의해 극복된 낡은 것이고 요즈음은 다만 객관적인 업적측정의 여러 방법에 대한 상징적 명칭에 불과한 것으로 쓰이고 있다는 것이다. 이에 대해 존 레텔(A. Sohn-Rethel), 폴페르트(W. Volpert), 클라우슨(D. Clawson), 호프만(W. Hofmann) 등은 포디즘 및 기타 방법들은 테일러리즘의 현실적인 실천이든가 이것의 일관된 연속이라고 주장한다. 그러나 필자가 생각하기에는 양자가 다 일면적이거나 오류를 내포하고 있다. 테일러리즘의 이론이 기업의 현실적 조직구조 속으로 정착해 들어가 있는 상태를 전자는 테일러리즘이 극복, 소멸된 것으로 파악하고 있는 한에서 틀렸다. 테일러리즘은 현재적 현실의 분명한 일부로 남아 있다. 다른 한편 포디즘을 테일러리즘의 단순한 연속으로 파악하는 후자의 입장도 오류이다. 왜냐하면 테일러리즘과 포디즘은 이종적 생산과정의 본질적으로 상이한 측면들과 관계하는 본질적으로 상이한 방법들이다. 테일러리즘은 '독립적인 부품들'을 조립에 앞서 선행적으로 제작하는 능란한 반(半)수공업적 노동을 장악하기 위한 것이고, 포디즘은 이미 제작된 부품들을 조립하여 완제품을 만드는 다면적으로 개발된 수공 노동을 분쇄하여 콘베이어벨트를 써서 흐름식으로 만들어 통제하는 것이다.

이종적 생산과정의 선행적 부품제작공정은 소재(강철, 철판, 함석, 목재, 베 등)를 작업기계나 공구로 형태짓는 것이다. 그런데 예를 들면 재봉틀 부품들을 기계적으로 깔지을 때 노동자들은 작업기계 홀로 돌아가도록 놔두고 옆에서 망만 보고 있을 수 있는 것이 아니라 이 기계를 끊임없이 노련한 기능조작으로 조종해야 한다. 물론 이 조종노동은 중요부문으로 분할되고 불필요한 동작을 배제하기 위해 표준화될 수 있는 것이지만, 기계노동의 결과는 여전히 조종노동자의 잔존하는 기능조작과 주도권에 의해 크게 좌우된다. 그리하여 새로운 통제조직의 구축 없이 분업 및 노동과 공구의 표준화만으로는 성과의 상승에 이를 수 없다. 따라서 이 선행적 공정에서 분업의 발전방향은 손노동으로부터 두뇌기능을 '분리시켜'(clearcut ; 테일러) 이 두뇌기능을 전달하는 자에 의해 손노동자를 기술적으로 통제하게 하는 것이다. 그러나 손기능 자체는 여전히 파편으로 분쇄될 수 없었다. 그리하여 조종노동의 테일러화 이후에도 기계제작, 도색, 의복생산, 제빵업 등등은 손의—더 이상 분할될 수 없는—기능조작을 수행하는 3~4년 이상 교육되어야 하는 숙련노동자들의 활동영역으로 남아 있었다.(이 노동자들을 공급하기 위해 공업고등학교가 보편화된다.) 기계조종, 금속가공, 재료세공 등의 노동은 따라서 이것의 수행에 수십 초밖에 안 드는 식으로 파편화되어 흐름식으로 만들어질 수 없었다. 따라서 테일러가 기계제작을 위한 부품으로서 생산물을 다른 대기업에 납품하는 하청업체인 미디베일 철강회사(Midivale Steel Co.)라는 금속 가공업체에서 '과학적 경영'(scientific management)를 개발하게 된 것은 결코 우연이 아니다.(1890년대 말).

선행적 부품생산공정과는 반대로 부품들의 조립공정은 이미 다른 곳에서 만들어진 부품들을 공구와 작업기계로 조립하는 것이다. 여기에서 조립돼야 할 부품마다 한 사람씩 배치함으로써 분업은 극단적으로 관철될 수 있다. 이를 통해 원래 다면적으로 교육된 수공노동이 완전히 단순한 노동파편으로 분쇄될 수 있어서, 조립공정에서는 별 특별한 노동수단적 기술진보 없이도 유기적 생산공정과 유사하게 '일련의 연관적 과정과 조작'의 흐름이 만들어질 수 있다. 이것은 저 선행적 부품제작공정과 본질적인 차이를 이루는 것이다. 따라서 자동차부품 제작과정의 대부분을 중소하청업체에 방출하고 주로 조립공정만 담당하던 포드자동차회사(Ford Motor Co.)에서 어셈블리 라인이 생겨났다는 것은 결코 우연이 아니다.

그러나 포드 시스템은 노동을 극단적으로 단순화하고 사회구성체적 측면에서 노동의 자본 아래로의 실질적 포섭을 달성해 냈지만 아무런 통제조직을 내포하고 있지 않았다. 이 통제조직에 관한 한, 유기적 생산공정의 병영적 통제조직도 이미 부적절한 것이 되어 가고 있었다. 테일러 시스템은 이에 반하여 본질적으로 기술관료조직을 의미하는데 이것은 테일러 자신의 본래적인 목표였던 것이다. 테일러리즘이 유포되기 이전에 대기업의 관료체제는 오직 경리분야에만 관철되어 있었고 자본은 작업장을 '합리적으로' 통제할 체계적인 방법을 모르고 있었다. 왜냐하면 노동자들이 세부적인 생산지식을 독점하고 있었고 생산과정을 사실상 자립적으로 통제하고 있었기 때문이다. 이것은 기계적으로 자동화된 유기적 생산공정에서도 마찬가지였는바, 이곳에 구축된 병영적 통제조직은 자주 태업과 파업을 유발하는 요인이 되고 있었다. 이런 까닭에 테일러적 노동통제조직은 이종적 생산과정의 선행적 부품생산공정에만 국한되어 관철된 것이 아니라 이 생산과정의 조립공정과 유기적 생산과정에도 파급되어 갔다. 그것은 모든 분야의 자본가들에게 노동현장을 기업관료체제 밑으로 궁극적으로 복속시키는 강력한 조직적 무기로 나타났다.*

테일러리즘은 직접적 생산노동으로부터 정신적 기능을 '깨끗이' 분리시켜 이 노동을 관료적으로 위계화된 두뇌노동자들의 관료체제적 통제 아래로 복속시키는 것을 핵심으로 한다. 물론 테일러적 관료체제도 두 가지 모순적인 측면 즉 노동방법적 측면과 지배기술적 측면을 갖는다. 정신노동과 육체노동의 분리, 노동과 도구의 표준화 등등은 테일러주의의 노동방법적 측면인데 이것은 "사회의 경제적 형성과정에서의 역사적 진보이고 필연적인 발전계기"(p.386)이다. 이런 까닭에 이 측면은 모든 사회주의 사회에 의해서 수용되었다. 이런 의미에서 레닌은 다음과 같이 말하고 있다 : "이 관점에서 자본주의의 마지막 말, 테일러체제는 — 자본주의의 모든 진보가 그렇듯이 — 부르주아적 착취의 세련된 잔학성과 기계적 운동의 분석, 성과채산의 최선의 체제와 통제체제 등에 있어서 일련의 극히 귀중한 과학적 쟁취물을 통합해서 지니고 있다. 사회주의의 실현가능성은 소비에트권력 및 소비에트 행정조직과 자본주의의 최근의 진보를 결합시키는 데 있어서의 우리들의 성공여부에 좌우된다. 러시아는 테일러 체제의 학습, 이것의 교습, 체계적인 검토와 평가를 개시

* 에드워드는 한편으로는 테일러리즘이 생산세계를 지배한다는 관념이 과장이라고 말하면서, 다른 한편으로는 "관료체제적 통제가 지배하고 있다."고 주장하고 있다. 그는 테일러리즘이 노동현장의 관료체제화의 최초의 체계적 이론이고 그가 그렇게 지배적이라고 느끼고 있는 오늘날의 노동현장 관료체제가 테일러리즘의 실현태 외에 다름이 아니라는 사실을 이해하지 못하고 있다.

해야 한다."(레닌, 「소비에트권력의 당면과제」 선집 제2권, pp.753~754) 그러나 우리의 간략한 테일러리즘 분석은 '착취의 세련된 잔학성'의 측면, 즉 노동현장에서의 노동자권력의 관료체제적 분쇄에만 국한될 수밖에 없겠다.

테일러리즘의 원리

테일러체제는 네 가지 원리와 수많은 방법으로 구성되어 있는데 이 방법들은 원리들을 실현시키는 수단이라서 부차적인 것이고 때에 따라 바뀔 수도 있다.

첫 번째 원리 : "관리자는 낡은 주먹구구식 방법들을 대신하는 개별적 노동요소들을 위한 체계, 즉 과학을 발전시킨다." 테일러에 의하면 이 원리를 실현시키는 방법은 스톱워치를 사용한 "철저하고 근본적인 동작연구 및 시간연구"를 통해 최선의 노동방법과 공구를 찾아 내 체계화하는 것이다. 오늘날 각 기업에는 이 일을 담당하는 정신노동자들이 있다.

두 번째 원리 : "이 과학적 체계의 토대 위에서 관리자들은 예전처럼 노동자들 자신에게 사람의 선발과 계속교육을 맡겨 두지 말고 가장 적합한 사람을 선발하여 훈육하고 가르치며 또 계속적으로 교육한다." 관리자는 최선의 노동방법에 관한 '과학'을 독점함으로써 노동자들의 전통적인 주먹구구식 지식을 '도덕적으로' 마모시키고 청년노동자에 대한 노련한 고참노동자의 교육권을 박탈해 버리는 것이다.(오늘날의 간단한 회사 내 직업훈련원을 상기하라.) 그리

하여 이로써 노동현장의 반(半)봉건적인 직업신분적 또는 가부장적 직장-도제의 위계질서와 노동자 간의 단결을 분쇄한다. 관리자들은 (오늘날의 인플레 된 의미에서가 아니라.) 본래적인 의미에서의 **기술관료적** 관리자가 된다. 이리하여 기술관료체제적 위계체제가 가부장적 위계질서를 대치해 들어오게 된다.

세 번째 원리 : "그들(관리자)은 노동자들과의 충심의 합의 속에서 일한다 : 이로써 이들이 모든 노동은 그들이 구축한 과학의 원칙들에 따라 이루어지도록 확실히 할 수 있다."는 것과 같은 말은 이데올로기적 헛소리이므로 뛰어넘자.

네 번째 원리 : "노동과 책임은 관리측과 노동자들에게 거의 균등하게 배분된다. 지금까지 거의 전적으로 노동과 책임의 최대부분이 노동자들에게 위임되었었는 데 반하여 관리측은 노동자들보다 자신들에게 더 적합한 모든 노동을 자신들의 어깨에 배분한다." 이 듣기 좋게 포장된 문장은 노동자로부터 정신적 계획수립노동 및 구상(構想)노동을 박탈하여 이 정신노동을 사무실에 집중함으로써 모든 손노동자들을 사무실 지시 아래로 복종시키는 것을 목표로 한다. 이를 위해서는 앞에서는 노동현장에 붙은, 관료체제의 세포조직(상사 -참모체제)이 구축될 공간이 필요하다 : "과학적 문서들의 실천적 하달을 위해서는 서적들과 통계 등이 보관되는 공간과 권한 있는 두뇌노동자가 일할 책상이 필요하다."(테일러) 예전에는 모든 두뇌노동이 노동자들에 의해 함께 수행되었고 또 이 두뇌노동이 그들의 개인적인 경험의 산물이었다면, 이제 두뇌노동은 노동과정의 최선의 지식을 독점한 관리자들에 의해 배타적으로 수행되게

된다. 이리하여 상사와 그의 참모들로 구성된 관료체제적 세포로서의 '관청'이 생겨나고 이들은 손노동자들을 '과학'의 이름으로 명령하고 지시하는 기술관료가 된다. 이들은 맑스가 유기적 생산공정의 공장체계와 관련하여 말했듯이 "전체적인 기계체계의 점검과 지속적인 수선"(p.443)을 맡는 비생산적인 "엔지니어나 기술자들"이 아니라, 노동의 정신기능으로서의 생산적인 기능을 담당하는 새로운 엔지니어와 기술자들인바, 이들이 권한을 지닌 기술관료로 나타나고 있다. 예전과 같이 제작지시가 구두로 아무런 구체적 기술적 내용이나 시한 없이 시달되는 것이 아니라 이제 "무엇이 만들어져야 하는가뿐만 아니라 어떻게 만들어져야 하는가."(테일러)도 규정하는, 그리고 "노동이 완료되어야 하는 시간도 정확히 정하는" 서류지시(테일러)가 이루어진다. 즉 무슨 물건을 공구A-1을 사용하여 C의 노동방법으로 언제까지 몇 개를 만들라는 문서명령이 떨어지는 것이다. 테일러는 참모들을 'assistants'라고 불렀는데 이들은 대학생들이어야 한다고 하고 있다. 이들의 임무는 상사의 업무 중 일상적인 업무, 즉 서류지시를 만들거나, 노동의 표준화, 공구의 표준화, 생산물의 구상, 개발 등을 떠맡는데 업무와 인원의 폭증으로 이들은 오늘날 개발, 디자인, 연구, 구상, 실험 등의 분과로 분화되었다. 이들도 오늘날 탈관료화된 지식 프롤레타리아로 나타나는 공과대학 졸업의 엔지니어나 전문대 졸업의 준지식노동자들인데 상업분야와 달리 생산적 기능을 수행한다. 이러한 생산과정의 변동에 대응하여 이들을 교육할 공과대학과 전문대가 세워지고 확산되게 된다.

그리하여 사무실의 지식(정보)독점은 노동과정의 모든 세부적 조작에 대한 관료체제적 통제를 조직하는 데 이용되어 완전히 새로운 노동통제 조직이 구축된다. 노동자들에게 자본의 착취적 침략에 대항하는 다양하고 은밀한 경제투쟁을 가능하게 했던 이중권력상태가 분쇄되고 자본의 독재가 노동현장에 정착된다. 그리고 이 조직형태는 전생산영역으로 파급되게 된다. 이것의 파급에 맞선 노동자들의 파업물결은 1920~30년대를 휩쓸었지만, 공황에 내몰린 자본가들은 총검으로 저항을 진압하여 테일러체제를 관철시키고 잔여 분야에 대해서는 2차세계대전 중 전시법의 지원 하에 테일러화를 완료한다. 그리하여 모든 생산기업은 "표면"(상업 및 경리과정)에서 "심부"(생산과정)에 이르기까지 관료조직적 철갑화를 겪게 되는 것이다.

분업극복의 문제

다시 본문으로 돌아오자. p.511에서 맑스는 자본주의의 두 모순적인 경향을 서술하고 있다. ① 자본주의적 근대공업은 (자본과 노동, 자본과 자본의) 경쟁에 의해 끊임없이 내몰리기 때문에 끊임없는 기술혁신 없이는 존속할 수 없다. 이것은 기술혁신의 불균등한 진행으로 말미암아 한 생산부문에서 노동이 남아돈다면 다른 부문에서는 모자라는 사태를 초래하여 노동력이 이 부문에서 저 부문으로 쉴 새 없이 이동하여야 한다. 이것은 자본주의의 체제적 필연성이다. 즉 노동의 쉴 새 없는 형태전환과 유동 및 이동을 강제하는 것이다. ② 그러나 다른 한편으로 자본은 노동의 교육비와 교육시간을 감축시키기 위해 노동의 다면적 개발을 차단하고 일면적인 기능을 각 개인에게 가능한 장기간 고정시키려는 분업적 경향을 갖는다. 즉 노동의 형태전환과 유통을 차단 · 저지하는 것이다. 이러한 모순적 두 경향은 ⓐ 부정적 측면으로서의 기술혁신이 일어난 분야에서 노동력이 남아돌게 되는데도 노동의 분업적 일면성으로 인해 다른 생산분야로 즉각 이동할 수 없게 되어 실업을 초래하며 거대한 노동력을 낭비하고 실업자를 도탄에 빠지게 한다. ⓑ 긍정적 측면으로서 자본은 흡사 '자연법칙'의 강제력으로서 노동의 형태전환을 강요한다. 즉, 노동자가 생존하기 위해서는 다른 부문으로 즉각 이동할 수 있게끔 다면적 노동력 개발을 서두르게 한다는 것이다. 바꿔 말하면 자본은 변덕스런 자신의 노동력 수요에 대처하기 위해 실업으로 내몰린 엄청난 노동인구가 변동하는 노동력 수요에 대한 인간의 다면적인 적응능력의 개발을 통해 생산적으로 전환되게끔 강제한다는 것이다. 그리하여 분업에 의해 분단된 부분인간들이 상이한 사회적 기능들을 상호 교대적인 활동 양식으로 삼는 "전면적으로 발전된 개인"에 의해 대체되는 객관적 필연성이 생겨난다. 동시에 이러한 노동력 개발의 요구에 부응하기 위해 공업학교, 농업학교, 직업학교 등이 생겨나게 된다.(맑스가 제시하고 있는 이 학교들의 예는 영국의 예가 아니라 프랑스와 독일의 예이다. 영국과 미국의 직업학교체계는 20세기 초반에 이르기까지 지체된다.) 그러나 자본은 분업의 강제영향으로 말미암아 이 가능성을 극히 부분적으로만 실현시킨다. 맑스는 노동의 다면적 변동의 자본주의적 필연성에 대한 자본주의적 분업의 장애작용이라는 극한적 모순 속에 "사회혁명의 가능성"*이 들어 있다고 보고 이러한 자본주의적 장애의 제거는 노동계급에 의한 정치권력의 장악으로 성취될 수 있다고 희망을 걸고 있다. 즉 자본주의적 분업이 제거될 수 있다는 것이다.

그러나 맑스의 생산과정 분석을 열심히 추적해 온 독자들은 이 구절에서 일종의 혼돈에 빠져들 것이다. 맑스는 지금까지 주로 기계 투입을 통해 노동이 단순화된 유기적 생산과정을 집중적으로 분석하였고 그리하여 노동의 형태전환의 난관을 해소하는 "노동의 균등화 또는 평준화 경향"(p.442)을 강조하였으며, 기계의 운동을 보조하는 단순 노동은 "그것의 완전한 단순성으로 인해 학대받는 사람들의 신속하고 지속적인 교대"(p.444)를 용이하게 한다고 말하였다. 동시에 그는 자본주의 사회의 노동은 단순노동에 의해 지배되고 복잡노동은 인구층에서 그리 많은 비율을 차지하지 않는다고 했었다.(p.212 각주)

따라서 이 말대로라면 단순노동의 사회적 유동은 그리 큰 난관 없이 진행될 수 있고, 이러한 단순노동의 형태전환이 결코 노동의 다면적 능력 개발 내지는 숙련도의 고도화로 귀착되지 않으며, 동시에 복잡노동과 단순노동 간의 이동의 난관이나 복잡노동 간의 이동의 난관으로 인한 실업은 큰 사회문제이지 않아야 할 것이다.

따라서 우리는 여기서 맑스가 이종적 생산과정의 복잡노동을 염두에 두고 있다고 봐야 하는바, 그도 그럴 것이 맑스는 1860년경

---

* F. 엥겔스, 『주택 문제』, MEW, 18권, p.287.

미국에서 끊임없는 직업전환을 통해 다면적인 기능개발을 겪는 한 프랑스 노동자를 인용하고 있는데, 그가 겪는 도시 직업들이 "인쇄공, 지붕덮개공, 납주물공 등"(p.512 각주), 모두 이종적 생산공정의 직업들이기 때문이다. 맑스의 이러한 시각이동은 나름대로 시대적 이유가 있었는데 그것은 생산의 중심이 섬유공업 위주의 경공업에서 중공업으로 이동하고 그리하여 철제가공업이나 기타 이종적 생산물들(기차, 재봉틀, 타자기, 전신기계, 자전거, 기성복, 다리미, 선박, 인쇄기 등)의 수요증대로 복잡노동자의 숫자가 급속히 증대하고 있던 1860년대의 산업변동을 반영한다. 그러나 이러한 변동은 노동분업의 극복과 노동능력의 다면적 개발을 초래할 객관적 기초로 되지 못하고 40여 년 뒤 앞에서 우리가 분석했듯이 포디즘과 테일러리즘의 공세를 받아 이종적 생산공정의 복잡노동들은 한편으로 완전히(포디즘) 또는 거의(테일러리즘) 단순화되고, 다른 한편으로 새로운 **지식화된** 복잡노동을 산생(産生)시킨다. [테일러의 『과학적 경영원리』(*The Principles of Scientific Management*)의 독일어 역은 1913년에 이루어졌다.]

1890년대까지 영국의 국제적 공업독점으로 얻어지는 해외초과이윤에 의해 부분적으로 매수되어 있던 영국노동계급(엥겔스)을 제외하고 1860년대 이후 고양되기 시작한 유럽과 미국의 노동계급의 혁명적 노동운동은 직업전환의 고난 속에서 수시로 실업당하던 대규모의 복잡노동자들에 의해 주도되었는바, 이들만이 생산과정의 비교적 높은 지식을 보존하고 있었고 이와 더불어 혁명적 이론의 습득을 위한 금전적 여유와 능력 및 완강한 자존심을 지니고 있었기 때문이다. 그러나 이러한 혁명적 노동운동은 알다시피 서구자본주의의 제국주의적 해외팽창과 더불어 해외초과이윤의 매수작용에 의해 분열하고 일국에서만 그 이념을 실현하였는데 잔존하는 혁명세력조차도 1920~30년 테일러리즘의 세계적 확산에 대한 저항을 마지막으로 양적으로 축소되었다. 또한 2차 세계대전 중의 반파시즘 운동을 통해 세를 만회한 프랑스, 이탈리아의 노동운동도 포디즘, 테일러리즘에 의해 단순화되고 위축된 노동계급에게 과도하게 편중되었으며, 테일러리즘의 관철을 통해 새로이 형성되던 지식 프롤레타리아트에 대한 적절한 의미부여에 인색하여 과거의 계급정책을 고수함으로써 상대적인 포위에 빠져들었다.(전위당이 '근로인텔리'나 '임금예속적 중간층'으로 분류하여 평가절하한 지식 프롤레타리아들은 사회당이나 사민당의 지지자가 되었다.)

지식 프롤레타리아트와 전위당 정책의 세련화의 필요성

포디즘과 테일러리즘에 더하여 전후의 극소전자적 **부분자동화** 내지는 **반자동화**로 인해 노동계급이 상대적으로 더욱 단순화, 위축되고 지식 프롤레타리아트는 더욱 대규모적 대중이 되어가는 세계사적 국면전환은 분명 맑스에 의해 예견될 수 없었을 것이다. 그리하여 맑스에 의해 당시 곧 벌어질 것으로 예감되던 "노동계급에 의한 정치권력의 불가피한 정복"이나 "낡은 분업의 지양"(p.512)은 포디즘, 테일러리즘, 극소전자적 부분자동화에 기초한 제국주의의 잔존하는 막강한 저항으로 인해 오직 부분적으로만 그리고 점진적으로만 관철되게 된다. 따라서 프롤레타리아트의 혁명적 전위부분이 노동계급과 지식 프롤레타리아트를 올바로 매개하는 창조적인 계급정책으로 이 객관적 상황에 과학적으로 대처하는 데 실패한다면 변혁과정은 더욱 더딜 수밖에 없을 것이라는 것은 명약관화하다. 왜냐하면 전위당이 전통에 따라 중시하는 노동계급은 ① 단순노동에 대응하는 낮은 임금을 인상하는 수세적인 경제투쟁에 매달려야 하고, ② **단순노동으로 인한**, 노동에 대한 **긍지의 상실**과 육체적, 정신적 **능력의 저급화**로 말미암아 체제초월적인 혁명적 비전을 일깨워내고 소화할 수 없어서 기존체제 안으로 통합되어 들어가는 경향을 보인다면, 그렇지 않아도 관료적 과거에 대한 향수에 가끔씩 젖어들곤 하는 지식 프롤레타리아트는 전위당의 인색한 정책에 반감을 품고 네오맑스주의적 초월론과 냉소주의에 탐닉하거나 자유당이나 사회당 계통을 선택함으로써 체제유지의 요소로 통합되고 말기 때문이다. 여기에 제국주의적 초과이윤의 매수효과가 덧붙여진다면 더 말할 것이 있겠는가!

그러나 맑스가 예상했던 혁명적 고조기의 객관적 토대인 **복잡노동의 증대**라는 또 다른 기회가 도래하고 있다. 자본의 국제경쟁에 의해 촉진되는 과학기술혁명은 부분자동화 및 반자동화 상태를 뛰어넘어 특수 분야에서는 완전자동화에 접근하고 있다. 이에 따라 자본은 반자동화나 부분 자동화 기계에 결부되어 있던 다수의 반숙련 노동자들을 점차 줄여나가* 노동계급의 중하층부류인 반숙

---

* 부분자동화와 반자동화는 소수의 고도엔지니어와 다수의 반숙련 노동자를 필요로 하고 자본의 손익계산은 이러한 분업을 강요한다. 따라서 부분자

련, 비숙련노동자의 수를 감소시키고 있을 뿐만 아니라 지식 프롤레타리아트와 노동계급 사이를 잇는 대규모의 준지식노동자들(전문대졸, 회사 내 중장기 기술훈련 코스 졸업자, 기타 국립 및 사설학원 졸업 후 수년간의 실무 속에서 준지식노동자로 성장한 부류 등)을 증대시키고 있다. 물론 이 과정은 프롤레타리아트에게 유례없는 고통을 강요하면서 진행되기 시작하였는바, 일본을 제외한 모든 제국주의국가마다 수백만씩 안고 있는 실업문제가 이것을 웅변으로 증명한다.

물론 새로 등장한 그리고 등장하고 있는 복잡노동자는 과거 맑스가 포착했던 반(半)수공업적인 노동자들이 아니라 지식화(Intellektualisierung)되는 방향으로 모습을 완전히 일신한 지식 프롤레타리아트와 준지식 프롤레타리아트인바, 이들을 '무규정성'을 특징으로 하던 구(舊)인텔리(레닌)와 혼동하여 쁘띠 부르주아의 아가리로 처넣는 오류를 교정할 적절한 개념도구와 정책개발이 불가피한 것이다. 이런 객관적 변화가 '기회'인지 '위험부담'인지는 오직 주체의 대처능력에만 달려 있을 것이다.

동화와 반자동화의 자본주의적 적용은 프롤레타리아트 전체의 평균적 숙련도를 하락시킨다. 이에 반하여 3세대, 4세대 등의 고도 산업 로봇에 의한 보다 완벽한 자동화는 생산기계 로봇에 대한 명령주입을 컴퓨터화하고 이 명령 전달을 전신부호로 바꾸어 케이블로 전달하기 때문에 과거 엔지니어로부터 수치적 명령을 담은 정보카드를 받아 해당 기계에 꼽고 다시 뽑는 일을 맡던 수많은 반숙련노동자들과 단순한 카드펀처를 필요로 하지 않는다. 즉 완전자동화는 고도의 엔지니어와 준지식노동자들만을 필요로 한다.

지식 프롤레타리아트 개념의 고전적, 이론적 기초

프롤레타리아트를 단순노동자나 손노동자만을 뜻하던 전통적인 노동계급과 등치시켜 프롤레타리아트 개념을 단순노동자와 손노동자만으로 국한시키는 낡은 관념은 노동자들의 상대적 감소를 '프롤레타리아트의 소멸'로 규정하는 후(後)산업사회론적(postindustrielle) 부르주아 이데올로기에 견디지 못할 것이다.* 그러나 맑스, 엥겔스에 의해 정의된 프롤레타리아트란 단순노동과 손노동을 기준으로 하여 규정된 것이 아니라 "자기의 생산수단을 전혀 가지고 있지 않아 생존하기 위해 자신들의 노동력을 매각하도록 지정당해 있는 근대적 임금노동자들의 계급"(엥겔스, 『공산당 선언』, MEW, 4권, p.462 각주), 또는 "'자본'을 생산하고 증식시키며 …… '자본 씨'(氏)의 가치 증식욕에 불필요하자마자 도로 위로 내던져지는 임금노동자"(p.642 각주)를 가리키는바, 이런 까닭에 맑스는 당시 얼마 되지 않았던, "출판업자(Buchhändler)의 감독 하에 서적들(예를 들면 『경제학 개론』)을 제작하는" 정신노동자들을 "문필 프롤레타리아트"(Literaturproletariat)라고 불렀고(『잉여가치학설사』, MEW, 26. 1권, p.377), 엥겔스는 1894년 "모든 상업기능과 3~4개의 언어에 통달한" 상업직원들을 "상업 프롤레타리아트"(kommerzielles Proletariat)라고 불렀으며, 서구 자본주의가 이미 독점자본주의에 도달하였으나 아직 제국주의로 전환되지 않았던 1893년 대졸 전문노동자들을 '지식 프

* 우리나라의 뛰어난 계급이론가 서관모의 이론적 취약점도 바로 여기에 있을 것이다.

롤레타리아트'(das intellektuelle Proletariat)로 부를 수 있었던 것이다.(MEW, 22권, p.415) 이러한 프롤레타리아트 개념의 사용은 당시 지식 프롤레타리아트가 아직 대규모의 사회계층을 형성하고 있지 않았기 때문에 테일러리즘과 극소전자적 자동화의 투입 이전 시기까지는 이론적으로나 실천적으로 무시되더라도 별 문제가 없었지만, 이제 이 프롤레타리아트라는 개념에 주목하여야 할 것이다. 생산과정의 자동화와 과학화는 엄청난 산업생산력의 향상을 가져오고 물질적 생산분야 밖의 유통과정과 사회적 용역생산 및 비물질적 생산(정보, 지식, 보건, 위생, 교육, 문화예술, 숙박, 여가산업 등)을 확대시켜 이 분야들에서 자본의 증식공간을 대규모로 창출하였다. 그리하여 과거에 개인적으로 또는 소생산형태로 또는 개인소득에 대한 교환의 형태로 생산하던 수많은 용역노동이 자본주의적 임금노동으로 전환되었다. 즉, 물질적 생산분야의 프롤레타리아트가 상대적으로 감소하는 속도보다 더 빠른 속도로 이 용역 프롤레타리아트가 증가하여 서구 나라들의 인구의 80~90%가 임금노동자화하는 현상을 초래한 것이다. 이러한 물질적 생산과정의 자동화, 과학화와 비물질 생산과정의 급속한 확장은 따라서 결코 암암리에 자본주의의 자동주의적 해소를 의미하는 '탈(脫)산업화과정'(Entindustrialisie-rungsprozeß)이거나 '후(後)산업사회'의 도래를 뜻하는 것이 아니라 **신(新)산업화과정**(Neoindustrialisie-rungsprozeß)이고, '프롤레타리아트의 소멸'이 아니라 **프롤레타리아트의 보편화과정**인 것이다.

맑스 시대에도 용역과 정신적 생산의 분야에서 자본이 활동하는 경우가 있었지만, "이 분야에서의 자본주의적 생산의 이 모든 현상들은 생산 전체와 비교할 때 대수롭지 않아서 완전히 무시될 수" 있었고(『잉여가치학설사』, MEW, 26. 1권, p.38) 물질적 생산분야에서 활동하는 임노동의 엔지니어도 수적으로 '대수롭지' 않은 것이었다. 프롤레타리아적 지식노동자의 근거 있는 방법적 무시의 관례에 따라 맑스에 의해서도 프롤레타리아트는 수많은 맥락에서 노동계급과 등치될 수 있었다. 즉 당시의 프롤레타리아트는 단순 손노동자(실질적 포섭층)와 반(半)수공업적인 복잡노동자(이종적 생산과정의 형식적 포섭층과 유기적 생산과정의 소수의 수공업적 수선공, 정비공 등의 형식적 포섭층)로 단순히 계층적 이중화 상태에 있었던 것이다. 그러나 오늘날의 복잡노동자의 주종을 이루는 새로운 형식적 포섭층은 지식 및 준지식노동들인바, 이들은 단순노동자들과 단순히 동일계급 내의 계층적 차이만 보이는 것이 아니다. ① 고도의 정신노동과 손노동(또는 단순사무의 단순한 정신기능)의 분리가 극단적으로 심화되어 노동기능상, 노동조건상(형식적 포섭, 실질적 포섭에 따른 노동 안에서의 자립성의 유무) 생활수준 및 생활양식상 현격한 차이를 이루고, ② 지식노동자들이 과거처럼 수적으로 '대수롭지' 않은 것이 아니라 상대적으로 독자적인 정치적 비전을 내놓는 대중이 되었고, ③ 노동계급의 중하층(반숙련+비숙련)이 서구에서도 여전히 프롤레타리아트 전체의 30%를 상회하고 있는 까닭에, 지식노동자들은 정당히 프롤레타리아트의 범주에 속하더라도 노동계급으로부터 분리되어 나간, 그리하여 노동계급 외곽에 위치하는 상대적으로 독자적인 계층들(복수 : 지식+준지식이기 때문에)로 규정되어야 할 것이다. 즉 지식노동자들을 프롤레타리아트 개념 밖으로 내쫓지 않으면서도 전통적인 노동계급의 개념은 고수되어야 할 것이다. 왜냐하면 지식노동자층이나 노동계급이 모두 프롤레타리아트 혁명의 엄연한 주체들이지만 노동계급은 이 혁명에 더 절실한 이해관계를 갖는 프롤레타리아트의 핵심부분이기 때문이다. 이 방법만이 지식노동자를 노동계급에 집어넣는 우편향 쁘띠 부르주아지로 내던지는 좌편향을 모두 피할 수 있는 유일한 과학적 길이다. 그리하여 프롤레타리아트=노동계급+지식 프롤레타리아트가 된다. 또 이 방법만이 과학기술혁명의 계속적인 진행으로 인한 노동계급의 상대적인 감소에도 불구하고 프롤레타리아트 개념의 상실을 막는 미래개방적 정식화가 될 것이다.

우리나라는 현재 금융자본의 자립화가 완수되지 않은 상황에서도 거대한 사(私)독점자본과 정부독점자본이 성립해 있고 생산과정에 포드화, 테일러화가 관철되어 있다. 또한 현재 중소업체에 이르기까지 반(半)자동화 내지는 부분자동화가 폭풍처럼 투입되기 시작하고 있는데, 이것은 프롤레타리아트의 경제투쟁으로 자극된 것이다. 따라서 미래적으로 볼 때 지식 프롤레타리아트의 규모는 상대적으로 계속 증대할 것이고, 노동계급의 증대율은 정지하거나 (현재) 완만하게 감소함과 동시에 노동계급의 평균적 숙련도가 낮아질 것이다. 왜냐하면 투입되고 있는 기술이 반자동화나 부분자동화하기 때문이다. 미래적으로 볼 때 우리나라 지식노동자들은 미래의 우리나라 종속국가독점자본주의가 제국주의 경략으로 나아가지 못할 것이기 때문에 해외초과이윤에 의한 매수효과로부터 방면되어 국내 독점적 초과이윤에 근거한 기업관료층만이 매수된 분파로 나타날 것이고 따라서 지식노동자 수의 방대함에도 불구하고 프롤레타리아 의식을 갖는 층이 적은 서구와 달리 우리나라에서는 상당히 광대한 지식 프롤레타리아트를 형성해 낼 것으로 전망된다. 지식 프롤레타리아트는 비록 노동계급보다 전투력과 조직력이 취약하지만, 동시에 쁘띠 부르주아지처럼 자본과 노동 사이에서 사방팔방으로 동요하지 않는, (노동계급에 비해 약하지만) 일관된 반(反)자본적 의식을 갖기 때문에(이것은 독일피용자노조 DAG 및 HBV의 노선에서 명백히 증명된다.) 쁘띠 부르주아지로 분류되어서는 결코 안 되겠다. 특히 우리나라 독점자본주의처럼 제국주의에 종속된, 따라서 결코 제국주의로 이행하지 못할 독점자본주의에서는 더욱 안 될 말이다. 지식 프롤레타리아트는 서구에서보다 우리나라에서 더 중요한 역할을 할 것이기 때문이다. 이 말은 한상진류의 서구보수반동적 신중산층론에 따른 예단이 아니라* 엥겔스의 지식 프롤레타리아트의 역할 규정에 입각한 관측이다.

서구 자본주의가 이미 독점자본주의에 도달하였으나 아직 제국주의로 나아가지 않았던 1893년 엥겔스가 「사회주의 대학생 국제

---

* 서구 보수반동적 이론가들에 의해 주장되는 신중산층론은 자유주의적 베버주의자들에 의해서도 부정되고 있다. 전문·사무직 노동자층의 탈(脫)중간층화에 관해서는 사무노동자에 대한 베버주의적 역사연구서인 다음 책을 참조하라. J. Kocka, *Die Angestellten in der deutschen Geschichte* 1850~1980, *Vom Privatbeamten zum angestellten Arbeitsnehmer*, Göttingen, 1981. 특히 '중산층적 전통은 퇴색했다.'는 장(章)을 보라.

대회에 부쳐」에 쓰고 있는 다음 내용은 제국주의적이지 않은 우리나라 종속국가독점자본주의에 더 적용되는 말이 되겠다 : "**지식 프롤레타리아트**, 자신들의 **형제**인 노동자들과 **어깨를 나란히** 그리고 이들의 **한복판에서** 다가오는 혁명에 있어서 중대한 역할을 수행할 사명을 띤 지식 프롤레타리아트가 대학생들의 대오로부터 출현하게 될 것이라는 의식을 대학생들 사이에서 일깨우려는 당신들의 노력이 성공하기를 기원합니다. 과거의 부르주아 혁명들은 대학교로부터 다만 정치가의 가장 좋은 원자재로서의 법률가만을 요구했었습니다. 그러나 **노동계급의 혁명**은 이것을 넘어 의사, 엔지니어, 화공전문가, 기타 전문가들을 필요로 합니다. 이 혁명에서는 정치기구의 지도뿐만 아니라, 사회적 생산 전체의 지도를 넘겨받아야 하는 것이 문제이며 따라서 이 경우 필요한 것은 큰 소리로 울리는 상투어들이 아니라 튼튼한 지식이기 때문입니다."(MEW, 22권, p.415. 강조는 필자). 여기에서 엥겔스는 ① 분명히 지식 프롤레타리아트를 손노동자와 나란히 서는 혁명의 한 집단적 **주체**로 파악하고 있고, ② 그럼에도 불구하고 손노동자 위주의 노동계급이 혁명의 **선도자**라는 것을 '노동계급의 혁명'이라는 표현으로 분명히 하고 있으며, ③ 그럼으로써 지식 프롤레타리아트와 손노동계급의 **프롤레타리아트적 통일성**("형제들" 운운)과 프롤레타리아트 내에서의 양자의 **계급적 분단성**을 동시에 밝혀 주고 있다. 동시에 분명해지는 것은 이미 1890년대 엥겔스가 프롤레타리아트 개념을 노동계급 개념과 등치시키고 있지 않다는 점이다. 그가 지식 프롤레타리아트를 노동계급 **밖에 위치한** 프롤레타리아트의 분파로 이해하고 있음은 노동계급의 혁명이 지식 프롤레타리아트("의사, 엔지니어 …… 기타 전문가들")를 필요로 한다고 말하는 데서 드러난다. 또한 그는 양자의 프롤레타리아트적 통일성을 시의적절하게 강조하고 있다.

가족관계의 자본주의적 형태전환

다시 본문(p.513)으로 돌아가자.

맑스는 여기에서 자본주의적 대공업이 봉건적 가부장제 형태의 가족관계를 어떻게 부르주아적 형태로 탈바꿈시키는가를 다루고 있다. 당시 대공업은 수많은 유년노동자들을 직접 고용하고 있거나 이 대공업이 도급제 등을 통해 가내노동을 지배하고 있는 경우에는 간접적으로 고용하고 있었다. 그때 당시 가장(家長), 즉 아버지(또는 어머니)는 경제적 빈궁을 헤쳐 나가기 위해 자신뿐만 아니라 자신의 자식들을 일터로 내몰았다. 이때 그들은 자녀에 대한 전통적 가부장적 권력을 행사하였는데 이 권력은 자본의 착취가 첨예화되면 될수록 더욱 자의적이고 절도 없는 것으로 되어갔다. 원래 전통적인 가부장 권력이란 한편으로는 소경영적 수공업과 봉건적 소농경영에서 가장이 차지하던 가정 내 최고의 경제적 역할과 자녀에게 축적된 수공업적 기술과 농업기술을 전수·교육하는 역할에 대응하는 것이었고, 다른 한편으로는 전통이 지배하는 사회에서 가정 내 전통 및 사회적 정보의 자연스런 매개자로서의 사회적 역할에 대응하는 것이었다. 봉건시대에 가장은 이러한 역할을 소경영적 수공업 작업장과 소토지의 자영경영이라는 경제적 토대 위에서 수행하였고 더구나 가장이 자녀들의 생부이거나 생조부(生祖父)였기 때문에 가부장 권력은 자손번식을 위한 가장의 생래적인 **온정주의**(Paternalism)에 의해 그 고유한 한계 속에 들어 있었다. 시쳇말로 '따끔하게 혼낼 때 혼내더라도' 도를 지나치지 않았던 것이다.

그러나 대공업이 가장의 경제적 토대를 붕괴시키고 가장을 임노동자화할 뿐만 아니라 극도로 착취하여 가장의 임금만으로 한 가족이 생계를 유지할 수 없게 되자, 가장은 부득이 아내와 자녀들도 일터로 내몰지 않으면 안 되게 되었다. 가부장권에 대응하는 경제적 토대는 소멸하였는데 전통적인 가부장권은 온존하게 되는 이러한 과도기에 가부장권은 온정주의적 한계를 지킬 수가 없었다. 자본주의적 착취양식은 "부모 권력을 이것에 대응하는 경제적 토대의 지양을 통해 남용토록 만들었던 것이다."(p.514) 순간적인 생존이 미래적인 자손번식에 선행할 수밖에 없는 상황이었기 때문이다. 이러한 상황에서 총자본은 자신의 착취재료를 지키기 위해 그것도 오랫동안 뜸을 들이다가 가부장권을 제한하고 어린이의 권리를 창설하는 법적 조치를 취하게 된다. 그리하여 대공업의 부분생산물을 하청하여 생산하던 가내작업장에서의 어린이의 권리와 취업규칙을 신설하게 되고 새로운 가족관계법을 세워나간다. 즉, "옛 가족제도의 경제적 토대와 이에 대응하는 가족노동이 해소되자 점차 옛 가족관계도 해소되기에" 이르게 된 것이다.(p.513)

종래의 가부장권이 자본에 의한 유년아동의 착취를 매개하고 이러한 매개과정의 참혹성이 새로운 가족관계법을 강제하는 경로를 통해 옛 가족제도가 해체되었던 까닭에 "자본주의 체제 내에서의 옛 가족제도의 해체"는 "참혹하고 구역질나는" 과정을 겪었던 것이다.(p.514) 그러나 맑스는 대공업의 만행에만 주목하고 있는 것이 아니라 바로 이어서 가족관계의 진보적 변혁에 대한 대공업의 역사적 역할을 인정하고 있다. "그럼에도 불구하고 대공업은 여성들, 남녀청년들 및 아동들에게 가정제도 저편의 사회적으로 조직된 생산과정 안에서 배정한 결정적인 역할로서 가족과 양성(兩性)관계의 보다 고차적인 형식을 위한 경제적 기초를 창설하고 있다."(p.514) 즉 대공업시대는 여성들과 어린이들을 사회적 노동체계 속으로 끌어들여 가족생계의 부분적 담당자들이 되게 함으로써 남성과 가장의 가족 내 권력을 약화시키도록 하여 완전한 것은 아닐지라도 그 이전 시대에 비하면 보다 평등한 남녀관계와 보다 해방된 부모 · 자녀관계를 정착시켜 나갔다.

생산력, 생산관계, 소유관계, 여성해방론의 문제

그러나 이러한 과정은 맑스 시대 이후 이러한 직선적 과정으로 진행된 것이 아니라 복잡한 우여곡절을 겪게 된다. 특히 맑스가 분업의 극복과 관련하여 앞에서 전제하고 있듯이, 유기적 생산분야의 중요성이 상대적으로 줄어들고 이종적 생산분야의 중요성과 중공업(철광, 제련 등)의 중요성이 커지자 여성노동의 생산참여는 다시 비율상 감퇴하기 시작하여 여성해방의 정도는 일시 국한되기에 이르는 바, 이것의 사회정치적 영향은 여성참정권의 획득을 지난한 과업으로 지체시키는 것으로 나타났고, 그래서 여성참정권을 위한 노동계급의 투쟁은 서구에서도 1900년대 이후에야 가까스로 성공하게 된다. 즉, 여성의 정치적 해방은 아직 100년도 채 못 되는 것이며 부르주아 민주주의의 대부분의 요소가 그렇듯이 부르주아가 아니라 노동계급에 의해 쟁취된 것이다.*

포디즘, 테일러리즘 이후에 여성노동의 사회참여율은 다시 상승하기는 하지만 ① 여전히 중공업이 지배하는 시대가 계속되었고 ② 여성노동은 포디즘, 테일러리즘에 의해 극히 단순화된 저임금 노동분야에만 투입되었기 때문에 프롤레타리아트 가족 내에서 여성의 지위를 이전보다 높이는 데 아무런 기여를 하지 못하였다. 즉, 여성의 사회적 노동은 ① 여전히 남성노동의 단순한 보충물이었고 ② 임금이 낮았으며 ③ 언제든 잠재적 실업층으로 내쫓길 수 있는 지위에 있었기 때문에 여성의 보다 많은 사회적 해방에 아무런 기여를 하지 못하였고, 이러한 사회적 관계는 직접적으로 가족의 생계유지와 가족재산의 유지 또는 확대에 있어서 여성의 보족적이고 열등한 역할을 강요하여 가정 내 부부관계의 자본주의적 가부장제를 재생산하였다. 즉 사회의 중요한 생산력의 남성적 성격

* 부르주아 민주주의의 90%가 노동계급의 전취물인바, 4대선거 원칙이 그렇고 노동권이 그렇고 사회보장이 그렇고 제반 인권의 완벽화가 그렇다. 이에 반해 부르주아는 매 계기의 투쟁에서 보수적 입장을 취하였는데, 예를 들면 공개선거, 차등선거, 간접선거를 유지시키자는 주장, 여성참정권 부인, 인권의 제약 등의 입장을 견지하였다. 소위 '민주주의의 고향'이라는 영국에서도 1860~70년 당시 차등선거, 남성의 일방적 참정권이 시행되었다. 이 모든 부르주아적 장애를 깨뜨린 것은 노동계급의 각성과 투쟁이다. 이 점을 숙고할 때, 사회주의와 민주주의를 대립시키는 부르주아 관념이나 속류 맑스주의적 관념은 모두 근거 없는 것들일 뿐이다.

(여기에서는 중공업)이 ① 사회적 노동과정에 여성노동의 참여를 제한하고 ② 여성노동을 분업체계 중 단순한 저임금노동에 몰아넣고, 자본주의적 생산관계가 항구적으로 부드러운 노동력의 소유자인 여성에게 제일 먼저 실업을 강요하는 한, 가족의 소유권관계에 있어서도 발언권은 미약할 수밖에 없었다. 즉 여성의 가정 내 지위의 열등성도 생산력의 한정된 성격과 자본주의적 생산관계의 공동(共動)작용에 의해 궁극적으로 규정된다는 말이 되겠다. 따라서 이러한 상태가 지속되는 한 가정 내의 거의 모든 소유에 대한 법적 또는 사실상의 처분권자로서 남성 가장을 승인하는 것은 시대의 보편적 논리가 되고 여성은 가정 내의 온갖 지겹고 반복적인 가사노동의 전담반으로 '처박히게' 되는 것이다. 이런 자본주의적 가부장제가 보편적으로 지배하는 사회에서는 설령 남편보다 똑똑한 어떤 여성이 가족소유에 더 큰 기여를 한다 하더라도 그리하여 남편을 자기와 평등하게 대하려 하더라도, 이러한 개인 플레이는 사회적 통념을 깨뜨리는 혁명성을 갖지 못하고 구설수와 손가락질의 희생양이 되고 말 것이라는 것은 명약관화하다.

"주부화" 경향

여성의 "주부화"(Hausfrauisierung)를 수반하는 이런 자본주의적 가부장제 경향은 노동계급의 가정에서보다도 국가관료 및 기업관료층의 가정에서 더욱 전형화되는 데 그것은 보통 맞벌이 생활을 하는 평사원(지식 프롤레타리아트)의 정신없는 부부생활보다 금전적으로 여유가 있어서 부인이 가사전담반으로 들어앉고(또 이것은 남편에 의해 보통 강요된다.), 가정부를 두기에는 재정이 빠듯하기 때문이다. 이 경우 여성은 가정생활에 따르는 전 노동을, 심지어 동사무소 가는 일과 두꺼비집 퓨즈 끼우는 일까지 도맡아야 한다. 남편은 휴일에는 잠자고 평일에는 하숙생인 경우가 허다하다. 여성은 아무런 사회적 노동을 수행하지 않고 남편은 가정 내에서 손 하나 까딱하지 않는 이런 가부장제는 자본주의에 특유한 것이다. 봉건적 소농의 가부장제에서 여성은 모심기, 지심매기, 밭매기 등의 농업노동에 부차적이지만 지속적으로 참여하였고 남성도 똥 푸기, 물 긷기, 마당 쓸기, 식량 찧어 나르기 등의 가사노동에 끊임없이 참여하였었다.

보통 파출부나 가정부를 쓸 수 있는 한국 중소자본가들의 집안에서 여성은 부분적으로 탈(脫)주부화되어 '유한마담화'하고 이것은 비독점적대자본가 가정의 경우에 전형화된다. 이에 반하여 독점재벌의 가정에서 여성의 지위는 지배자로 화하는바, 이것은 독점자본가에 대한 지배자라는 뜻이 아니라, ① 부(夫)나 부(父)의 한 회사에 이사가 된 부인이나 딸은 프롤레타리아트적 임노동자에 대한 착취자 · 지배자이고 ② 집안에 남아 있는 부인은 수명의 가정부와 수명의, 때로는 십 수 명의 경비, 운전사, 경호원 등의 개인사용인들에 대한 지배자가 된다.

쁘띠 부르주아적 여성이론 비판

이러한 간략한 여성 이론적 설명의 토대 위에서 현재 한국 여성 이론계에 지배적인 쁘띠 부르주아적 여성해방론을 간단히 비판할 수 있겠다.

1. 소유관계가 아니라 성별분업이 여성의 지위를 더 잘 설명해 준다는 주장에 대하여 : 소유관계와 분업관계는 위에서 보았듯이 표리관계에 있는 동전의 양면이라서 위 주장은 한 면이 없는 동전을 말하는 것이나 다름없는 유치한 무식의 소치이다. 여성의 사회적, 가정적 지위는 **생산력의 성격, 자본주의적 생산관계**(생산수단의 소유관계+자본주의적 사회분업), 이것의 가정에 대한 영향력 파급에 의해 규정되는 **가족소유관계**와 **성별분업**의 강요에 대한 얽히고설킨 변증법을 규명함으로써만 설명될 수 있다.

2. 각 계급의 차이에 따른 여성의 사회적 지위의 차이를 무시하고 남성과 여성의 추상적 관계를 설정함으로써 여성해방의 구체적인 사회적 과업을 추상 속으로 증발시키는 무계급적 주장에 관하여 : 위에서 간략히 살펴보았듯이 지배계급의 가정에서 여성은 '유한마담'이든가 지배자이다. 이들은 자신의 남편들만큼은 '해방되어' 있지 않을지라도 이미 '해방되어' 있을 뿐만 아니라 착취자 내지는 지배자들이다. 이들은 동정의 대상도 아니고 '해방'의 대상도 아니다. 특히 독점재벌 가족의 여성들은 독점재벌과 함께 **타도되어야 할 대상**이지 결코 해방의 대상이 아니다. 이들을 해방하려는 이론은 반동적 이론일 것이다. 이 점에서는 "자본가가 남성노동자와 여

성 일반을 착취한다."는 짐짓 교정된 것 같은 헛소리도 마찬가지의 오류를 범하고 있다.

3. 가부장제가 아무런 본질적 형태변화 없이 원시공산제 이후 지금까지 초역사적으로 관철되었다는 **초역사적** 가부장제관에 대하여 : 앞에서 보았듯이 가부장제는 기존의 지배적인 생산양식에 대응하여 본질적인 변화를 겪어왔다. '주부'는 자본주의에만 특유한 범주인 것이다. 이에 관하여 맑스는 다음과 같이 경고하고 있다 : "기독교적 · 게르만적 가족형식을 절대적인 것으로 간주하는 것은, …… 상호 역사적인 발전계열을 이루는 고대로마적, 또는 고대희랍적, 또는 동양적 형태들을 그렇게 간주하는 것만큼이나 …… 천진한 짓이다."(p.514)

4. 원시공산사회의 붕괴와 가부장제의 발전이 여성에 대한 남성의 폭력에 의해 성취되었다는 역사 날조에 관하여 : 이것은 오이겐 뒤링 류(類)의 폭력사관과 동일한 망발인데 간단히 역사를 살펴볼 필요가 있겠다. 남성과 여성의 자연적 성별분업은 모든 포유류에 공통된 암컷의 수태, 임신, 출산, 육아의 기능과 남성의 종족보존 기능의 자연적 분할에 기초한다. 이에 따라 당연히 멀리 이동할 수 없고 신속히 활동할 수 없는 (왜냐하면 여성은 자연상태에서 오늘날처럼 피임할 수 있었던 것이 아니라 평생 임신하고 출산, 육아하는 일에 매어 있었을 것이기 때문에) 여성이 식물이나 곤충의 **채집**을 도맡고 남성은 종족의 **방어**와 **수렵**을 도맡게 된다. 그러나 이 상태에서는 남녀

의 아무런 항구적 우열관계가 발생할 수 없었다. 여성은 보다 확실한 채집기능 속에서 생계유지의 중요 몫을 하고 있을 뿐만 아니라 신비스런 수태능력으로 종족 및 씨족원을 낳는 위대한 기능을 하고 있었고, 남성은 그때로선 그리 빈번하지 않은 외적의 침략에 대한 방어나 또 그리 확실하지 않은 동물사냥을 맡고 있었다.

그러나 여성이 구하는 식량의 대부분은 과실들이라서 오래 보관할 수 있었지만, 남성이 잡은 죽은 고기는 곧 부패하였다. 그러나 새로운 생산력의 발전, 즉 최초의 생산력 혁명은 남성의 수렵기능에서 나타났다. 남성들은 동물들을 모두 죽여서 잡는 것이 아니라 그 일부는 생존 상태로 끌고 와서 가두어 두고 필요에 따라 잡아먹는 방도를 개발하게 되었다. 또 식량의 보관기일에 있어서 여성을 능가하였을 뿐만 아니라 이런 과정에서 동물을 길들이고 교정시키는 기술을 익히게 되어 보다 확고한 생산력에 기초한 식량생산을 확보하게 된다. 이것은 이중적 의미를 지니게 되었는데 첫째, 남성의 소유분이 여성의 소유를 훨씬 앞지르게 되고 둘째, 남성이 동물사육과정에서 여성의 수태상의 비밀, 즉 자신도 중요한 몫을 한다는 것을 인식하면서부터 여성의 신비가 벗겨지게 된다. 이러한 생산력상, 소유관계상, 인식상의 변동에서 물론 자동주의적으로 가부장제가 생겨나는 것은 아니다. 가부장제 혁명을 일으키고 추진할 혁명주체가 있어야 한다. 그러나 쁘띠 부르주아적 여성이론가들에게는 불행한 사건이 되겠지만, 이 가부장제 혁명의 주체는 여성 자신이었다.(엥겔스)

혁명은 남성의 폭력이 아니라* 여성의 소유이익에 의해 추진된다. 여성들은 남성의 소지품이 활이나 몽둥이 정도였을 때에는 남성이 죽으면 같이 묻어 버리거나 남성이 출가해 온 원래 씨족의 그 어머니나 누이들에게 돌려보냈었는데 이제 수십 마리, 수백 마리 동물들을 고스란히 다른 씨족에게 넘겨주기는 아까워지게 된 것이다. 그리하여 여성들은 이 남성의 재산을 탈취하기 위해 이전에는 남녀공동의 자식을 자신의 자식으로만 주장하였던 자세를 바꾸어 남성의 수태 지식을 바탕으로 남성의 자식이라고 주장하고 이 자식들에게 가축들을 상속하도록 강제하게 한 것이다. 물론 세월이 가면서 이러한 초기 가부장체제가 여성에 대한 남성의 폭력과 살해가 허용되는 가혹한 고대 동양적 형태로 정착되기까지는 수많은 다른 요인들이 공동작용해 들어오지만 이러한 경제적 소유관계의 변화가 모든 요인에 대한 규정적 역할을 수행한다. 남녀관계에 있어서 폭력이란 언제나 가부장제의 결과일 뿐, 결코 원인은 아니다. 쁘띠 부르주아적 이론은 원인과 결과를 혼동하고 있다.

이상 간단히 쁘띠 부르주아 여성들의 몇 가지 문제점을 비판해 보았다.* 우리는 이상의 간단한 설명에서부터 벌써 여성문제에 있어서 정확한 계급적 관점을 세워야 할 것과 거의 모든 투쟁을, 자본주의적 생산양식이 이미 제기하고 있는 여성자유화의 부분적인

* 그 시대의 일반적 분위기 속에서 여성에 대한 폭력은 종족에 대한 폭력을 의미했을 것이기 때문에 이런 상상은 빈약한 상상력의 소지자들인 쁘띠 부르주아 여성들의 날조에 지나지 않는다.

* 자세한 것은 W. 쉬바르츠 외, 『사적유물론과 여성해방』(중원문화, 1990)을 보라.

가능성을 현실화하는(여성에 대한—자본주의 자체에도 맞지 않는—잔존하는 편견, 의식, 고용관계, 노동관습들을 타파하고 자본관계에 합치시키는) 체제 내 사회투쟁과 보다 완벽한 여성자유를 획득하기 위해 여성의 잠재적 실업문제를 해결하기 위한 반(反)자본투쟁으로 수행해야 함을 알 수 있을 것이다. 물론 가정에서 대(對)남편투쟁을 중지하라는 뜻은 아닌데, 남편이 과거의 향수에 안주하려는 경향과 투쟁하고 이미 주어진 생산관계가 제공하는 여성의 활동기회를 막으려는 데 투쟁하고 가사노동에서 완전히 물러나려는 경향 등과 투쟁하여야만 한다. 그러나 이 투쟁은 적대적 사회투쟁의 형식이 아닌 별도의 형식, 즉 설득, 토론, 부부싸움 등을 통해서 수행되어야 할 것이다. 그러나 이 투쟁이 일정한 정력으로써 수행되어야 한다 할지라도 결코 대(對)사회관계 투쟁보다 중요한 것도 또 실효성이 그리 큰 것도 아니다.*

생산력의 새로운 성격, 사회주의, 여성

물론 사회주의도 여성의 **완전한** 해방을 가져오는 것은 아니다. 다만 사회주의 혁명은 여성들의 전면취업과 동일직종 동일노동에 대한 동등임금 등을 보장함으로써 가부장제의 현격한 완화를 가져올 뿐이다. 물론 이 정도의 해방도 자본주의에 비하면 엄청난 것이

* 자본주의적 생산양식의 포위·규정 속에서 부부투쟁의 극단화는 '생계사냥'의 주(主)기능인인 남성의 활동을 제약하여 부부를 공빈(共貧)에 빠뜨리든가 이혼으로 끝날 것이기 때문이다.

지만, 생산력의 남성적 성격이 불변으로 남아 있고 그리하여 여성의 완전고용의 보장 속에서도 여성이 주로 분업체계 속의 열등한 위치에만 처박혀 있다면 여성의 사회적 지위나 가정적 지위는 아직 평등하지 못할 것이다.

그러나 점차 생산력이 중립성을 회복해 가고 있는바, 극소전자혁명이 그것이다. 컴퓨터, 완전자동화 등은 추상적 상상력과 빠른 손놀림(schneller Handgriff)을 기초한 고도의 정신적 조작기능을 요하는바, 여기에서 남녀는 평등하다. 오직 개인차만 있을 뿐이다. 남녀의 완전평등은 새로운 생산력 혁명 속에서 보장될 것으로 전망된다. 그리하여 가부장제의 마지막 잔재도 해소될 것이다. 물론 여기에도 여성들의 사회투쟁이 필요할 것이라는 것은 두말할 나위도 없다. 그러나 가부장제의 완전한 해소가 부부관계의 완전한 평등을 뜻하는 것은 아니다. 개인차의 표현으로서의 부부의 불평등은 잔존할 것이다. 유능한 여성과 별 볼 일 없는 남성의 결합, 반대의 경우 유능한 남성과 별 볼 일 없는 여성의 결합으로서의 부부관계는 가정 소유의 증대에 대한 기여에 있어서 차등을 보일 것이고 그리하여 양자 간의 불평등을 낳을 것이다. 그러나 이것은 가부장제의 가족관계로서 존재하는 것이 아니라 단순한 개별적인 사례로 존재할 것이다.

환경문제와 공해문제(p.528)

자본주의의 발전은 도시와 농촌의 대립을 첨예화시킨다. 이러한 대립의 하중을 가장 극단적으로 받는 계급은 두말할 것 없이 도시 노동계급과 농민이다. 자본주의는 상품유통과 생산의 연관성을 고도화시키기 위해 인구를 대도심지에 집적시키게 되는데 이러한 인구집중의 과중한 밀도는 인구가 내놓게 되는 오물과 쓰레기를 과도히 폭증시키게 되어 노폐물의 자연분해과정을 교란시키게 된다. 동시에 산업노폐물의 분해 속도는 자연의 분해 속도를 몇 곱절 넘는 것이기 때문에 산업노폐물의 대량방출은 생태계의 균형을 불가피하게 파괴하게 된다. 그러나 인간의 생산이 무의식중에 전제하는 생산력은 **자연적 생산력**인바, 자본은 생산의 사회적 생산력의 발전을 이 자연적 생산력의 점진적 파괴의 방향으로만 촉진시키는 것이다. 그도 그럴 것이 자본이란 개별적인 사적(私的) 이익을 추구하는 까닭에 전체와 후세의 이익은 일단 자본의 안중에 없기 때문이다.

자본의 운동방향이 이러한 **외적 자연**의 파괴로 진행된다면, 우리가 이미 살펴보았듯이 생산과정에서 자본은 노동자를 불구화시키고 자연적 생명성을 질곡하고 노동자의 육체적 건강을 좀먹음으로써 인간의 **내적 자연**의 파괴의 방향으로 운동한다. 이 외적 자연의 파괴는 결국 도시노동자의 육체적 건강의 파괴, 즉 내적 자연의 파괴로 귀착된다. 자본에 의한 자연파괴의 부정적 영향은 사회의 모든 계급과 계층들에게 가해져 범국민적인 관심을 초래하게 한다. 그러나 그것이 가하는 피해로부터 벗어날 수 있는 가능성은 다시 계급적 차이를 보이는데 제계급 중 부르주아 계급이 수돗물을 먹지 않고 생수를 사먹는다거나, 무공해 식품을 이용한다거나, 한가할 때 산속 별장을 찾는다거나 하는 식으로 공해를 가장 완벽하게 피할 수 있다. 따라서 이런 여유가 전혀 없는 노동계급은 반(反)공해투쟁의 가장 직접적이고 일관된 주체이어야 할 것이다.

> "그것(자본주의적 생산)은 …… 인간과 자연간의 신진대사, 즉 인간에 의해 음식이나 의복자료의 형식으로 소모된 토지요소들이 토지로 다시 복귀하는 것, 즉 지속적인 토지비옥성의 영원한 자연적 조건을 파괴한다."(p.528)

이것이 도시에 모든 문물(文物)이 집중된 필연적 귀결이라면 농민은 이 문물의 결여로 인해 무식하고 조야한 "무교양 농민"이 된다. 그리하여 자본주의적 생산은 "도시노동자의 육체적 건강과 농촌노동자의 정신적 생활을 교란한다."(같은 곳) 맑스는 이러한 자연파괴와 도시와 농촌의 대립은 노동자와 농민의 주체적 투쟁력을 통해 극복되도록 강제하는 현상이며 이것이 사회주의 혁명과 경제질서에 의해 극복되어야 한다고 덧붙이고 있다 : "그러나 그것(자본주의적 생산)은 동시에 더 신진대사의 자연발생적인 조건들의 파괴를 통해 이것(신진대사—필자)을 사회적 생산의 규제법칙으로서 그리고 완전한 인간적 발전에 적합한 형식으로서 체계성 있게 산출하도록 강요하고 있다."(같은 곳) 이 말은 동시에 자연과 인간생활의 신진대사, 즉 생태학적 균형화 문제를 사회주의 경제계획 속에 의식적으로 집어넣어야 한다는 것을 뜻한다. 즉 자본주의는 공해를 생산하고 사회주의는 자동주의적으로 공해의 피안에 있다는 뜻이 아니라, 자연파괴의 자본주의적 메커니즘이 깨지더라도 사회주의

질서 속에서 이 문제가 의식적인 계획의 대상으로 되지 않으면 실효성이 없다는 뜻이다.

제5편
절대적 잉여가치와 상대적 잉여가치의 생산

제5편 절대적 잉여가치와 상대적 잉여가치의 생산

제14장 절대적 및 상대적 잉여가치

자본주의적 생산적 노동의 개념

pp.531~532에서 맑스는 **자본주의적인** 생산적 노동 개념을 간단히 정의하고 있다.(자세한 것은 『잉여가치학설사』 제1권) 여기서 전개되는 맑스의 설명을 알아보고 이것을 응용해 보도록 하자. 맑스는 p.192 이하에서 노동 일반을 그것의 역사적 형태나 착취 여부 등으로부터 추상하여 **인간 일반**과 자연 간의 물질대사 과정으로 파악했었다. 이 경우의 노동이란 소비행위가 아니라는 의미에서 즉각 생산적 노동이 된다. 인간의 욕망을 충족시키는 유용물을 **만드는** 노동이기 때문이다. 그러나 "단순한 노동과정의 관점에서 얻어지는 이러한 생산적 노동의 규정은 자본주의적 생산과정에 대해서 결코 충분할 수 없다." 즉, 생산은 항상 역사적인 형태 속에서 벌어지기 때문에 생산적 노동도 그 특유한 생산양식에 따라 달리 구체화된다.

우선 자본주의적 생산은 본래부터 협업을 통해 진행되고 또 사용가치(유용물)만을 생산하는 것이 아니라 교환가치 형태의 잉여를 생산하여야 한다.

첫째, 협업적 노동과정에서 사용가치를 생산하는 노동은 개인적 노동과정에서의 생산노동과 다른 사회적 형식으로 진행된다. "노동과정이 순수한 개인적 과정인 한, 동일한 노동자가 나중에 분리되게 될 모든 기능들을 통합하고 있다. 그는 자신의 생활목적을 위해 자연대상들을 개인적으로 점취하는 데 있어서 자기자신을 통제한다. 그런데 나중에는 그 자신이 통제당한다. 개별적인 인간은 그 자신의 두뇌의 통제 하에서 그 자신의 근육을 작용시키지 않고는 자연에 작용을 가할 수 없다. 자연체계 속에서 두뇌와 손이 한데 속하듯이 노동과정은 두뇌노동과 손노동을 통합한다. 그런데 나중에는 이 노동들이 적대적인 대립으로까지 분열한다."(p.531) 모든 노동과정은 두뇌기능과 손기능을 필요로 하는데, 협업적 노동에서는 경제적 고려 속에서 두뇌기능이 특정 사람들에게 배타적으로 고정되고 나머지 사람들은 손노동만을 수행하는 분업이 발생한다. 그런데 이 두뇌기능은 자연체계 안에서처럼 손기능을 조종하고 균형잡는 식으로 보충함으로써 한 주체의 활동의 통일성만을 매개하는 것이 아니라, 전체를 관망하기에 유리한 위치에서 남의 노동을 수취하고 이를 위해 억압하는 기능으로 쉽사리 탈바꿈한다. 왜냐하면 이러한 분업체계 속에서 두뇌 노동은 자연체계 속에서와 같이 한 주체의 다른 기능이 아니라, 여러 주체들의 두뇌기능을 중지시키거나 억압함으로써 성립하는 다른 주체의 독점적 기능이기 때문이다. 이러한 착취와 억압의 기능을 덧붙여 수행하는 두뇌노동은 손노동과 "적대적 대립"에 선다. 즉 자본가와 그의 감독 대리인들이 그들이다. 그러나 착취를 위한 감독 및 지시의 권한이 없는 평범한 정신노동자들이 거의 전무하던 시절에 얘기된 위 맑스의 말은 오늘날 지식 프롤레타리아트(예를 들면 맑스가 바로 다음 페이지에서 예로 들고 있는 임노동자로서의 교사들)의 대규모 출현과 함께 불가피하게 유연화, 구체화되어야 한다. 즉 두뇌노동은 손노동과 적대적 대립에 있는 자본가, 감독 등의 적대적 정신노동과 적대적 대립에 있지 않는 비(非)적대적 대립의 정신노동으로 분화되어 파악되어야 할 것이다. 위 "적대적 대립" 구절을 교조적으로 절대화하면, 자본과 노동의 이분적 관계에 비추어 볼 때 자본 쪽에 있는 정신노동과 노동 쪽에 있는 정신노동이 혼란된, 궁극적으로 자본관계를 지워 버리고 두뇌노동과 손노동의 대립을 근본모순으로 추상하게 되는 존 레텔(A. Sohn Rethel, 1899~1990), 브레이버만((Harry Braverman, 1920~1976) 등의 좌편향에 빠져들고 말 것이다. 그러나 두뇌노동은 오직 자본관계에 의해서만 손노동에 적대적으로 대립하도록 배치되는 것이고, 동시에 이 관계 속에서 한 두뇌노동이 다른 낯선 두뇌노동에 의해 통제, 억압받는 상황도 전개되는 것이다.

협업적 노동과정 속에서 생산물은 한 개인의 생산물이 아니라, 이제 여러 사람들의 공동생산물이 된다. 그 누구도 생산물을 보고 이제 '나의' 생산물이라고 할 수 없으며, 오직 '우리의' 생산물이 있을 뿐이다. 감독자들도 지배기능만 하는 것이 아니라 생산적 지도와 구상 등의 정신노동을 수행하기 때문에 이러는 한에서(그리고 이러는 한에서만), 생산하는 '우리'에 속한다. 이 '우리', 즉 결합노동자 안에서는 따라서 노동대상을 손대는 일로부터 "좀 더 가까이 또는 좀 더 멀리" 떨어져 있는 다양한 사람들이 존재하게 된다. 그리하여 손노동을 전혀 하지 않더라도 생산적인 노동, 즉 생산적 정신노동이 생겨나게 되는 것이다 : "노동과정의 협업적 성격과 함께 생산적 노동의 개념과 그리고 이것의 담지자인 생산적 노동자의 개념이 필연적으로 확대되게 된다. 생산적으로 노동하기 위해서는 이제 스스로 손을 댈 필요가 없다. 결합노동자의 어떤 하부기능을 수행하는 결합노동자의 한 기관인 것으로 족하다." 만약에 이 각 기관들에게 개인적 노동과정에 근거한 생산적 노동의 관념을 적용한다면, 이 중 어떤 기관도 개인적으로 생산물을 생산할 수 없을 것이다. 그러나 "물질적 생산 그 자체의 본성으로부터 도출한 생산적 노동의 위 근원적 규정(소비한다는 것이 아니라 생산한다는 의미의 생산적 노동개념)은 결합노동자를 전체로서 고찰할 때 여전히 진실로 남아 있다."(pp.531~532)

특유한 자본주의적 생산양식의 발전과 함께 한 생산과정에 수많은 노동자들이 동일한 상품의 생산에서 협력한다. 이때 당연히 각 노동이 생산대상과 맺고 있는 관계는 "매우 다를 수밖에 없다."(『잉여가치학설사』, MEW, 26. 1권, p.386) "예를 들면 이전에 언급된 공장 내 보조노동자들은 원자재의 가공과 아무런 직접적 관계를 맺고 있지 않다. 이런 가공행위와 직접 관계 맺는 사람들을 관리하는 감독자들을 이루는 노동자들은 한 단계 더 물러서 있다. 다시 엔지니어는 다른 관계를 맺고서 주로 그의 두뇌 등으로 일한다. 그러나 이 상이한 가치의 노동능력을 지닌 이 노동자들 전체는 단순한 노동과정의 결과로 볼 때 상품 또는 물질적 생산물로 언표되는 결과를 생산한다."(같은 곳)

그러나 생산과정에서의 이러한 정신노동과 손노동의 분리는 앞에서 한 번 언급했듯이 정신노동과 물질적 노동의 분리와 달리 자본주의 이후에만 특유한 것으로서 특유한 사회구성체의 특유한 역사적 현상이다: "상이한 노동들, 그리하여 정신노동과 손노동—또는 이런 또는 저런 측면이 우세한 노동들—을 분리하여 상이한 사람들에게 배분하는 것은 바로 자본주의적 생산양식의 특유성인데, 하지만 이것은 물질적 생산물이 이 사람들의 공동생산물인 것을 …… 방해하지 않는다."(앞의 책, p.387)

그러나 이 모든 노동자가 무릇 어떤 유용물을 생산한다는 추상적 사실만으로 자본주의적 의미에서 생산적 노동자가 되는 것은 아니다. "다른 한편 …… 생산적 노동의 개념은 협소해진다. 자본주의적 생산은 상품의 생산일 뿐만 아니라 본질적으로 잉여가치의 생산이다. 노동자는 자신을 위해 생산하는 것이 아니라 자본을 위해 생산한다. 따라서 그가 무릇 생산한다는 사실은 더 이상 충분하지 않다. 자본가를 위해 잉여가치를 생산하는, 바꿔 말하면 자본의 자기증식에 기여하는 노동자만이 생산적이다."(p.532) 그리하여 첫째, 자신을 위해서만 노동하는 쁘띠 부르주아적 생산은 자본을 위해 아무런 잉여가치를 생산해 주지 않기 때문에 자본주의적인 생산적 노동이 아니다. 둘째, 중소자본가와 고위감독자들은 자신들이 생산하는 가치보다 더 많은 잉여가치를 가져오기 때문에 자본의 시각에서 비생산적 노동자들이다.(이것의 자세한 설명은 앞에서 이미 수행하였다.) 이 관점을 더 철저히 적용할 때 고위감독노동자들이 그의 기능 중 생산적 기능이 생산하는 가치의 전량보다 더 많은 가치의 '임금'을 수령한다면 이 '임금'에는 남의 잉여가치가 포함되어 있는 까닭에 그는 부르주아지로 분류될 수밖에 없다. 따라서 당시 고위산업장교나 엔지니어(당시 엔지니어는 모두 지배기능을 동시에 수행하였다.)는 부르주아지에 속했다. 그리하여 자본의 시각에서 '생산노동의 개념'은 협소해진다. 다른 한편 하위작업감독들은 자신의 기능 중 생산적 기능이 생산하는 가치의 전량보다 적은 임금을 수령하지만 지배기능에 대한 대가도 수령함으로써 즉, 부분적으로 매수되어 있음으로써 그의 생산적 기능을 기준으로 해서 볼 때 평범한 노동대중보다는 항상 적은 잉여가치를 착취당하기 때문에 프롤레타리아트가 아닌 범주, 즉 쁘띠 부르주아 층 또는 반(半)프롤레타리아트로 분류될 수 있다.

지식 프롤레타리아트의 생산적 분파

그러나 아무런 지배기능을 수행하지 않는 탈관료화된 오늘날의 지식 프롤레타리아트나 준지식 프롤레타리아트의 생산적 분파에 대해서는 맑스의 다음 말이 완전히 타당하다 :

"다른 한편 이것(정신노동자와 손노동자의 분업관계)은 이 사람들의 각 개개인의 관계가 자본에 대한 임노동자의 관계이고 그것도 이러한 **생산적**

노동자라는 탁월한 의미에서의 이 관계라는 사실도 방해하지 않는다. 다시 말하면 이 사실에는 전혀 변함이 없다. 이 모든 사람들은 물질적 생산 안에 **직접** 고용되어 있을 뿐만 아니라 그들의 노동을 직접 자본으로서의 화폐와 교환하고 그리하여 그들의 봉급 외에 자본가를 위한 잉여가치를 직접 재생산한다. 그들의 노동은 지불노동과 무지불노동으로 구성되어 있다."(『잉여가치학설사』, MEW, 26. 1권, p.387)

즉, 물질적 생산분야에서 자본에 고용된 (준)지식 프롤레타리아들은 자본주의적 의미에서도 **완벽한** 생산적 임노동자들이다.

그러나 노동자가 생산하는 사용가치는 모두 물질적인 것만도 아니고 또 대상적인 것만도 아니다. 즉, 인간의 정신적 욕망을 충족시키는 정신적 생산물도 있고 자본이 필요로 하는 상품인 노동력이라는 인간 주체의 노동능력도 있다. 따라서 이것들의 생산이 벌어져야 하고 자본은 이러한 비물질적 생산영역에서 투자기회를 발견하여 가치를 증식한다. 자본주의적인 비물질적 생산이 맑스 시대에는 '완전히 무시될 수' 있을 만큼 '미미'했었지만, 오늘날은 대규모화되었고 물질적 생산력의 확대에 따라 더욱 대규모화할 전망이다.

첫째, 인간노동력도 하나의 상품이고 더구나 인간노동의 생산물이다. 따라서 이 노동력 생산분야, 즉 교육분야에 자본이 투하되어 교사를 임노동자로 고용하여 착취한다면, 이 교사는 생산적 노동자이다. 그런데 생산물에 노동을 투하하여 대상화한다는 우리의 방법적 표현을 너무 경직되게 생각하여 상품 '노동력'에 노동이 투하될 수 없다고 생각한다면 안 될 것이다. 노동을 대상화, 물질화한다는 표현 자체가 어차피 하나의 비유일 뿐이다. 시장에 진열된 어떤 상품을 해부하더라도 투하된 노동은 찾을 수 없을 것이다. A. 스미스는 이와 같이 너무 경직되게 생각하여 물질적 노동만을 생산적 노동으로 국한시키고 모든 용역노동을 경제영역으로부터 추방하였다. 이에 대해 맑스는 다음과 같이 말하고 있다.

"노동의 물질화 등은 A. 스미스가 파악하듯이 그렇게 스코틀랜드인식으로(경직되게—필자) 받아들이면 안 될 것이다. 우리가 상품을—교환가치의 의미에서—노동의 물질화라고 말하는 경우, 이것은 그 자체 상품의 육체적 실재와 아무런 관계가 없는, 상품의 상상된, 즉 사회적인 실존방식일 뿐이다. 상품은 사회적 노동 또는 화폐의 일정한 양으로 **관념된다**. …… 상품이 과거의 대상화된 노동으로 현상한다는 사실은 이 상품이 사물의 형식으로 현상하는 것이 아니라 다만 노동능력 자체의 형식으로만 현상할 수 있는 경우에도 물론 옳은 것임에 변함이 없다. 그러나 이 노동능력은 결코 직접 산노동 자체로 현상하는 것은 아니다.(실천적으로는 아무래도 좋은 것처럼 보이되 상이한 노동임금들의 규정이 아닌 우회로를 통해서 현상한다.) 따라서 생산적 노동은 상품을 생산하거나 노동능력 그 자체를 직접 생산하고, 도야하고 개발하고 유지하고 재생산하는 그런 노동이다. 이 투자를 A. 스미스는 생산적 노동의 표제에서 빼버리고 있다."(『잉여가치학설사』, MEW, 26. 1권, p.142. 강조는 필자)

이런 이론적 설명을 전제로 하고 맑스는 자본에 고용된 교사의 노동을 자본주의적으로도 생산적인 노동으로 설명하고 있다.

"물질적 생산영역 밖에서 예를 들어 보자면, 학교 선생은 그가 어린이들의 머리를 가공할 뿐만 아니라 기업가를 치부시키기 위해 자기자신을 노동에 의해 마모시키는 경우 생산적 노동자이다. 이 기업가가 자신의 자본을 소시지 공장이 아니라 교육공장(Lehrfabrik)에 투하했다는 것은 사태를 조금도 변화시키지 않는다."(p.532)

따라서 자본주의적 사설강습소나 사립학교(초·중·고등학교)에 고용된 노동자들은 생산적 임노동자들, 즉 생산적 지식 프롤레타리아트들이다. 그리고 관념적 총자본가인 국가에 의해 별정직 공무원으로 고용된 초·중·고등학교 교사들도 그들의 일정한 신분보장에도 불구하고 생산적 지식 프롤레타리아의 본질을 지닌다. 그러나 국립·사립대학교의 교수들이나 우리나라 사설학원의 강사들은 지식 프롤레타리아트가 아니다. 그들은 연중 4개월 이상을 쉬거나 개인적으로 저서를 내어 소득과 명성을 얻고 개인교습을 통해서도 큰돈을 벌 수도 있는 반(半)자유직 근로자들이기 때문이다. 이들은 구(舊)인텔리 개념에 속한다.

자본에 종속되어 '노동력생산공장'에서 일하는 지식노동자가 아니라 노동력이 육체적으로나 정신적으로 구멍이 나거나 마모될 때 망가진 노동력을 '떼우는'(zuflicken) 임금노동자들이 있다. 서구에서 오늘날의 의사들은 옛 호시절과 같지 않아 대량으로 생산되어 개인병원을 개업할 기회를 점점 더 잃어 가고 있고 고용 시에도 그 봉급이 계속 하락하고 있는데, 이들이 대병원이나, 각종 대학병원 및 국공립종합병원에 임금노동자로 고용되어 생계를 벌고 있다면, 역시 생산적 지식 프롤레타리아트이다. 물론 동문 선후배 간의 유사(類似) 직장-장인-도제 위계관계 — 개업의, 레지던트, 인턴, 학생

—가 강력히 잔존하고 과거의 길드조직처럼 특권적인 '○○의사회' 등의 직업단체(Korporation)에 묶여 있는 한국의 의사들은 임금수령자라 하더라도 아직 지식 프롤레타리아가 되었다고 볼 수 없다. 의료분야에는 의사 이외에도 의료보조노동자들(간호사 및 남녀 간호보조원, 보건전문대 출신의 남녀 의료보조원 등)이 있는데, 이들도 지식 프롤레타리아트 또는 준지식 프롤레타리아트로서 이에 해당한다.

그 밖에 대출판사, 대연구소, 신문사 및 방송국에 고용된 지식정보 생산 노동자 및 예술·오락의 생산을 맡는 연예인들이 있다. 전자는 지식·정보라는 긴요한 사용가치를 생산하는 임노동자들로서, 출판사의 교정·편집·기획을 맡는 평범한 지식노동자, 국립연구소나 독점재벌이 운영하는 연구소의 평연구원, 신문사 및 방송국의 평기자 및 기획·편집 담당자, 아나운서 등을 말한다. 방송국이나 자본주의적 극단, 영화사, 접객업소 등에 고용된 임노동자로서의 연예인들(광고소득 등의 별도 소득활동을 할 수 있는 인기연예인은 제외한다.)도 대중의 예술적·오락적 욕망을 충족시키는 사용가치인 연기를 생산하면서 자본을 증식시키는 생산적 지식 프롤레타리아트이다. "극장, 오락시설 등의 기업에서도 마찬가지다. 여기에서 연예인은 청중에 대해서 예술가로 관계하지만 그의 기업주에게 그는 생산적 노동자이다."(『잉여가치학설사』, MEW, 26. 1권, p.386)

자본주의적인 생산적 노동은 위에서 확인했듯이 사용가치를 생산하면서 동시에 자본을 위해 잉여가치를 생산하는 노동자들이다. 물질적 생산 분야에 고용된 임노동자들은 프롤레타리아트의 핵심으로서 거의 대부분이 생산적 노동자라는 사실을 이해하는 데에는 전혀 어려움이 없을 것이다. 그런데 여기서 사용가치의 특정한 성격에 구애되어 여기에 고용된 노동을 비생산적 노동으로 분류하는 물신숭배에 빠져들어서는 안 될 것이다. 고전경제학자들은 무기, 사치품 등의 생산에 고용된 노동을 비생산적 노동으로 간주하곤 했는데, 이것이 그런 물신숭배의 전형적인 예가 된다. 중농주의자들은 농업생산물이 아닌 모든 생산물의 생산노동을 비생산적 노동으로 간주하였다.(p.532 참조) 그러나 생산적 노동의 개념은 사용가치의 소재적 성질에 구애받지 않는다. 생산적 노동이란 어떤 특정한 사용가치가 아니라 사용가치 일반과 일정한 역사적 생산관계를 표현하는 것이다. "따라서 생산적 노동개념은 활동과 그 효용효과 간의 관계를 포함할 뿐만 아니라 노동자를 자본의 직접적인 가치증식 수단으로 낙인찍는, 특유하게 사회적인, 역사적으로 생성된 생산관계도 포함한다. 그리하여 생산적 노동자란 결코 행운이 아니라 불운이다."(p.532)

자본주의적인 비생산적 노동의 두 분파

마지막으로 자본에 고용되어 잉여노동을 착취당하지만 사회적 총자본의 시각에서 볼 때 비생산적인 노동자들에 관하여 논의해 보자. 자본의 전과정은 생산과정과 유통과정의 통일로서 실존하는데, 이 유통과정에도 많은 노동이 필요하다. 여기에 고용되는 노동자의 임금은 자본의 유통비용의 일부를 이룬다. 그러나 이 임금은 노동시장에서 결정되므로 이 유통 노동자들의 필요노동만을 표현한다. 따라서 그들도 무(無)지불 잉여노동을 수행한다.(『자본론』 제3권, MEW, 25권, p.305, 311 등) 그러나 그들의 기능은 사용가치를 생산하는 노동이 아니라 이미 생산된 가치와 잉여가치를 시장에서 현금화하는 기능을 수행하기 때문에, 사용가치와 동시에 잉여가치를 생산하는 노동이어야 한다는 생산적 노동의 조건 중 첫 번째 조건을 위배하고 있다. 따라서 그들의 잉여노동은 당연히 잉여가치로 대상화되지 못하는 것이다. 상품의 판매, 판촉, 시장조사, 경리, 서류정리, 보관, 필경, 타자, 상품포장, 보관, 발송 등에 투여된 모든 노동은—착취당하는 노동이면서도—비생산적 노동이다. 이들은 생산기업의 상업분과나 기획분과, 총무과, 포장, 발송 등의 분과에 고용될 수도 있고 독립적인 상업자본(백화점, 은행, 창고업, 각종 금융기관, 대형서적상 등)에 고용될 수도 있다. 이곳의 분업도 꽤 심화되어 부르주아나 쁘띠 부르주아일 수 있는 과장급 이상의 관료와, 대졸 평사원으로서의 비생산적 지식 프롤레타리아 및 하급사무직원이나 판매원으로서의 노동계급의 비생산적 분파로 분리되어 있다. 이들 중 지식 프롤레타리아와 하급사무직 노동자들은 무(無)지불의 공짜 잉여노동을 해야 하기 때문에 비생산적 노동자라 하더라도 이러한 노동을 수행하는 것이 역시 '행운'은 아니다. 그러나 생산적 노동자들에 비하여 보다 나은 노동조건에 들어 있다. 우선 그들은 노동계급의 생산적 분파인 산업(광공업)노동자와 농업노동자들에 비교할 때 그들은 모두 노동대상과의 대결과정에서 생겨나는 먼지, 소음, 악취, 해로운 광선, 그 밖의 건강상 및 생명상의 위험으로부터 공간적으로 이격되어 있고 또 생산과정에서 이러한 위험들을 피하기 위해 지켜야 하는 엄격한 규율 등의 규제에 비해 꽤 헐거운 사무실 분위기 속에서 커피 등을 마시면서 근무할 수 있다. 바로 이러한 조건상의 유리점 때문에 단순사무 및 상업노동자의 평균임금이 생산직 노동자의 평균임금을 밑돌지라도 이 단순사무 및 상업노동직에 노동력이 쇄도하고 있는 것이다. 유통기능의 지식 프롤레타리아를 생산적 지식 프롤레타리아와 비교하더라도 이 상업관계 지식 프롤레타리아는 엔지니어처럼 공장설계 등을 위해 먼지와 소음 등에 찬 공장을 하이버를 쓰고 드나들거나 출판사 편집사원처럼 끊임없이 '돼지꼬리'와 삐침표, 대조작업 등의 잔일에 시달리지 않으며 무명 연예인 임노동자처럼 몸을 쓰거나 의사나 간호원처럼 보통 인상 쓰고 있기 마련인 환자를 대하거나 이들의 오물과 접하지 않아도 되며 기자들처럼 밤낮 뉴스원을 찾아 '발로' 뛰어야 하는 것은 아니기 때문이다.(물론 생산적 지식 프롤레타리아는 단순사무, 판매, 포장, 발송 노동자에 비해 나은 조건에 있다.)

이와 같이 생산적 노동과 비생산적 노동의 분류는 지식 프롤레타리아트의 분파들과 노동계급의 분파들을 구분해 준다. 과거 서독에서 일부 맑스주의자들이 이 생산적, 비생산적 노동범주로 계급분류를 수행하려는 사변적 시도들을 줄기차게 한 적이 있었는데, 모두 실패하고 말았다. 생산적 노동범주는 맑스가 계급분류를 위해 전개한 것이 아니며 본질적으로는 축적론적인 의미를 지니는 것이기 때문이다. 즉, 축적의 최대화를 위해서는 생산적 노동은 되도록 많아야 하고 비생산적 노동은 되도록 적어야 할 것이다. 비생산적 노동자의 숫자는 궁극적으로 생산적 노동자의 숫자에 의해 규제된다. 즉, 생산노동의 기초 없이 비생산적 노동자만 증가할 수 없다는 뜻이다: "이 노동의 증가는 항상 결과이지, 결코 잉여가치의 증대의 원인이 아니다."(『자본론』 제3권, MEW, 25권, p.312) 이 축적론적 관점에서 사회적 재생산과정에 배치된 생산적 분파와 비생산적 분파가 구분될 수 있다. 따라서 생산적, 비생산적 노동개념은 계급구획에 대한 의미를 갖는 것이 아니라 동일계급 내에서 **분파구획**의 의의를 지니는 것이다. 즉, 자본가계급은 생산적 자본가분파와 비생산적 자본가분파로 분리되고, 지식 프롤레타리아트도 생산적 지식 프롤레타리아와 비생산적 지식 프롤레타리아로 분류되며, 노동계급도 생산적 노동분파와 비생산적 노동분파로 대별된다.

J. 쿠친스키의 단순사무직 노동자관에 대한 비판

노동계급의 산업노동자와 상업노동자의 **분파적** 차이를 **계급적** 차이로 과장하여 상업노동자들을 노동계급에 집어넣지 않으려는 낡은 관념의 대표자인 J. 쿠친스키(J. Kuczynski)는 자신의 주장을 정당화하기 위해 탤만(Thählmann)의 주장까지도 일부 왜곡해서 이해하고 있다. 그는 다른 '불철저한' 소련과 동구권의 맑스-레닌주의자들이 서구노동계급의 숫자가 감소하는 것에 불안해 하며 줄어드는 이 숫자를 사무·상업노동자(Angestellte ; 지식 프롤레타리아는 제외)들로 채우려 한다고 비판하면서 탤만을 들이대고 있다: "사무·상업노동자들(Angestellten) 사이에서의 우리 사업의 개선은 우리가 조야하게, 게다가 잘못되게 이 사무·상업노동자들도 그저 프롤레타리아라고 선언함으로써 얻어질 수 있는 것이 아니고 이 계층의 특수성을 동시에 프롤레타리아와의 그들의 긴밀한 결합성을 명확하고 정치하게 밝혀내고 이로부터 이들 사이에서의 사업의 올바른, 상응하는 방법을 도출함으로써만 얻어질 수 있다. 따라서 모든 사무·상업직원들이 혁명적 관점에서 신뢰할 수 없고 '빳빳한 칼라 프롤레타리아'로 불려지고 간주되어야 한다는 식의 편향도 용인해서는 안 되고, 사무·상업노동자들이 단순한 산업 프롤레타리아와 간단히 등치될 수 있다는 식의 정반대편 오류도 지나쳐서는 안 된다."(텔만)

그러나 쿠친스키가 들이대고 있는* 이 텔만의 언표는 오히려 그의 오류를 지적하고 있는 셈이다. 텔만은 정확히 노동계급의 비생산적 분파인 단순 상업·사무직원은 산업노동자와 완전히 등치시켜도 안 되지만, 노동계급 밖으로 내던져서도 안 된다고 말하고 있기 때문이다.

형식적 포섭과 실질적 포섭의 개념

자본관계, 즉 자본의 노동에 대한 착취-권력관계는 모든 생산수단으로부터 벗겨져 나온, 신분적으로 자유로운 알몸뚱이 생산자들을 일정량의 화폐를 축적한 화폐소유자가 자신의 권력 아래 고용하여 잉여노동을 강탈하는 것에 의해 성립한다. 이때 이 임금노동자의 의미를 정밀히 규정할 필요가 있다. ① 그는 모든 생산수단으

* Jürgen Kuczynski, *Bemühung um die Soziologie*, 1986, Berlin, p.94

로부터 배제되어 있다. ② 그는 그의 생산물과, 이 생산과정에서 생겨나는 재료부스러기로부터도 배제된다. ③ 그는 자본가의 **직접적인** 권력통제 하에 일한다. ④ 그는 부업적으로나 임시적으로 고용되는 것이 아니라 그의 노동시간 **전부**를 자본 아래서 노동한다. (즉, 부차적인 개인적 소득활동으로부터 배제된다.) ⑤ 그의 필요노동을 넘어서는 잉여노동을 수행해야 한다. 이것이 근대적 프롤레타리아트의 보다 상세한 의미이다. 이것은 순수한 경제적 종속이 낳는 관계로서 노동자의 저항이 없다면 이 조건하에서도 자본은 노동시간의 연장을 통해 증식할 수 있다. 이것을 절대적 잉여가치의 생산이라 불렀다. 그러나 노동자의 저항이 강해지면 절대적 잉여가치의 생산은 상대적 잉여가치의 생산에 의해 보충되어야 한다. 이것은 생산기술, 조직, 생산자의 노동능력의 발전을 전제한다. 그리하여 이러한 변화의 기초 위에서 자본가와 노동자의 관계와 노동자들의 그룹화(化)가 달리 혁신된다. 즉 노동이 단순화되고 더욱 무력화된다. 이것은 위 순수한 경제적 지배-종속과 다른 것인데, 좀 더 정확히 말하면 이 경제적 종속의 전제 위에서 이 경제적 종속에 더하여 그리고 이 종속을 더욱 강화하면서 경제적 종속의 **역사적 형식**이 노동 그 자체에 **소재적**으로 각인(刻印)되는 것을 뜻한다. 저 순수한 경제적 종속에 의해 벌어지는 자본에 대한 노동의 종속을 **자본 아래로의 노동의 형식적 포섭**이라고 부르고, 이것의 형식이 노동 그 자체의 단순화, 무력화를 통해 각인, 강화된 종속을 **자본 아래로의 노동의 실질적 포섭**이라 부른다. 실질적 포섭은 형식적 포섭의 심화발전의 결과이다 : "따라서 그것(상대적 잉여가치의 생산)은 자신의 방법, 수단, 조건, 그 자체로써 자본 아래로의 노동의 형식적 포섭의 기초 위에서 자연발생적으로 생겨나 완성되는 특유한 자본주의적 생산양식을 전제한다. 형식적 포섭 대신 이제 자본 아래로의 실질적 포섭이 들어서게 된다."(p.533)

전(前)근대적인 상인고리대자본에 잉여가치를 흡혈당하던 선대제 하의 소생산자들은 아직 임노동자가 아니었고 또 이 관계는 형식적인 자본관계도 아니었다 : "잉여노동이 직접적인 강제를 통해서 생산자로부터 강탈되는 것도 아니고 또 자본 아래로의 그의 형식적 포섭이 성립한 것도 아닌 중간형태들에 대해서는 단순한 적시만으로도 충분하다. 여기서 자본은 아직 노동과정을 직접 장악하지 못하였다. 대대로 전해 내려오는 경영 방식으로 수공업적으로 제작하고 농사짓는 생산자들 옆에 나란히 고리대업자나 상인, 즉 그들을 기생충처럼 흡혈하는 고리대자본 또는 상인자본이 등장한다."(p.533) 선대제 하에서는 상인이 일정한 재료를 대고 일정한 생산물의 제작을 독립적인 수공업자에게 위탁하면 이 자는 주문대로 물건을 만들어 주고 그 대가를 받았다. 이때 그는 다른 상인의 주문도 받았을 뿐만 아니라 일정 여유 자금으로 재료를 사 독자적으로 상품을 만들어 팔았기 때문에 상인자본에 대해서 형식적으로뿐만 아니라 실질적으로도 자립적이었다. 또한 그는, 그의 생산물로부터 완전히 배제되지도 않았는데 상인의 주문에 따라 만든 생산물의 일정량을 대가로 유보할 수도 있었다. 그러나 이러한 그의 전통적인 권리가 거부되면서부터는 '횡령'하고 질이 나쁜 재료를 섞어 재료를 빼냈다. 선대제 하에서의 갈등의 전형적인 형태는 이

횡령과 이것을 막으려는 상인의 추적 간의 갈등이었다. 이것을 규제하는 법률이 입법화되고 관철된 후에도 생산과정에서 나오는 부스러기 재료는 당연히 생산자의 소유였다. 이러한 전통은 다시 갈등의 요인이 되었다. 18세기 당시에도 이런 전통은 강력히 잔존하여 영국의 한 해군목공장에서는 그러한 전통적 권리가 노동자들에게 인정되었다. 즉, 노동자들은 작업이 끝난 후 재료의 일부를 양껏 들고 나갈 수 있었던 것이다. 해군 측은 이것을 화폐로 계산하여 임금에 포함시키고 이 전통을 중단시키고자 했으나 노동자들의 저항에 부딪혀 양보하고, 가져갈 수 있는 목재의 길이를 노동자 자신의 몸길이로 한정하였다가 나중에 일정한 길이로 고정시켰다. 그러고 나서 꽤 세월이 지난 후 보니 해군목공장 주변의 판자집들의 창틀 크기가 다 똑같더라는 것이다. 아무튼 여기에서도 이 권리가 소멸하고 말았겠지만, 남으로 하여금 생산토록 하여 생산물 전량을 탈취하고 그 재료와 부스러기까지 독점하는 자본주의적 소유관계는 생산자가 일부생산물을 유보하고 일부만을 납부하였던 봉건적 소유관계와도 다른 것으로서, 오직 이 봉건적 소유관계의 태내에서 새로이 발생되어 나온 것일 뿐이다. 따라서 저 선대제 하에서의 전통과 그 갈등은 봉건적 소유의 잔재가 붕괴되면서 자본주의적 소유개념이 관철되는 과정의 표현으로 볼 수 있을 것이다.

우리나라 방짜공들도, 1960년대 중반까지도 잔존하였던 전북 정읍시의 방짜제조업의 경우를 보면, 방짜수저나 그릇 등을 두드리고 남은 쇠부스러기에 대한 당연한 소유권을 가지고 있었고, 이것은 쇠를 주고 작업을 주문하는 상인이나 유기점주(主)들에 의해서도 당연한 것으로 인정되었다. 따라서 자본주의적 소유관계의 성립, 또는 같은 말이지만 자본관계의 성립이란 아무리 그것이 형식적 포섭의 형태로 이루어진다 할지라도 생산자로부터 모든 생산수단, 모든 생산물, 모든 생산재료의 부스러기, 모든 생산적 노동시간을 탈취하는 것을 자연스런 객관적 관계로 인정하는 질서의 성립을 뜻한다.

따라서 프롤레타리아적 임금노동자란 이러한 온전한 자본관계에서 있는 노동자를 뜻한다. 따라서 비록 자본에 의해 고용되어 있지만 생산적 노동의 전(全)시간을 요구당하지도 않고, 자신의 생산적 노동시간의 일부를 개인적 소득활동으로 전용하더라도 방해받지 않으며, 또 이 활동의 결과물을 자신의 고용주에게 탈취당하지도 않는 반(半)자유 인텔리들, 즉 교수, 인기예술인, 사설대입학원의 인기강사 등은 지식 프롤레타리아트가 아니다. 또한 매뉴팩처 노동자들도 근대적 프롤레타리아가 아니었다. 그들의 지위는 아직 형식적 자본관계조차도 **완결된** 것이 아니었다 : "16~18세기의 매뉴팩처 노동자들은 거의 모든 곳에서 아직 생산도구를 그의 소유로, 그의 베틀, 그의 가족을 위한 물레, 그가 짬짬이 경작하던 작은 농지를 가지고 있었다. 프롤레타리아는 이 모든 것이 없다. 매뉴팩처 노동자들은 거의 언제나 시골에 살고 그의 주인 또는 고용주와 많건 적건 간에 가부장적인 관계에 있었다. 프롤레타리아는 대부분 대도시에 살고 그의 고용주와 순순한 화폐관계에 들어 있다."(엥겔스,『공산주의의 제원칙』, MEW, 4권, p.367) 이런 까닭에 맑스도 "매뉴팩처 기업의 공장기업으로서의 전환"을 "자본과 노동력의 **참된** 관계의 산출"로 묘사한다.(p.785) 따라서 맑스가 여기서 일단 규정하고 있는 형식적 포섭이란 실질적 포섭 이전에 시기적으로 앞서 실제로 순수하게 성립한 적이 없는 것으로서 단순한 이론적 추상이다.

그렇다면 형식적 포섭 개념은 아무런 현실성도 없는 단순한 추상으로 그치는가? 물론 아니다. 이 개념은 기계적 대공업과 함께 앞에서 설명한 대로 이종적 생산과정의 반(半)수공업적 노동자들인 당시 노동귀족층에서 그 완전한 현실성을 얻었다. 이 노동자들은 아무런 생산수단도 가지고 있지 않은 또 아무런 생산물 소유권도 없는 완전한 임노동자들이었다. 그러나 이들은 기계에 의해 단순화되지도 무력화되지도 않은, 노동과정 안에서는 자립적인 노동자들이었다. 그들은 순수하게 경제적인 예속상태, 즉 완전한 형식적 포섭 상태에 있었던 것이다. 현대에 있어서 이와 본질적으로 동일한 지위에 있는 노동자들은 앞에서 줄기차게 설명해 온 지식 프롤레타리아트이다. 이들은 그들의 노동 안에서 자립성을 향유한다. 그는 그의 노동분야에 관한 한 전문가이고 자본가나 관료들은 그 내용에 어두워 기술적인 간섭을 시도할 수 없고 오히려 기술적으로는 이들에게 의존한다. 자본가나 관료적 상사는 노동의 성과를 놓고 확인하거나 노동 규율 등으로 질서를 잡음으로써 오직 외적으로 통제할 수 있을 뿐이다. 이러한 모든 내용이 19세기 노동귀족층과 본질적으로 동일하다. 그들은 생산수단이 전혀 없고 자신의 생산물에 대한 처분권도 전혀 없으며 개인적 소득활동을 할 시간도 전혀 없는 완전한 임노동자들이다. 즉 지식 프롤레타리아트의 형식적 종속은 완전하다. 그들은 자본에 대한 순수한 경제적 예속

속에 들어 있다. 지식 프롤레타리아트는 매수된 노동자라는 오용되는 의미에서가 아니라 맑스, 엥겔스에 의해 사용된 객관적인 의미에서의 새로운 노동귀족층이다. 노동귀족층의 일부가 매수될 수는 있지만, 이러기 위해서는 자본가의 별도의 제도적 조치가 필요하다.

지식 프롤레타리아트는 ① 관료체제에 편입됨으로써 조직적으로 매수, 부패될 수 있다. ② 관료체제의 주변에 있는 자들로서 관료체제의 영향, 즉 승진의 가능성, 동경, 기대, 확약 등에 의해서 간접적으로도 매수될 수 있다. ③ 근속자, 유공자, 평생사원제 등 별도의 제도적 조치에 의해 매수될 수 있다.(주택 제공, 자녀장학금 지급, 종신고용의 보장 등) 그러나 자본의 반대 방향의 운동이 더 근본적이다. 자본은 팽창한 지식 프롤레타리아트의 임금을 삭감하여 여기에서 잉여를 구하는 역사적 성향을 갖는다. 동시에 과학, 기술의 계속적인 투입과 유통량의 증대는 지식 프롤레타리아트의 수적 증가를 가져오고 지배기술로 투입되는 극소전자기술은 위계서열을 단순화시켜 관료적 직책의 수를 상대적으로 감소시켰다. 그리하여 인사정체는 필연화된다. 따라서 매수되지 않은 지식 프롤레타리아트, 즉 노동귀족은 계속해서 팽창할 것이다.

현대에 있어서 프롤레타리아트의 매수된 계층은 노동계급의 숙련노동자층이 아니다. 현대의 매수된 계층은 지식 프롤레타리아트에서 충원되는 기업관료층과 노동계급의 장기근속자 중에서 충원되는 하급관료층(직장, 반장, 조장 등)으로 구성된다. 이 층들이 발휘하는 주변적 부패효과는 매수를 위해 주어지는 사회적, 경제적 특권에 비례할 것이다. 노동계급의 상층과 하급관리자층이 20세기초 제국주의 국가의 주된 매수대상이었다면, 지식 프롤레타리아트 제계층은 오늘날의 주된 매수대상이다. 따라서 여기서 주목해야 할 것은 ① 노동귀족이 (준)지식 프롤레타리아트로 형태변환되어 노동계급 안에서는 없어졌다는 점, ② 자기노동력의 가치에 대응하는 정당한 임금을 받는 노동귀족층을 프롤레타리아트의 매수된 계층과 혼동해서는 안 된다는 것이다.

노동귀족층과 매수된 계층의 개념적 혼동에 대한 비판

기존의 좌편향적 맑스-레닌주의 이론들은 ① 노동귀족을 19세기와 동일하게 노동계급 내에서 구했고 ② 노동귀족을 매수된 계층들과 완전히 혼동했고, ③ 노동계급과 프롤레타리아트를 구태의연하게 등치시키고 있다. 그러다 일부 이론가들이 ①의 입장을 포기하고 노동귀족을 지식 프롤레타리아트로부터 충원되는 감독관료층에서 구하는 새로운 입장을 내놓았지만, 여전히 ②와 ③의 낡은 관념을 불식하지 못하고 있다. 다음에서 노동귀족 개념에 대한 원래의 좌편향적 입장(1973)과 새로운 입장(1984)을 비교 소개해 보겠다.

노동귀족층(Arbeiteraristokratie)

소(小)정치학사전 (W. Böhme 외 지음, 동베를린, 1973)	역사사전 (D. Fricke 외 지음, 동베를린, 1984)
특유한 경제적, 사회적, 정치적 기준에 의해 규정되는, 자본주의 안에	

서의 노동계급의 한 계층. 그 사용에 있어서 노동계급의 일부의 보다 고차적인 기능을 요구하는 생산력의 발전과 더불어 자본주의의 전(前)독점단계에서(19세기 중반 이래) 시작되었다. 노동귀족층은 보다 고차적인 전문기능, 보다 나은 급여, 보다 나은 사회적 지위와 가끔 계급의식의 다소 폭넓은 상실 등을 통해 노동자대중과 구별되었다. 자본주의가 독점단계(제국주의)로 이행하면서 모든 선진자본주의 국가에서 노동귀족층이 나타났다. 노동귀족층에 대한 독점 부르주아지의 정책은 이들을 정치적으로 부패시키려는 목표를 추구한다. 노동귀족층은 독점 부르주아지에 의해 노동계급 안에서 직접적인 영향력을 획득하고 노동계급을 제국주의적 계급지배를 유지할 목적으로, 이데올로로기적으로, 정치적으로 조직적으로 분열시키기 위해 이용된다. 노동귀족층에 기회주의의 한 사회적 뿌리가 들어 있다. 노동귀족층의 발전은 생산력 및 부르주아지와 프롤레타리아트의 계급투쟁의 발전에 의해 그리고 특히 과학기술혁명과의 관련 속에서의 변동하는 노동계급의 기능구조에 의해 영향 받는다. 노동자의 기능자격의 보다 강력한 분화와 더불어 독점부르주아지에게 노동계급의 물질적, 정치적 조작의 계속적인 가능성들이 생겨나고 있다. 국가독점자본주의의 현존재조건 하에서 노동계급의 상층

왼쪽과 내용 동일

오늘날의 국가독점자본주의의 존재조건 하에서는 노동계급의 비교적은 상층에 대한 영향력 주입은 더 이상 자본주의적 계급 지배의 유지를 보장하지 못한다. 따라서 독점 부르주아지는 국가 독점자본주의적 지배기구를 이용하여 노동계급의 보다 큰 부분의 물질적, 사회적, 이데올로기적 구속의 체계를 모색하고 있다. 과학 기술혁명에 의해 유발되는 노동계급의 기능자격의 분화, 자본주의적 재생산과정의 가일층적 사회화 그리고 국가활동의 확장 등은 오늘날 이러한 구속들이 구현되는 장(場)이다. 노동귀족층은 오늘날 무엇보다도, 자본

에 대한 영향력 주입은 더 이상 자본주의적 계급지배의 유지를 보장하지 못한다. 왜냐하면 개량주의적 노력조차도 독점이윤의 보장을 침해할 수 있기 때문이다. 이런 이유에서 독점 부르주아지는 국가독점자본주의적 기구를 이용하여 노동계급의 대다수를 포괄하는 물질적, 이데올로기적 조작체계를 창출하려고 노력해 왔다. 우파사회민주주의 지도자들의 적극적인 협조로써만 독점자본과 국가는 국가독점자본주의에 노동계급의 대다수를 공고히 묶어 매는 정책을 추구할 수 있다. 독점자본은 이를 위해 우파사회민주주의 지도자들이 노골적으로 제국주의적 입장으로 옮겨간 것을 이용하고 있는바, 이 제국주의적 입장들은 제국주의의 국가독점자본주의적 개량정책을 제국주의의 새로운 존재조건에 적응시키려고 시도한다.	증식과 자본주의 체제의 유지에 특히 중요한 프롤레타리아트의 저 부분들, 예를 들면 엔지니어, 테크니커와 그 밖의 사무직원들 중의 주로 감독기능을 수행하는 전문가들 및 국가영역의 일정한 집단의 사무피고용자와 관리들로부터 충원된다. 노동계급의 대부분을 제국주의에 확고하게 묶어내려는 정책을 독점 부르주아지와 국가는 오직 우파사회민주주의 지지자들의 적극적인 협조에 의해서만 추구할 수 있을 뿐인데, 이들은 제국주의적 입장으로의 노골적인 이행을 완수했고 국가독점 자본주의적 개량의 길을 통해 제국주의를 이것의 현존재조건에 적응시키려고 시도하고 있다.

『정치학사전』은, 이미 1950년대 엔지니어, 기술자, 사무직원들이 대중적 현상이 되었는데도 노동귀족을 노동계급의 일부로 규정하는 좌편향을 계속 범하고 있고 노동귀족층과 매수된 계층의 혼동, 노동계급과 프롤레타리아트 개념의 등치 등의 낡은 관념을 계속 관철시키고 있다. 『역사사전』은 과감하게 엔지니어, 기술자 등을 "프롤레타리아트의 저 부분들"에 포함시키고 있지만 "감독기능을 수행하는 전문가들"과 국가의 "관리들"까지 싸잡아 '프롤레타리아

트'에 집어넣고 있는 점에서 개념적 혼란을 일으키고 있다. 특히 같은 사전의 '프롤레타리아트' 항목에는 '노동계급' 항목을 보라고 지시해 놓고 노동계급 안에 엔지니어, 테크니커들이 전혀 언급되어 있지 않으며 '인텔리' 항목에서는 그 어디에도 그 일부가 지식 프롤레타리아트나 노동계급에 속한다는 명시가 없다. 한 마디로 비일관성으로 일관하고 있다. 그럼에도 불구하고 이 『역사사전』의 뛰어난 입장은 매수된 계층을 노동계급 안에서 구하지 않고 엔지니어, 기술자, 기업관료, 팽창된 국가기구 내의 각종 잡급직 공무원 및 하급관리들로 규정하고 있는 점이다. 이것은 위대한 시각 전환이다. 그러나 노동귀족층과 매수된 계층의 혼동은 여전하다.

노동귀족층과 매수된 노동자층의 구분

우리가 여기서 문제 삼는 **매수**(Bestechen)는 일시적이고 개별적인 매수가 아닌, **항구적이고 지속적인** 현상으로서의 매수이다.(일시적이고 개별적인 매수는 어떤 자본기업에서든 노동자들의 몇몇 인자들에 대해 가능한 것이다.) 항구적이고 지속적인 매수에는 지속적인 초과 경비지출이 따르게 되어 기업의 **항구적인 초과이윤**이 일상화되어야 할 것이다. 자본의 일상적 초과이윤은 ① 독점이윤과 ② 제국주의적 해외수탈에 의해서만 가능하다. 국내적 독점이윤이 독점대기업들에게 방대하고 흔들림 없는 관리 또는 관료기구의 수립을 가능케 하여 보통 기업 총인원의 1/4에 육박하는 관료층, 즉 체계적으로 매수된 계층을 형성시킨다면, 해외수탈은 이 사회 조직으로 매수된 관료층에 더하여 이 관료층 주변의 인자들을 수많은 방법에 의해 더욱 폭넓게 매수할 수 있게 해준다. 물론 이 두 조건이 겹치게 되면, 노동귀족층의 관료적 "탈영병들"(엥겔스)뿐만 아니라 노동귀족층 **전체**가, 심지어 이것을 넘어서까지 매수, 부패될 수 있다. 1885년 엥겔스는 다음과 같이 말하고 있다 : "영국의 (국제시장에서의—필자) 공업독점이 지속되는 한, 영국 노동계급은 일정한 정도까지 이 독점의 이점들에 참여해 왔다. 그런데 이 이점들은 노동계급 사이에 아주 불균등하게 분배되었다.(노동자들의—필자) 특권적 소수층이 최대분을 챙겼지만, 노동대중조차도 적어도 이따금 일시적으로 그 일부를 가졌다. 그리고 이것은 오웬주의가 소멸한 후 영국에서 사회주의가 없었던 이유이다."(엥겔스, MEW, 21권, p.197) 이런 까닭에서만 엥겔스는 노동귀족층을, "때때로 반동화될 조짐을 보였던" 당시의 "공식적 노동자조직, 즉 노동조합"(앞의 책, p.511)과 등치시켰던 것이다 : "노동자들의 귀족층 일반과 같은 조직들은 글랫스톤 및 자유 부르주아지와 나란히 갈 뿐, 이들보다 더 나아가지는 않는다."(앞의 책, p.512) 그럼에도 불구하고 형식적 포섭에 대응하는 최고임금수령층이라는 객관적 의미의 노동귀족층 개념(p.697)이 붕괴하는 것은 아니다. 레닌도 이 점에 있어서는 하등의 개념적 혼란에 빠져들지 않고 있다 : "이러한 어마어마한 초과이윤으로 …… 노동자 지도자들과 노동귀족층의 상층을 **매수**할 수 있다는 것은 명백하다. 이들도 '선진' 제국의 자본가들에 의해 매수되는 것이다.—수천 가지의 직접적이고 또는 간접적인, 공공연한 또는 은밀한 방법들을 통해. 이 부르주아화된 노동자층 또는 생활양식에 있어서, 소득상으로 또 전체적인 세계관에 있어서 완전히 속물화된 노동귀족의 이 계층은 제2 인터내셔널의 지지대요 부르주아지의 사회적인 …… 지지대이다."(레닌, 『제국주의론』, 선집 1권, Berlin, 1970, pp.773~774) 즉, 노동귀족은 초과이윤 이전에도 존재하는 것이고 비로소 나중에야 매수되는 것이다.

제국주의 국가의 노동귀족은 거의 그 전체에 걸쳐서 매수될 수 있다. 따라서 전후 현대의 노동귀족층인 (준)지식노동자들을 제국주의 국가 전위당들이 지식 프롤레타리아트로 포착하지 않고 "임금예속적 중간제계층"으로 파악한 것은 그 나름의 이유가 있을 법도 하다. 그러나 제국주의 안에서의 이러한 그럴 듯한 근거도 1970~1980년대에 크게 취약해졌다. 스태그플레이션에 빠진 독점자본의 이윤극대화 전략으로 인한 지식노동자의 임금 인하, 지위 하락, 실업률 상승, 예속성 증대 등으로 매수의 범위가 축소되면서 다시 지식 프롤레타리아트가 광범하게 형성되고 있다.

더구나 제국주의적 초과이윤 없이 국내적 초과이윤만으로 매수 공작을 꾸려나가는 종송적 국가독점자본주의에서는 노동귀족층의 관료적 "탈영병들"(독점적 대기업에서는 과장 이상의 관료 또는 현장의 직장, 반장 등이고 비독점 기업에서는 차장, 부장 등에 한정된다.)과 본래적인 노동귀족층인 지식 프롤레타리아트가 분화될 수밖에 없겠다. 아무런 매수효과가 없을 사회주의 국가에서는 "탈영병들"도 없을 것이다. 여기의 모든 (준)지식노동자들은 당연히 순수한 지식 프롤레타리아트로 규정되어야 하지 않겠는가?

현대독점대기업의 계급구조

현대 종속국의 독점적·비독점적 대자본에 있어서 자본관계는 형식적 자본관계와 실질적 자본관계로 이중화되어 있고 이 자본관계는 다시 관료체제적 사회조직으로 철갑화되어 있다. 따라서 우리 입장에 따를 때 독점적 대자본 속에서의 계급관계는 다음과 같이 구성된다.

- 자본가계급
  1. 소유자본가(자본주)
  2. 신용자본가(이사, 감사들)

- 중간층 및 여타 매수된 층
  1. 부르주아적 상층관료(차장, 부장)
  2. 쁘띠 부르주아적 중하급관료 및 기타 매수된 층(과장, 대리, 조반장, 직장 등—비독점적 기업에서는 이들도 지식 프롤레타리아트나 기층노동자의 성격을 갖는다.)

- 프롤레타리아트
  1. 지식 프롤레타리아트(및 준지식 프롤레타리아트) : 노동귀족층
     - ① 생산적 지식 프롤레타리아트
     - ② 비생산적 지식 프롤레타리아트

     } (형식적 포섭층)
  2. 노동계급
     - ① 생산적 분파(산업노동자)
     - ② 비생산적 분파(상업, 사무, 보관, 발송 분야 등의 하급노동자)

     } (실질적 포섭층)

※ 독점대기업 사무실에 있어서 관료층, 지식 프롤레타리아트, 단순사무직의 계급적 분화를 부인하는 계급이론은 현대 독점대기업의 행정과정에서 분업이 진척된 정도가 과거 이조시대 관청의 기본적 분업체계(벼슬아치, 구실아치, 관노비)보다 더 낙후하다고 우기는 것이나 다름없다.

보통 자본주이거나 대주주로 나타나는 대자본가의 핵심층은 법적으로 아무런 소유권을 갖지 않는 사람들을 이사나 감사로 임명함으로써 자본의 처분과 증식을 관리하도록 맡기게 되는데, 이 자본주와 이사 등의 관계는 이링 페처(I. Fetscher) 등이 맑스를 무고하면서 비꼬고 있듯이 임노동관계, 즉 자본관계가 아니다. 이 관계는, 자산은 없으나 자본의 생산적 증식에 능력이 있는 자에게 자본주가 주는 신용(『자본론』 제3권, MEW, 25권, p.614)에 있는바, 본래 평등한 신용관계가 주식회사적 조직관계에 의해 상명하복관계로 제도화된 것이다. 이때 이사 등은 신용자본을 점유한 자본점유자로서 신용자본가로 불릴 수 있다. 우리나라에서는 일본 계급분석의 영향을 받은 몇몇 이론가들이 이 이사급 전문경영인을 '기능자본가'로 명명하고 있는데, 이는 극히 부적절한 편법이다. 왜냐하면 기능자본가(fungierender Kapitalist)란 맑스에 의하면 실제로 생산과 상업분야에서 활동하는 모든 자본가를 가리키는 것으로서 대부자본가의 대립어일 뿐이기 때문이다. 맑스 시대 이사들의 형태는 기능자본가가 아니라 "명목적 관리자" 개념이다.(『자본론』 제3권, MEW, 25권, p.403, 454 참조) 만약 주식이 수십만 명으로 분산되어 대주주가 소멸하면 이 이사들은 소주주들의 무력한 소(小)신용들을 종합하여 자립적인 강력한 신용자본가로 둔갑하는데, 이때 그들은 그 자체로서는 자본으로 기능할 수 없는 소(小)주식들이 그들에게 주는 작은 신용(자본주의적 '신뢰')의 단순한 양적 집적으로부터 거대한 신용자본을 만들어 내어 신용자본의 봉록관적 소유자로 양질전화한다. 우리나라는 겨우 이사들의 이러한 변증법적 둔갑의 초창기에 있다. 제국주의 국가에서 이런 일은 꽤 흔한 일이다. 이 이사들의 소유권은, 법적으로는 포착할 수도 등록될 수도 없지만 경제학적, 사회학적으로는 신용점유관계로 엄밀히 규정될 수 있다. 자본관계가 형식적 포섭과 실질적 포섭으로 이중화되어 나타나는 것을 예속의 이중화(지식 프롤레타리아트와 노동계급)라고 부른다면, 저 관계는 자본지배의 이중화라고 부를 수 있을 것이다. 그리하여 독점적 자본관계는 중복된 이중구조(zweifache Doppelstruktur)를 이루고 있다 할 것이다.

잉여노동의 가능성, 필연성, 현실성(p.534)

인간이 "그 자신과 그의 종족의 유지에 필요한 생활수단을 생산하는 데 그의 전시간을 소요해야 한다면, 그에게는 무보수로 제3자를 위해 노동할 시간이 전혀 남지 않는다. 노동의 일정한 생산성 수준 없이는 노동자에게 그럴 여유 시간이 없고 이러한 여유 시간 없이는 어떤 잉여노동도 없다."(p.534) 노동의 생산력은 크게 "자연적 생산력"과 "역사적으로 발전된 사회적 생산력"으로 구분된다.(p.538)

자연적 생산력이란 인간의 생산에 항상 전제되는 토지의 비옥도, 어장의 다산성, 천연자원의 양 등을 뜻한다. 그러나 "너무 낭비스럽게 풍요로운 자연은 '어린이를 걸음마 연습대에 묶어 매듯 인간을 자연의 손아귀에 묶어 맨다.' 이 자연은 인간 자신의 발전을 자연필연성으로 만들지 않는다. "무성한 식물대를 지닌 열대기후"가 문명의 "모국"이 아니라 "온대지대"가 문명의 "모국"이다. 이 지구대에서 인간은 자연환경의 끊임없는 도전, 즉 "자연적 사정의 변동"으로 인해 "자기자신의 욕망, 능력, 노동수단과 노동방식을 다양화하도록 자극받게" 된다.(pp.536~537)

자연적 생산력이 너무 풍요로우면 인간은 채집이나 수렵에만 의존해서 살 수 있고 하루 중 이 짧은 채집·수렵시간 이외의 남는 시간은 노동하지 않고 유희와 종족의 축제 등에 전용할 것이다. 즉, "자연조건의 천혜는 항상 잉여노동의 가능성만을 제공할 뿐, 결코 그 현실성을 제공하지는 않는다."(p.537) 자연적 생산력이 풍요로울수록 필요노동시간은 짧아지고 유희와 휴식의 시간이 길어질 뿐이다. 이 유희와 휴식시간은 물론 그 자체가 현실적인 잉여노동인 것은 결코 아니다. 따라서 생산력의 수준 그 자체는 가능한 잉여노동에 대한 자연적 한계를 설정할 뿐이다. 계급사회 속의 사람들이 망상하듯이 "잉여생산물을 제공하는 것이 인간노동에 고유한 특성"인 것은 아니다.(p.538) 자연적 생산력이 극히 풍요로운 경우에 "자연의 천혜가 그(사람—필자)에게 직접 주는 것"은 잉여노동이 아니라 "많은 한가한 시간"이다. 그는 제3자의 강제 없이는 이 한가한 시간을 잉여노동 시간으로 바꾸지 않을 것이다 : "그가 그것(한가한 시간)을 낯선 사람을 위한 잉여노동으로 지출하기 위해서는 외적인 강제가 필요하다."(같은 곳) 잉여노동의 가능성으로서의 생산력과 필연성으로서의 강제의 통일만이 잉여노동의 현실성을 낳는다.

그러나 천혜의 자연적 조건하에서는 의식주가 손쉽게 구해지기 때문에 남의 잉여노동에 의존해 살려고 하는 '기생충들'도 발생하지 않는다. 천혜의 자연적 조건하에서는 앞에서 얘기했듯이 문명이 발생하지 않았고 또 지배-피지배의 착취관계가 발생하지 않은 역사적 사실이 이를 입증한다. 그렇다면 잉여노동의 필연적 계기로서 강제는 어디서 나왔는가?

잉여노동의 가능성은 있지만 강제의 필연성이 — 전파의 결과가 아니라면 — 생길 수 없는 열대는 역사의 출원지가 아니다. 동시에 잉여노동의 가능성이 전혀 없는 메마르고 꽁꽁 언 땅에서도 역사는 출발하지 않았다. 앞에서 얘기했듯이 '문명'의 모국은 온대지방이다. 자연의 적절한 도전과 변동, 계절의 변화 등에 대항하여 "자연력을 사회적으로 통제하여 살림에 이용하고 인간의 손의 작업을 통해 대규모로 점취하거나 순치하는 것이 산업의 역사 안에서 결정적 역할을 수행한다."(p.537)

이렇게 하여 발전하는 생산력이 노동의 사회적 생산력이다 : "인간이 거의 최초의 동물상태로부터 노동을 통해 스스로를 탈피시켰을 때만, 말하자면 그의 노동 자체가 이미 어느 정도 사회화되었을 때만, 한 편의 잉여노동이 다른 편의 존재조건이 되는 관계가 들어선다."(pp.534~535) 인간의 최초의 초개인적인 사회적 생산력은 협업이다. 이 협업은 그것이 전사회적 차원의 것이든, 한 작업장의 것이든 **지도**를 요구한다. 정신노동으로서의 이 생산적 지도는 협업을 통한 새로운 생산력에 근거한 잉여노동의 **가능성**을 **현실성**으로 강제 변화시킬 경제적 잉여이익을 인식하고 독점할 수 있는 **지식정보**와 **기회**를 가져다준다. 천재지변이나 불의의 사태에 대비할 예비로서의 잉여, 종교적 의식을 위한 잉여 등의 공인된 형태에서 그의 지도에 대한—엄밀히 규정될 수 없는—대가를 슬그머니 또는 부지불식간에 **과장하여** 끌어내는 것이란 너무도 손쉬울 것이다. 일단 정신적 지도노동의 상대적인 편이와 이에 따른 잉여에 대한 이익관심이 일정한 경직성을 획득하자마자, 지도자는 **잉여노동의 강제자**로, 그것도 **승인된** 강제자로 둔갑함으로써 **지배자**가 된다. 이때부터 이 지배자는 협업적 생산에 그의 잉여 및 지배이익의 관점에서 역개입해 들어가 이 생산형태를 재규정한다. 이런 까닭에 맑스는 지배-예속관계의 발생과 생산에 대한 그것의 관계를 다음과 같이 표현하고 있다 : "잉여노동을 직접생산자로부터 강탈하는 특유한 경제적 형식은 지배-예속관계를 규정하는데, 이 지배-예속관계는 생산 그 자체로부터 직접 자라나와 그쪽에서 생산에 규정적으로 역작용한다."(『자본론』 제3권, MEW, 25권, p.799)

따라서 잉여노동의 **가능성**으로서의 사회적 생산력도 그것의 **필연성**으로서의 강제도 인간의 협업적 생산으로부터 직접 발생되어 나오는 것이 된다 : "나일강 범람의 주기를 계산할 필연성은 이집트의 천문학을 낳았고 이것과 함께 농업의 지도자로서 승려 카스트의 지배를 창출했다."(p.537 각주) 또한 "인도의 상호 연관 없는 소

(小)생산공동체의 국가권력의 물질적 기초는 관개수리(水理)였다." (같은 곳, 각주6) 이러한 잉여생산물의 현실성이 그 이후 정복과 약탈전쟁을 유발하여 이 정복과 전쟁이 다시 어떻게 구성체의 자연사적 과정에 역작용해 들어오게 되었는가는 여기서 다룰 필요가 없겠다. 그 정복과 일탈의 형태가 어떠하든 그것은 잉여생산물을 재생산하는 특정한 생산형태 위에서만 가능한 것이다: "수백 년 동안 약탈에 의존해 산다 할지라도, 끊임없이 약탈할 것이 있어야 한다. 즉 약탈의 대상이 지속적으로 재생산되어야 할 것이다."(p.96 각주) 또는 "약탈할 수 있기 위해서는 약탈할 것, 즉 생산이 있어야 한다. 그리고 약탈의 양식은 그 자체 다시 생산의 양식에 의해 규정된다. 예를 들면 주식투자하는 민족은 목우, 유목 민족처럼 약탈될 수 없는 법이다."(『정치경제학 비판 강요』 서론, MEW, 42권, p.33) 아무튼 인간의 "잉여생산물은 결코 인간노동에 내재하는 오묘한 특성으로 생겨나는 것이 아니다."(p.538) 이러한 망념은 "잉여가치의 크기를 결정하는 원인"에 관해서만 갑론을박했을 뿐, "잉여가치의 존재의 원인"에 대해서는 탐구하지 않은 부르주아 경제학이 만들어낸 궁색한 답인데, 사실 부르주아 이론가들은 "잉여노동의 출처에 대한 불붙은 물음을 너무 깊이 해명하는 것이 위태롭다."는 계급적 본능감각을 지니고 있었던 것이다.(p.539)

[보충 1] 폭력사관 비판

생산력 그 자체가 본원적으로 잉여가치를 만들어 낸다고 하는 잘못된 시각 외에 다른 한편으로는—앞에서 살펴보았듯이 생산력의 발전과 일정한 강제가 결합해야 잉여가치가 추출된다.— 생산력의 역할을 보지 않고 폭력 내지는 강제만을 중요하다고 강조하는 그런 입장이 있다. 후자의 대표적인 사람이 오이겐 뒤링(Eugen Dühring)인데, 이것을 폭력사관이라고 부른다. 언뜻 들으면 이것이 대단히 유물론적인 것 같지만, 생산력과 그에 대응하는 생산관계가 어떻게 발전하는가를 올바로 변증법적인 연관 속에 집어넣지 않고 폭력만을 절대시하는, 그래서 폭력에 의해서만 착취 지배관계가 만들어져 왔다는 이런 폭력사관은 일찍이 엥겔스에 의해서 비판되었다. 가부장제와 관련해서 쁘띠 부르주아적 여성해방이론은 남성에 대한 여성의 굴종 내지는 예속이 폭력에 의해서 발생했다는 말을 자주 하는데, 오이겐 뒤링은 동일한 관점에 서서 이것을 전역사에 확대한 셈이다. 폭력사관은 노예제도에 있어서 좀 더 설득력이 있는 것 같은 환상을 만들어 내는데, 폭력사관에서는 그 이후 착취사회도 그것의 계열적인 형태변화에 지나지 않는 정도로 이해하고 있다. 그런데 이것에 대해서는 엥겔스가 구체적인 반박을 하고 있는바, 생산력과 외적인 강제가 결부되어야만 잉여노동이 나오기 때문에 생산력은 노예제도를 발생시킬 수 있는 중요한 전제조건이 된다. 그런데 이 생산력의 발전 없이 폭력에 의해서만 노예제도가 만들어졌다고 한다면, 폭력 그 자체는 언제나 나쁜 것이고 어느 시점 어느 곳에서나 나쁜 것이라는 식으로 폭력을 절대적 악으로 간주하는 까닭에 예를 들면 폭력혁명 같은 것도 무조건 나쁘다라는 쁘띠 부르주아적 폭력관이 거기에 이미 내재되어 있다는 것이다.

엥겔스에 의하면, 노예제의 발전도 중요한 사회적인 생산력의 발전 그것과 연관되어 있다. 우선 자연적 생산력이 아주 풍요로워도 경제외적인 강제 또는 경제적인 강제 없이는 잉여노동이나 잉여노동을 창출해 내는 그런 사회적 관계, 적대적인 생산관계가 만들어지지 않는다는 것은 말할 것도 없고, 다른 지역, 즉 자연적인 생산력이 풍요롭지 못한 지역에서 적대적 생산관계의 성립이랑 강제뿐만 아니라 거의 사회적 생산력의 발전, 즉 인간의 도구의 발전, 인간의 노동능력의 발전, 노동조직의 발전 등과 직결되어 있다. 따라서 잉여노동의 발생이 사회적 생산력의 발전과 직결되기 때문에 이것을 전제로 하지 않고는 노예제의 발생도 설명할 수 없다. 원시씨족사회에서는 다른 씨족의 성원은 사람으로 보지 않았다. 즉 자기 씨족만을 사람으로 보았다. 프랑스 사람들은 독일 사람들을 알레망(Allemand)이라고 부른다. 모든 민족들의 언어를 원시언어로 거슬러 올라가면 자기 민족의 이름과 자기 씨족이나 부족의 이름과 '사람'이라는 말이 같다. 보통명사와 고유명사가 같은데, 독일인들은 스스로를 고전적인 언어로 알레망이라고 불렀다. 알레망은 요새 독일말로 하면 알레 멘셴(alle Menschen), 즉 '모든 사람들', '우리'라는 뜻이다. 그것이 자기 종족의 이름이다. 나머지 부족이나 씨족은 사람이 아닌 셈이다. 야만인으로만 인식한 정도가 아니고 다른 동물과 똑같이 인식하였다. 그래서 무조건 살육과 폭력의 대상이었던 것이다. 따라서 원시공산사회에서는 자기네 씨족 사람으로 간주되는 사람들 외에는 전부 폭력의 대상이 되었는데 그때는 왜 노예제도가 나타나지 않았는가? 이것을 일단 폭력사관에서는 설명하지 못한다.

폭력은 지속적으로 아주 가혹한 형태로 존재했다. 그래서 부족과 부족 간의 전쟁이 지속적으로 벌어졌던 것이다. 그때는 전쟁포로가 잡히면 그 자리에서 죽여 버리든가 죽여서 그 사람이 걸치고 있는 가죽이랄지 이런 것을 탈취하든가 또는 너무 생산력이 낙후한 지역에서는 그 사람까지도 죽여서 잡아먹어 버렸다. 식인의 풍습이 그 당시에는 일반적이었다.(엥겔스) 잡은 포로를 죽이지 않고 그 전쟁포로에게서 일정한 경제적인 가치를 보기 시작하는 때는 일정한 생산력의 발전이 이루어져서 그 잡힌 인간이 자기 자신의 생계를 위해서 노동을 하고도, 즉 그 노동으로 자기의 생계를 충족시키고도 그 이상의 노동을 할 수 있는 그 지점, 그러한 정도로 생산력이 발전한 그 시점부터였다. 즉 생산력의 발전을 전제로 해서만 그 부분이 설명이 된다는 것이다.

전쟁포로 안에서 경제적 가치를 보게 되는 것은 그러한 일정한 생산력의 발전을 전제한다. 그 이전에는 예를 들어 12시간 일해야 먹고살 수 있었다면, 이제 그 12시간을 똑같이 노동했을 때 8시간 정도만 일하더라도 그 포로가 스스로 먹고살고 나머지 4시간 정도의 잉여생산노동을 할 수 있을 정도의 사회적 생산력의 발전이 이루어져야 한다. 그 노동생산성의 발전이 전제되지 않을 때는 잉여노동을 노예로부터, 전쟁포로로부터 끌어낼 수가 없기 때문에 전쟁포로는 아무런 경제적 가치를 지니지 않는 것으로서 그냥 살해의 대상이 되었을 뿐이다. 일정한 생산력의 발전이 이루어지면서야 비로소 전쟁포로를 죽이지 않고 살려두면서 씨족 내의 생산노동에 투입하려는 경제적인 고려가 생기게 된다.

원시공산제의 해체와 부분적인 노예제도의 출현, 노예제도의 맹아를 만들어 낸 것 자체가 세계사적인 혁명이며 노예제도는 노예소유주뿐만 아니라 노예에게조차도 결정적인 역사의 진보를 뜻하게 되는 것이었다. 오이겐 뒤링의 폭력사관의 입장에서는, 폭력은 언제나 나쁘기 때문에 폭력을 바탕으로 해서 만들어진 노예제도 무조건 나쁘다. 그러나 그것이 붕괴될 시점, 즉 노예제란 나쁘다고 하는 도덕적인 판단이 나올 수 있는 노예제 후기와 초기의 노예제의 등장 시기는 노예제에 대한 평가가 완전히 달랐다. 왜 노예소유주와 노예 쌍방에 노예제도가 세계사적인 진보를 뜻하는가 하면, 우선 어느 씨족원이 전쟁포로로 잡힌다 하더라도 살해당하는 것을 면할 수 있게 되었으며 이제 전쟁에 패하더라도 생명을 보존할 수 있었기 때문이다. 노예소유주야 당연히 자기가 하던 노동을 남에게 떠넘기고 육체적인 노동으로부터 면해질 수 있기 때문에 좋은 것으로 느껴지겠지만, 노예에게도 초기 노예제는 그런 사회진보적인 측면이 있었다. 노예제도가 비판받고 실천적으로 폐기되려는 시점에 이르기 위해서는 최소한 노예제도가 발전하면서 노예제도의 일정한 자기모순 때문에 생겨나는 따라서 객관적 비판의식이 싹터야 할 것이다. 노예제도 초기에도 노예들이 노예제도에 대해서 아주 기분 나빠했을 것이라는 억측은 실지로 비(非)과학적 망념이다. 이것은 마치 초기의 임금노동자가 부르주아 사회가 처음 성립했을 때, 부르주아를 자기의 패권자로 인정하고서 반봉건투쟁을 했을 때 이미 자본주의 제도에 대해서 비판할 수 있는 높다란 의식을 가지고 있었다고 우기는 것과 마찬가지이다.

맑스의 폭력론과 관련하여 뒤에 가서 다시 한 번 이야기하겠지만 폭력을 결정적인 역사전개의 원인으로 보는 입장은 맑스주의적 폭력관과 정면으로 상치된다. 맑스의 입장은 폭력이 새 역사의 창출을 돕는 산파이지 산모가 아니라는 것, 산모는 경제적인 제관계의 자기전개에서 발전되는 모순이라는 것이다. 산파를 산모로 바꿔치기하는 사관을 간단히 말하면 폭력사관이라고 말할 수 있다. 또 이 폭력을 항시 비평화적인 폭력으로만 생각할 수는 없는바, 폭력이란 경제적인 강제력, 권력 등과 같은 것도 포함하기 때문에 순수하게 평화적일 수도, 이데올로기적일 수도 있고, 신정관(神政官) 지배 하에서의 그런 심리적 강제력도 있을 수가 있다.

[보충 2] 경제적 강제와 경제외적 강제

두 번째 보충할 점은 경제적 강제와 경제외적 강제를 엄밀히 구분하는 것이다. 이에 관해서는 완전히 잘못 알고 있는 사람이 많고 이론을 열심히 했다 하는 사람도 완전히 불합리한 말들을 하고 있고 대부분의 사람들은 그리 뚜렷한 구분을 하지 않는 것 같다. 그런데 **경제적 강제**는 경제적인 사정, 경제적인 처지가 사람들 간에 열악하고 우열한 식으로 다르기 때문에 이것의 관계 속에서 생겨나는 강제력이다. 경제적으로 우위에 있는 자가 경제적으로 열위에 있는 자를 그 자의 저항에도 불구하고 자기의사를 강제할 수 있는 권력관계, 이것을 경제적 강제라고 한다. 물론 얼마나 경제적 강제로부터, 권력이라는 구체적인 항구적인 체제로 만들 수 있는가 하는 것은 경제적으로 우위에 있는 사람의 구체적인 이해관계와 그 조건에 달려 있다. 즉 경제적인 이해관계가 있어야 지속적인 체제를 만들고, 그러한 이해관계가 있다 하더라도 사회적으로 이것을 조직해 낼 수 있는 조건이 있어야 할 것이다.

한편 **경제외적 강제**는 많은 사람들이 오해하고 있듯이 생산과정 외부로부터 들어오는 강제가 아니다. 결코 그런 뜻이 아니다. 경제외적 강제란 경제적인 처지와 관련되는 조건과 무관한 다른 여타의 모든 강제를 말하며, 적나라한 폭력만을 뜻하는 것이 아니고 그것을 중심으로 하면서 많은 관계들이 있을 수가 있다. 예를 들면 경찰서, 군대, 감옥 이런 것도 이 경제외적 강제 중의 폭력적 측면, 물리적 측면의 가장 대표적인 사례이지만, 그렇지 않고도 예를 들면 신정체제나, 종교조직 하에서는 그런 폭력과 더불어 종교적인 심리적 공포를 이용했는데, 이것은 만약에 나에게 일정한 잉여생산물을 바치지 않으면, 너희들은 지옥 간다는 식의 심리적 협박을 전제한다. 이미 사람의 심리 속에 엄청난 공포심을 심어 넣어서 그 공포심으로 말미암아 신의 대변자나 대표자라고 하는 사람이 신의 은총을 주거나 주지 않거나 좌지우지하는 식으로 강제력을 행사하는 것이다. 이렇게 하려면 종교적인 이데올로기가 깊숙이 침투해야 된다. 그렇게 됐을 때 신도들은 신도 아닌 사람이 이해할 수 없는 무진장한 심리적인 공포 속에 들어가는 것이며, 그 공포를 이용해서 강제력을 만들어 내는 것이다. 이것은 직접적인 폭력을 전혀 구사하지도 않고 경제적인 사정과도 무관하다. 그래서 중세의 성직자들의 지배는 첫째는 종교심판이라는 말하자면 불로써 화형 시키고 고문도 시키는 등 물리적인 폭력도 사용했으나, 둘째 주도적인 방법은 그러한 심리적인 강제를 이용하는 것이었다. 이것은 이데올로기적인 심리적 강박을 바탕으로 하였다.

그래서 예를 들면 어느 마을에서 성직자들의 명령을 듣지 않거나 말을 잘 듣지 않으면 성직자들은 이에 대한 처벌로서 그 마을의 교회문을 닫아 버렸다. 즉, 성물(聖物)들을 보고 기도할 수 있는 자유를 박탈해 버린 것이다. 그래서 중세기의 어떤 소설을 영화화한 것을 보면 그 마을의 사람들이 기도를 하려고 몰려와 발버둥을 치면서 성직자의 발을 잡고 한 번만 용서해 달라, 다시는 그러지 않겠다고 비는 장면이 나온다. 이에 대해 사악한 성직자는 신은 전 자연에 아무 데나 있으니까 아무 데나 대고 기도하면 되지, 왜 꼭 들어가려고 그러느냐면서 배짱을 부린다. 범신론에 대해서는 가혹한 비판을 했던 그 성직자들이 그때는 거꾸로 그런 말을 하면서 비아냥거렸던 것이다. 당시 사람들이 인간사의 재난을 당하면 기도를 드리지 않고는 심리적인, 이데올로기적인 심연 속에서 견뎌낼 수가 없으니까 기도를 드려야 하는데 기도를 드리려는 그들의 하소연을 묵살해 버린다. 기도를 드릴 때에는 일정한 예식이 있어야 하고 성모마리아 상이나 교회건물도 있어야 한다. 성물 앞에서 기도드리려는 절규를 묵살하고 성당 안에 들어오는 것을 배제해 버리는 그런 권력, 즉 성물의 독점권으로부터 여기서는 지배가 생겨난다.

다음에 이데올로기적인 측면이나 가치관 등도 강제력이 될 수 있다. 예를 들면 "손아랫사람은 항상 어른을 떠받들어야 된다."와 같은 것들도 구체적으로 경제외적인 강제로서 자본주의 사회에 있어서도 기업 내에서 부분적으로 그 기능을 하고 있다. 그것은 이미 주어져 있는 가치관과 규범에 의하면 버르장머리 없다는 소리는 자기에게 중대한 도덕적 판결이 되기 때문에 일정한 가치관적 동기를 유발하여 상대방의 의지의 저항에도 불구하고 자기 의지를 관철시킬 수 있는 부분적인 힘이 되는 것이다. 물론 미약한 것이지만 경제적인 가치가 기본적으로 지배하는 사회에서도 이런 것들이 보충적인 기능을 하는 것이다. 이와 같이 경제적인 사정 외의 모든 관계를 이용해서 벌어지는 강제가 경제외적 강제이다.

[보충 3] 소재와 형식

다음에 마지막으로 강조해 둘 것은 소재(素材)와 형식이다. 『자본론』에 의하면, 자본주의는 사물의 모습으로 인간의 사회적 관계를 표현하게 되어 있는데 여기에서 사물의 모습이나 사물의 양, 사물의 질, 여타의 측면들을 중시하고 그것을 사회적인 형식으로 착각하는 현상을 물신주의라고 한다. 사회적인 형식이라는 것은 생산관계를 뜻한다. 사회적 형식은 범주인데 사회적 형식을 바로 그러한 사물의 질로부터 설명해 내려고 하는 시도에 대해 맑스의 방법론은 일관된 비판의 시각을 가지고 있다. 사물의 형식으로 표현되는 사회적 관계를 사회적 관계의 본질적 시각에서 탐구해야만 이 관계의 의미와 더불어 이 관계가 왜 사물의 형식으로 표현될 수밖에 없는가도 알 수 있다. 화폐라는 사물의 형식으로 관철되고 또 이것에 의해 은폐되는 인간의 인간에 대한 착취-강제관계인 자본관계는 화폐관계로 천박화될 때 자본주의 경제체제 안에서 강제와 권력의 계기는 마술적으로 소멸해 버리고 말 것이다.

제15장 노동력의 가격과 잉여가치의 크기 변화

사회주의에서의 필요노동의 개념과 자본주의 경제체제의 비경제성

자본의 "권력체제"(Regime des Kapitals) 하에서 잉여노동의 폐지란 불능하다. 그러나 "자본주의적 생산형태의 폐지는 노동일을 필요노동으로 한정시키는 것을 가능하게 해준다. 그러나 그 밖의 조건이 불변이라면 이 필요노동이 그 영역을 확대할 것이다. 왜냐하면 한편으로 노동자의 생활조건이 더욱 풍요로워지고 그의 생활상의 요구가 더 커질 것이기 때문이다. 다른 한편으로 현재의 잉여노동의 일부가 필요노동으로, 즉 사회적 예비와 축적기금의 획득에 필요한 노동으로 셈해질 것이기 때문이다."(p.552) 자본에 의해 억압당하던 노동자의 생활욕망이 사회주의 하에서 더 많이 충족되기 위해서는 더 많은 생산물이 생활자료로 들어가야 할 것이므로 전체 노동일이 불변인 경우 노동자의 개인소득에 대응하는 개인적 필요노동분(分)이 늘어날 것이다. 그러나 이 개인소득만으로 사회주의 사회가 유지되는 것이 아니라 천재지변, 사고, 침략전쟁 등에 대비한 예비적 비축과 사회적 공공생활에 들어가는 공공비용, 그리고 경제적으로 결정적으로 중요한 재투자를 위한 축적기금 등에 대응하는 사회적 필요노동이 지출되어야 한다. 그런데 이 후자의 항목들은 자본주의 체제에서 자본가에 의해 착취되는 잉여노동으로 현상하던 것이다. 이렇게 볼 때, 사회주의 혁명에 의해 폐지되는 잉여노동이란 자본가가 그의 개인소득으로 빼가던 잉여가치분(分)뿐이다. 사회주의 혁명 이후에도 이 자본가도 자본가로서가 아니라 다른 인간과 동일한 인간으로 살아야 할 것이므로 이것만을 남기고 나머지 사치와 낭비분(分)을 사회가 수탈할 때, 이 수탈분(分)으로는 실업자의 일자리 창출에도 빠듯할 것이다. 왜냐하면 이 사치와 낭비분 중 많은 양이 이미 현역노동자들의 증가된 개인소득으로 들어가 버렸기 때문이다. 따라서 노동자들은 혁명 이후에도 명칭만 바꾸었을 뿐 혁명 이전이나 동일한 양의 노동을 지출하여야 할 것이다. 그렇다면 고귀한 **목숨을 걸고** 혁명할 가치가 있는가?

혁명은 자본가의 개인소비의 수탈만을 위한 것이라면 분명 그렇게 매력적인 것이 못 될 것이다. 그러나 인간은 이런 것 외에도 **억압과 지배로부터 더욱 자유로워진다**는 사회적, 정치적 가치도 획득한다. 이런 정치적, 사회적 시각을 배제한다 하더라도, 새로운 체제는 순수하게 경제학적인 의미의 절약을 통해 새 체제하에서 필요노동으로 형태변환된 과거의 잉여노동 부분을 현격히 감축시켜준다. 즉 새로운 체제는 '모든 무용한 노동의 회피'를 내표한 것이다 : "자본주의적 생산양식이 각 개별 사업체에서 경제를 안간힘으로 성취하는 데 반하여, 그것의 무정부적 경쟁체제는 지금은 필수불가결하지만 절대적으로 볼 때 불필요한 수많은 기능들 외에 사회적 생산수단과 노동력의 무절제한 낭비를 낳는다." 자본주의하에서 불황 및 부분공황하마다 얼마나 많은 아까운 생산물이 재고품으로 썩어 망가졌으며 얼마나 많은 농산물(돼지, 담배 등)이 내버려지는가? 그리고 얼마나 많은 실업자들이 비(非)노동을 강요당하는가? 또 얼마나 많은 상업기능들, 억압·지배기능들이 쓸데없는 유통비와 지배비용을 요구하는가? 과도한 광고비와 시장조사비, 기업 직원의 1/4이 넘는 지배-관리자층을 생각해 보자! 따라서 새 체제는 다음과 같은 새로운 경제적 이점을 가져온다.

① 이미 생산된 생산물의 낭비의 방지
② 비생산적 실업층의 생산인구화(化)
③ 유통비용의 대폭적 절감
④ 지배비용의 절감(기업과 국가의 두 영역에서)과 계급갈등 시간의 절약
⑤ 생산수단의 경제(생산자들의 주인의식 제고에 따른 생산과정 안에서의 물자의 알뜰한 이용)

②, ③은 민주주의 없는 테크노크라트적 계획경제(과거의 소련경제나 동구 및 북한 등의 경제)도 달성할 수 있다. 그러나 ①, ④, ⑤는 생산자들을 경제적 결정과정으로부터 배제하고 대립과 불신을 조장하는 비(非)민주적 테크노크라트 체제와 종신적 봉록관들의 체제에서는 불가능하다. 오히려 지배비용은 선전선동, 군대와 경찰, 사찰 기구의 비대화, 주민의 조직·동원비 등의 신설 등으로 더욱 증대할 수 있고 기업 내에서의 생산수단의 알뜰한 이용은, 중요결정으로부터 배제되고 소외된 노동자들이 공공기업 안에서 진정한 주인의식을 상실하는 경우 "모든 사람의 것은 누구의 것도 아니다."는 무책임한 의식을 고조시켜 불가능해질 뿐만 아니라 오히려 생

산재료나 기계가 더 헛되이 사용될 위험이 있다. 이러한 무책임한 의식은 개별단위의 문제로 그치는 것이 아니라 테크노크라트적 국가계획이 지상(紙上)에서 아무리 정확하게 짜여진다 하더라도 생산주체의 책임있는 이익동기와 결부되지 않을 경우 자본주의보다 더 심한 생산의 무정부성을 초래할 수도 있다. 3~4년 전까지만 하더라도 중앙아시아 등의 들판에 무책임하게 방치되어 썩어문드러지던 곡식 노적가리가 얼마였으며, 수송과정이 지지부진하여 부패하는 야채와 과일, 파손되어 버려지는 공산품이 얼마였던가를 생각해보라! 이것은 다시 생산공장에 대한 적시의 재료공급과 주민에 대한 적시적량의 소비품 공급을 혼란에 빠뜨리게 된다. 이것이 생산의 무정부성이 아니고 무엇이란 말인가?

따라서 시장경제체제만이 생산의 무정부성을 초래하고 계획경제는 이것을 배제한다는 흑백논리는 유치한 것이든가 아니면 선전에 불과하다. 정확히 표현하면 계획경제는 생산의 무정부성을 배제할 객관적 **가능성**만을 줄 뿐이다. 세워진 계획의 내용의 **정확성**과 그것의 **실천**은 완전히 다른 논리에 의존한다. 결국 계획의 결정과 실천은 **민주주의**와 결부되어야 한다. 사회경제적, 정치적 모든 분야에 파고드는 "일관된 민주주의"(레닌) 없이 사회주의는 실천될 수 없다. 민주주의 체제만이 주체의 주인의식과 개인소득에 대한 자주적인 물질적 관심을 활력화시킨다. 여기서 민주적 주인의식과 자주적 소비관심은, 현실에 있어서 전혀 자유스럽지(자주적이지) 않은 개인들에게 주입되는 '주체사상'의 학습이나 선전의 관념론적 훈계와 계몽주의를 뜻하는 것이 아니라, 개인들을 더욱 주체적으로 사고하고 행동하도록 촉구하고 자극하는 객관적인 민주주의 메커니즘에 의해서만 일상적으로 그리고 지속적으로 산출되고 보존될 수 있을 것이다. 개인의 소득추구, 즉 개인적 소비품 소유의 증대 욕구가 개명(開明)되고 이것이 필연적으로 전체이익과 결부되며 또 이러한 연관이 개인의 주체적 참여의 보장을 통해 투명하게 인식되고 생동하게 감지되는 객관적 체계의 수립이란 문제는 일단 '학습'이나 '선전'의 문제와는 구별되는 것이다. 전체의 이익을 촉진시키는 개인적 소유의 창발적 추구는 모든 동력에 앞서는 유물론적 자주성이며 사회주의는 이것의 풍요를 위한 경제·사회체제인 것이다. 따라서 개인의 물질적 이익과의 매개 없는 추상적인 공동이익을 추켜세우면서 개인의 금전적 이익을 배타시하는 쁘띠 부르주아 사회주의적 도덕주의, 설교, 훈계 등과 확연히 결별하고 개인들의 물질적 소득동기를 자신의 운동능력으로 강력히 일깨워 내면서도 이 개인들의 이익추구를 전체의 이익으로 수렴시키는 객관적인 변증법적 경제 메커니즘을 수립하는 것이 문제의 요점인 것이다. 왜냐하면 사회주의적 소유체계는 개인적 소유를 제거하는 소유체계가 아니라, "협업과 대지 및 …… 생산수단의 공유(公有)에 …… 기초한 개인적 소유"(p.791)의 체계이기 때문이다. 따라서 민주주의가 없고 그리하여 결국 경제적으로 소비수단에 대한 개인적 소유(식료, 의복, 주거, 정신적 소비품 등)의 풍부화를 억압하는 또는 개인소유의 확대를 의혹에 찬 눈으로 바라보는 계획경제는 사회주의적 계획경제일 수 없다.

자본주의에서 지배계급의 한가와 노동계급의 노동시간의 대립 : 일반적 노동의무의 현실화 문제

지배계급은 물질적 풍요만을 누리는 것이 아니라 생산노동으로부터 방면되어 많은 자유시간을 갖는다. 더구나 개인생활에 드는 많은 노동도 개인고용인들에게 전가하기 때문에 생산적 노동으로부터뿐만 아니라 자신의 소비노동으로부터도 해방된다. 즉, 그들은 동시에 유한(有閑)계급들인 것이다. 이것의 순수형태는 순수한 불로소득에 의존하여 낭비와 사치생활을 꾸려가는 각종 화폐자본가 및 대주주들에게서 완성된다. 이들이 향유하는 자유로운 시간은 실은 노동대중의 과도한 노동에 기초한 것이다 : "자본주의 사회에서 한 계급을 위한 자유로운 시간은 대중의 모든 생활시간이 노동시간으로 전환됨으로써 생산된다."(p.552) 따라서 노동시간 단축투쟁은 자유시간을 부분적으로 되찾기 위한 투쟁이 된다. 만약 노동이 8시간으로 단축되면, 생산현장의 노동시간이 단축되는 데 그치지 않고 수백만 개의 일자리를 창출하여 이로 인해 실업인구가 감소하게 될 것이다. 이것은 실업인구, 특히 그 잠재층인 여성이나 고령자들 중 지배계급의 개인사용인을 지망하던 수를 줄이고 임금을 상승시킬 것이다. 이렇게 될 경우 중소기업가의 가정은 값비싼 임금의 '식모'를 어렵게 '모셔 와야' 하는 별 따기 경쟁을 포기하고 대자본가 집안은 개인사용인의 수를 감축시킬 수밖에 없을 것이다. 그 대신 집안 성원들이 소비노동을 도맡거나(전자의 경우) 이에 부분적으로 참여해야 될 것이다. 이런 경로를 통해 그들의 자유시간이 줄어들고('유한마담' 등이 줄고) 노동계급의 자유시간이 늘어나는 결과가 나온다.

하지만 기존의 체제하에서 자유시간과 노동시간의 적대적 대립은 완화될 수는 있을지언정 폐지될 수는 없을 것이다. 기생충계급을 혁명적으로 소거하고 이들에게도 생산적 노동을 맡겨 건강하게 살도록 하는 부르주아 헌법에 명백히 규정된(국민의 4대 의무 중의 하나인) 노동의무를 사문화(死文化)에서 구제하여 진정으로 실천한다면("일하기 싫은 자 먹지도 말라.") 사회 전체에 가능한 총자유시간을 공평히 나누어 향유할 수 있을 것이므로 혁명 이후(위에서 얘기된 민주주의적 사회주의 계획경제하에서는) 개인들의 노동시간을(기술수준이 불변인 상황에서도) 현저히 단축시킬 수 있다 : "노동이 모든 근로 가능한 사회성원들에게 더욱 균등하게 배분되면 배분될수록, 한 사회계층이 노동의 자연필연성을 자기자신으로부터 다른 계층에게 더 적게 전가시키면 시킬수록, 노동의 강도와 생산력이 주어진 경우 물질적 생산에 필요한 사회적 노동일 부분이 그만큼 더 짧아지고 개인들의 자유로운 정신적 그리고 사회적 활동을 위해 쟁취된 시간부분이 그만큼 더 클 것이다. 노동일의 단축에 대한 절대적 계선(界線)은 이 측면에 비추어 볼 때 노동의 보편성(즉, 보편적 할당.—필자)이다."(p.552)

제6편
임 금

제6편 임 금

임금의 혹세무민적 허상(제17장)

노동자가 수행하는 노동시간은 필요노동과 잉여노동으로 구성된다. 임금은 노동력의 가치, 즉 이 노동력을 재생산하는 데 드는 생활자료 총량에 대상화되어 있는 노동시간, 다시 말하면 생계에 필요한 필요노동 시간만을 표현하는 것이다. 그런데도 불구하고 임금은 일상의식 속에서 노동력의 가치가 아니라 노동자가 수행하는 '전노동시간의 가치'로 현상한다. 가령 10시간 노동일에 착취율 100%일 때 필요노동시간 : 잉여노동 시간은 5 : 5이다. 이때 필요노동시간을 표현하는 임금이 10시간에 대한 대가로 나타난다. 그러나 노동력 상품의 사용가치는 10시간 노동이고 이것은 이 상품의 가치(즉, 5시간)보다 많은 것이다. 노동력의 발휘가 곧 노동인데 이 노동의 양은 가치를 재는 척도로서, 기준이 되는 척도를 그 척도로 잴 수 없듯이 노동을 노동으로 잴 수 없다. 예를 들면 길이의 단위가 m일 때 50m는 몇 미터냐? 하는 물음이 동어반복의 답밖에 내놓지 못하듯이 10시간의 노동의 가치는 곧 10시간의 노동일 뿐이다. 따라서 노동력은 가치를 갖지만 노동은 가치를 갖지 않는다.

노동의 가치를 재는 단위일 뿐이다. 따라서 '노동의 가치'라는 표현은 불합리한 표현이다.

그러나 이 불합리한 표현은 단순한 헛소리로 그치는 것이 아니라 임금을 노동시간 전체(필요노동+잉여노동)의 '가치'로 둔갑시키는 환상적 형식이 된다 : 유통과정, 즉 부르주아 사회의 "표면"에서는 이러한 현상은 곧 진실로 통용된다 : "부르주아 사회의 표면에서는 노동자의 임금이 노동의 가격, 즉 일정한 양의 노동에 대해 지불된 일정한 화폐량으로 현상한다."(p.557) 따라서 '노동의 가치' 또는 '노동의 가격'이라는 표현은 원시림의 '가치'만큼이나 "환상적 표현"(p.559)임에도 불구하고 부르주아 생산양식의 "심부"를 은폐하는 결정적인 역할을 수행하는바, 이것은 "하지만 생산제관계 그 자체에서 생겨나는 것이다."(같은 곳) 맑스는 이러한 허상을 "필연적 허상"(notwendiger Schein)이라고 부르고(『정치경제학 비판 강요』 어디선가에서), 대중의 일상적, 비과학적 의식을 그대로 반영하는 부르주아 정치경제학을 "일상적 이해(理解)의 통역관"(Dolmetscher des Alltagsverstandes)이라고 비꼬았다. '노동의 가치'로서의 임금은 "땅의 산물"로서의 지대나 다름없는 전도된 현상형태이다. 그런데 "현상형태 속에서 사물이 가끔 전도되어 나타난다는 사실이 모든 과학에 상당히 잘 알려져 있는"데 정치경제학만은 모르고 있는 것이다.(같은 곳) 그러나 "사물들의 현상형태와 본질이 직접 일치한다면 모든 과학은 쓸데없는 것일 것이다."*

임금이 '노동의 가치'로 현상하는 것은 부르주아 생산제관계의 "필

* 칼 맑스, 『자본론』 제3권, MEW, 25권, p.825.

연적 허상"의 일부이다. "그리하여 임금형식은 노동일이 필요노동과 잉여노동, 즉 지불노동과 무(無)지불노동으로 분할되어 있는 어떤 흔적도 지워버린다. 모든 노동이 지불된 노동으로 현상한다."(p.562) 그런데 반대로 "노예노동에서는 노예가 그 자신의 생활수단의 가치를 대치하는 노동일 부분, 즉 자기자신을 위해 일하는 노동일 부분조차 그의 주인을 위한 노동으로 나타난다. 즉, 그의 모든 노동이 무(無)지불노동으로 나타난다."(같은 곳) 그런데 1주일에 3일은 지주의 농장에서, 3일은 자신의 농토에서 일했던 부역농노는 자기의 노동시간과 착취되는 잉여노동을 정확히 감식했었다 : "농노적 부역노동에서 자기 자신을 위한 부역농노의 노동과 지주를 위한 그의 강제노동은 공간적으로 그리고 시간적으로 손에 잡을 수 있듯이 감각적으로 구별된다."(p.562)

임금의 본질을 파악한 것은 맑스의 위대한 공헌이다. 그것은 노동자의 전노동시간 중 필요노동시간이다. 그 나머지는 잉여노동이다. 이 잉여노동은 노동자의 의사에 반하여 강압적으로 지출되어야 하는 한, "그것이 제아무리 자유계약적 합의의 결과로 현상한다 하더라도 그 본질상 여전히 **강제노동**임에는 변함이 없다."* 이러한 사실을 은폐하는 "속류경제학은 실은, 부르주아적 생산관계에 사로잡힌 생산행위인들의 관념들을 교조적으로 통역하고 체계화하고 변호하는 것 외에 다른 것이 아니다."** 이에 반해 부르주아 "고전경제학은 참된 사실관계로 근사치적으로 돌진하고 있지만 이것을

---

* 칼 맑스, 『자본론』 제3권, MEW, 25권, p.827.

** 앞의 책, p.825.

의식적으로 정식화하지는 못하고 있다. 그것은 그것이 부르주아적 표피에 갇혀 있는 한 이를 할 수 없다.”(p.564)

국제시장에서 가치법칙의 양상변화와 민족 간 불평등교환

(제18장~제20장 p.584)

국가마다 노동의 평균적 강도는 주어져 있다. 그러나 이것은 국가마다 상이하여 임금의 높낮이에도 반영될 수 있다. 그러나 이러한 임금의 높낮이는 궁극적으로 국제적 불평등교환에 근거하는 민족 간 착취에 의해서도 발생할 수 있다. 미국자본은 우리나라보다 대부분 기술구성도가 높아 이 미국자본에 고용된 노동의 생산성은 한국자본에 고용된 노동의 생산성보다 높다. 만약 국제시장에서 자본과 노동의 이동이 민족 간, 국가 간 장벽에 부딪히지 않고 완전경쟁이 벌어지면 가치법칙, 즉 상품의 가치는 이 상품에 투하된 노동량에 의해 결정된다는 법칙이 작동할 것이다. 그러나 “세계시장에서는 사태가 다르다.”(p.584)

가치법칙이란 상품에 투하된 노동의 생산성에 관계없이 투하된 노동의 양에만 관계하는 것이다. 그러나 앞에서 우리가 상대적 잉여가치의 생산과 관련하여 알아보았듯이 기술혁신을 통해 노동생산성을 다른 자본보다 높인 자본에는 다른 자본들이 이 자본과 동일한 기술수준에 도달하기 전까지 초과잉여가치, 또는 별도잉여가치가 주어진다. 그런데 이 이윤격차의 상쇄작용은 경쟁이 완전할수록 더 빠르다. 그러나 국제시장에서는 이 상쇄작용이 완만하든가 또는 거의 나타나지 않는다. 왜냐하면 국가 간 기술격차는 웬만해서는 해소되지 않기 때문이다. 이때 기술선진국과 후진국 간에는 별도잉여가치가 항구화된다. 이것은 예를 들면 2배 생산성이 높은 노동으로 만들어진 상품이 마치 2배 많은 양의 노동이 투하된 상품인 양 교환되는 것이다. 이에 관해 맑스는 다음과 같이 말하고 있다 : "…… 가치법칙은 그것의 국제적 적용 속에서 보자면, 보다 생산적인 민족이 그 상품의 판매가격을 그것의 가치 수준으로 인하시키도록 경쟁에 의해 강제당하지 않게 되는 순간, 보다 생산적인 민족 노동이 보다 강도높은 노동으로 계산됨으로써 수정된다."(p.584) 따라서 우리나라의 잉여가치가 미국으로 국제상품교환의 루트를 통해 펌프질되고 미국자본은 보다 높은 이윤을 얻게 되며 이것은 미국 노동자들의 저항을 무마하고 잠재우는 임금으로 일부 지출된다. 그리하여 미국의 단순노동자가 동일하게 단순노동을 하는 한국인의 노동력보다 더 값비싼 것으로 팔리게 되며, 이것은 곧 미국인의 개인적 능력이 한국인보다 더 낫다는 편견으로까지 정착하게 되어 미국놈만 보면 사족을 못 쓰는 사람들도 나타나게 되는 것이다. 한국인은 마치 '신분상' 미국인보다 열등한 것으로 간주되는 민족허무주의가 정서적으로 굳게 정착하게 되는 것이다. 그러나 그것은 궁극적으로 국제시장에서의 가치법칙의 수정에 근거하는 것으로서 인종 간의 자연적 자질의 차이가 아닌바, 반미 투쟁을 통해서 해체될 수 있는 역사적 관계인 것이다.

맑스는 이 가치법칙의 수정을 통한 불평등교환을 다음과 같이 다른 톤으로 설명하고 있다 : "대외무역에 투자된 자본들은 보다 높은 이윤율을 낼 수 있다. 왜냐하면 여기에서 첫째, 보다 적은 생산용이성을 지닌 다른 나라들에 의해 생산된 상품과 경쟁하게 되는 경우에 있어서 보다 선진적인 나라가 그의 상품을 경쟁상대국보다 더 저렴할지라도 그것의 가치 이상으로 판매하기 때문이다. 보다 선진적인 나라의 노동이 여기에서 보다 고차적인 특수한 비중을 지닌 노동으로 가치화되는 한에서 이윤율은 질적으로 보다 높은 것으로 지불되지 않는 노동이 마치 그런 것(질적으로 보다 높은 것)인 양 판매됨으로써 상승한다. 이와 동일한 관계는 상품을 수출입하는 나라에 대해서도 벌어질 수 있다."* 이 경우를 맑스는 나라간의 "착취"라고 불렀다 : "……한 나라의 3일 노동일이 다른 나라의 1일 노동일과 교환될 수 있다. 여기에서 가치법칙은 본질적인 수정을 겪는다. 다시 말하면 서로 다른 나라의 노동일에 마치 한 나라 안에서 숙련된 복잡노동이 비숙련의 단순노동에 대해서 취하는 관계인 양 관계한다. 이 경우보다 부유한 나라는 보다 빈곤한 나라들, 혹시 이 후자가 교환을 통해 이득을 보는 경우조차도 …… 착취하는 것이다."** 따라서 비록 우리나라가 미국과의 교역에서 많은 무역흑자를 낸다 하더라도 금액으로 표현되는 흑자 수치의 장막 아래에서 내용상 착취당할 수 있다. 미국의 생산성이 예를 들면 2배 높다면, 미국이 한국과의 교역에서 얻는 이익을 우리나라의 무역이익이 2배 앞질러야만 본전치기가 된다. 따라서 미국의

---

* 칼 맑스, 『자본론』 제3권, MEW, 25권, pp.247~248.

** 칼 맑스, 『잉여가치학설사』 MEW, 26. 3권, p.101

수입개방 압력이나 환율인상 압력은 곰곰이 따져 보면 결코 용인될 수 없는 것이다. 우리나라 노동자에 대한 직접착취(직접투자)나 기계임대료 수익, 대부자본의 이자 등을 고려할 때는 더욱 일고의 가치도 없다.

Leninas
su
mumis

제7편

자본의 축적과정

제7편 자본의 축적과정

제21장 단순재생산

부르주아 소유권의 반(反)천부인권성

자본이라는 것은 한 번 생산하고 마는 것이 아니라 지속적으로 생산해내야만, 즉 자본은 과정으로서만 존재하고 그 과정으로서만 자기의 생을 유지할 수 있다.

인간이 한 세대만 살고 마는 것이 아니라 지속적으로 자기의 육적인 실존을 재생산해야 하는 것처럼 항시 모든 생산은 재생산이다. 이 재생산의 측면에서 첫째 잉여가치가 끊임없이 축적되는 재생산 측면과 그 양극단, 즉 자본관계, 즉 자본가와 노동자의 양극단이 끊임없이 재생산되어야 된다는 것이다. 이 구조가 깨져 버리면 자본주의가 망하게 된다. 가끔씩 이것이 무력화되거나, 또는 작동을 멈추는 때가 공황기라고 할 수가 있다. 아무튼 항시 생산은 재생산이고 재생산을 염두에 두면서 읽어야 된다.

맑스는 여기에서 자본의 재생산 과정을 간략하게 다루고 있다.

"어떤 화폐액이 생산수단과 노동력으로 전화됨은 자본으로서의 기능을 해야 할 가치량이 거치는 첫 번째 운동이다. 이 운동은 시장, 곧 유통영역에서 행해진다. 운동의 제2단계인 생산과정은 생산수단이 상품으로 전화될 때 완결되는데, 이 상품의 가치는 그 여러 구성부분의 가치를 초과한다. 곧 처음에 투하된 자본에 잉여가치를 더한 것이 상품의 가치이다. 이 상품들은 다시 한 번 유통영역에 투입되어야 한다. 그것을 판매하여 그 가치를 화폐로 실현시키며 나아가 그 화폐를 새로이 자본으로 전화시키되 이러한 것들은 항상적으로 되풀이될 필요가 있다. 이렇듯 언제나 같은 계기적 단계들을 통과하는 순환은 자본의 유통을 형성한다."(p.589)

화폐로 "실현한다."는 말은 상당히 오래된 오역이다. 60여 년 동안 일본 사람이 '실현'이라고 썼기 때문에 누구든지 써야 하는 상황이 되었다. 'realisieren'이라는 독일어나 영어 'realize'는 경제용어로서 '현금화'한다는 말이다. '실현한다'는 것은 철학적 용어이지만 일반적 용어로도 사용할 수 있으나 경제적인 의미에서는 언제나 '현금화한다' 즉, 가치를 '현금화하는'이라는 뜻이다. 따라서 잉여가치를 실현한다, 가치를 실현한다는 표현은 가치를 현금으로 바꾼다라고 해독해야 한다.

"축적의 첫 번째 조건은 자본가가 자신의 상품을 판매하고 또 그리함으로써 획득한 자본의 대부분을 다시 자본으로 전화시키는 일을 이미 완료하고 있다는 데에 있다. 이하에서는 자본이 그 유통과정을 정상적인 방식으로 통과한다는 것을 전제로 한다. 이 과정에 대한 보다 상세한 분석은 제2권에서 행해질 것이다."(p.589)

"잉여가치를 생산하는 곧 부불노동을 직접적으로 노동자로부터 뽑아내어 상품으로 고정시키는 가본가는 그 잉여가치를 처음으로 취득한 사람이지만 결코 잉여가치의 최후의 소유자는 아니다. 그는 나중에 그것을 사회적 생산 전체 속에서 다른 여러 기능을 행하는 자본가나 토지소유자들과 함께 나누지 않을 수 없다. 그러므로 잉여가치는 여러 부분으로 나누어진다. 잉여가치의 단편들은 여러 부류의 사람들 손으로 들어가며, 그것들은 이윤 · 이자 · 상업이득 · 지대 따위와 같은 여러 가지 상호자립적인 형태를 취한다. 이러한 잉여가치의 전화형태는 제3권에서 비로소 다루어질 것이다."(p.589)

여기에서는 일단 'Profit'라고 되어 있는데 『자본론』 제3권에서는 나타난 이윤 전체를, 즉 잉여가치의 **현상형태**를 이윤이라고 한다. 이윤의 **본질적인** 형태는 잉여가치이고 이윤이 우리가 일상적으로 접할 수 있는 자본주의 사회의 표면의 현상형태이다. 말하자면, 노동자들이 파업을 할 때 "이윤을 어느 정도 포기하면 되지"라고 말하지, "잉여가치를 포기하라"고 얘기하지는 않는다는 것이다.

'잉여가치'는 학문용어이며 본질을 규명할 때만 나타나는 개념이다. 잉여가치는 이윤으로 현상하는데, 우선 'Profit'로부터 기업가가 갖는 부분을 기업가 이문(Unternehmergewinn)이라고 한다. 화폐를 빌려 준 화폐자본가가 갖는 부분을 이자, 상업자본가가 공장주 또는 산업자본가로부터 일정한 이윤을 양도받아서 그것을 실현시켜 자기가 갖는 것을 상업이윤, 토지소유주 또는 건물소유주가 받는 것은 지대(Grundrente)라고 한다. 이 지대는 항시 상당히 광범위한 의미의 부동산에 대한 임차료라고 이해해야 한다. 즉 이것은 꼭 농토만을 말하는 것이 아니라 부동산으로서 건물부지, 해양, 산림 등이 다 포함되는 것이다. 거기로 귀속되는 이윤형태를 지대라고 하는데, 이건 전부가 잉여가치의 현상형태들이다. 그런데 기업가 이문에서는 적어도 환상이 나타나지 않으나, 즉 자신이 빼앗았다는 의식을 가질 수 있지만, 이자 생활자는 자기 스스로는 한 번도 노동자를 압박하거나 억누르지 않았기 때문에 자본관계, 즉 노동자를 억압하는 관계를 전혀 모른다. 돈에서 돈이 나오는 것으로 알고 있다.

다음에 상업이윤에서의 환상은 자기가 고용하고 있는 소수의 상업노동자를 착취하여 이윤이 나오는 것 같은 환상이다. 실은 여기서의 잉여가치도 산업부분에서 창출되어, 일정한 비율로 상업부분에 분배된 것이다. 그런데 그렇게 느끼는 것이 아니라 자신이 자신의 노동자를 착취하여 나오는 것으로 착각하는 것이다.

토지소유주는 지대 부분이 땅에서 나오는 것으로 알고 있다. 자기 땅이 비옥하니까 더 받고, 덜 비옥하니까 덜 받는다는 식의 착각을 일으키고 있다. 그래서 부르주아 경제학은 소위 '소득나무'라는 것을 만든다. 이것은 여러 열매 중에서 노동력에서는 임금이 나오고, 자본에서는 이자가 나오고, 토지에서는 지대가 나오는 식으로 나무를 만들어 놓으면 지배계급이 달라붙어 있는 부분, 즉 자본과 토지가 그 소득나무 아래에서는 피착취계급이 입을 대고 있는 노동력과 동일한 평면 위에 있는 것인 양 나타나게 된다. 궁극적으로 소득에 기초한 계급이론은 완벽하게 자본주의 재생산관계 내지는 심층의 생산관계—앞에서 맑스는 부르주아 사회의 심층과 표면을 나누는 방법을 『자본론』 제1권에서 『자본론』 제3권까지 고수했다고 말한 바 있다.—가 빠져 버린 것이다. 그런 식으로만 따지면 노동조합 위원장이 중소자본가만큼 소득을 갖게 되면 부르주아로 간주하는 비(非)맑스주의적 계급이론이 나오게 된다.

맑스는 경제적 사회구성체의 운동법칙을 자연사적 과정으로 파악하고, 그래서 거기에 등장하는 모든 등장인물들, 즉 자본주의 사회에서 일정한 사회적 기능을 가지고 등장하는 인물들을 가리켜 "경제적 인물역들"(ökonomische Charaktermasken)이라고 칭하였다.

"자본가의 경제적 인물역은 그의 화폐가 지속적으로 자본으로 기능하기 때문에만 한 인간에게 꼭 달라붙어 있는 것이다."(p.591)

그렇게 얘기한다면 노동자는 노동력이라는 것만을 가지고 있기 때문에 노동자에게 달라붙어 있는 인물역 즉, 임노동자역을 하게 되는 것이다.

단순재생산이란 자본주의에서 현실적으로 불가능하다. 경쟁에 내몰리는 자본주의에서 제로성장이란 있을 수 없기 때문이다. 따라서 단순재생산은 순수한 이론적 추상이다. 그러나 맑스의 단순재생산 이론에서 가장 중요한 것은 부르주아 소유권 개념의 가장 근원적 부분을 파악해 들어가는 것이다. 그것은 부르주아적 소유관의 자기모순성을 폭로해내는 일을 하고 있다.

여기서 일단 단순재생산을 시작한 기점을 노동자로부터 빼앗은 잉여가치가 아닌 자본으로 생산을 시작한 것으로 하자. 즉, 빌려왔든지 아니면 자기가 노동을 하여 축적한 것이든지 간에, 원자본(자기가 만든 자본)으로 노동자를 착취하여 단순히 더 이상 늘리지 않고 주어진 조건 속에서 추출된 잉여가치의 전량을 소비해 버리는 것이 단순재생산이다. 그것도 자본가의 개인적 소비로 하는 경우이다. 그랬을 때 그것이 일정 정도의 시간이 지나게 되면 자기가 투하했던 그 자본은 단 한 톨도 남기지 않고 노동자의 잉여가치로 대체되어 버린다. 맑스는 자본주의적 소유라는 것은 이미 자기의 소유물은 소멸하여 버렸는데도 그것을 자기의 소유물로 강변해 내는 권력으로서 이해하라고 말하고 있는 셈이다. 그러니까 처음에 자기가 투자한 자본은 자본주의적 소유법의 전제대로 자본가의 것이다. 왜냐하면 자기노동의 산물이기 때문이다. 그런데 일정 정도 지나고 나면 전부 남이 수행한 잉여노동으로 자기의 밑천이 대체되어 버린다.

"확실히 가변자본이 자본가 자신의 기금으로부터 투하되는 가치라는 의미를 상실하는 경우는 오로지 우리가 자본주의적 생산과정을 그 갱신의 부단한 흐름 속에서 고찰할 경우에 한해서이다. 그렇지만 이 과정은 언제 어디에선가 시작되지 않으면 안 된다. 그러므로 지금까지의 우리 입장에서 본다면, 자본가가 그 언제인가 다른 사람의 부불노동과는 아무런 관련이 없는 어떠한 본원적 축적(ursprüngliche Akkumulation)을 통하여 화폐소유자가 되었으며, 따라서 노동력의 구매자로서 시장에 등장할 수 있었다는 것은 과연 그럴듯해 보인다. 하지만 어찌 되었든 관계없이 자본주의적 생산과정의 단순한 연속, 곧 단순재생산은 그 밖에도 가변자본 부분뿐 아니라 총자본에까지도 미치는 특유한 변화를 일으킨다.

1,000파운드의 자본으로 주기적으로 생산되는 잉여가치, 예를 들면 해마다 생산되는 잉여가치가 200파운드이고 해마다 이 잉여가치만큼 소비된다면, 똑같은 이 과정이 5년 되풀이된 뒤에 소비된 잉여가치의 총액이 5×200이라는 것, 바꿔 말하면 처음에 투하되었던 자본가치 1,000파운드와 똑같게 된다는 것은 명백하다. 만일 1년 동안의 잉여가치가 일부분, 예를 들어 1/2밖에 소비되지 않는다면 생산과정이 10년 동안 계속된 뒤에야 비로소 똑같은 결과가 발생할 것이다. 그것은 10×100=1,000이기 때문이다. 일반적으로 말해 투하자본가치를 해마다 소비되는 잉여가치로 나누면, 최초의 투하자본이 자본가에 의해서 탕진되고 소멸되기까지 걸리는 횟수 또는 재생산 주기수가 나온다.

자기 스스로는 다른 사람의 부불노동의 생산물인 잉여가치를 소비하고 최초의 자본가치는 보전하겠다는 자본가의 관념이 사실을 바꿀 수는 결코 없다. 일정한 횟수가 지난 뒤에 그가 취득하는 자본가치는 같은 횟수 동안에 등가 없이 취득한 잉여가치의 총액과 같고, 그가 소비한 가치 총액은 최초의 자본가치와 같다. 물론 그는 크기가 변하지 않은 자본을 수중에 지니고 있는 것이며 그 일부인 건물과 기계 따위는 그가 사업을 시작했을 때부터 이미 존재하고 있던 것이었다. 그러나 여기서 문제가 되는 것은 자본의 가치이지 자본의 물적 구성부분은 아니다. 어떤 사람이 자신의 재산가치에 필적할 만한 돈을 빌어씀으로써 온 재산을 다 써버렸다면, 이 온 재산은 그저 그의 부채 총액을 나타낼 뿐이다. 자본가가 스스로 투하한 자본의 등가를 다 써버린 경우에도 이 자본의 가치는 이제 그가 무상으로 취득한 잉여가치의 총액을 나타낼 뿐이다. 그의 본래 자본가치는 조금도 남아 있지 않다."(pp.594~595)

기업가들은 정주영처럼 "내가 등짐지고 고려대학교를 지어 거기서 돈을 벌었다."라는 식으로 항시 기업가의 신화를 자주 이야기한다. 즉 그것이 불어난 것이다. 그래서 자기자본의 원천적 도덕성을 꾸며낸다.

부르주아 법학의 천부인권론에 의하면 인간의 생명권은 근원적인 천부인권이고 생명의 활동으로서의 노동과 그 결과, 즉 재산도 천부인권이라 한다. 따라서 노동자의 잉여노동의 대상화로서의 자본은 천부인권의 논리에 따를 때 노동자에게 되돌려져야 할 것이다. 그러나 정주영은 자기의 등짐노동으로 번 자본은 자본가로서 무(無)노동으로 살게 된 까마득히 오래전에 소멸하여 버렸는데도 엄청나게 축적된 남의 잉여가치를 자기 것이라고 사기치고 있다. 초기 자본주의 시대의 자본가도 물론 그러했다.

그러나 맑스는 이 증명을 통해서 완벽하게 그 신화를 깨버렸다. 5년 내지 10년 동안 정주영이 먹어치운 소비금액은 자기가 투하했던 "등짐" 금액보다 훨씬 더 많은 것이고 그래서 거꾸로 노동자가 그것을 오히려 받아내야 되는 것이다. 자본주의적 소유제는 법률적 환상으로서 실제적인 조건과 전혀 대응하지 않은 사기의 체제이다. 맑스는 자본주의가 그 사기의 체제라는 것을 증명해 내고 있다. 확대재생산까지 거론할 것 없이 단순재생산의 주기적 반복을 분석하더라도 다음과 같은 사실이 명증된다. 자본이란 잉여가치를 생산하는 것이고, 거꾸로 잉여가치를 생산하지 않는 것은 자본이 아니며, 또 잉여가치 그 자체이지 않으면 자본이 아니다. 그렇게 본다면 타인의 노동을 착취한 것, 죽은 타인의 노동이 살아 있는 남의 노동을 착취하는 식으로 변해 버린다. 그러면 노동자의 입장에서 자기 자신의 노동이 대상화되어 자기 자신의 살아 있는 노동을 억압하는 식으로 변한다. 이런 식으로 억압하고 지배하는 권력관계, 이것을 맑스는 자본관계라고 불렀다. 단순재생산 내지 모든 재생산이 마찬가지이지만, 재생산은 이러한 자본관계를 끊임없이 재생산하는 관계이다. 노동자는 그 속에서 도망갈 수 없다.

"이리하여 자본주의적 생산과정을 여러 관련들 속에서 곧 재생산 과정으로서 고찰하면 그것은 상품만을 생산하거나 잉여가치만을 생산하는 것이 아니라 자본관계 그 자체, 곧 한편으로는 자본가, 다른 한편으로는 임금노동자를 생산하고 재생산하는 것이다."(p.604)

자본주의 생산관계 중의 가장 핵심적인 생산관계를 끊임없이 재생산하는 관계, 즉 빵, 사물, 잉여가치만을 재생산하는 것이 아니라, 지속적으로 지배관계를 재생산한다는 의미이다.

"자본은 임노동을 전제로 하고 임노동은 자본을 전제로 한다. 그것들은 서로를 제약하고 서로를 창출한다. 면직공장의 노동자는 오로지 면포만을 생산하는가? 그렇지 않다. 그는 자본을 생산한다. 그는 가치를 생산하며, 이 가치는 다시 그의 노동을 지휘하고 그의 노동을 통해서 새로운 가치를 창조하는 데에 쓰인다."*

맑스는 '잉여노동을 위한 특유하게 자본주의적 강제관계'를 자본관계라고 불렀다. 이러한 정의는 「직접적 생산과정의 제결과」라고

* 칼 맑스, 『임노동과 자본』, 「신라인 신문」, 제266호, 1849년 4월 7일.

하는 글에서 내리고 있는데, 『자본론』 제3권에서는 약간 다른 방식으로 동일한 내용을 말하고 있다.

『자본론』 제3권 p.412에서 맑스는 "자본관계, 즉 지난 과거의 노동이 자립적으로 살아 있는 노동을 권력으로 지배하면서 대립해오는 일정한 사회적 관계이다."라고 말하고 있다. 강제관계라고 정의했던 구절과 앞의 정의는 내용상으로는 똑같은데 표현만 달리하고 있다. 문제는 자본관계라는 개념이 맑스 『자본론』의 가장 중심적인 범주로, 또 맑스의 관점에서 경제학, 사회학을 하고자 할 때 중심적인 범주로 채택되어야 하는데 아예 이 범주조차도 쓰지 않는 것이 괴상망측한 그 이후의 맑스의 해석의 방향이다. 그래서 『자본론』 1, 3권의 동독판의 용어 찾아보기를 보면 자본관계라는 말이 아예 없다. 그런데 『자본론』 제3권에서는 맑스가 자본관계라는 말을 소제목으로 뽑고 있다. 예를 들면 '대부자본의 형태에 있어서 자본관계의 외화'라는 제목이 그것이다. 아무튼 재생산과정에서 가장 마지막 부분으로 가장 강조하고 있는 것은 자본관계의 재생산이다.

제22장 잉여가치의 자본으로의 전화

각 개인의 자유로운 발전과 전체의 변증법

그 다음에 잉여가치가 자본으로 전화되는 과정에서 일정 부분만을 소모하고 나머지 부분은 아껴서 재투자하는 과정이 설명되어 있다. 그것을 확대재생산이라고 부른다. 확대재생산의 경우는 단순재생산의 경우와는 달리 더 명백히 자본가 자신의 것이라고 생각하는 것은 전부 남의 것이다. 노동과 소유의 동일성, '노동하는 자가 소유하는 자이다'라는 것에서 출발하는 자본주의 초기의 명제는 자본주의적 소유로 넘어가면서 그 명제가 붕괴된다. 즉 자기 자신이 변증법적 발전 속에서 변증법적으로 부정되어 버린다.

"소유와 노동의 분리는 겉보기로는 양자의 동일성으로부터 출발했던 한 법칙의 필연적인 귀결인 것이다. 이리하여 자본주의적 취득양식은 본래적인 상품생산의 여러 법칙들을 상당히 손상시키는 듯이 보이지만, 그것은 이 법칙들의 침해로부터 발생하는 것이 결코 아니라 오히려 이 법칙들의 적용으로부터 발생한다. 자본주의적 축적을 종결점으로 하는 일련의 운동단계들을 간단히 회고해 보면 이것이 한층 더 명확해질 것이다."(p.611)

"그러므로 화폐가 자본으로 처음 진화되는 과정은 상품생산의 경제적 법

칙들 및 그것들로부터 도출되는 소유권과 아주 엄밀하게 일치하여 행해진다."(p.611)

선대제를 이야기할 때 원료와 생산물의 관계에서 생산자가 직접 가지려고 하는 잔여소유권이 남아 있었다고 하였는데 그 부분이 완전히 단절되면서 생산된 노동산물은 이제 전적으로 자본가의 것이 되면서 노동자는 전혀 손을 못 대게 되는 결과를 낳는다.

이것은 자본관계가 계속 지속적으로 재생산되는 측면을 말한다. 그 다음에 자본가라는 경제적 인물역이라는 측면에서 또 맑스는 자본가의 역사적인 기능과 관련하여 이야기하고 있다.

"자본가는 인격화된 자본인 한에서만 하나의 역사적 가치와 어떤 역사적 존재권, 곧 재치 있는 리히노프스키가 말했듯이 날짜 없는 곳에서는 없는 존재권을 갖는다. 오로지 그 한도 안에서만 그 자신의 일시적인 필연성이 자본주의적 생산양식의 일시적인 필연성 속에 포함된다. 그러나 또 그러한 한에서는, 사용가치와 향락이 아니라 교환가치와 그 증식이 그의 추진력의 동기이다. 가치증식의 광신자인 자본가는 가차 없이 인류에게 생산을 위한 생산을 강제할 뿐 아니라, 이에 따른 사회적 생산제력의 발전을 강제하며 나아가서 각 개인의 충분한 자유로운 발전을 그 근본원리로 하는 보다 높은 사회형태의 유일한 실재적 기초가 될 수 있는 물적 생산조건의 창조를 강제한다. 오로지 자본의 인격화로서 존재할 때에만 자본가는 존중을 받는다. 이러한 존재로서 그는 화폐축장자와 똑같이 절대적인 치부욕을 갖고 있다. 그렇지만 화폐축장자에게는 개인적인 광기로 나타나던 것이 자본가에게는 사회적 기구의 작용으로 나타나는데, 이 기구 속에서 그는 하나의 자동바퀴에 지나지 않는다. 더구나 자본주의적 생산의 발전은 하나의 산업기업에 투하되는 자본의 끊임없는 증대를 필연화하며, 또 경쟁은 자본주의적 생산양식의 갖가지 내재적 법칙들을 각 개별 자본가에게 외적 강제법칙으로서 강요한다. 경쟁은 자본가에게 자본을 유지하기 위해 그것을 끊임없이 증대시키도록 강제하는데, 그는 오로지 누진적으로 축적함으로써만 그것을 증대시킬 수 있다."(p.618)

각 개인의 완전한 그리고 자유로운 발전을 근본원리로 하는 사회는 사회주의 또는 공산주의 사회이다. 개인이 없어지고 증발해 버리는 사회가 아니다. 집단주의 사회는 맑스와 엄청나게 먼 거리에 있다. 맑스는 집단주의가 아니라 집단과 개인 간의 변증법적 통일을 항시 생각한 것이다. 만인의 발전이 각자의 발전의 전제가 되고 각자의 발전이 만인의 발전의 전제가 되는 통일된 사회를 염원한 것이다. 이를테면 그 이전의 역사의 단계를 살펴보면, 자본주의 사회 이전으로 올라가면 올라갈수록 '개인'은 점점 없어지며, 그래서 원시공산제 사회에까지 올라가면 그 사회에는 개인은 없다. 완전히 소멸해 버린다. 왜냐하면 그 집단 밖에서는 개인은 살 수 없기 때문이다. 이 단계에서 개인은 집단을 벗어나면 집단적 생산력과 방위를 상실하고 동물의 먹이가 되거나, 다른 종족에게 살해되기 때문이다. 그래서 자기 자신은 집단과 더불어 살아야 되고 그런 사회에서는 '우리'밖에 없는 것이다. 개인이 전혀 발전하지 않는다. 그래서 고고학적인 연구를 통해서 보면 개인적인 생산력의 발전이 상당한 정도 이루어지고 나서야 비로소 한 개인의 얼굴을 그리는 조각품들이 나타나기 시작한다. 그 이전에는 집단의 유적(類的)인

재생산만을 생각하고 있었기 때문에 끊임없이 임신한 여성들의 배를 그렸다. 사람 얼굴이 나타나지 않는 것은 개성이 전혀 발전되지 않았다는 것을 의미한다. 따라서 개개인의 아름다움도 발견되지 않았다. 가부장제 이후부터야 대단히 왜곡된 형태로나마 개인이 발견되게 된다. 즉 예쁜 여성을 조각한 석조물들이 나타나기 시작한다. 구체적으로 고대노예제 사회, 즉 아시아적 생산양식이 시작되는 그 기점부터이다.

반대로 자본주의 사회에서는 개인의 측면이 너무 극단적으로 강조되면서 개인주의가 나타나고 전체는 시야에서 사라져 버린다. 전체와 실제로는 완벽한 연계관계에 들어 있다 하더라도 각 개인이 자기 능력에 기초해서만 살아가는 것 같은 환상을 불러일으키는 사회가 된다. 그 전체의 사회적 연관은 오로지 **간접적으로만** 실현되기 때문이다. 다시 이것을 **직접적인** 연관 속에 몰아넣어 사회 전체적인 시각 속에서 경제를 계획한다는 등의 이야기는 개인이 다시금 완전히 없어져 버린다는 것이 아니라 **개인주의적** 형태만을 없애는 것이다. 즉 개인과 전체가 완벽하게 고려되는 사회를 생각하고 있는 것이다. 맑스는 다른 곳에서 개인의 자유로운 발전이 전체의 자유로운 발전의 전제가 되고 거꾸로 전체의 발전이 개인적 발전의 전제가 된다는 표현도 자주 사용한다. 이 말은 러시아 혁명기의 혁명적 슬로건으로 바뀌어 "하나는 모두를 위하여, 모두는 하나를 위하여"라고 쓰였는데 이것은 대단히 변증법적인 말이다. '하나를 위하여'에서 '하나'는 각 개인이라는 뜻이다. '모두를 위하여'에서 '모두'는 전체를 의미하는데 전체는 각 개인에게 동일한 고려를 해야 하며, 소수의 권리주장의 자유가 인정되어야 한다는 말이다. 왜냐하면 소수 때문에 그 체제가 무너지지는 않으며 개인이 아무리 멍청한 소리를 하더라도 그 바보 같은 사람을 잡으려다 전체의 이익이 파괴될 수 있고 또 이 '멍청한' 사람이나 '위험한' 사람을 가르는 기준이 소수의 위정자마다 다르고 시간에 따라 달라서 때로 그들이 의외의 뛰어난 사람일 수가 있기 때문이다. 구더기 무서워 장 못 담그는 식으로 집단주의적 측면을 강조하면 옳은 소리 틀린 소리에 관계없이 개인의 자유는 없어져 버린다. 맑스는 결코 집단주의자 또는 전체주의자가 아니라, 전체와 개인의 변증법적 통일을 갈구한 이론가였다.

중소자본에 있어서 향락욕과 축적욕의 파우스트적 갈등

단순재생산에서는 자본가가 추출된 잉여가치를 완전히 먹어치우기 때문에—완전히 소비하는 것을 전제로 하기 때문에—소비만을 위해서 자본주의적 생산을 하는 자본가에게는 갈등이 생기지 않지만 확대재생산을 하려면 착취한 잉여가치의 일부를 계속 재투자해야 하기 때문에 끊임없이 축적욕과 소비욕이 대립하게 된다.

"그러나 원죄의 결과는 어디에서나 나타난다. 자본주의적 생산양식이 발전하고 축적과 부가 증대함에 따라 자본가는 더 이상 자본의 단순한 화신이기를 그만둔다. 그는 자기 스스로의 아담에게 '인간적인 공감'을 느낀다. 그리고 금욕에 열중하는 일에 대해 그것이 고풍스런 화폐축장자의 편견이라고 조소하도록 교육받는다. 고전적인 자본가는 개인적 소비를 자본가의 직분에 반하는 죄악이며 축적의 '억제(Enthal-tung)' 낙인을 Wrl지만, 현대화된 자본가는 축적을 자신의 향락 충동의 '금욕(Entrsagung)'으로서 이해할 수 있게 된다.

아아! 그의 가슴에는 두 개의 영혼이 살고 있어, 그들은 서로 떨어지고 싶어 한다!"(pp.619~620)

초기 자본주의 시대의 소자본가는 무척이나 절약하고 매우 근면하며 가능하면 적게 쓰려고 한다. 그래야 자본이 축적되기 때문이다. 그래서 자기의 소비욕을 엄청나게 탄압한다. 그 시기에 대응하는 기독교 사상이 개신교였다. 독점자본이 형성될 때쯤 되면 개신교가 타락하여 영락교가 되지만, 원래 개신교의 사상은 금욕하여 축적하는 것을 정당화하는 것이었다. 그런데 그 이전의 가톨릭에서는 축적은 죄악이었다. 왜냐하면 가톨릭 교리에서는 다른 사람이 굶주리고 있는 시기에 베풀지 않고 쌓아두고 있다는 사실부터가 죄악으로 파악되고 있었기 때문에 축적을 죄악으로 간주하였다. 그런데 자본주의적 상업 또는 생산부분에 종사하는 소자본가에게 있어서는 축적해야 한다는 경제적 필연성을 반영하는 의식 속에서 자기들이 믿고 있는 가톨릭 교의와 엄청난 심리적 모순관계를 느끼게 된다. 그것을 해소시켜 준 것이 캘비니즘 내지는 개신교이다. 캘빈에 의하면 근면한 노동을 하고 또 근면히 일한 자만이 천당에 갈 수 있는데 그 근면함 속에 누가 천당에 갈 것인지가 이미 예정되어 있다 하였다. 그러면 노동을 통해서 그것을 증명해야 한다.

따라서 노동의 결과는 재산이고 재산을 많이 축적한 자가 천당을 갈 수 있는 통행증을 얻는 것과 같은 것이 된다는 논리를 편다. 그래서 축적을 완전히 정당화한다.

초기 자본가들은 자기들이 엄청난 절약, 절욕 속에 있었기 때문에 자기의 자본은 자신의 금욕의 결과로 파악했다. 당시의 이 견해는 부분적으로는 타당성이 있었는바, 금욕의 결과이었던 것을 자꾸 소비하고 사치하는 것이 자꾸만 죄악으로 느껴졌던 것은 당연하기 때문이다. 그런데 자본이 어느 정도 축적되자 자본가는 추출된 잉여가치의 일부를 소비와 향락에 쓸 수 있게 된다. 이것이 다시 개신교의 금욕관과 부분적으로 충돌하게 된다. 그러면서 "왜! 아담이 원죄를 저질렀을까?"를 생각해 보니 이해가 갈 만하더라는 것이다. "그러니까 이브의 꾐에 빠져서 무화과를 따먹을 만했었구나" 하는 구절이다. 이것을 돌파하는 때부터 개신교의 내부적인 성격도 변화하게 된다. 자기 자신의 부분적인 금욕의 결과로서의 자본이 민중의 금욕의 결과로서의 자본으로 탈바꿈해 버린다. 노동자, 기타 소상품생산자들이 착취와 수탈을 당한 결과로 자본의 성격이 변화되기 때문에, 자기 자신은 유한계급, 향락계급의 성격을 띠게 되면서 아담에 대한 동정심을 느끼기 시작하는 것이다.*

---

* 이 부분에 착안하여 맑스를 열심히 읽었던 부르주아 사회학자인 M. 베버가 『프로테스탄티즘의 윤리와 자본주의 정신』라는 책을 썼다. 유행하는 반동적인 해석과는 반대로 사회자유주의자로서 베버는 물론 유물론자였다. 왜냐하면 그는 일단 경제가 근본적인 것이라는 점을 전제하면서 상부구조의 사회조직적인 이데올로기의 고유한 역작용도 중요하다고 생각하는 사람이었기 때문이다. 구교의 교리에 사로잡힌 자기의 심리적 갈등에 시

계속해서 파우스트가 향락욕과 자신이 가지는 이성적 측면이 갈등할 때의 구절이 나온다. 이 구절을 인용하면서 맑스는 자본가가 축적을 하려면 금욕을 해야 하는데 또 동시에 향락도 하고 싶은 심정 사이에서 갈등하는 것을 나타내고 있다.

그런데 이것은 중간자본가 정도의 갈등이다. 대자본, 독점자본으로 넘어가면 이런 갈등은 완전히 해소된다. 왜냐하면 조금만 빼온다 하더라도 개인으로서는 소비하기 힘든 무진장한 소득을 빼올 수 있기 때문이다. 재투자를 아무리 많이 하더라도 자신의 개인적 소비와는 무관한 차원에서 벌어질 수 있다.

"자본주의적 생산양식의 역사적 초창기—그리고 자본가적인 벼락부자들은 각각 개별적으로 이 역사적 단계를 거친다.—에는 치부의 충동과 탐욕이 절대적인 열정으로 우위를 차지한다. 그러나 자본주의적 생산의 진보가 그저 향락의 세계를 창조하는 것만은 아니다. 그것은 투기라든지 신용제도 따위와 함께 갑작스런 치부의 무수한 원천을 연다. 일정한 정도의 발전단계에 이르면, 부의 과시인 동시에 신용의 수단이 되는 관례적인 정도의 낭비는 '불행한' 자본가에게는 사업상 필요하게 되기까지 한다. 사치는 자본의 교제비의 일부가 된다."(p.620)

달리고 있던 초기 소자본가들의 윤리적인 모순을 해소해 준 캘비니즘이 등장하고 난 뒤로는 자본이 더욱 빠른 속도로 증식하게 되었다는 것을 증명한 것이 바로 베버의 책이다. 베버는 속류 부르주아 학자의 이론과 맑스가 대립하는 경우가 있으면 맑스 편을 들었다. 그러나 맑스에 대해서 전적으로 옳다는 얘기도 절대로 하지 않았다. "맑스가 말한 것처럼 그렇게 전면적으로 관철되는 것은 아니지만 그래도 맑스가 옳다."라는 식으로 꼬리표를 달았다.

“치부의 충동과 탐욕이 절대적 열정으로 우위를 차지한다.”(p.620)는 이 말은 축적욕이 우위를 차지함을 뜻한다. 그러나 현상적으로는 근검, 절약하는 측면으로 나타나고 자기 집을 꾸미기보다 집에 좋은 것이 있으면 회사에 갔다 놓고 회사의 번영을 과시하여 신용을 창출하고자 한다.

“그러므로 자본가의 낭비는 방종한 봉건 영주의 낭비와 같은 악의 없는 성격을 띠고 있기는커녕 오히려 그 배후에 언제나 극히 불순한 탐욕과 극히 소심한 타산이 잠재해 있는 것이다.”(p.620)

따라서 로얄 살롱 하나 타는 것까지도 실은 신용을 창출하기 위해서라는 경제적, 사업적 목적을 항시 고려에 둔다는 말이다. 이것은 자본가의 마음이 좋고 나쁘고에 아무런 관계없이 자본의 경쟁법칙에 의해서 강요되는 것이다. 이것을 지키지 않으면 망하게 된다.

“기계가 출현하기 전까지 공장주들이 모인 술집에서 그들의 하루 저녁의 소비는 펀치 한 잔의 6펜스와 담배 한 봉지의 1페니를 결코 넘지 않았다. 겨우 1758년에, 그리고 이것은 획기적인 일로서 ‘실제로 사업에 종사하고 있는 사람으로서 자기 마차를 가진 자가 한 사람! 나타났다.”(p.621)

“자기 마차를 가진 자가 한 사람 나타났다.”(p.621)는 구절의 의미는 즉 최초로 귀족과 겨룰 수 있는 자가 한 명 나타났다는 말이다.

그런데 맑스가 이 글을 쓰던 당시의 영국은 완전히 독점의 초기에 들어섰었다. 그러니까 향락산업이라는 것이 또 하나의 자본의 투자부문으로 완전히 전개된 상황이었다. 즉 파우스트적 갈등이라는 것은 해소되고 향락산업이 현재 우리나라 강남 지역처럼 전개되는 상황이었다. 에이킨의 시기구분에서 마지막 시기인 제4기를 넘어선, 현재 우리나라와 가장 유사한 제5기에 들어선 것이라는 것이다.

"18세기 최후의 1/3기인 '제4기는 산업이 확장됨에 따라서 뒷받침 받은 대대적인 사치와 낭비의 시기이다'(에이킨) 만일 이 선량한 에이킨 박사가 오늘날 맨체스터에 소생한다면 과연 그는 무슨 말을 할 것인가?"(p.621)

봉록관의 개념 : 봉록적 공유제

"자본가의 가슴을 향락 충동과 치부 충동의 성가신 갈등으로부터 지키기 위해서 맬더스는 금세기의 20년대 초에 생산에 종사하고 있는 자본가에게는 축적하는 일을 할당하고 잉여가치를 분배받는 다른 사람들, 곧 토지귀족이나 국가 봉록관과 교회 봉록관 등 여러 가지 봉록자들에게는 낭비하는 일을 할당하는 분업을 옹호했다."(pp.621~622)

"다른 사람들"이란 잉여가치에 참가하되, 자본가와는 다른 사람들이라는 뜻이다 공유재산 위에 걸터앉아서, 또는 봉록적 공유제 위에서 봉록을 받는 봉록관들이다. 『자본론』 제3권에는 이 봉록관에 대해서 자세히 설명되어 있다.

중세 유럽의 전토지의 1/3은 교회의 소유였다. 성직자들은 십일조나 기타 봉건지대를 수탈하여 먹고 살았는데 그 교회의 체제는 누구의 사유재산이 아니다. 봉건영주의 장원과는 다르게 특이한 체제를 이루고 있는 것이 교회체제의 특징이었는데 지금 자본주의 사회의 한복판에서도 마찬가지이다. 예를 들어 통일교, 영락교도 일종의 공유재산이다. 거기서 만약 어떤 개인이 그 소유의 일부를 손댄다면 공금횡령이 되는 것이다. 그것을 우리나라 민법에서는 '총유'라는 개념으로 포착하고 있다. 문중재산, 지방 자치단체의 관리하의 땅, 공동지(Gemeindeland)로서 고대로부터 내려오는 땅, 즉 촌락의 공동소유로 남아 있는 땅, 이런 것을 개인이 자기 주머니에 넣게 되면 횡령이 되는 것이다. 교회의 봉록적 공유재산은 자본주의 사회 한복판에서 교회가 발전함에 따라 갈수록 늘어가고 있다. 중세에도 봉건적 사적소유 한복판에 이것이 들어 있다. 이것은 엄청난 규모였는데, 봉건제와는 달리 가톨릭교는 중세에 그의 위계질서를 신분, 탄생, 재산 등의 관점을 전혀 고려하지 않고 민중 속에서 가장 우수한 자들을 충원하여 구성해 냈다. 이것이 바로 그 시대의 승려지배, 즉 속인들, 신도들을 억압하는 체제를 공고화하는 가장 주요한 수단이었다. 그런데 지배계급이 피지배계급의 가장 뛰어난 인물을 받아 충원하는 능력이 더 많으면 많을수록 그 지배체계는 "공고화되고 동시에 위험해지는" 것이다.* 이러한 위기는 궁극적으로 종교개혁으로 나타난다.

그리고 엄밀히 규정할 때 개혁 이전의 소련이나 동구, 현재 베트

---

* 칼 맑스, 『자본론』 제3권, MEW, 25권, p.614 참조

남·중국·북한의 공유제는 사회주의적 공유제가 아니라 반(半) 사회주의적인 **봉록적 공유제**에 지나지 않는다. 그러나 과거 소련에서는 공장노동자 출신인 고르바초프가 서기장이 되면서, 비록 실패했지만 봉록적 공유제를 사회주의적 공유제로 바꾸는 내부 개혁이 벌어진 바 있었다.

맑스의 이와 같은 단편적인 조그마한 언급들을 얼마만큼 현대에 활용할 수 있는가 하는 것과 관련되는 것으로서 교회가 완전히 폐지되지 않고 살아남을 수 있었던 것은 자기 자신의 개혁능력에 있었다. 중세의 모든 제도는 흔적도 없이 사라져 버렸으나, 교회는 자본주의 한복판에서 또 살아남았다. 교회지배체제가 끊임없이 하층계급의 우수한 인자를 전혀 신분, 재산을 따지지 않고 충원하는 체제이기 때문에 공고했듯이 소련의 지금까지의 봉록적 공유제도—서구의 비판가들이 오판하듯이—엄청난 독재를 했기 때문에 공고했던 것이 아니라, 끊임없이 노동자로부터 출발해도 올라갈 수 있고 승진할 수 있는 제도적 장치가 있었기 때문에 공고했었다고 봐야 할 것이다. 왜냐하면 당은 최소한 60%까지 노동계급으로부터 충원되어야 했었기 때문이다. 선진 사회주의 국가를 선포하면서부터 50 : 50으로 바뀌었지만, 50%는 여전히 노동자나 농민으로부터 나와야 하고 나머지 50%는 인텔리나 기타 여러 사회계층에서 나오는 식으로 되어 있다. 이러한 체계는 혼란을 겪지 않고 공고성을 유지할 수 있었다.

그런데 그 체계가 일정한 한계에 부딪히면서 개혁할 수 있는 자기 능력을 가지게 된 것이다. 그래서 자신의 사회구성체를 완전히 혁신시킬 수 있는 페레스트로이카가 나올 수 있었는데 이와 마찬가지로 종교에서도 개신교적 종교개혁이 나온바 있다. 그 이후 가톨릭은 전혀 개혁을 하지 않았는가? 천만에 말씀! 가톨릭은 물론 종교개혁에는 반대했지만 내부에서는 살아남기 위해 끊임없이 개혁하게 된다. 지금은 여성 사제도 인정하지 않으면 안 될 정도로 밀리고 있다. 가부장제가 완전히 공고화되어 있어 신부들은 전부 남자였고 이것은 자기들이 버티는 마지노선이었는데, 거기에서도 물러서야 된다는 논리에 휘말려 서구에서는 논쟁이 계속되고 있다.

봉록제는 민주제가 아닌 종신제인 것이 특징이다. 즉 위계질서 속으로 영입되면 종신적으로 신분이 보장되어 오직 승진만 있을 뿐이다. 소련에서도 직책임명과 유임이 거수로 처리되고 있었듯이 민주제의 알맹이는 없고 형식뿐이었는데 지금은 완전히 민주화되고 있다. 지금 서구에서는 교회도 민주제로 해야 된다는 주장이 무성하지만 로마교황청은 이에 반대하고 있다. 부르주아 정치가들 중 일부 최고권력층은 민주적 선거를 거치지만, 낙선하더라도 정당의 정치거물로서 여전히 군림하기 때문에 이 경우도 민주제는 사실상 형식일 뿐이고 이들도 실은 봉록관들에 지나지 않는다.

그래서 맑스는 자본주의 국가의 사실상 종신적인 정치가들을 국가봉록관이라고 불렀고 교회의 고위 성직자들을 교회봉록관이라고 불렀다. 그들은 자본가들과는 다른 착취자들이다. 이들의 봉록은 잉여가치의 경제적 현상형태들, 즉 이윤, 상업이윤, 지대 등과 다른 비경제적인 형태를 취한다. 봉록은 봉급만이 아니라 그 외 수많은 비공식적인 루트를 통해 얻어지는 엄청난 떡고물을 포함하는 것이다.

인도의 봉건제 문제

『자본론』 제1권, p.625의 인도에 관한 구절과 관련하여 좀 상세히 다루어 보자. 유재건 교수는 『창작과 비평』 1988년 가을호에 발표한 논문에서 인도 봉건제를 논하는 것은 "맑스에 관한 해석인 한" 무리라고 하면서 "맑스는 정반대의 이야기를 하고 있다, 『자본론』 프랑스어판에 봉건제 유사한 이야기가 있으나 그것도 정확히 읽어 보면 그것이 아니라 영국이 지배하고 있던 인도에서는 그것이 영국인의 지배에 의해 해체된 지역에서만 반봉건제가 나타났을 뿐이다, 그렇게 맑스의 말을 해석해야 하는데 일본의 어떤 저자는 그것을 잘못 오독하고 있다."고 주석을 가하고 있다.

그런데 이 말은 문제가 있다. 유재건 씨는 맑스가 정반대의 말을 하고 있는데도 자기 자신의 말을 맑스의 말로 인용하고 있는 것이다. 첫째, 전적으로 틀린 것은 그 구절이 프랑스어판에만 있는 것이 아니라 독일어판에도 있다는 것이다.(p.625) 둘째, 'wenig'라는 말을 뒤집어서 정반대로 해석한 것이다. 이 말은 부정에 가까운, 즉 '거의 아니다'라는 뜻이다. 그것도 여기서는 'wenig'라는 말을 최상급으로 사용하고 있다. 다시 말해 '거의 전적으로 아니다'라는 뜻이다. 유재건 씨는 불행히도 그 구절을 『자본론』 원전에서 보지도 못했고 또 봤어도 오역하고 있는 셈이다. 해석하자면, "……영국의 지배로 말미암아 낡은 과거체제가 거의 조금도 해소되지 않았던 그런 지방에서는……"라는 뜻인데 따라서 지금 가장 적게 해체된 지역에서 오히려 봉건제가 있었다는 이야기이다. 맑스의 얘기는 그러니까 봉건제가 영국인의 손이 닿지 않는 곳에는 남아 있었다는 말인데, 유재건 씨는 "영국인이 낡은 이 아시아적 생산양식을 해체한 곳에서는……" 이라고 번역함으로써 맑스의 말을 정반대로 전달하고 있다.

참고로 얘기하자면 맑스는 물론 인도의 생산양식과 중국의 생산양식을 구별하고 있다. 그런데 대부분의 사람들은 맑스가 쓰고 있는 'Orient' 또는 'Asien'라는 말을 동아시아까지 확대시켜 생각하는 경향이 있다. 그러나 맑스가 이 말을 쓸 때 이것은 주로 중근동 내지는 인도까지 적용될 수 있는 말이었다. 인도는 사실상 오랫동안 사적소유의 발전이 거의 없었지만 중국의 경우는 그렇지 않았다. 당나라를 넘어서면 봉건제의 모습이 완연히 드러나고 인도는 상당히 후에 와서야 사유재산의 모습이 나타난다. 그렇지만 인도에서도 영국이 쳐들어오기 전부터 봉건적 토지사유(私有)가 벌써 여기저기 광역에 걸쳐 나타났다. 『자본론』 제1권, p.625의 맑스의 언표를 보면 분명히 알 수 있다.

그런데 맑스가 그 두 개의 생산양식이 다르다고 생각했음을 유추할 수 있는 부분은, 『자본론』 제1권에서는 p.402 첫 번째 단락 제일 끝 문장이다.

여기서 종이 생산방법에 관한 두 가지 상이한 아시아적 생산형태가 제시되어 있다. 맑스가 제지산업의 예를 들고 있는 것은 이것의 발전상을 역사적으로 고찰해 보면 각 시대의 생산양식의 발전을 추적하기에 가장 적절한 산업분야라고 생각했기 때문이다.

아시아적 제지 생산양식에는 서로 상이한 두 가지 형태가 있는데 중국형태, 인도형태가 그것이다. 인도형태는 그 지방의 일반적 형태임과 동시에 파키스탄, 아프가니스탄과도 거의 유사한 형태라고 「자수리치에게 보내는 편지」에서 맑스는 말하고 있다. 그런데 중국을 한 번도 이 지역과 등치시키는 발언을 하지 않는다. 또는 그런 나라들을 지적할 때 중국은 지적하지 않는다. 대부분의 사람들은 맑스와 엥겔스의 글에서 'Orient'라는 말을 중국까지 포함하는 것으로 오독하는 경우가 많다. 그래서 아시아적 생산양식 개념을 가지고 이조시대를 설명, 해석하려는 시도가 나오게 된다.

제23장 자본주의적 축적의 일반법칙

맬더스 인구론의 반인간성과 맑스의 비판

p.644의 각주에서 맬더스에 대한 인구론 공격을 보자. 각주가 대단히 긴데 맬더스에 대한 더욱 자세한 비판적 이론은 『잉여가치학설사』 2권을 참고하기로 하고 여기에서는 각주만 가지고 맬더스라는 자가 누구인지 알아보기로 하자.(각주 75)

맬더스의 『인구론』은 저자를 전혀 밝히지 않고 남의 글들을 전부 베껴 쓴 것이다. 맑스는 이 글들을 그저 한 구절씩 인용만 한 것이 아니라 완벽하게 다 읽은 사람이다. 『인구론』은 한마디로 아기를 낳지 말라는 것, 너희들이 성행위를 많이 해서 인구가 많아져 빈민이 증가한다는 것이다. 봉건귀족과 봉건봉록자들, 정치가, 군인들을 아담 스미스(Adam Smith, 1723~1790)는 『국부론』에서 '무위도식자'라고 말했다. 그는 무신론적인 흄(David Hume, 1711~1776)을 예찬하고 있다. 흄은 중앙집권적 절대왕정을 지지하면서 나머지 귀족들, 성직자들을 공격한 사람인데, 스미스가 흄에게서 배웠다니까 승려들이 화가 난 것이다.

토지귀족들의 이데올로기적인 입장에 섰던 승려 출신의 경제학자들과 근대적 산업자본가 입장에 섰던 혁명적이었던 부르주아 이데올로그로서 흄, 스미스, 윌리엄 페티 등, 이런 사람들과 벌어진 이데올로기 논쟁은 무지무지 살벌하였다. 말하자면 여기서 몰아붙이고 있는 말투로 보면 흄, 스미스를 '빨갱이'로 몰아붙이고 있는 것이다. 봉건세력과 부르주아지 간의 싸움도 이런 식의 적대적인 대립을 통해서 전개됐음을 볼 때 우리나라에서 지금 벌어지고 있는 일도 그렇게 특수한 일만은 아니다.

단 한마디로 줄이면 맬더스 신부는 자기가 성행위를 못하니까 민중 전체도 성행위를 못하도록 했던 사람이라고 맑스는 비꼬고 있는 것이다. 맬더스의 이론은 성행위를 많이 하니까 아기가 많이 태어나서 빈민이 많아진다는 이론이다. 그러니까 그것을 해소하는 길은 전쟁, 기아, 전염병뿐이며, 이런 것들만이 인구의 증가를 해결해 준다. 맬더스는 이런 사악한 논리로 지배계급 중에서 가장 반동적인 부분들의 이익을 옹호한 사람이다.

빈민들이 존재하는 것은 자본주의 사회의 제도적 필연성이다. 자본주의 사회의 제도를 과학적으로 연구했던 아담 스미스나 리카도가 맑스와 얼마나 다르든 간에 그들의 과학적 정신을 고수했던 그 후예들은 자본주의를 비판하는 방향으로 나아갔다.

노동자 생활의 경제적 향상의 가능성과 '황금사슬'

"지금까지 상정된 바와 같이 노동자에게 가장 유리한 자본축적의 조건에서는 자본에 대한 노동자의 종속상태는 참을 만한 상태 혹은 이들의 말처럼 '안락하고 자유로운' 형태를 취하고 있다."(p.645)

이 구절을 보면 맑스가 계급투쟁을 하지 않더라도 호황기에는 노동자들의 생활이 개선된다는 점을 수긍하고 있음을 알 수 있는데, 절대적 궁핍화 이론을 실제 부정하는 셈이다. 그러나 이렇게 호황기에는 경제적으로 나아질 수도 있지만 거기서 강조하고 있는 것은 바로 노동자의 예속성은 사라지지 않는다는 것이다. 종속, 권력관계 밑에 복속된 그들의 지위는 여전하다. 페클리움,— 노예제하에서 노예가 갖고 있었던 개인적 소유분, 개인소유 — 그것이 좋아지고 늘어간다 하더라도…….

아무리 좋은 경제적 사정이라 하더라도 임금노동자의 종속관계와 착취관계를 폐지하지는 못하는 것이다.

사슬은 금으로 만들어져 있다 하더라도 사슬이기는 마찬가지이기 때문이다. 맑스가 강조하려고 한 점은 노동자의 생활이 경제적으로 개선되더라도 자본관계는 폐지되지 않는다는 것이다. 그런데 일정 정도 노동자들의 소비수준이 높아지면 혁명이 일어나지 않을까봐 내심 걱정하는 빈민중적인 사람들이 있다. 현실을 비과학적으로 위조하려는 이런 경향들이 운동권 내에 있다. 그런데 타파해야 하는 것은 자본관계이다. 자본관계의 타파에 대한 의식수준을 가질 수 있는 노동계급은 오히려 기본욕구 정도는 충족된 노동계급이라는 것을 여기서 강조하고 싶다. 아주 굶주린 자들에게는 비지떡과 찹쌀떡의 구별이 없듯이 너무 굶주린 계급의 의식은 저급하고 매수되기 쉽다. 혁명적 의식은 몇 푼의 임금상승에 연연해하지 않는, 생사를 초월한 고귀한 의식이다. 이러한 의식이 발생할 경제적 기반은 최소한 노동계급이 동물적 욕구충족 수준은 넘어설 수 있는 경제상황일 것이다. 그리고 일정한 욕구충족이 노동운동을 해이하게 할 것이라는 것도 비과학적 망념이다. 실은 생명을 지닌 의식적 주체로서 인간의 욕구는 충족될수록 보다 높은 욕구와 고차적인 관심으로 발전하는 것이다. 최고의 욕구는 자본관계를 타파하려는 의식이다.

자본의 집중과정

확대재생산은 두 가지 방향으로 일어나는데 하나는 축적이 일단 자본의 **집적**, 자기가 고용한 노동자 등으로부터 축적한, 빼앗은 잉여가치가 차츰 재투자되면서 쌓이는 것으로 나타난다. 그 쌓인 것이 늘어날수록 자본이 집적되어 노동자 수도 늘어나게 된다. 자본의 **집중**은 다른 자본을 수탈해 버리는 것, 가격 · 상품 경쟁을 통해 한 자본이 다른 자본의 시장 점유분을 장악해 버리는 것인데, 그렇게 해나가면서 자본이 집중되고 거대자본(신문왕, 철강왕), 자본왕들이 나타나는 것이다. 그리하여 독점을 향해 치닫는 메커니즘이 작동하게 된다. 지금 여기의 제목이 '자본제적 축적의 일반법칙'이다. 따라서 이것은 궁극적으로는 독점에 도달한다는 논리이다. 물론 자본가는 자본가를 '착취'하는 것이 아니다. 대독점재벌이 중소자본을 '착취'한다고 표현하는 것은 틀린 말이다. 자본은 자본을 '수탈'할 뿐이다. 이렇게 수탈해 나가면서 증대하는 방법을 자본의 집중이라고 한다. 자본의 집적은 노동자를 착취하는 양의 증대이지만, 자본의 집중은 동일한 자본이 총자본에서 그 규모가 변하지 않더라도 자본가 수가 줄어드는 과정이다.

그러므로 더 큰 자본이 더 큰 규모의 경제를 갖기 때문에 큰 자본이 작은 자본을 이기는 것, 즉 상품을 저렴하게 팔 가능성은 더 큰 것이다. 여기에서 경쟁은, 경쟁하는 자본의 크기에 반비례한다고 했는데, 독점재벌들이 등장하면 경쟁의 측면이 어느 정도 완화되고 게다가 담합, 독점재벌끼리의 협정 등으로 많이 제약당한다. 그래도 그 협정 속에서 협정조건을 자주 바꿔가고 자기한테 불리한 조건을 유리하게 바꾸고 그러면서 끊임없이 암투와 음모가 자꾸 벌어지는데 이것을 '독점적 경쟁'이라고 한다. 즉, 독점자본가끼리의 경쟁을 말한다. 즉, 자본의 집중과정은 자유경쟁이 독점적 경쟁으로 대치되는 극점에 이르게 되는 것이다. 신용제도는 이 과정을 가속화시킨다.

신용 : '완전히 새로운 권력'

신용제도 또는 신용관계는 단순히 돈을 꾸어주고 받는 관계가 아니라 본질적으로 **자본주의적 생산관계**이다. "빌려주고 꾸어주는 것은 이전의 상태에서도 이루어졌었고, 고리대금은 자본의 태고적 형태들 중에서도 가장 오래된 것이다. 그러나 빌려주고 꾸어주는 것은, 그저 노동한다는 것이 **산업노동**, 즉 **자유로운 임금노동**을 형성하지 않듯이 **신용**을 형성하지는 않는다. 신용도 **역사적으로** 오직 자본 또는 임금노동에 기초한 유통 안에서만 본질적인, 발전된 **생**

산관계로서 현상하는 것이다."* 신용관계는 자본주의 생산의 발전과 함께 형성되는 "완전히 새로운 권력"(p.655), 즉 남의 저항에도 불구하고 자신의 이익을 관철시킬 수 있는 경제관계로서 정착된다. 그것은 "그 초창기에 슬그머니 축적의 겸손한 보조물로서 기어들어와, 크고작은 규모로 사회의 표면에 흩어져 있는 화폐수단을 개인 자본가나 또는 연대한 자본가들의 손아귀 안으로 보이지 않는 끈들을 통해 끌어들이지만, 경쟁투쟁 속에서 곧 새로운 가공할 무기가 되며 결국 개별 자본들의 병합·집중을 위한 엄청난 사회적 메커니즘으로 둔갑한다."(p.655) 즉 신용은 큰 자본들이 작은 자본들을 멸망시키거나 자신 속으로 흡수하는 거대한 권력이 된다는 것이다. 현금자본을 많이 가진 자에 대한 사람들의 '믿음' 또는 '신뢰'는 다른 자본을 치거나 없애는 권력으로 화하는 것이다.

신용이 그렇게 커다란 자본으로 기능할 때 맑스는 그 의미를 다음과 같이 규정하고 있다.

> "중금주의는 본질적으로 가톨릭적인 것이고, 신용은 본질적으로 프로테스탄트적인 것이다. ……복되게 만드는 것은 신앙이다. 이 신용은 상품의 내재적 정신으로서의 화폐가치에 대한 신앙이요, 생산양식과 이것의 예정조화된 질서에 대한 신앙이며, 자기증식하는 자본의 단순한 인격화로서의 생산의 개별적 행위자들에 대한 신앙이다."**

* 칼 맑스, 『정치경제학 비판 강요』, MEW, 42권, p.441, 마지막 강조는 필자의 것.

** 칼 맑스, 『자본론』 제3권, MEW, 25권, p.606.

이 구절은 가톨릭이 주로 성모 마리아상, 교회체제, 커다란 성당 건물 등의 형상, 모양, 크기 등의 객체적 사물에 집착하는 데 반하여, 프로테스탄트(개신교)는 주로 성경구절의 의미, 신앙 등의 주관적인 내면성을 강조하기 때문에 화폐의 사물형태에 대한 물신숭배에 빠졌던 중금주의와 교환가치를 담는 일시적 사물형태를 돌파하면서 운동하는 자본의 신용관계를 비유한 것이다. 그러나 개신교가 강조하는 신에 대한 신앙이 결국 인간의 소외된 관념물에 대한 믿음이듯이 자본의 신용은 자본, 즉 인간이 소외된 노동과 그 메커니즘, 즉 착취-권력관계에 대한 믿음이다.

현금자본을 많이 가진 자는 그 현금의 몇 십 배의 신용을 창출한다. 현금 10억이면 100억의 신용자본을 창출할 수 있다. 이 현금과 신용의 합인 110억은 곧 노동을 지배하는 권력으로 창출할 수 있다. 이 현금과 신용의 합인 110억은 곧 노동을 지배하는 권력으로 전환된다. 신용자본이 다른 자본을 타도할 수 있는 힘은 바로 이 노동의 지배권력의 크기에 기초하기 때문에만 바로 그런 어마어마한 권력이 되는 것이다. 경쟁과 신용의 결합작용은 엄청난 자본집중의 지렛대 역할을 한다. 고용된 노동의 착취에 의하여 이루어지는 자본의 **집적**(Lonzentration)과 달리 "집중(병합—필자)은 기존의 자본들의 단순한 상이한 재배분, 즉 사회적 자본의 구성부분들의 양적인 그룹 형성의 단순한 변화를 통해서 일어날 수 있다."(p.655) 즉, 사회적 총자본이 1,000조인 경우 이것을 1,000개의 자본이 분할 점거하고 있을 때 총자본의 규모가 동일한 차원에서도 자본집중은 일어날 수 있다는 것이다. 즉, 900개의 자본 소유권이 소멸하고 남은 100개의 자본이 1,000조를 분할할 수 있다. "여기서 자본은 한 손아귀에 거대한 규모로 증대될 수 있는데, 그것은 저기에서 수많은 개인 손으로부터 떨어져 나오기 때문이다." (같은 곳)

독점자본의 필연성

맑스는 이러한 자본의 집중과정이 심화되면 한 생산분야에 한 자본이 단독으로 지배하는 상태가 도래할 수 있음을 자본운동의 논리적 필연성으로서 도출해 내고 있다. "주어진 어떤 사업분야에서 이 집중은 거기에 투자된 모든 자본들이 하나의 개별 자본으로 융합되는 경우 그것의 극단적 한계에까지 도달할 것이다." 이것은 가정법으로 얘기된 것이다. 그러나 이 말은 10년도 안 되어 현실이 된다. 엥겔스는 이 구절에 1890년 다음과 같은 각주를 달고 있다 : "최근의 영국과 미국의 '트러스트들'은 한 사업분야의 적어도 모든 대기업들을 실제적 독점성을 갖는 하나의 대주식회사로 통합하려고 시도함으로써 이미 이 목표에 도달하기 위해 애쓰고 있다."(같은 곳, 각주 77. b)

이러한 독점은 영국의 독점적 대자본에 대항하기 위해 독일 정부에 의해 법적 조치로 형성되었던 **법적** 독점체와 그 성격을 달리하는 **변증법적 종합**의 성격을 갖는 **경제법칙적** 독점으로서, 맑스는 이것이 이미 20여 년 전 자본경쟁의 필연적 귀결이며 또 이들 간에 **독점적 경쟁**이 벌어진다는 것을 알고 있었다.

"온 세상은 근대적 독점이 경쟁 자체에서 창출된다는 것을 다 알고 있다. ……프루동 씨(氏)는 경쟁에 의해 창출되는 근대적 독점에 관해서만 언급하고 있지만, 우리는 경쟁이 봉건적 독점(길드, 우리나라 조선시대 육의전의 독점권, 또는 상인고리대자본의 반봉건적 특권독점 등—필자)으로부터 생겨났다는 것을 알고 있다. 따라서 경쟁이 본래 독점의 대립물이지, 독점이 경쟁의 대립물인 것은 아니다. 근대적 독점은 그리하여 단순한 안티테제가 아니라, 반대로 참된 종합이다.

테제 : 봉건적 독점. 경쟁의 선행물

안티테제 : 경쟁

종합 : 근대적 독점, 이것은 경쟁의 지배를 전제하는 한에서 봉건적 독점의 부정이고, 독점인 한에서 경쟁의 부정이다.

그리하여 근대적 독점, 부르주아적 독점은 종합적 독점, 부정의 부정, 즉 대립물의 통일이다. 이것은 순수한, 정상적, 합리적 상태의 독점이다…….

생(生)의 실천 속에서는 경쟁, 독점, 이들의 상쟁만이 발견되는 것이 아니라, 하나의 공식이 아닌 운동으로서의 이들의 종합도 발견된다. 독점은 경쟁을 산출하고, 경쟁은 독점을 산출한다. 독점가들은 스스로 경쟁을 만들어 내고 경쟁자들은 독점가가 된다. 독점가들이 부분적인 담합조직을 통해 그들 간의 경쟁을 제한한다면, 노동자들 간의 경쟁이 증대하고, 프롤레타리아 대중이 일민족의 독점가들에 대항해 자라나면 날수록, 상이한 민족들의 독점가들 간에 경쟁이 그만큼 더 무절제하게 형성된다. 종합은 독점이 끊임없이 경쟁적 투쟁 속에 말려듦을 통해서만 유지될 수 있는 식의 성질을 지닌다." (『철학의 빈곤』, MEW, 4권, pp.162~164)

국가독점자본주의의 필연성

여기서 맑스는 자본과 노동 간의 계급적 경쟁에 추진되는 독점 간의 경쟁의 국제화에 관해서도 언급하고 있다. 만약 일국의 총자본이 이와 같이 프롤레타리아 계급과의 대립에 의해서 내몰리고 타국의 독점체들에 의해서도 내몰린다면, 그리고 이러한 과정이 국가의 개입 없이 그대로 진행된다면 일국의 총자본이 자국의 프롤레타리아와 타국의 독점체에 대항하여 하나의 단일자본으로 통합되는 일도 배제할 수 없을 것이다 : "어떤 주어진 사회에서 이 한계는 전체 사회자본이 한 개별자본가든 단일한 자본가조직이든 이것의 손아귀에 통합되는 순간에야 비로소 도달할 것이다."(p.656, 이 문장은 가정법이다.)

물론 순수한 독점자본주의나 단일한 현실적 총자본가는 나타나지 못할 것이다. 왜냐하면 어느 분야에서 독점이 출현하면 국가가 '공정거래법'이나 '독과점방지법' 등으로 경제에 개입하기 때문이다. 이것은 자본이 생산과정으로부터 유리되어 완전히 무위도식하는 순수한 화폐자본으로 부패, 몰락하는 것을 막기 위한 '관념적 총자본가'로서의 국가의 필연적인 기능이다 : "그것(자본주의 생산양식의 지양되는 모순)은 일정한 영역에서 독점을 산출하고 그리하여 국가개입을 불러들인다."(『자본론』 제3권, MEW, 25권, p.454)

그리하여 한 분야에서 수 개의 대자본이 협정과 담합 등을 통해 분할 지배하며 동시에 이 대자본들이 다른 분야들에도 문어발처럼 넘쳐 들어감으로써 (트러스트가 아닌) 콘체른은 독점자본의 조직형태를 취하게 된다.(트러스트는 보통 한 생산분야에서 단독 지배하는 형태이고 콘체른은 여러 생산분야, 심지어 유통분야. 금융분야에도 확장된 독점자본이다.) 이것이 고전적 독점자본주의이다. 즉 산업독점과 은행독점이 투자와 여신관계를 통해 상호 융해된 **금융자본**이 형성된다.

이것이 더욱 성장하면 이 자본들의 상호융합체인 금융자본이 '관념적 총자본가'인 국가만큼 키가 크게 되는데, 이 **국가의 반작용**으로 '한 자본가'나 '단일한 자본가결사'의 소유로 되지는 못하지만 수많은 중소자본과 비독점대자본을 유통과정과 생산적 분업관계를 통해 지배하는 **금융자본**과 **국가조직**이 기능적, 인적으로 상호 유착된 **국가독점자본주의**로 발전한다.

이러한 자본의 집중과정을 더욱 용이하게 하는 것은 신용관계 위에 발전하는 **주식회사제도**이다. 예를 들면 정주영이 발기인으로 되어 주식을 모집하면 그의 큰 신용권력으로 인해 엄청나게 잘 팔릴 것이다. 이때 이 주식을 구입하는 작은 자본들은 배당권만 보유하고 그의 자본의 기능 권력을 정주영에게 양도하게 된다. 이것은 부분적인 자본수탈로 '부드러운' 수탈이라 불린다. 이 과정은 또한 어떤 기능하는 자본을 재벌이 흡수, 병합할 때도 편리한 방법을 제공한다. 경쟁상대의 자본가를 완전히 수탈하는 것보다 그 자본을 주식으로 평가하여 주식을 지불하고 대자본의 소주주가 되게 하면 완전히 수탈해 버리는 경우보다 빨리 항복할 것이기 때문이다. 이런 일은 "손 뒤집듯 쉽사리" 또는 "하루밤새"(p.656) 벌어질 수 있다. 그리하여 주식회사는 독점자본주의 또는 국가독점자본주의의 적절한 자본조직 형태가 되는 것이다.

산업예비군의 누진적 생산과 그 상이한 존재양태들

노동의 사회적 생산력의 발전과 이로 인한 자본의 유기적 구성도(이에 관해서는 p.640 참조)의 변동은 축적의 진전 또는 사회적 부(富)의 성장과 보조를 맞추기만 하는 것이 아니라, 현저히 더 신속히 진행된다. "왜냐하면 단순 축적 또는 전체자본의 절대적 확대는 그것의 개인적 부분들의 집중을 수반하고 첨가자본의 기술혁신은 원자본의 기술혁신을 수반하기 때문이다."(pp.657~658) 축적과 더불어 불변자본과 가변자본의 비율이 (원래 1 : 1이라면) 예를 들어 2 : 1, 3 : 1, 4 : 1, 5 : 1, 7 : 1 등으로 변한다면, 총자본의 2/3, 3/4, 4/5, 5/6, 7/8 등이 생산수단으로 전환되고 총자본의 1/3, 1/4, 1/5, 1/6, 1/8 등이 노동력의 구입비로 할당된다. 그리하여 노동에 대한 수요는 전체자본의 크기에 의해 규정되는 것이 아니라 그것의 가변자본분(分)의 크기에 의해 규정되기 때문에 총자본의 성장과 더불어 증가하는 것이 아니라 계속적으로 하락한다. 따라서 노동에 대한 수요는 총자본의 성장과 더불어, 그것도 이것의 가변자본분(分)의 절대적 증가(이 경우는 기존자본이 기술혁신 없이 기존의 기술토대 위에서 사업을 팽창하는 경우이다.)와 더불어 증가하겠지만 끊임없이 하락하는 증가이다. 즉 "자본의 축적은 프롤레타리아의 증가"이지만(p.642) 그 현역군의 증가는 자본축적률에 비해 항상 하락하는 비율로 진행되는 증가이다. 따라서 자본주의적 축적은 그것의 정력과 규모에 비례하여 끊임없이 자본의 '중간적' 증식욕을 초과하는, 따라서 과잉의 또는 추가 노동자인구, 즉 상대적 과잉인구를 생산한다. 이 상대적 과잉인구는 자본주의의 체제유지요소이다.

이 과잉인구는 첫째, 생산영역의 불균등한 축적과 기술혁신에 대응하여 이 영역에서 저 영역으로 노동자를 분배할 때 가능한 한 신속히 대응하기 위한 여분으로 기능한다. 둘째, 평시에 현역노동자를 겁주고 기율 잡는 '인질'로 기능한다. 셋째, 극호황기에 자본의 폭발적인 노동력 수요를 충족시킨다.

여기서 '인질'로서의 기능이 극히 중요하다. "생산수단이 규모와 효율이 증대될수록 더 적은 정도로 노동자들의 고용수단이 된다면, 이 관계 자체는 다시 다음과 같은 사실에 의해 수정된다. 노동의 생산력이 증대하면 할수록 자본은 노동자에 대한 수요보다 노동의 공급(즉, 과잉노동—필자)을 더 급속히 증가시킨다는 것이다. 노동계급의 고용부분의 과잉노동은 그것의 예비군의 대오를 부풀리는 데 반하여 거꾸로 이 예비군이 그들의 경쟁을 통해 전자(고용된 부분)에 대해 가하는 증대된 압력은 이 부분에게 과잉노동과 자본의 독재적 명령에의 굴복을 강요한다. 노동계급의 일부를 다른 부분의 과잉노동에 의해 억지 무위도식으로 벌하는 것과 또는 이와 반대로 벌하는 것은 개별자본가의 치부수단이 되고 동시에 사회적 축적의 진보에 상응하는 수준으로의 산업예비군의 생산을 가속화한다."(pp.665~666)

자본의 축적은 프롤레타리아트의 누진적 증가를 초래한다면, 이 누진적 증가는 그렇게 단순히 벌어지는 것이 아니라 자본의 계속적인 증식에 적절하도록 프롤레타리아트의 부분을 현역군과 예비군으로 비례적 분할을 통해 진행되는바, 이 비례적 분할의 전체적인 조립은 자본의 기술적, 따라서 유기적 구성도의 발전과 임금운동의 관계에 의해 자율적으로 정해진다. 아무튼 프롤레타리아트가 600만이고 이 중 500만이 현역노동자이고 100만이 예비군이라면, 프롤레타리아트의 현역규모가 1,000만이 되었을 때, 예비군은 100만이 남아 있거나 그 이하로 감소되는 것이 아니라 200만 이상으로 증가한다. 왜냐하면 500만을 겹주기 위해 100만의 과잉인구가 필요하였다면 1,000만을 겹주기 위해서는 2배 이상, 즉 200만 이상이 필요하기 때문이다.

자본의 기술혁신(자본의 유기적 구성도의 발전, p.640 참조)과 임금운동의 관계에 의해 상대적 과잉인구의 누진적 생산이 자본의 가치증식에 적절한 규모로 **자생적으로** 이루어진다 함은 다음을 의미한다.

자본의 급속한 축적으로 인해 노동력의 수요가 급증하고 그리하여 임금이 상승하게 되면, 투입될 새 기계의 가격이 이 기계투입으로 잘려나갈 노동자들의 임금합계보다 저렴하게 되는 지점이 도래하게 되어 자본은 노동적으로 기술도입에 발 벗고 나선다. 그리하여 다시 실업자가 추가로 창출되어 노동력 공급을 확대한다. 다시 말하면 "자본주의적 생산의 메커니즘은 자본의 절대적 증가가 일반적 노동수요에 상응하는 상승을 수반하지 않도록 배려하는 것이다."(p.669) 즉, "그것(자본)의 축적은 한편으로 노동에 대한 수요를 증대시킨다면, 다른 한편으로 노동자의 '방출'을 통해 노동자의 공급을 증대시킨다. 동시에 이에 반해 비고용자들의 압력이 고용자들에게 보다 많은 노동을 지출하도록 강제하게 함으로써 일정 정도

노동공급을 노동자들의 공급과 무관하도록 만든다. 이런 토대 위에서의 노동의 수요와 공급의 법칙의 운동은 자본의 전제(專制)를 완성한다."(같은 곳)

자본관계의 본질적 구성요소로서 상대적 과잉인구, 즉 산업예비군의 존재형태는 **유동적**, **잠재적**, **정체적** 형태로 나타난다. 이 형태들은 반(半)고용(즉, 불완전 고용) 또는 완전 실업 등의 모든 노동자를 포함한다.

① 유동적 형태 : 근대적 산업중심지에서 노동자들은 새 기술이 투입되거나 경쟁에서 망하는 기업에서 방출되어 다른 기업으로, 다시 이 기업에서 다른 기업으로 끊임없이 이동해야 하는 운동 중에 있다. 이때 노동자들은 일자리를 찾아 헤매는 동안 3~4개월 또는 5~6개월씩 실업상태에 있게 된다. 이런 형태의 실업층은 곧 산업에 흡수되는 실업층으로서 유동적 형태를 이룬다.

② 잠재적 형태 : 맑스에 의하면 "자본주의적 생산이 농업을 정복하자마자 또는 정복하는 정도에 비례하여, 여기에서 기능하는 자본의 축적과 더불어 농업 노동인구에 대한 수요가 절대적으로 감소하는데, 이러한 반발은 비농업산업에서처럼 보다 큰 흡인에 의해 보충되지 않는다. 그리하여 농업인구는 끊임없이 도시 프롤레타리아 또는 제조업 프롤레타리아로 이행할 도약대에 서서 이러한 변신에 유리한 상황을 노리며 잠복해 있게 된다."(p.671) 농촌에 잠복 중인 이 노동자들을 맑스는 잠재적 산업예비군이라 불렀다. "과잉인구의 이 원천은 끊임없이 흐른다. 그러나 도시로의 그것의 지속적인 유출은 농촌 자체에 지속적인 잠재적 과잉인구를 전제하는

것이고, 이것의 규모는 이농 수로가 예외적으로 크게 열릴 때만 가시적(可視的)이 된다. 그리하여 농업노동자들은 임금의 최저한으로 내리눌리게 되며 한 발은 항상 빈곤의 늪에 빠져 있다.” 농촌에서 이 잠재적 인구는 농업임금을 하락시키는 역할을 하는 것이다.

그런데 여기서 맑스의 이 설명에 현대에는 일정한 보충이 가해져야 할 것이다. ⓐ 농촌에서 잠재적 과잉인구는 농업이 자본주의화 됨으로써만 생기는 것이 아니라 우리나라처럼 소농체제가 지배적인 상황에서도 도시 기계제조업자본이 농기계를 정부의 도움으로 강매하면(중소체제에서도) 거대한 잠재적 농업인구가 생겨나 도시의 산업팽창 시에 지속적으로 흘러나오게 된다. ⓑ 현대의 가사기구(냉장고, 세탁기, 기타 요리용 가전제품 등)의 대량생산으로 ‘주부들’의 유효노동시간이 생겨나지만 주부들은 일자리를 얻지 못하고 여전히 가정에 갇히는 상황에서 새로운 잠재적 과잉인구층을 이룬다. 여성들의 이러한 잠재적 실업층은 너무나 방대해서 자본이 요구한다면 끊임없이 흘러나올 수 있는데도 자본은 현역노동자의 압박용으로만 쓸 뿐 사용하지 않는다. 이런 자본의 메커니즘은 자본주의적 가부장제를 유지하는 경제적 기초가 된다.

③ 정체적 형태, 즉 불완전고용층 : 이 층은 현역노동자층의 일부를 이루는 불완전고용층이다. 임시노동자, 떠돌이 노동자, 공장 주변에서 부품을 받아 집에서 가내노동을 하는 노동자 등이다. 이들은 우리나라에서 보통 ‘도시서민’으로 불린다. 이들의 노동시간은 최장시간이고 임금은 최하 임금이다. ‘마찌꼬바’ 등의 비공식부문의 소자본에 고용된 노동자층도 여기에 속한다.

도시빈민층

④ 최저 침전층 즉, 도시빈민층 : 이 과잉인구층은 정체적 형태의 한 분파로도 해석될 수 있고 따로 분류될 수도 있겠다. 여기서는 따로 분류한다. 이들은 아직 '시민적' 긍지를 상실하지 않은 점에서 탈(脫)계급화된 룸펜들과는 엄밀히 구별되지만 실업의 장기화로 인해 사회의 극빈층으로 굴러 떨어진 사람들이다. 이들은 세 범주로 나뉜다.

1. 노동능력자들 : 이들은 노동능력과 의욕은 있지만 특별한 기술을 갖지 못한 보통 수준으로 유능하지도 성실하지도 않은 하층노동자로서 평상시에 자본에 의해 기피되는 노동자들이다. 자본은 불황시에는 이들을 거들떠보지도 않다가 중간 정도의 경기나 호황에는 빨아들인다. 이 노동자들은 이때만 잠깐 고용된다.

2. 고아와 빈민아동 : 이들은 커서 산업예비군이 될 '산업예비군의 후보자들'인데, 불황기나 중간경기에는 취업의 기회를 얻지 못하나 극호황기에는 급속히 현역노동자로 불려나가기도 한다.

3. 몰락자, 영락자, 노동불능자 : 낡은 기능을 소유하고 있지만 새 기술의 출현으로 쓸모없어진 노동자, 고령자, 산재자, 산재사망자의 과부 등. 이 층은 현역노동자가 자본에 의해 짓이겨지고 소모

되어 내던져지는 "상이군인숙소"(p.673) 같은 것으로서 '산업예비군의 사중'(死重)을 이룬다. '사중'이란 우리말로 '피떨이'라고도 하는데 가령 곡식 같은 것을 자루에 넣어 저울로 달 때 이 곡식의 무게는 저울 눈금에 나온 수치에서 이 자루의 무게를 빼야 되는바, 바로 자루의 무게를 사중이라 한다. 따라서 "산업예비군의 사중"이란 있어도 없는 존재나 다름없는 사람들이라는 뜻이다.

룸 펜

끝으로 맑스가 여기서는 자세히 다루고 있지 않지만 실천과 관련하여 중요한 인구층, 즉 룸펜 프롤레타리아에 대해서 자세히 취급할 필요가 있겠다. 룸펜은 보통 '부랑자, 범죄자, 창녀, 노숙자' 등(p.673)을 뜻한다. 빈곤 그 자체는 결코 룸펜을 만들지 않으나 이들 중에는 빈곤으로 말미암아 룸펜으로 굴러 떨어진 사람도 있다. 그러나 이들은 노동계급으로부터 나온 "인간쓰레기"일 뿐이다. 룸펜은 노동계급과 빈민에서 가장 많이 나오지만 "모든 계급들의 타락한 주체들의 인간쓰레기"(엥겔스, MEW, 16권, p.398)들로서 대졸 고급콜걸일 수도 있고 부르주아의 포악한 아들놈이거나 난봉꾼일 수도 있으며 쁘띠 부르주아의 영락자들일 수도 있다.

이 "쓰레기들"은 "대도시들 안에 그 중심진영을 쳐놓고 있는", "모든 가능한 동맹세력 중에서 가장 사악한" 동맹세력이다.(같은 곳) "이 무뢰한들은 절대적으로 매수되기 쉽고 절대적으로 되바라져 있다. 프랑스 노동자들이 모든 혁명 시마다 집벽에 '도둑놈들을 죽여라!'(Mort auxvoleurs!)라고 써놓곤 했던 것은 소유에 대한 탄복에서 그런 것이 아니라 무엇보다도 이 도당들을 물리쳐야 한다는 올바른 인식에서 그런 것이다. 이 룸펜들을 호위대로 이용하거나 이들에 의지하는 노동자지도자는 그가 어떤 지도자이든 이를 통해 이미 자신이 운동에 대한 배반자임을 입증한 셈이다."(같은 곳) 만약에 이 룸펜들을 친숙해 두었다 언젠가는 운동에 쓸 수 있다는 생각을 가진 지도자도 프롤레타리아 계급관점을 제대로 세우지 못한 엉터리들이다. 혁명 시에 이들은 무기로 탄압되어야 하고 혁명군은 이들로부터 공공기물과 개인재산을 보호해야 한다.

이 룸펜들은 공공질서가 일시 흔들리는 정치국면이나 내전기에 피 흘려 죽는 민중들의 죽음에 아랑곳없이 사복을 채우기 바쁜데 혁명군은 대중들에게 자신들이 사사로운 개인적 이익을 위해 무기를 든 것이 아니라 대의(大義)를 위해 봉기했음을 극명하게 보여주기 위해서라도 이 강도와 도둑들을 평시보다 더 무자비하게 탄압해야 한다. 이럼으로써 페테르스부르크와 모스크바의 공공건물은 공중분해를 면했고 5.18 민주화운동 당시 광주도 시민군의 무장규찰에 의해서 이들로부터 보호되었다.

요즘 TV나 언론 등에서 룸펜들의 삶을 마치 민중들의 삶으로 착각하고 방영하고 아무렇게나 써 갈기는 소설이나 시는 민중과 아무런 관계가 없는 휴지조각들이다. 만약 룸펜을 최대의 혁명세력으로 보는 자들이 있다면 그들은 **바쿠닌주의적 무정부주의자들이다.**(맑스) 부르주아나 쁘띠 부르주아로 상승했거나 이미 이데올로기적으로 타락한 노동자들을 프롤레타리아로 생각할 수 없듯이, 노동계급으로부터 룸펜이 가장 많이 생겨난다고 해서 룸펜을 동정하거나 무조건적인 우군(友軍)으로 간주할 수는 없는 것이다.

노동계급의 사회적인 절대적 궁핍화(pp.674~675)

자본의 축적이 진행될수록 산업예비군이 증가하고 그리하여 "노동계급의 나자렛계층"도 증가하며(공식적 정부통계에서는 항상 수치를 속일 수밖에 없음에도 불구하고) "공식적 빈민"(p.674) 즉, "자신의 생존조건인 노동력의 판매기회를 상실하고 공공자선에 의존하여 근근이 살아가는, 노동계급의 부분"(p.683)도 증가한다. "이것은 자본주의적 축적의 절대적, 일반적 법칙이다."(p.674) 만약 자본의 운동이 일국의 폐쇄경제체제 내에서 벌어지고 또 주체의 투쟁적 개입이 없다면 자본은 이 '절대적' 법칙, 즉 경제적 의미에서 현역 및 예비군 노동계급의 평균적 생활수준이 계속 낮아지는 방향으로 운동할 것이다. 그러나 경제체제는 항상 해외 부문을 갖고 있고 또 노동계급은 돌멩이와 같은 사물이 아니다 : "모든 다른 법칙들과 마찬가지로 이 법칙도 그 현실화에 있어서 다양한 사정들에 의해 수정되는데, 이 사정들의 분석은 여기에 속하지 않는다."(같은 곳)

이 법칙을 수정하여 개별노동자의 **경제적인** 절대적 궁핍화를 상대적 궁핍화로 형태전환시키는 사정들은 첫째, 해외부문, 즉 국제무역의 팽창이다. 무역의 팽창은 국내 고용인구를 증대시켜 임금을 상승시킨다. 둘째, 노동자들의 경제적 계급투쟁이다. 셋째, 제국주의적 자본의 해외수출이다. 해외노동자들을 착취하여 본국으로 송

금해 들이면 서비스산업(은행 등의)과 자본유통기업, 기타 사치품 생산분야가 확장되어 고용을 창출한다. 한마디로 해외 타민족을 빈곤화시키고 자국 노동자들을 빈곤에서 끌어올림으로써 자국의 빈곤을 "해외수출"(레닌)하는 것이다. 넷째, 현대는 사회주의 체제가 실존하므로 노동계급의 이데올로기적 "부식"을 막기 위해 실업보장, 빈민제거 등을 활발히 전개한다.(국가독점자본주의적 소득 재분배 정책.)

따라서 우리는 상대적 잉여가치의 생산 및 빈민 문제와 관련하여 노동계급의 경제적인 절대적 궁핍화라는 경제주의적 주장을 시종 비판하는 입장을 취해 왔다. 노동계급의 경제적인 절대적 궁핍화의 경제법칙적 가능성은 경제적인 상대적 궁핍화의 현실로 양상전화(Modifikation)된다.(양상논리!) 경제적인 상대적 궁핍화란 상대적 잉여가치의 생산을 통해 자본가가 취득하는 잉여생산물의 양의 증가 속도를 노동계급의 생활향상 속도가—그의 생활자료의 사용가치적 양이 호경기와 계급투쟁 덕택에 장기적 시각에서 끊임없이 절대적으로 증대한다 할지라도—따라잡지 못하기 때문에 생겨나는 부르주아 계급과 프롤레타리아 계급 간의 생활격차의 장기적 확대를 뜻한다.

그러나 맑스는 노동계급의 "급여"(당시는 금태환화폐 시대이므로 실질임금, 즉 노동력의 가치)가 "높아진다." 하더라도 그의 생활은 "악화되고" "궁핍의 축적"이 관철된다고 하고 있다. 여기에서 전통적으로 경제적인 절대적 궁핍화론의 근거로 오용돼 온 맑스의 문제구절을 길게 제시하고 이것을 면밀히 해석함으로써 맑스가 이 구절에서 의미하고 있는 바는 경제적인 궁핍화가 아니라 **사회적인** 절대궁핍화라는 것을 입증하고자 한다 : "우리는 제4편 상대적 잉여가치의 생산을 분석할 때 다음과 같은 사실을 알았다 : 자본주의 체제 내에서 노동의 사회적 생산력의 증대를 위한 모든 방법들은 개인적 노동자의 희생에 의해서 수행된다. 다시 말하면 생산의 발전을 위한 모든 수단들은 생산자에 대한 지배 및 착취수단으로 전화되고, 노동자를 부분인간으로 불구화시키며 그를 기계의 부속물로 격하시키고 그의 노동의 고통과 더불어 그 내용을 파괴하며, 과학이 자립적인 능력으로써 노동과정에 통합되면 될수록 노동과정의 정신적 능력을 노동자로부터 소외시킨다.

즉 그 모든 수단들은 그가 노동하는 제조건을 왜곡시키고 노동과정 안에서 그를 극히 가증스런 전제체제(專制體制)에 복종시키며 그의 생활시간을 노동시간으로 바꿔 놓고 그의 처자식들을 자본의 쟈거노트(Juggernaut, 인도 신화에 나오는 크리슈나 신상—필자) 바퀴* 아래로 내던진다. 그러나 잉여가치 생산의 모든 방법들은 동시에 축적의 방법이고 축적의 어떤 증대든 거꾸로 저 방법들(잉여가치 생산의 방법들—필자)의 발전을 위한 수단이 된다. 그리하여 자본이 축적될수록 노동자의 처지는 그의 급여가 어떤 것이든, 즉 높든 낮든 관계없이 악화될 수밖에 없다는 결론이 나온다. 최종적으로 상

* 힌두교의 최고 신의 하나인 비쉬누의 형상인 쟈거노트 상에 바치는 금욕제 내지는 자기를 제물로 바치는 희생제에 등장하는, 쟈거노트 상을 실은 수레의 바퀴를 뜻하는 것으로, 처자식을 헐벗게 하는 생활 속으로 내던진다는 의미와 공장으로 내몬다는 의미를 다 가진 것으로 해석할 수 있다. —필자

대적 과잉인구 또는 산업예비군을 항상 축적의 규모와 정력에 균형시키는 법칙은 헤파이스토스(불과 대장장이의 신 — 필자)의 요형(凹形) 꺽쇠가 프로메테우스를 바위에 못 박아 놓은 것보다 더 단단히 노동자를 자본에 붙박아 놓는다. 그 법칙은 자본의 축적에 대응하는 궁핍의 축적(Akkumulation von Elend)의 조건이 된다. 그리하여 한 극에서의 부의 축적은 동시에 다른 극, 즉 자신의 생산물을 자본으로 생산해내는 계급 쪽에서의 궁핍, 노동고(苦), 예속, 무지, 무뢰와 도덕적 타락의 축적이다."(pp.674~675)

이 구절은 세 가지 본질적인 테마들을 담고 있다. 첫째, **생산과정 내에서** 예속('전제체제'), 노동고[기계에 의한 "노동의 용이화조차도 기계가 노동자들을 노동으로부터 해방하는 것이 아니라 노동의 내용을 없애버림으로써 그 자체 고문의 수단이 된다."(pp.673~674)], 노동자의 무력화('불구화'), 생산지식의 상실('정신능력으로부터 소외'), 전가족의 노동자화('쟈거노트 바퀴 아래로의 내던져짐')의 증대를 서술하고 있다. 둘째, 이를 통해 생산되는 잉여가치의 축적은 노동자의 그러한 처지를 개선하는 데 기여하는 것이 아니라 이 처지를 악화시키는 그 방법들을 발전시킬 뿐이다. 셋째, 상대적 과잉인구(실업자와 반실업자)의 발전 법칙은 자본의 축적과 현역 노동자 수의 절대적 증대에 비례하여 증가됨으로써 과잉인구의 숫자가 절대적으로 증가할 뿐만 아니라(다시 말하면 과거의 500만 현역노동자를 겁주기 위해서는 상대적 과잉인구가 백만이면 되었으나 1000만 현역노동자를 겁주기 위해서는 적어도 200만 이상의 과잉인구가 필요하게 되어 작업장 밖의 빈곤이 절대적으로 증대한다.), 현역노동자의 임금상승을 자본증식에 적절한 테두리에 가두어 노동자들을 자본의 전제체제 안에 금고시킴으로써 자영상인이나 자영생산자로 독립하는 것을 차단한다.

이 세 가지 사실의 종합은 '급여'가 '높든 낮든' '궁핍의 축적'과 '노동고, 예속, 무지, 무뢰와 도덕적 타락의 축적'은 필연화한다는 것이다.

노동자의 실질임금, 즉 노동시간으로 계산한 노동력가치가 상승하더라도 어떻게 '궁핍'이 절대적으로 축적될 수 있는가? 이것은 맑스가 '급여'의 높낮이에 관계없다고 하고 있으므로 분명히 순수 경제적인 의미의 "궁핍"을 뜻하지 않음에 틀림이 없다. 맑스는 1846~1866년 사이에 세계시장에서 독점적 지위로 말미암아 호황을 계속 유지했던 영국자본주의(pp.677~678 참조)를 기술하고 있고 이 때 노동자의 임금이 상승하고 "의류, 가구 등 그들의 소비기금"이 늘어나고 "그들의 향락의 범위"가 늘어나던 시대(p.646)에 『자본론』을 썼다. 또한 그는 노동자의 실질임금이 기술향상과 이와 결부된 계급투쟁을 통해 상승하는 것을 잘 알고 있었다. 그렇다면 여기서 "궁핍의 축적"은 무슨 뜻인가?

이것은 단순히 경제적인 상대적 궁핍화를 뜻하는 것도 아닐 것이다. 상대적 궁핍은 궁핍의 '축적'으로 표현될 수 없기 때문이다. '축적'이란 언제나 절대량의 증가를 뜻하기 때문이다.

보통 독일어 Armut는 빈곤을 뜻하고 Elend는 빈곤뿐만 아니라 핍박, 고통, 가련함 등을 내포하는 폭넓은 의미를 갖는다. 즉, 그것은 경제적 빈곤뿐만 아니라 사회적 비참함, 핍박, 고달픔, 무력함 등도 뜻하는 것이다.

그렇다면 여기서 "궁핍의 축적"이란 폭넓은 사회학적 의미로 해석되어야 한다. 그럼으로써만 "급여가 어떤 것이든, 높든 낮든 관계없이"라는 단서구절과 조화될 수 있다.

자본축적이 진행됨에 따라 자본축적보다는 비록 뒤지지만 프롤레타리아트의 규모는 양적으로 증대한다. 이것은 사회중간계층이 하강분해되어 프롤레타리아트로 편입됨으로써 이루어질 뿐만 아니라 자본축적에 맞춰 프롤레타리아트 자체의 (출생에 의한) 인구증가를 통해서도 이루어진다. 동시에 앞에서 언급한 대로 과잉인구와 아울러 빈민도 증가한다. 즉, 자본축적은 프롤레타리아트의 축적을 뜻한다. 이것은 사회 전체의 시각에서 볼 때 **가장 가난한 계급의 양적 증대**, 즉 궁핍의 절대적 축적을 뜻하는 것이다. 이것은 프롤레타리아트의 구성원 개개인이 비록 급여가 높아져 몇%의 생활향상을 가져온다 하더라도 이것을 상쇄해 버리고도 남는다. 즉, 예를 들면 500만의 프롤레타리아트가 10% 생활향상을 하는 동안 600만으로 증가된다면, (경제적으로가 아니라) 사회적으로 볼 때 10% 낮은 생활수준의 500만 무산자에 비해 10% 생활향상된 600만 무산자의 궁핍이 지니는 사회적 하중이 절대량적으로 큰 것이다. 이것은 마치 세로 90, 가로 600의 직각사각형이 세로 100, 가로 500의 직각사각형의 넓이보다 넓은 이치 54,000-50,000=4,000와 유사하다.

동시에 이러한 프롤레타리아트의 인구증가는 10% 개인적 생활향상의 효과를 부분적으로 상쇄한다. 주택찾기는 500만 프롤레타리아트가 경쟁할 때보다 600만 프롤레타리아트가 경쟁할 때 더욱 핍박스러운 것이며, 이것은 비록 주택공급이 좀 더 확대된다 하더라도 항상 인구증가에 뒤따르는 것이기 때문에* 10% 임금 인상률보다 주택가격과 임대료를 더 빨리 인상시킨다. 더구나 도시의 인구밀집은 경쟁을 더욱 첨예화시켜 지가, 주택가를 치솟게 만들고 이에 덧붙여 장사치들이 '토지를 조만간에'—동네의 땅을 재개발한답시고 정부가 수용할 때—"그 법정가격에…… 다시 내놓거나 어떤 대기업과의 근접성을 통해 비상한 가치등귀를 이용해 폭리를 꾀하기 위해 투기를 하게" 된다면(p.689), 주택사정은 더욱 악화되고 주택가와 임대료는 더욱 치솟을 것이다. 이 문제는 제국주의 국가와 식민지 국가 어디를 막론하고 해결되기는커녕 더욱 악화되어 왔고 제국주의 국가의 프롤레타리아트조차(지식 프롤레타리아트도 포함) '내 집 마련'의 꿈을 포기한 지 수십 년이다.

자본이 더욱 많은 인구를 '쟈거노트 바퀴 아래' 가두어 생산과정에서 끊임없이 노동강도를 높여간다면 노동자는 더욱 많은 영양을 섭취해야 할 것이다. 더구나 자본은 엄청난 산재와 대규모 공해현상을 야기하는데 노동자는 이전보다 더욱 많은 의료비를 필요로 한다. 이 증가된 식료비와 의료비도 10% 증대된 노동자의 생계비 향상을 부분적으로 상쇄시킬 것이다.

동시에 경제적인 상대적 궁핍화는 사회의 평균적 생활수준을 산술적으로 증가시키는데 이 산술적 증가를 가장 민감하게 따라가는 계층은 중상층 쁘띠 부르주아와 국가 및 기업의 중상급 관료층이

* 물론 새로 공급되는 주택은 과거의 것에 비해 사용가치적으로 볼 때 더 나을 수도 있다.

다. 이 평균 생활수준의 상승은 수치적인 경제사실로 그치는 것이 아니라 사회적 메커니즘을 통해 노동계급의 **사회적인** 절대적 궁핍을 증대시킨다. 어떤 노동자의 자식이 학교에서 얻어맞고 집에 돌아와 울 때 이 노동자가 추궁 끝에 자기 자식이 태권도를 배운 또래 아이에게 맞았다는 것, 그리고 이 때린 아이가 국가나 기업의 중상층 관료의(노동자보다 이전에 비해 훨씬 부유해진) 자식이거나 중상층 쁘띠 부르주아의 자식임을 알게 되면 이 노동자의 무력감과 비참함은 과거에 비해 더욱 클 것이다. 이 사실은 소위 심리적인 "상대적 박탈감"으로 인한 것이 아니라 엄정하게 자식이 얻어맞는 것으로 현상하는 그의 **객관적인** 사회적 무력화, 궁핍화인 것이다.

이러한 모든 사회적 핍박과 이 사회적으로 핍박받는 무산자의 절대적 증대는 노동계급의 향락과 소비품의 양이 과거에 비해 증대하더라도 관철되는 **사회적인** 절대적 궁핍화의 내용이다. 이것을 교조주의자들은 **경제적인** 절대적 궁핍화로 왜곡시켜 고수하였고 부르주아 이론가들은 이들의 왜곡을 환호하며 맑스를 낡은 인물로 역사 속에 매장해 버렸던 것이다.

다음은 "노동고(苦)의 축적"이다. 맑스 사후 노동과정은 포디즘, 테일러리즘을 통해 더욱 단순화되고 신경을 갉아먹는 것으로 되었다. 반(半)자동화의 출현은 노동의 내용을 더욱 파괴하였다. 소수의 고도지식 노동자만을 요하는 완전자동화는 극히 특수한 영역에만 투입되어 그 초기단계를 넘지 못하고 있고 또 자본주의 하에서는 더 확대될 전망도 없다. 더욱 확대된다면 그것은 실업의 증대, 즉 궁핍의 확대 축적을 의미할 것이다. 노동이 이전보다 항상 고통스러워진다는 것, 즉 결코 노동이 기쁨을 증대시키고 있지 않다는 것은 의심할 바 없다.

다음 "예속의 축적"이다. 한 번 프롤레타리아트로 편입된 자가 자영업자로 독립한다는 것은 이전에 비해 더욱 어려워졌고 또 더욱 어려워질 것이다. 이것이 '예속의 축적'이 아니고 무엇이란 말인가? 동시에 생산과 정의 전제적(專制的) 통제는 더욱 세밀화되고 (Taylorism) 자동감시기계의 도입은 이를 더욱 강화시키고 있다. 더욱 자유롭다고? 더욱 자유롭다고 생각하는 자들은 오직 부르주아뿐이다. 이 예속의 축적은 '급여'가 높아도 진행되는 것이다 : "…… 보다 좋은 의류, 식료, 대우와 보다 큰 노예소지물(Peculium)이 노예의 종속관계와 착취를 폐지하지 않듯이 임금노동자의 그것도 폐지하지 못한다. 자본의 축적으로 인한 노동의 가격상승은 실은, 임금노동자를 이미 얽어맨 황금사슬의 부피와 무게가 보다 느슨한 긴장을 허용한다는 사실만을 뜻할 뿐이다."(p.646)

또 다른 하나는 "무지의 축적"이다. 생산과정에 대한 노동자의 지식은 기계 등장 이래, 테일러리즘, 포디즘, 반(半)자동화 등장 이래 절대적으로 그리고 상대적으로 감소했다. 노동자의 교육수준의 향상은 결코 생산지식의 절대적 향상으로 이어진 적이 없다. 노동자들의 초보교육은 복잡한 자본주의 사회의 초보적인 생활지식, 자본의 생산물을 소비할 때 필요한 계산지식, 자본의 착취 이데올로기, 착취를 위한 생활규율(시간 엄수 등), 반공주의적 헛소리의 암기수준을 넘지 못한다. 기술지식의 보급은 매뉴팩처 시대의 수공업노동자나 과거 대공업 시대 주요기계공의 지식수준을 양적으로 넘지 못한다.

마지막으로 "무뢰와 도덕적 타락의 축적"이다. 노동계급의 빈민층의 증대는 얼마나 많은 룸펜 프롤레타리아를 양산하였던가? 미국의 대규모화되고 대범해지는 조직범죄와 제국주의 '선진국'의 대규모화된 섹스기업의 창녀들, 이들을 뜯어먹는 무뢰한들과 마약사범 등은 무엇인가? 우리나라에 늘고 있는 청소년 범죄와 마약, 성도덕의 파괴 등은 무엇을 뜻하는가? 그것은 "무뢰와 도덕적 타락의 축적" 외에 다른 것이 아니다.

이것이 앞에서 분류한 세 가지 테마의 종합이 낳는 결과이다. 물론 궁핍, 노동고, 예속, 무지, 무뢰와 도덕적 타락의 축적은 이 모든 항목이 균등하게 진행되는 것은 아니다. 노동고가 느느 대신 일시적으로 예속이 완화될 수도 있고 예속이 완화되는 대신 궁핍이 완화될 수 있고 또 그 반대일 수 있을 것이다. 또 무지가 느는 대신 고통이 감소될 수도 있다. 이 항목들의 일시적 상호 전화의 가능성을 전제한다면 '궁핍의 축적'이라는 사회적인 사실은 반드시 다른 사회적 사실을 표현하는 나머지 항목과 연관지어 이해해야 한다. 또한 그런 한에서 '궁핍의 축적'은 결코 단순히 경제적인 것이 아니라 더욱 사회적인 것이다.

프롤레타리아트의 주택사정의 절대적 악화와 철거문제

생산수단의 집중이 대규모화되면 될수록 동일한 공간에서의 상응하는 노동자들의 집적은 더욱 커지고 자본주의적 축적은 더욱 급속히 진행되며 노동자들의 주택사정은 "더욱 궁핍해진다."(p.687) 부의 축적에 수반되는 "도시의 '개선'(improvements)이 허술하게 세워진 지역의 철거, 은행, 백화점 등의 궁전들의 건조, 사업교통과 사치 마차를 위한 도로확장, 마차전용도로의 신설* 등을 통해 이루어지는 것에서 명백히 목도할 수 있듯이 빈자들을 점점 더 허술하고 꽉꽉 들어찬 구석진 피난처로 몰아넣는다. 다른 한편 주택들의 가격이 그 질과 반비례한다는 것과 궁핍의 광산이 주택투기꾼들에 의해 포토시의 광산(금광—필자)보다 더 많은 이윤으로 그리고 더 적은 비용으로 철저히 채굴된다는 사실은 누구나 다 안다."(p.687)

자본주의적 주택문제는 ① 지역적으로 편중된 자본의 집중과 이에 따른 도시 및 산업중심지에서의 노동자의 집중, ② 프롤레타리아의 수적 증가, ③ 반민중적 철거·도시개발정책, ④ 투기꾼들의 광란 등에 의해 절대적으로 첨예화된다. 이것은 "자본주의적 축적과 자본주의적 소유관계의 적대적 성격"의 필연적 현상물로서, 그 적대성이 너무 "빤히 드러나는" 것이라서 "이 문제에 관한 공식적인 영국 보고서들조차도 '소유와 그의 권리들'에 대한 이단적인 공격으로 가득 차 있는" 정도이다.(p.687) 오늘날 우리나라 부르주아 정치배들과 관변 학자들이 주절대는 '토지공개념' 운운이 이와 대비될 수 있겠다.

지가(地價)는 부지구입에 투하되는 화폐자본이 부지를 구입하지

* 오늘날은 자가용의 차량증대에 대처하기 위한 도로확장과 차량전용도로의 신설로 바꿔 읽으면 되겠다.

않고 그냥 화폐형태로 머물러 있을 때 낳게 되는 이자가 구입된 토지로 인한 소득(즉, 지대)과 적어도 같거나 적어야 하는 관계 속에서 규정되는 바, PZ′=Gr(P : 지가, Z′ : 이자율, Gr : 지대)에 의해 정해진다. 따라서 P=Gr/Z′이다. 이렇게 볼 때 지가는 해당 토지에 의해 발생하는 지대가 클수록 크고 이자율이 낮을수록 크다. 그러나 도시의 지가는 이 법칙의 적용을 받지 않는다. 도시토지의 지대는 장기적으로 끊임없이 토지에 대한 격렬한 수요에 의해 높게 정해지지만, 여기에 지대를 노리는 것이 아니라 지가상승의 단기적 차액을 노리는 부동산투기가 가세되기 때문에, 지가가 거꾸로 지대를 리드하는 역전된 상황이 벌어지고 그리하여 지대는 시간적으로 언제나 지가의 상승을 뒤쫓아 가게 된다. 따라서 주어진 시점의 도시지가는(P=Gr/Z′에 비추어 볼 때) 지대에 비해 언제나 높게 나타난다. 더구나 이러한 역전된 관계는 투기업자들이 어느 산동네가 언제쯤 재개발될 것이라는 것을 예상하거나(도시계획 정보를 빼내) 알고서 산동네 토지를 가옥과 더불어 사두었다가 철거 시에 시로부터 법정고시가격의 지가로 팔고 새 주택입주권을 받기 위해 투기하거나 공단이나 대기업 입주로 인한 지가 앙등을 노리기 때문에 더욱 심화된다. 맑스는 이 관계를 다음과 같이 묘사하고 있다 : "무수한 부동산업자가 달라붙어 있지 않은 런던의 주택소유는 거의 없을 지경이다. 런던에서 토지의 가격은 어떤 매입자든 이 토지를 법정가격(공용수용 시에 배심원들에 의해 정해지는 액수)에 조만간 다시 내놓거나 어떤 대기업의 근접으로 인해 비상한 가치앙등을 이용해 폭리하기 위해 투기함으로써 토지의 연간 소득과 비교할 때 아주

높다."(p.689)

이러한 지가앙등은 지대를 끊임없이 끌어올리고 결국 집세를 인상시킨다. 이러한 전반적인 과정은 노동귀족층인 노동계급의 최고 임금 수령층뿐만 아니라 하층 쁘띠 부르주아도 덮친다: "소상인 및 소(小)중간계급의 다른 성원들과 함께 노동계급의 보다 나은 급여층도 도로와 주택들의 '개선'과 이로 인한 철거가 진행됨에 따라, 공장과 인간의 쇄도하는 전입이 대도심지에서 증대하고 결국 집세가 도시 지대의 앙등과 더불어 인상됨에 따라 런던에서 점점 더 이 지긋지긋한 주거관계 속으로 떨어져 들어가게 된다."(p.688) 이러한 사정은 현대의 노동귀족층인 지식 프롤레타리아트에게도 그대로 적용된다.

도시토지의 지대와 집세는 사회적 진보에 "아무런 기여도 하지 않고 산업자본가처럼 뭔가 모험하지도 않은 채 사회적 발전의 진보를 착취하는" 완전히 수동적 소유자들에 의해 도식되고, 또 게다가 모든 부의 생산자인 프롤레타리아트의 빈곤을 최대로 악용해 도식되는 것으로 특징지어진다. 그러나 특히 이 토지소유권이나 건물소유권이 창출하는 가장 "엄청난 권력"은 "이 소유권이 산업자본과 한 손아귀 안에 통합되는 경우 임금투쟁 시의 임금노동자들을 그들의 거주지로서의 대지로부터 실천적으로 몰아내는 것을 가능하게 하는"* **계급투쟁적** 권력이다. 공장기숙사에서 내쫓고 기숙사를 폐쇄하거나 단수할 수 있는 권력은 바로 이런 권력인 것이다.

---

* 칼 맑스, 『자본론』 제3권, MEW, 25권, p.781.

노동귀족층에 대한 공황의 영향

맑스 시대에 노동자 대중의 평균적 기능보다 높은 기능을 소지하고 있고 이에 따라 노동과정 안에서 일정한 자립성을 간직하고 있으며 평균보다 높은 임금을 수령하던 노동자들은, 앞에서 말했듯이 이종적 생산과정의 주요노동자들(취업한 지 얼마 되지 않아 일을 배우고 있거나 심부름하는 보조원이나 도제는 제외한다.)이나 유기적 생산과정의 외곽에 위치한, 기계의 점검 및 수선을 맡던 소수의 엔지니어, 기계공, 기계수선공들이었다. 맑스는 p.697 이하에서 철조조선소의 폐업과 함께 일자리를 잃은 철조조선기계공, "이 나라 숙련노동 중에서 최고 임금"을 받던(p.698, 맑스 인용문) 노동자들의 실업과 이에 따른 참상을 「모닝스타」(*Morning Star*) 기사의 예에서 생동하게 보여 주고 있다. 맑스의 이러한 시도는 노동귀족층에 속하는 이 조선기계공들이 아무리 평상시에 높은 임금과 나은 대우를 받는다 하더라도 공황 또는 불황과 함께 거리로 내던져지는 **임금노동자**에 불과함을 증명하고 있다.

물론 이때 노동귀족층은 20여 년 뒤 엥겔스가 언급하고 있듯이 영국의 해외수탈에 따른 초과이윤에 의해 매수된 노동귀족층과 꽤 다른 면모의 노동귀족층이었던 까닭에 맑스는 이것을 특별히 증명하고자 했던 것이다. "노동계급의 최고임금수령 부분, 즉 이 계급의 귀족층"(p.697)도 그들이 신분보장과 직책수당 등의 수단에 의해 조직적으로 매수, 부패되지 않는 한 임금노동자로서의 운명을 벗어날 수 없는 것이다. 우리나라의 새로운 노동귀족층인 지식 프롤레타리아트의 실업률이 노동계급의 실업률보다 더 높은 사실은 맑스의 시도를 다시 한 번 확증해 준다.

제24장 이른바 시원적 축적

시원적 축적이란 상품생산자의 손에 이 상품생산자를 자본가로 승격시킬 만큼의 상당한 자본과 노동력이 축적되는 것을 뜻한다. 우리는 맑스가 단순재생산의 분석 시에 이 문제를 일단 전제하고 시작했음을 알 수 있다. 이 시원적 축적은 현재의 자본가들과 이들의 헛소리를 교조화하는 부르주아 경제학에 의해 자본가의 근면과 금욕에 의해서 이루어진 것으로 선전된다. 자본가가 되지 못한 사람은 게으르고 낭비벽이 심한 사람들이었다는 것이다. 그리하여 이러한 돼먹지 못한 거짓말을 동화로 꾸며 어린 시절부터 어린이들에게 반복해서 가르친다.*

한번 옛날 옛날 한 옛날에 게으르고 낭비하면 그 이후 자손 대대로 이마에 땀 흘려 일해야만 먹고살 수 있고, 옛날 한때 '보성전문학교 건물 지을 때 등짐 짊어진 적' 있으면 대재벌로 자손 대대로 노동 없이 먹고산다. 그 동화대로라면 시원적 축적은 성경에서의 원죄와 같은 역할을 한다. 인간의 모든 고난과 땀 흘려 일해야만 먹고살 수 있게 된 것이 성경에 의하면 선악과를 따먹은 아담과 이브 시대의 원죄의 세대유전이듯이.

맑스는 그리하여 부르주아 정치경제학을 다음과 같이 비웃고 있

---

* 게으른 한스와 부지런한 누구누구식으로 시작되는 숱한 동화들을 생각해 보자.

다 : "이 시원적 축적은 정치경제학 안에서 신학 안에서의 원죄와 거의 동일한 역할을 한다. 아담이 사과를 베어 먹었고 이로 인해 인류에게 죄악이 내렸다는 것이다. 죄악의 유래가 과거의 일화를 가지고 얘기됨으로써 설명된다. 일찍이 흘러간 시대에 한편에는 부지런하고 영리하며 특히 근검하는 엘리트가 있었고 다른 편에는 게으르고, 자신의 모든 것, 아니 그보다 더 많은 것을 다 낭비하는 룸펜들이 있었다.

신학적 타락의 전설은 물론 어떻게 인간이 자신의 빵을 그의 얼굴과 땀 속에서 먹도록 저주받게 되었는지를 우리에게 설명해 준다 : 그러나 경제적 타락의 역사는 왜 그럴 필요가 전혀 없는 사람들이 존재하는지를 우리에게 밝혀 준다. 아무래도 좋다. 전자는 부를 축적했고 후자는 결국 자신의 살가죽 외에는 아무것도 팔 것이 없게 된 것이다. 그리고 이러한 타락으로부터 아무리 일하더라도 자기자신 외에 팔 것이라곤 하나도 없는 대중의 빈곤이 유래하고, 일찍이 일하기를 그만두었을지라도 끊임없이 증대되는, 소수인의 부가 유래한다는 것이다. 이러한 김빠지는 어린애 같은 소리를 예를 들면 티에르 씨(氏)가 재산(Propriété)을 방어하기 위해 한때는 그렇게 재기 넘쳤던 프랑스인들에게 국가의전적 진지성을 가지고 들려주고 있다."(pp.741~742)

물론 시원적 축적의 역사적 과정은 그런 김빠지고 평화로운 과정을 밟았던 것이 아니다. "생산수단과 생활수단이 애당초 자본이 아니었듯이 마찬가지로 화폐와 상품은 애당초 자본이 아니었다. 그것들은 자본으로 둔갑할 필요가 있다. 그러나 이 둔갑은 다음과 같은 것으로 수렴되는 일정한 조건하에서만 벌어질 수 있다 : 두 종류의 매우 상이한 상품소유자들이 서로 맞서 접촉해야 한다."(p.742) 하나는 화폐, 생산수단 및 생활자료의 소유자이고 다른 하나는 노동력의 판매자로서의 자유로운 임금노동자이다. 여기서 자유로운 임금노동자란 "그 자신이 노예나 농노 등처럼 직접 생산수단에 속하지도 않고 생산수단이 그에게 속하지도 않는다는 이중적 의미"에서의 자유로운 임노동자를 뜻한다.(같은 곳) 이것은 신분적 해방과, 생산수단으로부터의 방면(수탈)을 동시에 겪은 노동자를 뜻한다. 즉 "자본관계는 노동자들과 노동의 실현조건에 대한 소유 간의 분리를 전제한다." 그리하여 "자본관계를 창출하는 과정"은 한편으로 이러한 분리과정, 즉 한편에서 생산수단과 생활자료가 자본으로 변하고 다른 편에서 노동자가 임금노동자로 변하는 과정 외에 다름 아니다. 이것이 "자본의 전사(前史)"를 이룬다.

그런데 이러한 분리의 과정은 기존의 사회관계에 대한 외적 충격으로 말미암은 것이 아니라 이 사회관계의 자기모순으로부터 내적으로 추동된, 이 관계에 **내재적인** 결과였다 : "자본주의 사회의 경제적 구조는 봉건사회의 경제적 구조로부터 생겨났다. 이것의 해체가 전자의 요소들을 방출했던 것이다."(p.743)

봉건 후기에 이미 **사실상** 해방된 소농(p.744 참조)과 길드적 질곡으로부터 거의 벗어난 도시수공업자들로 이루어지는 자영업자 대중이 자기의 소소유로부터 분리되어 무산자가 되는 과정은 경제과정의 경쟁과 발전법칙에 입각해서 내재적으로 진행되었다. 그러나 이 과정은 그 자체 자생적인 운동으로 내버려 두었다면 몇 백 년

이 걸릴지도 모르는 달팽이과정이었을 것인바, 이것을 가속화시키는 역할은 수많은 외적 요인들, 그 중에서도 폭력이 큰 역할을 하였다. 따라서 소소유자들의 수탈과정은 결코 그런 전원적 과정일 수 없었다 : "현실적인 역사 속에서는 주지하는 바와 같이 정복, 압박, 약탈, 즉 폭력이 큰 역할을 한다. 정치경제학에는 예로부터 전원시만이 지배해 왔다……. 실은 시원적 축적의 방법들은 이와는 완전히 다른 것으로 전원적인 것은 결코 아니다."(p.742) 폭력은 소소유자와 소소유의 경제법칙적 분리과정을 가속화시키는 요소로 지속적으로 작용하였을 뿐만 아니라(엔클로우저 운동), 분리되어 나온 무산자들을 자본에 다시 결합시키고 생산과정 안에서 노동자의 복종을 보장하며 착취량을 늘리기 위해서도 지속적으로 작용하였다. 물론 그렇다고 폭력이 경제적 과정을 압도하는 주요인이었던 것이 아니며, 어디까지나 봉건예농이나 길드노동자를 임금노동자로 바꾸는 "예속의 형태전환"(p.743, 789)을 측면에서 가속화시키는 "산파"에 지나지 않았다 : 시원적 축적을 가속화시킨 외적 요소들은 다양하다. 식민체계, 국채제도, 근대적 조세제도, 보호무역제도 등이 그것이다. 그러나 이 모든 제도들은 모두 "봉건적 생산양식이 자본주의적 생산양식으로 전환되는 과정을 속성재배식으로 촉진하고 이 이행들을 단축시키기 위하여" 국가권력, 즉 "사회의 조직된 폭력"을 이용하였다. 그러나 폭력은 산모가 아니라 산파이고 이 산파로서의 폭력은 모든 사회변혁과정에 그 형태야 어떤 모습을 취하든(평화적 또는 비평화적) 필수적인 것이 된다 : "폭력은 새로운 사회를 잉태하고 있는 모든 낡은 사회의 산파이다."(p.779)

15세기에서 18세기까지 지속된 폭력입법을 간단히 나열하면 다음과 같다:

① 종획법(소농을 추방하고 양을 기르기 위해 울타리를 치는 법)
② 최고임금법(임금상승을 억누르기 위한 임금상한선 법)
③ 부랑아단속법(농촌에서 종획으로 쫓겨난 사람들을 구빈원이나 자본가들이 강제노역을 시킬 수 있도록 허용하는 법)
④ 파업금지법(파업을 역적 짓으로 다스리는 법)
⑤ 노동자의 계약파기의 범죄화

이러한 해괴망측한 법체계는 대공업의 더욱 잔혹한 억압력에 의해 불필요해진 19세기 중반에 이르러 모두 없어지지만, 그 이전에는 매뉴팩처 자본의 성립과 축적에 긴요한 법들이었다. 그 까닭은 다음과 같다: "노동조건이 한 극에 자본이 등장하고 다른 극에 노동력밖에 팔 것이 없는 사람들이 등장하는 것으로는 아직 충분하지 않다. 또한 그들을 자발적으로 팔도록 강제하는 것으로도 충분하지 않다. 자본주의적 생산의 진행 속에서 교육, 전통, 습성에 의해 저 생산양식의 요구들을 자명한 자연법칙으로 **승인하는** 노동계급이 발전되어 나와야 한다. 완성된 자본주의적 생산과정의 **조직**은 그 어떤 저항도 분쇄하고, 상대적 과잉인구의 지속적인 생산은 노동의 공급과 수요 법칙 및 임금을 자본의 증식욕에 상응하는 선안에 유지하며, **경제적 관계의 소리 없는 강제**는 노동자에 대한 자본가의 지배를 봉인(封印)한다. 경제외적인 직접적 폭력은 아직도 여전히 적용되지만 오직 예외적일 뿐이다. 사태의 평시적인 진행에 대해 노동자는 '생산의 자연법칙'에, 즉 생산조건 그 자체로부터 생겨나고 또 이것에 의해 보장되며 영구화되는 자본에의 종속에 내맡겨 둘 수 있다. **하지만 자본주의적 생산의 역사적 생성과정 동안에는 달랐다.** 흥기하는 부르주아지는 임금을 '규제하고', 즉 잉여 증식을 허용하는 테두리 안으로 강압적으로 가두고 노동일을 연장하며 노동자 자신을 통상적인 예속 정도로 유지하기 위해 국가권력을 필요로 하고 또 이용한다. 이것은 이른바 시원적 축적의 한 본질적 계기이다."(p.765~766. 강조는 필자)

시원적 축적기에 국가권력의 역할은 본질적으로 두 방향이다 : 첫째는 소농과 소생산자의 경제적 수탈을 가속화시키는 것, 둘째 소상품생산자나 소자본가가 이 무산자들을 착취하는 과정을 보조하여 축적을 가속화시킴으로써 자생적으로 기능하는 자본관계의 출현을 촉진시키는 것이다. 따라서 시원적 축적과정이 끝나 자본관계가 제 발로 서기 전에는 경제영역에서의 착취를 위한 경제적 강제와 정치적 계급억압을 위한 경제외적인 국가권력의 분리가 이루어지지 않고 계급억압을 위한 국가권력이 지속적으로 착취를 위한 강제력으로도 기능함으로써 "그 자체 하나의 경제적 역량"이었다. (p.779)

우리나라의 시원적 축적 문제

시원적 축적과정에 대한 이 정도의 논의의 토대 위에서 한국의 자본축적과정을 취급해 볼 수 있겠다. 여기에서는 한국의 경제개발

기간 동안에 박정희정권에 의해 구사된 경제에 관련된 제반의 폭력적 조치들이 시원적 축적기능을 위한 것이었느냐 아니면 부르주아 파쇼적인 자본축적 전략적 성격의 것이었느냐가 논쟁의 초점이 된다. 우선 중요한 조치들로는 ① 70년대 빈번히 사용된 경제적 긴급조치, ② 노조운동의 완전한 탄압, ③ 임금인상의 정부규제 등을 들 수 있겠다.

주체사상이나 주체사상의 영향 하에 있는 이론가들은 이러한 조치들을 시원적 축적의 요소로 보고 한국자본주의의 미성숙성, 반(半)자본주의성 또는 식민지자본주의 성격을 주장하려 한다. 그러나 엄밀한 과학적 규명을 시도해 본다면 이 요소들은 부르주아 파쇼적인 것들이지 시원적 축적의 요소들이 아니다. (신)식민지 반(半)봉건사회에서 신식민지 자본주의로 이행하는 데 필요한 대규모 시원적 자본은 이미 차관 등을 통해 손쉽게 확보하여 생산 및 유통영역에 투하된 상황이었다.

따라서 우리나라의 시원적 축적과정은 맹아적으로 이조 말부터 시작되어 일제 강점기와 이승만 시대를 거치면서도 완결되지 못하였으나 차관경제를 통해 서구가 겪었던 과정에 비해 극히 쉽사리 완결되었던 것이다. 박정희정권의 과업은 소소유자들을 수탈하여 무산자로 만들고(이미 무산자는 농촌에 가득했었다.), 중상층 소상품생산자나 소자본가를 도와 완전한 대자본가로 성숙시키는 데 있었던 것이 아니라 차관을 나누어 가진 신매판적 대자본들을 독점자본 그룹들로 만드는 것이었다.

긴급조치는 주로 전(前)자본주의적 고리대자본(사채)에 시달리는 산업자본들을 지원하기 위해 고리대자본을 공격한 것으로서 가히 부르주아 혁명적인 것이다.* 따라서 이 조치는 결코 시원적 축적의 요소가 아니라 극히 부르주아적인 것이다.

노동운동의 완전한 탄압은 반드시 시원적 축적의 요소만이 아니다. 프랑스혁명의 노도 속에서 대중을 이루었던 노동계급이 한 순간 획득한 노동조합의 자유를 부르주아들이 즉각 폐지한 것을 생각해 보고 또 이 혁명가의 가장 급진적이었던 자코뱅 정부도 이 노동조합 금지와 파업금지법을 손도 대지 않고 유지시켰음을 생각할 때, "자본과 노동 간의 경쟁을 국가경찰권에 의해 자본에 유리한 테두리 안에 강제적으로 가두려는"(p.770) 욕망은 언제나 부르주아적인 것이었다.

따라서 노조설립의 자유와 파업권은 부르주아가 "하사한" 것이 아니라 언제나 노동계급이 체제를 위협하면서 쟁취했던 것이다. 노조를 허용하지 않으려는 것은 소위 전근대적인 것이 아니라, 부르주아에 본질적인 것이고, 이런 까닭에 자본축적의 애로에 빠진 모든 부르주아 정권들은 그때마다 이 노동권들을 박탈했던 것이다. 히틀러의 노동조합 해체와 파업금지 조치를 보라!

임금의 정부규제도 시원적 축적에 고유한 것만은 아니다. 히틀러는 이 임금정책을 완전히 장악했었다. 박정권의 임금규제는 쁘띠부르주아나 소자본가를 완전한 자본가로 만들기 위한 시원적 축적전략으로서 시행됐던 것이 아니라 독점재벌의 신속한 형성을 위해

* 프랑스혁명의 공격방향이 봉건잔당과 구금융귀족층, 즉 전자본주의적 상인고리대 자본가들이었음을 상기하자.

시행되었던 것이다. 박정권의 소위 '개발독재'는 그럼에도 불구하고 노동착취를 가속화시키기 위해 자본관계(자본과 노동의 관계) 속에 직접 개입했던 것이 아니라, 자본관계의 외곽을 강력히 지켜줌으로써 간접적으로만 자본을 지원하였다. 즉, 생산과정 속의 착취와 억압은 언제나 자본관계의 경제적 강제에만 의존하였던 것이다. 여기서 다시 경제적 사회구성체의 성격은 생산조건의 소유자와 직접생산자의 직접적인 관계에 의해 규정됨을 상기할 필요가 있다.

소위 국내시장 문제와 한국 나로드니키들(p.773)

19세기 말 러시아 나로드니키들이 러시아 상황의 특수성과 열악성을 강조하기 위하여 러시아의 자본주의 발전의 불가능성 내지는 피상성을 국내시장의 부재에서 증명해 보려고 한 적이 있었다. 이들의 이러한 이중적 시도는 레닌의 『러시아 자본주의 발전』이라는 대저에 의해 분쇄되었다. 그런데 한국의 주변부 자본주의론자들이나 최근 주체사상으로 탈을 바꿔쓴 과거의 주변부 자본주의론자들은 한국의 수출주도형 경제발전 전략에 의한 한국경제의 불균형을 국내시장의 부재로 규정지음으로써 한국 자본주의의 '식민지적' 특수성, 전근대성, 반(半)자본주의성을 증명한 것으로 착각하고 있다. 이들의 눈에는 제국주의적 세계독점체들에 의해 압박받으면서도 한국의 신(新)매판대자본들이 한국사회를 한국형의 특수한 근대사회로 탈바꿈시킨 것을 부인하고 서구와 다르다는 이유만으로 전근대적인 사회로 규정짓는 비주체적인 입장으로 일관한다. 과거 러시아 나로드니키들이 러시아의 특수성을 과장하면서 가장 러시아적인 자들인 양 자처했으면서도 실은 서구인(人) 시스몬디를 자신들의 이론적 지주로 하는 서구맹종주의자들이었듯이, 한국 나로드니키들은 기실은 서구의 자본주의 발전 모델을 유일한 정상적인 자본주의 원판으로 신봉하는 서구맹종주의자들인 셈이다.

맑스에 의해 취급된 국내시장의 창출 문제는 해당 국가의 자본이 생산한 상품이 국내에서 전량 소모되어야 하는 것을 전제하는 것도 아니고 첨단기술 생산물이 수출을 주목적으로 생산되는 것을 금하는 것도 아니다. 자본주의적 국내시장의 형성이란 임금노동이 일반화되어 ① 모든 임노동자가 생필품을 전량 시장에서 구해야 되고,* ② 이 생필품의 상품생산이 이로 인해 일반화되어 이 생산에 대량으로 필요한 생산수단이 상품화되며, ③ 농업과 농촌가내공업이 분리되어 농민들이 곡류 이외의 모든 제조품을 시장에서 상품으로 구입하게 되는 상황을 뜻한다. 만약 이 측면이 완결되면 그것이 제국주의에 의해 수탈되든 수출주도형 경제전략에 의해 찌그러지든 이미 국내시장은 창출된 것이다.

①과 ②에 관련하여 맑스는 다음과 같이 말하고 있다 : "사실상, 소농을 임노동자로, 그리고 생활수단과 노동수단을 자본의 사물적 요소들로 둔갑시키는 사건들은 동시에 이 후자(자본—필자)에게 그의 국내시장을 창출해 준다. 이전에 농민가족은 그들이 나중에 대부분 스스로 소비했던 생활수단과 원자재를 생산하고 제조했다. 이

---

* 자본주의 이전 시대에 생필품은 거의 상품이 된 적이 없다. 그 이전의 상품들은 대부분 사치품이거나 잉여물들이었다.

원자재와 생활수단은 이제 상품이 되었다. 대차지농은 이것들을 팔게 되고 매뉴팩처 안에서 그의 시장을 얻는다. 명주실, 아마포, 거친 양모품들, 모든 농가의 영역 안에서 발견되고 또 이들에 의해 자가소비를 위해 뽑히고 짜지던 물건들이 이제 매뉴팩처 물품으로 전환되고, 이 매뉴팩처 물품의 판매시장은 농촌지역이 된다. 그리고 자영경리로 노동하는 수많은 소생산자들에 의해 지금까지 제약당해 있던 수많은 분산된 고객층은 이제 산업자본에 의해 조달되는 대시장으로 집중된다."(p.775)

③과 관련하여 맑스는 다음과 같이 말하고 있다 : "그리하여 이전에 자영하던 농민들의 수탈 및 그들의 생산수단으로부터의 분리와 나란히 농촌의 부업적 제조업의 파괴, 즉 제조업과 농업의 분리과정이 진행된다. 그리고 농촌가내공업의 파괴만이 일국의 국내시장에, 자본주의가 필요로 하는 확장과 확고한 존속을 부여할 수 있다.

그러나 본래적인 매뉴팩처 시기는 국내생산을 오직 조금씩 조금씩만 장악하고 항상 도시 수공업과 농촌의 부업적 가내제조업을 폭넓은 배경으로 하여 이것에 기초하고 있다는 사실을 우리는 기억하고 있다. ……비로소 대공업이 기계로써 자본주의적 농업의 불변적 기초를 제공하고 농촌민중의 엄청난 다수를 근본적으로 수탈하고 농업과 농촌가내공업의 분리를 완성한다. …… 그리하여 그것은 비로소 산업자본에게도 전(全)국내시장을 정복하게 해준다."(p.776~777)

우리나라 임금노동자들이 생필품을 시장에서 구하고, 자본이 생산수단을 시장에서 구하며, 농민이 대부분의 생필품과 농사장비를 시장에서 구한다는 것, 이것이 우리나라 자본주의적 국내시장의 완성을 뜻하는 것이 아니고 무엇이란 말인가? 우리나라 농촌의 가내공업이 그 어디에 남아 있단 말인가? 농촌의 힘든 노동에 필수적인 막걸리 제조도 불법화된 지 오래이다.

자본가의 역사적 생성과정

자본가는 소생산자가 동시에 상인기능을 하거나 상인이 동시에 생산자로서 기능함으로써 발을 내디딘다. 전자의 경우는 다시 농민이 농업자본가로 되는 것과 소생산자가 산업자본가로 되는 것으로 분류되며, 후자는 상인자본과 고리대자본이 선대제 등의 이행단계를 거쳐 또는 직접 매뉴팩처를 경영함으로써 성립한다. 그런데 농민이 농업자본가로 되는 과정은 산업자본가의 생성과정에 비해 극히 점진적인 경로를 밟았다.

우선 농업자본가의 생성을 취급해 보자.

농업자본가는 두 가지 종류가 있다. 19세기에 지배적이었던 **자본주의적 차지농**(kapitalistischer Pächter)과 오늘날 지배적인 농업자본가인 부농(또는 대농 ; Großbauer oder Farmer in Amerika)이 그것이다. 맑스의 설명은 대부분 대차지농의 분석에 집중되어 있고 부농에 대한 설명은 근소하다. 이에 반해 레닌은 자본주의 농업의 미국식 경로를 제시함으로써 부농에 대한 설명에 많은 노력을 할당한 셈이다.

일단 맑스 시대에 지배했고 또 오늘날도 도시 주변에서 대규모로 활약하고 있는 자본주의적 차지농에 대한 설명부터 시작하자. 원래 자신과 자신의 가족의 노동력으로 경작 가능한 면적을 넘어가는 토지를 지주로부터 임대하여 **소수의** 임노동자를 고용하여 경작하던 차지농의 최초의 형태는 영국에서 그 자신 농노신분이었던 봉건 **마름**(Bailiff)이었다. 그러나 이 형태는 곧 **분익차지농**(지주가 씨앗, 가축, 농기구의 일부를 대고 차지농이 나머지를 대어 잉여생산물을 반분하던 차지농)으로 곧 성장한 **자유농민 차지농**에 의해 대치된다.*

이러한 변화는 생산물지대가 이미 화폐지대로 전환된 것을 배경으로 하고 다시 화폐지대관계는 "상업, 도시제조업, 상품생산 일반 그리고 화폐유통의 이미 상당한 발전"을 전제한다.** 이러한 화폐지대의 점진적, 산발적 확산과 함께 "토지의 일부를 점유하고 노동하는 봉건소작인과 지주 간의 전통적인 관습법적 관계가 실정법의 고정된 규칙에 따라 규정된 계약적인 순수화폐관계"로 탈바꿈하게 된다. 따라서 경작하는 점유자(Besitzer)는 사태관계에 따라 단순한 차지농으로 화(化)하게 된다."*** 물론 이러한 변천은 한편으로 옛 농민적 점유자를 **수탈하고** 이들 대신 자본주의적 차지농을 대치시키는 것으로 이용되고, 다른 한편으로는 지금까지의 예농적 소농이 일정한 대금을 지불하고 지대납부의무로부터 **해방되어** 독립

---

* 분익차지농에 관해서는 칼 맑스, 『자본론』 제3권, MEW, 25권, p.811 이하 참조

** 칼 맑스, 『자본론』 제3권, MEW, 25권, p.805.

*** 칼 맑스, 『자본론』 제3권, MEW, 25권, p.806.

자영농이 되는 것으로도 활용된다.(앞의 책, p.807) 이러한 과정은 따라서 노동력을 팔아야 먹고살 수 있는 무산계급과 이들을 고용하여 착취할 수 있는 두 부류의 농민을 분리시키는 과정인 셈이었다.

동시에 이러한 화폐지대는 토지의 매매 · 양도를 야기하고 도시와 그 밖의 화폐소유자들이 자본가들에게 임대하기 위해서나 또는 "투하된 자본의 이자의 형식으로서의 지대"를 얻기 위해서 토지를 매입할 기회와 자극을 주었다.(앞의 책, p.810)

"이미 봉건시대에 자산력 있는 예농이 다시 예농을 거느렸듯이" 새로이 변화된 환경 속에서 형편이 나은 농민들이 임금노동자를 착취하는 관습을 발전시키게 되었다는 것은 쉽게 이해가능할 것이다. 그리하여 이러한 농민들 사이에서 미래적인 자본주의적 차지농의 "양성소"가 발전하게 된다.(앞의 책, p.807) 이러한 '양성소'의 발전은 농촌 밖의 자본주의적 생산의 일반적 발전에 의해 촉진되고 15세기 말의 **농업혁명**에 의해 가속화되었다. 이때 중소차지농들은 상당한 치부를 할 수 있었고, 여기에 다시 16세기에 결정적인 외적 요인이 끼어들게 된다! 남미로부터 대량의 금은이 유입되게 된 것이다.

"당시 임대계약들은 장기계약이었고 가끔 99년에 달하는 것도 있었다. 귀금속의 가치, 결국 화폐의 가치의 지속적인 하락은 차지농들에게 황금열매들을 가져다주었다. 이것은 …… 임금을 인하시켰다. 이 임금의 일부가 임대이윤에 추가된 것이다. 곡식, 양모, 육류, 즉 전(全)농산물 가격의 지속적인 앙등은 그가 손 하나 까딱하지 않았는데도 차지농의 화폐자본을 부풀려준 데 반하여, 그가 지불해야 했던 지대는 낡은 화폐가치로 계약되어 있었다. 이리하여 그는 임노동자와 지주를 동시에 희생시켜 치부하였다."(pp.771~772)

이렇게 하여 대량의 씨앗, 대규모의 가축떼, 대규모의 농기구, 그 밖의 사용구들을 갖춘 자본주의적 차지농들이 탄생된 것이다. 이들은 옛 봉건지주로부터 대규모의 토지(맑스에 의하면 5에이커 이상)를 임차하여 자신의 자본을 투자하고 계절적 임금노동자를 대규모로 고용하여 이윤을 목표로 영농하였다. 이때 그는 농업노동자를 평균 이상으로 착취하여 평균이윤율에 해당하는 잉여가치는 자신의 이윤으로 취득하고 초과이윤분(分)은 지주에게 지대로 납부하였다. 그는 손노동을 전혀 하지 않는 자본주의적 농업경영자였다. 이때 이 지주가 받는 지대는 봉건소농의 잉여생산물이 아니라 이제 임노동자의 초과잉여노동이기 때문에 봉건지대가 자본주의적 지대가 된다.

따라서 이 경우 지대는 농업기술의 발전으로 농산물 수요가 포화상태에 도달하거나 해외의 저렴한 농산물이 수입되어 농산물의 시장가격이 하락하는 경우 또는 임금노동자가 농촌-도시 간 이출입이 자유로워 농촌의 잠재적 실업이 없어져 평균임금을 수령하게 되어 초과착취가 불가능해지는 경우 소멸한다. 따라서 현재 제국주의국가에는 지대를 받아먹는 농촌대지주가 거의 완전히 소멸하였다. 지주들은 혁명을 통해 수탈당하기도 하였지만 무엇보다도 지대의 지속적인 하락으로 인해 토지소유를 계속 보유하는 것이 경제적 몰락의 길임이 점차 극명해져 가자 자신의 토지를 차지농에게 매각하고 도시로 이주하거나 직접 농업경영자로 화하였다. 그리하여 자본주의적 차지농은 점차 자본주의적 부농, 즉 토지를 직접 소유하고 여기에 자본과 임노동을 투하하는 경영형 대농으로 전환되었다.

그러나 장거리 이동 시에 상하기 쉽고 도시생활자에게 매일매일 소비되는 야채, 특용작물, 기타 원예농업 등의 분야에서는 비닐하우스 농업이 대도시를 에워싸고 자본주의적 차지농업 형태로 끊임없이 재생산되고 있다. 우리나라 서울 근교의 비닐하우스 농업은 이를 잘 입증해 준다. 물론 이 중 상당히 많은 경작자들은 1만여 평 이하의 임대자들로서 1~2명의 지속적인 임노동과 일시적인 수명의 임노동을 사용하고 있지만 경영주 자신도 직접 손노동을 수행하는 중소농들이다. 그러나 나머지 1만여 평을 넘어가는 토지를 임대한 경영자들은 분명 상업기능과 감독·경영기능만 수행하는 자본주의적 차지농들이다. 토지소유자들 중 상당수가 도시에 거주하는 화폐자본가들인 한에서 그리고 자본주의적 이윤정신이 지배하는 대도시의 주변지역인 한에서 이 토지소유자들에게 지불되는 지대는 화폐소유자가 토지에 "투자한 자본의 이자의 형식으로서의 지대"*로서 옛날 잔존하던 봉건영주가 받던 자본주의적 지대와는 그 "정신"을 크게 달리하고 있는 것이다.

아무튼 자본주의적 농업지대는 농촌의 잠재적 과잉인구의 존재, 곡물가격의 호조건, 도시근교의 지리적 이점 등이 존재하는 한에

* 칼 맑스, 『자본론』 제3권, MEW, 25권, p.810.

서, 즉 "특수한 상황 하에서만 자립화되는 …… 초과이윤의 형식"(앞의 책, p.808)이다.

자본주의적 차지농, 자본주의적 부농, 중농, 소농의 개념적 구별과 우리나라 농업관계의 성격문제

이에 반해 자본주의적 부농에 있어서는 "이윤과 지대가 합일된다."(앞의 책, p.812) 부농은 "토지소유자가 경작을 자기경리로 경영하고 전(全) 생산도구들을 소유하며 부자유스럽거나 자유로운, 그리고 현물제공이나 화폐로 지불받는 머슴들(오늘날은 그냥 임노동자로 해독해야 할 것이다.—필자)의 노동을 착취하는" 농업가이다.(앞의 책, p.812) 만약 이 부농이 부자유스런 머슴들을 착취하면 반봉건적 부농, 즉 융커이고, 자유로운 임노동자를 착취하면 자본주의적 부농이 된다. 이 자본주의적 부농은 보통 토지에 투하된 자본에 대한 이자와 생산에 투자된 자본의 평균이윤율만 유지되면 호조건 속에서 영농을 하는데, 최악의 경우 토지에 투하된 자본의 이자가 탈락하는 경우에도 생산자본에서 나오는 이윤이 이 생산자본과 토지자본의 합계에 대한 가공적인 총이자보다 많으면 계속 영농을 유지한다.

이 부농도 자본가인 한에서 농업생산에 직접 손을 대지 않는다. 오직 상업거래 업무와 임노동자 감독, 영농기술 및 씨앗파종에 관한 정보획득에만 전념함으로써 손노동으로부터 완전히 해방되는 것이다. 부농의 순수한 형태에 있어서는 부농의 가족들 전원이 손노동으로부터 해방된다. 날품일꾼들에 대한 음식제공에 드는 노동도 다시 날품일꾼으로 충당하는 것이다. 그리하여 부농의 자식들은 상급학교에 진학할 수 있게 된다. 우리나라에는 두세 동네 건너 이러한 부농가가 하나씩 있는데 이들은 농업자본가들이다.

따라서 우리나라 농업소유의 성격은 꽤 복잡한 셈이다. 잔존하는 극소수의 반봉건 지주, 중소농 규모의 토지임차농, 중소(토지소유)농, 이 양자의 혼합형, 부농(농작 및 과수, 특용작물, 도시근교 야채, 원예작물 등)으로 다양하다. 물론 수적으로 월등히 우세한 것은 중소농(임차+소유+혼합)인데, 중소농의 특징은 그들이 생산물의 많은 부분을 자가소비에 쓰고 (농촌자가소비, 도시거주 자녀들에 대한 식료 제공 등), 그 나머지만 시장에 내놓는다.*

이에 반하여 대농, 즉 자본주의적 부농은 생산물의 전량을 상품화한다. 수적으로 우세한 중소농의 상품화 규모와 수적으로 열세인 자본주의적 부농의 상품화 규모 중 어느 것이 더 큰 것인지는 분명 통계적 조사의 문제이다. 그러나 만약 부농의 상품화 규모가 중소농을 압도한다면 그 수적인 열세에 관계없이 우리나라 농업관계는 자본주의적 농업관계인 셈이고, 그 반대인 경우는 중소농체계인 셈이다.

우리나라 자본주의적 부농은 농업기술의 (제국주의국가의 영농기술에 비해 상대적인) 낙후성으로 인해 농업생산물의 가격경쟁에서 제국주의국가의 저렴한 농산물에 압박받고 있는 상황에서 크게 발전

---

* 자녀 학비, 기타 농기구 구입, 기타 현대적 농촌소비품 구입 등에 필요한 현금 장만을 위해 어쩔 수가 없다.

하지 못하고 있는 것이 사실이다. 그러나 제국주의국가의 농업사정을 보면 프랑스, 이탈리아, 영국 등이 모두 전생업인구의 7~8% 이하, 미국, 서독 등이 1% 이하의 농업인구를 가지고 있을 뿐만 아니라 과거와 달리 농업을 지배하는 소유형태는 결코 자본주의적 부농이 아니라 **중소농들**이다. 이 중소농들의 기술장비율이 월등하여 그들의 경작면적이 과거 대차지농이나 대지주의 토지소유면적에 육박하고 또 우리나라 과거 지주나 현재 부농의 토지소유 규모를 능가한다. 따라서 제국주의국가의 농업은 주로 자본주의적으로 이루어지고 있다는 생각은 극히 한국적인 편견이다.

오해를 피하기 위해 중소농의 정의에 대해 알아보자. 대농, 중농, 소농의 분류는 원래 토지면적을 기준으로 한 것이 아니라 여기에 투하되는 노동의 **종류**와 **규모**를 기준으로 한 것이다. 따라서 농업의 기계화가 고도로 진행되면 중소농의 토지소유의 범위는 개념적으로 확대된다. **소농**이란 임노동을 전혀 사용하지 않고 자신과 자신의 **가족노동**에 입각한 농업이다.(물론 임노동이 아닌 품앗이도 포함된다.) 여기서 이 소농이 경작하는 토지가 임차한 것이든 자기 소유든 관계없다.

대농은 위에서 정의한 대로 전량 **임노동**을 사용하는 자본주의적 농업기업을 말한다. **중농**은 이 대농과 소농 사이의 중간형, 즉 일부 가족노동과 일부 임노동을 사용하는 농업이다.

따라서 기술발전과 더불어 중소농의 토지상한선이 상승하는 것은 당연하다. 우리나라 소농의 상한선이 과거에 15~20마지기였다면, 지금은 40~50여 마지기가 된다. 이런 정도에 비추어 볼 때 비행기로 씨 뿌리는 미국의 중농이 지닌 토지면적은 어느 정도일까 상상해 보라.

산업자본가의 생성과정

다음으로 산업자본가의 생성과정에 대해서 알아보자.

"봉건적 생산양식으로부터의 이행은 이중적으로 이루어진다."* 첫째, 생산자가 상인과 자본가로 되는 길이다. 이것은 농업적 현물경제나 중세 도시제조업의 길드규제적 수공업과 대립되는 경로를 통해 진행된다. "이것은 진정으로 혁명적인 길이다."** 둘째, 상인이 생산을 **직접** 장악하는 길이다. 즉, 상인이 직접 산업가가 되는 것이다. 이것은 수출지향의 매뉴팩처에서 관철되었다. 그런데 고리대나 상업을 통해 형성된 화폐자본이 산업자본으로 탈바꿈하는 것은 농촌의 봉건체제와 도시의 길드체제의 강력한 저항에 부딪히기 일쑤였는데, 이 제약은 나중에 봉건가신단의 해체와 농민의 수탈과 추방 등에 의해 어느 정도 완화되었다. 그럼에도 불구하고 상인자본이 투하된 새로운 매뉴팩처들은 해외수출항구나 옛 도시체제와 이것의 길드체제 외곽에 있는 농촌평지의 지점들에 수립되었다. "그리하여 영국에서는 길드조직도시(corporate towns)의 이 새로운 산업적 양성소들에 대한 가혹한 투쟁이 벌어지게 된다."(p.778)

상인자본이 생산을 지배하는 길은 그것이 과도적 상태에 머무르

---

* 칼 맑스, 『자본론』 제3권, MEW, 25권, p.347.

** 같은 곳.

면 생산자를 형식적으로 독립형태로 놓아두고 거래관계를 통해(원료를 대주고 만든 물건을 구입하는 식으로) 생산자를 간접적으로 착취하는 선대제가 된다. 그런데 "이 방식은 도처에서 진정한 자본주의적 생산양식을 방해하고 이 생산양식의 발전과 함께 몰락한다."(p. 347)

맑스는 생산자가 자본가로 되는 길이 "진정으로 혁명적인 길"이라고 말했다. 그러나 역사적 시각에서 볼 때 길드규제에 묶여 있었고(생산량, 사용할 수 있는 장인 및 도제의 수 등이 길드에 의해 강력히 규제되었다.), 주문제 생산을 하였던 중세수공업이 길드규제로부터 해방되어 자유로이 생산하기 위해서는 자신이 직접 대량의 원료와 노동을 구입할 수 있는 자본의 축적이 필요하였다.

"어찌하였든 꽤 많은 길드규제 하의 소(小)수공업직장과 훨씬 더 많은 독립적인 소(小)수공업자들이 소자본가로 그리고 임노동의 점진적으로 확대된 착취와 이에 상응하는 축적을 통해 노골적인 자본가로 탈바꿈했음은 의심할 바 없다."(p.777) 그러나 소(小)수공업자의 자본가화(化) 노선은 아무리 "혁명적인" 길이라 하더라도 "달팽이과정"에 지나지 않았다.(p.778) 까마득히 옛날부터 축적돼온 대규모 고리대자본과 상인자본의 생산 참여만이 15세기 말 지리상의 발견 이후 확대된 세계시장의 수요에 조응할 수 있었다.(p.778)

이러한 소수공업의 산업자본화와 상업자본의 산업자본화는 또한 적나라한 폭력과 국가권력에 의해 촉진되어야 하였다. 원주민의 사냥, 노예화, 약탈, 노예무역, 식민지광산의 채굴 등 한마디로 식민체계는 '가장 야만적인 폭력'에 기초한 것이었다. 그 밖의 국채제도, 근대적 조세제도, 보호무역제도 등도 모두 국가권력에 기초한 것이었다. 이와 같은 촉진요소들을 배경으로 성립한 영국 자본주의는 그럼에도 불구하고 '**본격적인** 매뉴팩처 시대'에 이를 때까지 200여 년(15세기~18세기 말)을 소비하였다.

우리나라 자본주의의 맹아

우리나라 자본주의는 맹아적으로 18세기 중반을 출발점으로 한다. 조선시대 자본주의가 **독자적으로** 서구와 같은 방식으로 자본주의 길을 걸었더라면 아직도 우리나라는 '본격적인 매뉴팩처 시대'에도 이르지 못했을 것이다.

그러나 "한 민족은 다른 민족으로부터 배워야 하고 또 배울 수 있다."(p.15) 1852년 크림전쟁에서 영미연합군에 패전한 거대한 봉건국가, 제정 러시아는 60여 년 뒤 대공업시대로 들어갔고, 1840년 당시에는 후진 반(半)봉건국가였던 독일은 40여 년 뒤 영국을 앞지르는 제국주의 강국이 되었다. 1850년대 개항한 일본은 1910년 조선을 집어삼키는—비록 본격적인 매뉴팩처 단계 정도에 기초한 것이었지만—제국주의국가가 되었다. 이렇게 본다면 조선은 줄잡아도 1950년대쯤에 이미 대공업사회로 이행했어야 할 것이다. 이러한 지체는 오직 제국주의의 수탈에 의해서만 설명될 수 있을 뿐이다.

우리나라 자본주의의 시초가 서구처럼 14세기나 15세기에 생성되지 않고 왜 18세기 중반에나 나타나게 되었는가는 별도로 설명되어야 할 문제일 것이다. 그러나 원론적 수준에서 논의해 본다면 통일신라시대나 고려시대보다 더 중앙집권적이었던 조선시대 봉건제의 역사적 특유성에 근거한다고 봐야 할 것이다. 동일한 아시아적 봉건제 국가였던 중국은 이미 16세기에 미약하나마 비단, 종이 생산 등에서 자본제의 맹아를 보이고 있음을 감안할 때 그러한 테제는 보다 논리적이다.

중앙집권적인 국가의 중심적인 역할은 ① 현물지대를 장기화하여 상품-화폐관계의 발전을 지체시키고, ② 국가파견의 지방관리들이 마치 아시아적 생산양식 하에서 그러했듯이 교역중심지인 도시를 자신들의 "군영"(맑스)으로 지배함으로써 수공업자들이 성장할 수 있는 자유도시의 발생을 원칙적으로 봉쇄하고, ③ 이러한 두 장애요인의 공동작용은 농촌가내수공업과 농업의 분리를 거의 완전히 저지하여 국내시장의 형성을 막았던 것이다.

서양 봉건제의 지방할거 상황에서는 지방영주의 주권이 교차하는 사각지대에서 도망농노들의 집촌과 교역장소가 형성되어 도시로 성장해 나와 농촌 수공업자들의 피신처가 수천 개의 도시체제로 정착됨으로써 상공업이 이미 자본주의 출현 이전에 크게 성장하고 이것이 농촌관계에 반작용해 들어가 화폐지대를 확대, 일반화하게 만들었다면, 조선에서는 정반대로 수공업자들이 지방관들의 '진영'이면서 교역중심지인 도시로부터 가능한 한 멀리 도망하여 산간벽지에 은점, 동점, 철점, 유기점, 사기점, 옹기점 등의 수공업자 점촌을 형성하였다. 이러한 악조건 속에서의 수공업 발전은 서구에 비해 지체될 수밖에 없었을 것이다.

그러나 이로 인해 지체된 자본주의 발전도 외세의 침탈만 없었더라면 봉건적 억압을 뚫고 나중에 결국 자본이윤에 굴복할 국가 권력을 등에 업고 발전할 수 있는 주체적 역량이었다. 우리나라 자본관계의 발전이 비록 주로 상인자본가가 산업자본가로 전환하는 경로를 밟아갔다 할지라도 이것이 자본주의적 관계의 발생을 '불명확하게' 했거나 그 이후 발전의 '완만성'과 '미숙성'의 원인이었던 것은 아니다 : 따라서 다음과 같은 결론은 심히 의심스러운 것이다.

"생산자 자신이 상인 겸 자본가로 되는 것이 아니라 상인이 생산을 자기 자신에게 종속시키는 방법으로 산업자본가로 전화된 것은 낡은 생산방식을 혁명적으로 청산하지 못하고 오히려 그것을 토대로 하여 자본주의적 관계가 이루어졌다는 것을 의미한다. 이러한 사정은 우리나라에서 자본주의적 관계의 발생을 불명확하게 하였을 뿐만 아니라 자본주의의 그 후 발전에도 완만성과 미숙성을 띠지 않을 수 없게 하였다."*

생산자가 자본가로 전화하는 경로는 비록 "혁명적"일지라도 "달팽이과정"이다. 오히려 상인자본이 생산을 직접 점령하는 길이 더 분명한 길이고 그 이후 발전에 있어서도 급속한 성숙을 보장하는 길일 것이다. '아시아적 정체론'이나 '후진국개발론' 등에 대한 '주체적인' 이론적 반격이 결국 자본주의의 맹아적 발전 정도만 규명하는 것으로써, 그리고 그 맹아가 불가피하게 그 내재적 요인에 의해서 완전하지 못했다는 것을 증명함으로써 끝나는 것이라면 "다른 민족으로부터 배울 수 있는" 우리 민족의 주체적 역량을 전혀 고려하지 않은 비주체적인 사유에 지나지 않을 것이다.

---

* 전석담 외, 『조선에서 자본주의적 관계의 발생』, 1989, 서울, p.213.

물론 자본주의와 합리주의가 배타적으로 서구에서만 발생한 것으로 생각하는 서구인들이랄지 이들에게 오염된 우리나라 일부 학자들과 일반인들에게 우리의 주체적인 자본주의 맹아를 보여 주는 것은 중요하다. 가령 M. 베버와 서구 및 한국의 베버주의자들은 그러한 편견의 대표자들인데, 베버는 합리주의를 '서양에만 고유한 것'으로 규정하고 이것의 근거를 '프로테스탄트 윤리'로 귀착시킨다. 그러나 이러한 관념은 '비합리적' 세계들을 '합리화'시키고 '문명화'시켜야 하는 소위 제국주의적인 '백인의 책무'라는 헛소리의 비밀스런 여운을 담고 있는 것이다. 이와 같은 '거만한' 합리성 개념은 사실상 서양인들 간에만 통용될 수 있는 유럽중심주의적인 완전히 잘못된 동양관에 근거하는 개념일 뿐이다. 왜냐하면 M. 베버가 거듭거듭 아주 교만하게, 서양 외에 "그 밖의 지구상 그 어디에서도 발전되지 않은" 서구의 독특한 산물로 규정하는 "자유로운 노동의 합리적 조직에 입각한 기업자본주의"*는 18세기 이래 동아시아에도 있었기 때문이다. 예를 들면 우리나라에서 조선 후기에 생산에 투하된 상업자본을 "물력"이라고 불렀는데, 이것은 순수한 상업자본과 다른 것이었다. 즉 생산적 산업자본의 순우리말이었던 것이다. 초기 매뉴팩처에 기초한 동아시아의 기업자본주의는 당시 서양선교사들의 눈으로 포착될 수 없었던바, 그것은 앞에서 언급했듯이 조선 자본주의의 발생지는 서양인들이 방문하고 체류하던 도시가 아니라 산간벽지였기 때문이다. 극동아시아의 초기자본주의적 경제변혁과정은 또한 자신의 적절한 이데올로기도 산출하였는데,

* M. 베버, 『프로테스탄트적 윤리』, 1984, Tübingen p.15.

이것은 서양의 저항하는 기독교, 프로테스탄티즘과 대비될 수 있는 저항하는 유교, 즉 실학이었다. 이것에 관해서 자본주의 정신의 이론가 베버는 아무런 감도 잡지 못했던 것이다. 이 개혁유교, 즉 실학(특히 후기 실학)은 새로운 자본주의적 생산양식의 반(反)봉건적인 사상적, 이론적 정당화에 그 전력을 기울였던바, 이 실학이 얼마나 강력히 전 동아시아의 근대적 정신을 지배했는가는 19세기 동아시아의 모든 부르주아적 개혁파들이 평생, 그리고 모택동이나 호지명을 포함한 거의 모든 사회주의와 공산주의 지도자들이 그들의 청소년기에 이 실학의 확고한 추종자들이었다는 사실에 의해 증명된다. 여기서 이 실학의 다종다양한 분파적 스펙트럼에 관해서 취급할 수는 없지만, 한 가지 분명히 해둘 것은 서구에서 푸리에, 생시몽 등의 초기 공상적 사회주의처럼 초기 매뉴팩처 단계의 임노동자와 천민의 편을 든 공상적 실학 사회주의도 꽤 만발했었다는 사실이다.(정약용의 토지개혁론, 양계초 등의 공상적 사회주의 등) 이런 까닭에 베버의 다음과 같은 언급도 단견적인 헛소리에 지나지 않는다 : "그리하여—아니 그렇기 때문에 근대 서양 밖의 세계는 어떤 합리적인 사회주의도 알지 못했다."*

근대적인 자본주의, 합리주의, 사회주의는 결코 서양의 독특한 현상들이 아니다. 자본은 그것이 어디서 성장하든 자신의 적절한 이데올로기와 또한 자신의 매장자의 사상을 산출해낸다. 그 이데올로기가 프로테스탄티즘인지, 실학인지, 자본의 가치증식의 논리가 직선적인 합리주의인지 곡선적인 실학 합리주의인지 그리고 그 매

---

* 앞의 책, p.17.

장자의 사상이 서구 사회주의인지 또는 실학 사회주의인지는 필경 자본주의의 역사적인 출발조건과 상이한 문명의 전통에 달려 있을 것이다. 그러나 이것은 사상(事象)의 본질이 아니다. 그리고 서구 자본주의는 극동아시아 자본주의의 어머니도 산파도 아니었다. 결코 아니다! 오히려 서구 제국주의적 공장자본주의는 동아시아의 자생적인 초기 매뉴팩처 자본주의를 짓이겨 버렸을 뿐이다. 아무튼 논란의 여지가 없는 것은 동아시아 국가들이 서구 자본주의가 몰려오기 전에 자립적으로 자본주의, 합리주의 그리고 사회주의를 어느 정도 발전시켰기 때문에만 다른 어느 곳보다도 신속히 서구 자본주의와 합리주의 그리고 사회주의를 수입, 소화하고 결국 부분적으로 능가할 수 있었다는 것이다.

1917년 조선총독부 통계자료에 의하면 당시 조선에는 4인 이상 고용한 자본주의적 기업자본이 약 370개 정도 되었다. 이 중 100여 개 정도가 일본 침략자들에 의해 그간 설립된 것으로 인정한다 하더라도 자생적인 민족자본기업이 200여 개 정도 이미 일본 강점 이전에 활동하고 있었던 것으로 봐야 할 것이다. 물론 모두 매뉴팩처 자본들이었을 것이다. 조선과 그 면적에 있어서 엇비슷하였던 독일 프러시아의 경우 1770년 당시 매뉴팩처가 88개(100인 이하 기업 : 67개, 100인 이상 : 21개)였던 것과 대비할 때 결코 적은 역량은 아니었던 것이다. 이러하였던 독일이 정확히 50년 뒤, 즉 1820년에 세계공업생산의 8%(프랑스 : 20%, 미국 : 10%)를 생산하는 공업국으로 발돋움해 나갔음을 볼 때 독일과 같이 지속적인 보호무역정책을 통해 선진자본에 대해 국내자본을 보호해 갈 수 있는 무침략

상황이었더라면 20세기 초 이미 공업국의 지위로 부상할 수 있었으리라는 것은 의심할 바 없다 할 것이다.

독일이나 일본, 러시아가 영국과 프랑스에 대항하면서 배웠듯이 이러한 역량은 우리에게도 가능했던 것으로 생각한다면, 그리고 흥기하는 초기 자본주의에 대해 가혹한 탄압과 수탈을 자행하지 않은 봉건체제는 역사상 존재하지 않았던 점을 고려한다면, 조선 말기 "탐욕스런 봉건지주들"이나 "봉건통치배들의 가혹한 수탈", 이로 인한 이른바 자본축적의 "장애" 등, 봉건세력의 인간적, 개인적 "품성"의 문제는 일본제국주의의 오래 전부터 획책되어 온 침탈에 대비할 때 조선 자본주의의 전도를 결정하는 하등의 역사적 요인도 될 수 없었다고 봐야 한다. 또한 프러시아가 1770년 88개의 매뉴팩처로 시초 축적을 운운한다면 19세기 말 조선에 이미 어느 정도의 시원적 축적이 이루어졌던 것으로 결론지어야 할 것이다. 따라서 다음과 같은 전석담류의 역사 해석은 심히 주체적이지 못한 것이 된다 : "특히 조선 말기의 탐욕적인 봉건지주들은 농촌경리에 대한 봉건적 고율소작료를 착취하는 방식을 극력 보존함으로써 부농경리에의 분화를 억제하였고 농촌에서의 자본주의 발생의 길을 가로막고 있었다……. 농촌에서 자본주의적 발생이 억제된 사정과 장인들에 대한 봉건통치배들의 가혹한 수탈은 수공업생산에서의 자본주의적 발전을 장애하는 중요한 요인으로 되었는바, 이것은 전반적으로 자본주의를 위한 국내시장의 확대를 가로막는 결과를 가져왔다. 이와 같은 제반 사정은 두말할 것 없이 우리나라에서의 자본주의 발생과 그 발전에서 완만성을 띠게 한 기본요인으로 작용하고 있었다는 것을 말하여 준다. **그리하여** 18세기에 발생한 우리나라에서의 자본주의적 관계는 19세기 중엽에 이르기까지도 이른바 **공장제 수공업 시대**를 이루지 못한 채(따라서 이른바 **시초축적**은 아직 문제도 되지 않는다.) 외래 자본주의 침략을 받게 됨으로써 요람기에 있던 우리나라의 자본주의는 정상적으로 발전할 수 없었고 자체발전에서 기형성, 편파성을 띠지 않을 수 없게 되었다."(전석담 외, 앞의 책, pp.19~20. 일부 강조는 필자.)

이러한 역사 해석에는 사실상 일본, 독일이나 러시아의 자본주의 발전을 도외시하는 영국중심사관이 잠복해 있을 뿐만 아니라, 역사적 민중의 주체역량을 과소평가하고, 결코 자본집중의 객관적 변증법에 내몰린 것이 아니라 자본주의 이전 시대, 즉 사이고 다까모리 이래로 일본 낭인들의 숙원적 계책이었던 일본의 **유별나게** 흉포한 침략야욕을 객관적 필연성으로 치부하는 객관주의적 오류가 은닉되어 있다. 조선 봉건세력의 반동적 성격을 주관주의적으로 해석, 매도하고 당시 민중적 이해를 가장 첨예하게 대변했던 진보적 실학파 **지식인**들에 대해서는 그 **계급출신적 한계**를 지적함으로써 그들의 역사적 의의의 긍정적 평가에 인색하고* 일본의 유별난 흉악성을 객관주의적으로 해석함으로써 필연화한다면, 이보다 더 비민족주체적인 사유가 어디 있겠는가!

---

* 교양 부르주아 출신 맑스, 공장주 엥겔스, 관직 귀족 출신 레닌은 그 계급적 한계를 초월하여 민중과 프롤레타리아트의 계급적 이익을 가장 첨예하게 대변하고 투쟁하였던 혁명적 지식인이 아니었던가?

자본주의적 축적의 역사적 경향

자본의 시원적 축적의 역사적 귀착점은 결국 무엇이었던가? 영국이나 그 여타 선진 서구유럽의 나라들에 있어서 농노제도는 이미 "14세기 말에 사실상 소멸하였다. 인구의 엄청난 대다수가 그들의 소유가 어떤 봉건적 간판으로 은폐되어 있다 할지라도 당시—그리고 15세기에는 훨씬 더 숱하게—자유로운 자영농민으로 이루어져 있었다."(pp.744~745) 즉, 그들은 봉건지주에게 일정한 지대만 납부하면 되는 순수한 화폐관계 속에 들어 있었던 것이다. 이러한 상태의 농민들 가운데서 진행된 자본의 시원적 축적의 의미는 "직접적 생산자의 수탈, 즉 자기의 노동에 기초한 사적소유의 해체"를 뜻한다.(p.789) 이것은 생산수단에 대한 자유로운 개인적 사유자(私有者)의 사회적인 자립성의 상실을 뜻하는 한에서 분명 엄청난 몰락이다. 물론 미국 남부 노예제가 임금노동제도로 직접 전환되고 동구라파의 농노제가 해체와 동시에 임노동제나 반봉건제로 직접 전환되는 경우는 단순한 "예속의 형태전환"(물론 봉건제와 노예제에 비하여 보다 인간적인 형태이긴 하지만)에 불과할 것이다 : 이때 시원적 축적이란 "노예와 농노의 임노동자로의 직접적인 전환, 즉 단순한 형태전환"이다.(p.789) 이 경우 자본의 시원적 축적은 수탈이 아니라 "해방"의 형식으로 나타난다. 그러나 식민지의 일시적 현상이었던 노예제의 경우를 제외하면 농노제에서 임노동제로의 직접적인 전환도 "해방"만을 담고 있는 것이 아니라—"우리의 부르주아 역사가들에게는 이 측면만 존재한다."(p.743)—"그들의 모든 생산수단과 옛 봉건제도에 의해 제공되던 그들의 생존보장책들"의 "박탈"(같은 곳)도 내포한다.

아무튼 봉건반동에 의해 농민이 재구속당하지 않았던 지역에서 그리고 중세 도시에서 시원적 축적이란 자유로운 개인적 생산수단 소유자들의 수탈과 임노동자화를 뜻하는 것이다. 이 임노동자의 대극에는 수탈의 직접적인 수혜자인—과거의 상층 농민이었거나 상층 수공업자였던—새로운 형태의 사적소유자인 자본가가 성장한다. 이전의 자유로운 사적소유자는 스스로 노동하는 노동자였다면, 이 새로운 사적소유자는 비(非)노동자이고 다른 집단적 노동자의 착취에 기초한 대규모 소유물에 대한 사적소유자이다: "사회적, 집단적 소유와 대립하는 사적소유는 노동수단과 노동의 외적 조건들이 사인(私人)들에게 속하는 곳에서만 존재한다. 그러나 이 사인들이 노동자냐 비노동자냐에 따라서 사적소유도 성격을 달리한다."(같은 곳) 후자, 즉 비노동자의 사적소유는 남의 노동의 착취에 근거하는 것이며 전자, 즉 자유로운 개인적 사적소유자의 수탈을 통해서만 성립하는 사적소유이다. 이 두 사적소유의 구별은 결정적으로 중요하다. 왜냐하면 노동계급이 사적소유의 폐지를 주장할 때 그것은 언제나 후자의 사적소유만을 의미하기 때문이다. 전자는 자기 자신의 노동의 결과로서 역사적으로 정당한 것이고 후자는 물론 부당한 것이다. 그러나 부르주아 이론가들은 가능한 한 이 두 소유형태를 뒤섞어 놓고 후자를 전자처럼 정당화하는 잔재간을 끊임없이 부려왔다. 그러나 그들이 원래 전자의 소유의 역사적 정당성을 인간의 천부인권적 생명권에서, 그리고 생명의 활동으로서의 노동의 천부인권에서 도출하였다면(자연법 사상) 오히려 후자의 소유는 다른 노동자들의 노동의 결과이므로 노동자들에게 되돌려 주어야만 정당한 천부인권이 회복되는 것이다. 그러나 전자와 후자의 격렬한 대비가 더 엄청난 명료성을 띠어갈수록 부르주아들은 더욱 열심히 두 소유형태를 뒤섞는다.

이에 맑스는 다음과 같이 비판하고 있다 : "정치경제학은 아주 상이한 두 종류의 사적소유를 원칙적으로 혼동하고 있는바, 이 두 종류 중 하나는 생산자 자신의 노동에 기초한 것이고 다른 하나는 남의 노동의 착취에 기초한 것이다. 정치경제학은 후자는 전자의 직접적인 반대물을 이룰 뿐만 아니라 또한 이것의 무덤 위에서만 자라나오는 것이라는 사실을 망각하고 있다. 정치경제학의 고향인 서부유럽에서 시원적 축적의 과정은 많건 적건 이미 완결되었다. 자본주의적 권력체제는 여기에서 전체적인 국민생산을 직접 자신에게 복속시켰거나 또는 관계가 아직 보다 미발전된 곳에서는 이 권력체제와 나란히 존속하고 있는 쇠퇴한, 옛 생산양식에 속하는 사회계층들을 적어도 간접적이나마 통제하고 있다. 자본의 이러한 완성된 세계에 정치경제학자는 사실들이 그의 이데올로기의 면상에 대고 더 큰 소리로 면박을 주면 줄수록 그만큼 더 안절부절 못하는 열성과 더 큰 과장된 어조로 전(前)자본주의적 세계의 법관념과 소유관념을 적용하고 있다."(p.792)

자신의 노동에 기초한 사적소유란 쁘띠 부르주아적 소상품 생산자, 소상인, 소농의 소경영적 소(小)소유를 가리킨다. 그런데 현실의 역사 속에서 부르주아 이데올로그와 정치배들은 자신들의 반

(反)민중적 사적 소유가 노동계급에 의해 위태로워질 때마다 약방의 감초처럼 "재산, 가족, 종교"를 구하라는 구호로 쁘띠 부르주아들을 홀려내어 노동계급을 격퇴시키도록 하였다. 그러면 이때마다 쁘띠 부르주아들은 선전에 속아 노동계급을 총검으로 짓이기거나 내던졌다. 그러고 나서 부르주아들에 의해 고립당하여(노동자의 지원 없는 쁘띠 부르주아지는 아무런 권력도 유지하지 못한다.) 결국 자신도 몰락하였다. 몇 가지 대표적인 예를 들어 보면, 1848년 프랑스 2월 혁명 직후 쁘띠 부르주아들은 노동자들의 7월 봉기를 총검으로 진압하는 데 앞장섰다가 그 후 국회에서 고립되고 의석까지 잃고 후회하다가 나중에야 깨닫고 노동자들과 동맹한다. 제1차 세계대전 직후 몰수당한 독일귀족들의 재산에 대한 보상금을 지불하는 것을 놓고 국민투표에 들어갔을 때 독일 쁘띠 부르주아들은 노동자계급이 자신들의 소(小)소유에 대해서까지 적대하는 것으로(부르주아 선전에 속아) 오해하고 귀족에 대한 금전배상법에 찬표를 던짐으로써 무상몰수를 주장하는 노동계급을 패퇴시킨다. 또 1930년대에는 독점재벌의 책략에 속아 히틀러 파시즘에 정권을 넘겨줌으로써 노동계급을 붕괴시키고 난 뒤 히틀러 군대에 끌려 나가 대규모로 개죽음을 당한다. 우리는 이러한 속없고 귀 얇은 쁘띠 부르주아들의 동요가 얼마나 처절한 역사적 비극들을 낳았는지를 상기하면서 더욱 엄밀히 소경영적 소유와 자본주의적 소유(그리고 중소자본과 독점자본)를 구별해 내고 이러한 사실을 가능한 한 널리 민중 속으로 주입시켜야 할 것이다.

소경영적 소유와 자본주의적 소유의 구별은 전자가 직접 자신의 노동의 산물인 데 반하여 후자는 그 소유자가 직접적인 손노동으로부터 방면되고 따라서 순전히 남의 잉여노동의 착취의 결과라는 데 있다. 이 양극단 사이에는 수많은 중간형태들이 끼어 있다. 왜냐하면 한 개인의 노동에만 근거한 순수한 소경영적 소유는 이미 아니면서 아직 소유주가 손노동으로부터 해방된 자본주의적 소유도 아닌 형태들이 많기 때문이다. 그러나 모든 중간형태들은 양극단 사이에서 운동할 뿐이다 : "일견에 그것(사적소유)이 제시하는 무한한 색조차(色調差)들은 이 두 극단 사이에 끼어 있는 중간상태들을 반영할 뿐이다."(p.789) 그러나 이 중간상태들의 색조차이가 아무리 "무한하다." 할지라도 크게 세 부류로 분류될 수 있다 : ① 자기자신과 가족의 노동에 근거한 경우, ② 자기자신과 일부의 가족, 그리고 일부의 남의 노동에 근거한 경우, ③ 자기자신과 남의 노동에 근거한 경우. 이러한 소경영의 통제형태는 본질적으로 가부장적이지만, ③의 경우에는 오늘날 가부장성이 아주 약하다.

소경영적 생산양식은 토지와 생산수단의 분산을 전제한다. 즉 이 생산양식은 생산수단의 집중도 협업도 분업도 자연의 집단적 지배와 규제도, 그리하여 사회적 생산력의 자유로운 발전도 배제한다. 그러나 "그것은 일정한 발전의 높이에 이르자 자기자신의 파괴의 물질적 수단을 세상에 내놓게 된다. 이 순간부터 그것에 의해 질곡당하는 것으로 느끼는 힘과 정열이 사회의 태내에서 요동치게 된다. 그것은 파괴되어야 하고 또 파괴되게 된다." 바로 이 구절의 자연법칙적 필연성을 논리적으로 증명한 사람은 레닌이다.(V. I. 레닌, 『러시아 자본주의 발전』, 1899) 레닌에 의하면 소생산자 간에는 ①

그들의 기능의 차이든 단순한 위치의 차이든 헤아릴 수 없는 수많은 요인에 의해서 불균등 축적이 벌어진다. ② 그 중 최고 유리한 자는 계속 축적하고 최고 열악한 자는 망한다. ③ 소생산의 토대 위에서 축적의 개인적 한계에 도달한 자는 절박하게 남의 노동력을 필요로 하고 망한 자는 일자리를 필요로 한다.—즉 자본주의적 임노동의 발생이다. "그것(소경영적 생산양식)의 파괴, 즉 개인적, 분산적 생산수단의 사회적으로 집중된 생산수단으로의 전환, 말하자면 수많은 사람의 난쟁이 소유의, 소수의 대규모 소유로의 전환, 그리하여 커다란 민중(Volksmasse)의 토지와 생활수단, 노동도구의 수탈, 민중의 이러한 처절하고 가혹한 수탈은 자본의 전사(前史)를 이룬다."(p.789~790) 이러한 수탈의 가속화를 위해서는 우리가 이미 살펴보았듯이 엄청난 폭력적 방법을 필요로 하였다: "직접적 생산자의 수탈은 가장 가차 없는 파괴욕으로 그리고 가장 비열하고 가장 더러우며 가장 쫀쫀하리만치 가증스런 정열의 충동 하에 완수된다. 스스로의 노동을 통해 획득한, 이른바 개별적인 독립적 노동자와 개인과 그의 노동조건의 합체에 근거한 사적소유는 남의 노동, 그러나 형식적으로 자유로운 노동의 착취에 근거한 자본주의적 사적소유에 의해 추방된다."(p.790) 이러한 부르주아의 폭력혁명 과정은 프롤레타리아트의 폭력혁명에 비하면 수백 배 가증스런 것이다. 이에 분노한 쁘띠 부르주아 경제학자 시스몬디는 1819년 다음과 같이 말한다: "우리는 모든 종류의 소유를 모든 종류의 노동으로부터 분리시키려고 애쓰고 있다."(p.790 각주)

자본의 시원적 축적을 위한 소소유의 수탈과정이 어느 정도 완결점에 도달하여 사회 전체가 자본주의적으로 편제되고 나면, 성격이 다른 새로운 수탈과정이 시작된다. 즉, 자본의 집중과정이 시작되어 큰 자본들이 수많은 작은 자본들을 수탈하기 시작하여 **독점체제**에 도달하는 것이다. 이에 관해서는 이미 앞에서 꽤 상세히 논의하였으므로 맑스의 압축된 정식화를 옮겨 놓는 것으로 족하겠다.

"이러한 변혁과정(소소유의 수탈을 통한 시원적 축적 과정—필자)이 그 깊이와 규모에 있어서 낡은 사회를 충분히 해체시키고 노동자들이 프롤레타리아트로, 그리고 그들의 노동조건들이 자본으로 탈바꿈되자마자, 그리하여 자본주의적 생산양식이 제 발로 서자마자, 노동의 가일층적 사회화와 대지(大地)와 다른 생산수단의, 사회적으로 이용되는, 따라서 공동적인 생산수단으로의 가일층의 전환, 그리하여 사적소유자들의 가일층적 수탈은 **새로운 형식**을 취하게 된다. 이제 수탈되어야 하는 자는 자영적인 노동자가 아니라 숱한 노동자를 착취하는 자본가 자신이다.

이 수탈은 자본주의적 생산 자체의 내재적 법칙들의 작동을 통해, 즉 자본들의 집중에 의해 수행된다. 한 자본가가 제각기 수많은 자본가들을 쳐 죽인다. 이러한 집중, 즉 소수의 자본가에 의한 다수 자본가들의 수탈과 나란히 노동과정의 협업적 형식, 과학의 의식적인 기술적 적용, 대지의 계획적인 이용, 노동수단의 오직 공동으로만 사용가능한 노동수단으로의 전환, 결합된 사회적 노동의 생산수단으로서의 사용을 통한 모든 생산수단의 경제화, 모든 민족의 세계시장의 망 속으로의 얽혀듦, 그리고 자본주의적 권력체제(Regime)의 국제적 성격이 점차 확대되는 수준으로 발전되어 간다."*(p.790)

---

* 강조는 필자. 여기서 독일어 Erde는 토지, 산악, 호수, 해양 등의 폭넓은 의미를 지닌 것으로서 '대지' 등으로 번역되어야 함에도 우리나라 번역본들이 '토지'로 옮겨놓음으로써 맑스가 의미하는 바를 손상시키고 있다.

생산과정의 사회적 성격이 "오직 공동으로만" 사용되어야 하는 생산수단에 의해 객관적 필연성으로 고착되면 될수록 산출되는 부는 더욱 **우리의** 것이라는 **사회적** 성격을 지니지 않을 수 없게 된다. 그러나 이 사회적인 부가 소수의 자본왕(王)들에 의해 독점되고 있다는 것은 최대의 모순이 아닐 수 없다. 그리하여 결국 독점자본의 구축은 부를 둘러싼 민중과의 모순을 첨예화시킨다. 따라서 이러한 독점화과정은 이 모순을 해결할 지도적 **주체**도 산출해 내지 않을 수 없다 : "이러한 변혁과정의 모든 이점들을 횡탈하고 독점하는 자본왕들(Kapitalmagnaten)의 수가 끊임없이 감소함에 비례하여 궁핍, 억압, 예속, 타락, 착취의 규모가 커가지만 또한 끊임없이 증대하는 자본주의적 생산과정 자체의 메커니즘에 의해 훈련되고 단결되고 조직된 노동계급의 분노도 커진다."(pp.790~791) 이 분노한 노동계급은 이제 공장에서 빵, 기계, 잉여가치 등만을 만드는 경제적 예속인으로 남아 있는 것이 아니라 새로운 사회 시대를 만드는 생산자로서의 **역사적 주체**로 즉, "훈련되고 단결되고 조직된" **대자적**(對自的) 계급이 된다. 이 대자적 계급의 역사적 **실천**은 자본주의적 생산양식의 객관적인 자기모순*을, 실천의 성공을 위한 **객관적 가능성**으로 하여 새로운 사회의 **현실**을 낳는다.(양상논리에서 가능성과 필연성의 통일은 현실성이다.) 따라서 여기서 주체화된

---

* 생산력과 생산관계의 모순, 이것의 자본주의적 표현은 이윤율 저하와 대공황 등으로 표현되거나 군사무기와 전쟁에 의한 인류의 존망의 위기로 표현된다.

노동계급의 실천, 즉 역사적, 정치적 계급투쟁은 점진적인 것이든 급속한 것이든 그 성공에 있어서 객관적 모순을 그 현실화의 가능성을 삼는다. 양자 중 어느 것이 결여되어도 새 체제의 출현은 불가능하다. 새 체제의 출현이 역사적으로 필연적이라 함은 자본의 축적과 더불어 자동적으로 혁명이 일어난다는 것을 뜻하는 것이 아니라, 기존체제의 객관적 모순이 사회계급의 주체화를 요구하고 또 이 주체화된 계급에 의한 새 체제의 수립투쟁이 역사적으로 필연적이라는 뜻을 함축한다.

그러나 여기에서 객관적 모순으로서의 새로운 사회의 가능성은 주체적 실천의 역사적 방향과 욕구(분노)를 규정하지만 기존의 체제에 대항하고 새 체제를 세우는 주체의 능력까지 규정짓지는 않는다. 이 능력은 개인주체의 각성, 의식화의 정도와 조직성의 수준으로 표현되는데 이것의 배양은 주체의 초경제적인 각고의 노력을 통해서만 성취되는 것이다. 그리하여 이 능력의 개발 정도에 따라 계급의 각 성원들의 자질의 높낮이가 생겨나며, 이 운동에 가담하는 혁명적인 인텔리의 개인적 수준차가 생겨나고, 각 민족의 혁명능력의 차이가 나오는 것이다.

자본주의적 소유의 역사적 변증법

'훈련되고, 단결되고 조직된 노동계급'의 혁명적 자질이 갖추어지더라도 객관적인 사회적 관계가 그 역사적 생명력을 다하고 생산력 발전을 질곡하여 사회를 왜곡시키며 그리하여 끊임없이 민중을 분격시키는 객관적인 계기가 마련되어야 한다. 즉, 기존체제의 역사적 정당성이 위기에 봉착해야 한다. 자본주의는 독점자본주의에 도달함으로써 대중의 일상적 고난과 불황과 전쟁의 도발을 통해 그 체제적 무능력을 선명하게 드러낸다. 그리하여 독점자본은 붕괴한다 : "자본독점(여기에서 독점의 뜻은 독점자본을 뜻하는 것이 아니라 일반적인 의미로서 배타적인 소유만을 뜻한다.—필자)은 자본독점과 더불어 그리고 자본독점 하에서 부풀어 오른 생산양식의 질곡으로 화한다. 생산수단의 집중과 노동의 사회화(즉, 생산력의 엄청난 성장—필자)는 그것의 자본주의적 외피와 화해할 수 없는 지점에 도달한다. 자본주의적 사적소유의 시대에 조종이 울린다. 수탈자들이 수탈된다."(p.791)

여기에서 마지막 구절에 주목해야 할 것이다. 수탈자들이 수탈된다는 것은 자본집중과정을 통해 수많은 중소자본들을 집어삼킨 자들이 수탈된다는 뜻인 한에서, 혁명 당시에 대독점에 의해 수탈당하지 않고 살아남아 있는 중소자본들은 수탈당하지 않는다는 의미를 내포하고 있다. 자본주의의 초기적 축적과정에서 중소자본들은 그 자체 소소유의 수탈자들이면서 착취자들이지만, 자본주의 권력체제가 완수되고 나서 나중에 생긴 중소자본들은 수탈자가 아니라 노동자를 착취하되 거꾸로 대독점에 의해 수탈당하는 자본들이다.

따라서 맑스의 논리상 이들은 당연히 혁명적 국유화에서 배제된다.(착취는 잉여노동을 부역노동, 잉여생산물 또는 잉여가치의 형식으로 빼앗는 것을 뜻하고 수탈은 소유를 빼앗는 것을 뜻한다.—필자) 여기에서 다시 강조하는바, 우리는 수많은 중소자본을 수탈했거나 수탈하고 있는 착취자로서의 독점자본과 거꾸로 수탈당하는 착취자로서의 중소자본의 엄밀한 구분 하에 "수탈자들이 수탈된다."는 구절을 해독해야 할 것이다.*

아무튼 소소유의 수탈로 성립한 자본주의적 사적소유는 다시 서로 간에 수탈을 진행함으로써 독점을 형성하고 이 독점적 사적소유가 다시 노동계급에 의해 지도되는 민중에 의해 수탈된다. 이 과정을 맑스는 변증법적으로 다음과 같이 정식화하고 있다.

"자본주의적 생산양식으로부터 생겨나는 자본주의적 점취양식, 따라서 자본주의적 소유는 자기 자신의 노동에 기초한 개인적 사적소유의 일차적 부정이다. 그러나 자본주의적 자연적 과정의 필연성으로서 그 자신의 부정을 산출한다. 이것은 부정의 부정이다. 이 부정의 부정은 사적소유를 다시 산출하지는 않지만, 이제 개인적 소유(das individuelle Eigentum)를, 자본주의적 시대의 쟁취물, 즉 협업 및 대지(大地)와—노동 자체에 의해 산출된—생산수단의 공동소유에 입각한 개인적 소유를 산출한다."(p.791)

* 앞에서 여러 번 강조했듯이 중소자본들은 아직 역사적 건강성을 유지하고 있는 착취자들이다. 새 체제 속에서 그들의 역할은 남아 있다. 독점체제 하에서 중소자본은 연간 수천 개가 신설되고 동시에 수천 개가 폐업한다. 이것은 이 중소자본들이 주민의 욕구변화에 가장 기동성 있게 대응하고 있음을 뜻하는데 만약 모든 중소자본을 수탈, 국영대기업으로 통폐합한다면, 기동력 없는 대기업은 공급을 독점하고 주민들에게 줄서기를 강요하게 되는 객관적 필연성 속에 빠져들게 된다. 만약 중소자본이 잔존한다면 슈퍼마켓, 수선에서부터 시작하여 주민의 일상적 필요품들, 예를 들면 우산, 연탄보일러의 개발, 공급에 이르기까지 기동력 있게 해결해 나갈 것이다. 이러한 중소기업의 잔존의 필연성은 맑스의 "수탈자들은 수탈된다."는 명제 속에서 이미 내포되어 있는 것이다.

이 정식화는 변증법적 법칙에 뜯어 맞춰 서술을 전개한 결과가 아니라 시원적 축적에서부터 자본의 축적과정을 모두 추적하고 난 뒤 현실 속에서 관철되는 객관적 변증법에 대한 확인이다. 여기서 주의를 요하는 것은 "대지"로 옮겨진 Erde는 토지, 산악(따라서 이곳의 동식물도 포함), 산림, 해양, 호수 등 모든 자연적 토대를 뜻하는 까닭에 '토지'로 번역해서는 안 된다. 맑스는 토지의 공유(共有)만을 뜻하고 있는 것이 아니라 토지, 산악, 산림, 해양, 호수 등의 모든 자연의 공유를 의미하고 있기 때문이다. 자연은 누구의 것도 아니다. 그것은 인류의 생활에 기초가 되는 영원한 토대이다. 이 자연은 맑스에 의하면 잘 가꾸어 후손 대대로 물려주어야 하는 것이기 때문에 주어진 시대의 사회 전체도 이것의 소유자가 아니라 실은 점유자에 지나지 않는다고 하고 있다. "보다 고차적인 경제적 사회구성체의 관점에서 보면 지구(Erdball)에 대한 개별적인 개인들의 사적소유는 다른 사람에 대한 어떤 사람의 사적소유만큼이나 완전히 밥맛 떨어지는 것으로 현상할 것이다. 심지어 한 사회 전체도, 한 민족도, 아니 모든 동시적인 사회들을 몽땅 합해도 **대지의 소유자가 아니다.** 그들은 다만 대지의 **점유자**, 즉 수익자들일 뿐이며, 훌륭한 아버지들(boni patres familias)로서 다음에 모든 세대들에게 잘 개선하여 물려주어야 한다."* 여기에서 맑스가 인간사회를 "아버지"로 비유한 것은 W. 페티가 말했듯이 노동은 부의 아버지이고 대지는 부의 어머니라는 관념을 염두에 두었기 때문이다.

---

* 칼 맑스, 『자본론』 제3권, MEW, 25권, p.784.

즉 현실적인 부(富)는 노동과 대지의 통일물이다.

노동과 대지의 통일로서 당대에 소비되지 않고 다음 세대에 물려지는 것은(인간의 정신적 노동능력으로서의 지식체계는 제외되어야 한다.) 생산수단이다. 맑스가 본문에서 생산수단을 "노동 자체에 의해서 생산된 생산수단"이라고 표현할 때도 자연으로부터 오는 대지의 요소들을 당연히 전제하는 말이다.

왜냐하면 노동은 모든 부의 유일한 원천이 아니라 오직 이것의 "아버지"일 뿐이기 때문이다. 노동을 사회적 부의 유일한 원천으로 규정하는 쁘띠 부르주아의 망념에 대한 비판은 『고타강령비판』의 첫 번째 논점인 것을 상기할 필요가 있다. 바로 사회적 부가 오직 노동만으로 생산되는 것이 아니라 자연적 요소도 반드시 포함되기 때문에만, 이 부를 소유하지 못한 인간이 이것을 소유한 자의 예속인이 되는 일이 벌어지는 것이다.

따라서 북한 헌법에서 노동을 부의 유일한 원천이라 운운하는 것은 맑스의 사상과 아무런 관련이 없는, 라살레주의식의 쁘띠 부르주아의 망념이거나 실질적으로 사회적 부(富)의 통제권을 장악한 자들을 은폐하기 위한 이데올로기적 헛소리일 것이다.

사회주의적 개인소유

사회주의적 소유는 대지와 생산수단의 공유만을 뜻하는 것이 아니라 본문에서 맑스가 의도적으로 정식화하고 있듯이 대지와 생산수단의 공유에 입각한 개인적 소유이다. 여기서 이 표현은 오이겐 뒤링 등이 생각하듯이 사변적 말장난이 아니라(이 점에 관련해서 엥겔스는 뒤링의 맑스 비판을 『반뒤링론』에서 쳐부수고 있다.), 대지와 생산수단의 공유에 기초한 소비수단(개인주택, 의류, 식료, 기타 개인향락품 또는 주택에 딸린 화단이나 텃밭 등)에 대한 개인적 소유를 의미한 것이다.

개인적 소유는 원시공산사회에서도 존재하는 소유이며, 심지어 직접생산자의 소유권적 권리주체성을 완전히 부정하였던 노예제 하에서도 노예의 소지품과 의류, 배급된 식량, 그들이 거주하는 초막 등은 '페쿠리움'(Peculium)이라고 하여 노예의 소유물로 인정되었다. 물론 개인적 소유의 범위와 성격은 시대마다 다르겠지만, 소비행위의 본성상 소비란 개인적인 것이기 때문에(네가 내 대신 먹어 주고 살아 주고 즐겨 주고 할 수 없다.) 개인적 소유가 부정된 역사는 없었다.

맑스가 염두에 둔 새로운 사회주의 사회는 이 생활수단에 대한 개인적 소유를 평등한 수준에서 최대화하려는 논리필연성에서 생산수단의 공유를 체제화 하는 것이다. 이것은 본문의 표현방식 속에서도 분명히 드러나고 있다. 따라서 바쿠닌이 계획했던 것처럼 이 개인적 소유까지 없애 버린다면 인간성에 반하는 것이겠지만 이것을 최대로 풍부화하려는 맑스주의는 최대로 인간성에 부합되는 것이다. 우리나라의 어떤 반동적인 교수가 모든 것을 공유화하는 사회주의 체제는 인간성에 반하는 것이라고 떠들어 댈 때 그는 반동적일 뿐만 아니라 동시에 반동적 학자의 일정한 수준에도 이르지 못한 무식한 소리를 하고 있는 것이다.

개인적 소유의 양적 차이는 사회주의 하에서도 상당한 폭으로 존재할 수밖에 없고 또 개인들의 경제적 활동 동기를 자극하기 위해서도 존재해야겠지만 자본주의 사회에서처럼 풀장과 요트를 가진 고급주택에 사는 부르주아와 셋방살이나 이것도 없는 사람들 간의 적대적 차이를 보이지는 않는다. 개인적 소유의 적대성은 생산수단의 사적소유에 의해 근본적으로 규정되는 것이기 때문이다. 물론 생산수단에 대한 소유권이 없는 기업 고급관료와 노동자의 개인적 소유 간의 차이도 적대적인 것이기 때문에 정의로운 임금·봉급 관계의 조정도 부차적으로 중요할 것이다.

소생산자와 소농의 사적소유를 수탈하는 자본의 원축과정은 우리가 살펴보았듯이 무자비한 폭력과 유혈 낭자한 살육을 통해 진행된, 200~400여 년에 걸친 장구하고 험난한 과정이었다. 왜냐하면 그것은 소수가 대중을 수탈하는 과정이었기 때문이다.

그러나 독점자본의 수탈은 최대다수의 민중에 의한 소수의 독점체(100여 명)의 수탈이기 때문에 비교적 단기간에, 즉 수십 년 사이에 비교적 쉽사리 이루어질 수 있을 것이다. 이에 관하여 맑스는 다음과 같이 말하고 있다: "개인들의 자기노동에 근거한 분산된 사적소유의 자본주의적 사적소유로의 전환은 당연히 사실상 이미 사회적인 생산경영에 기초한 자본주의적 소유의 사회적 소유로의 전환보다 비교할 바 없이 장구하고 가혹하며 험난한 과정이다. 전자에 있어서는 소수의 횡탈자에 의한 민중(Volksmasse)의 수탈이 문제이고, 후자에 있어서는 민중에 의한 소수의 횡탈자들의 수탈이 문제이기 때문이다."(p.791)

제25장 근대식민지이론

자본의 개념과 구식민지에서 노예제의 필연성

이 마지막 장은 오늘날 논구할 만한 현실적 가치를 상실한 장이다. 그러나 역사적 사실로서 과거 식민지에서 자본관계가 관철되는 것이 얼마나 어려웠는가를 알아봄으로써 자본관계에 대한 인식을 제고시킬 수 있는 한에서 개념적 의의를 지니고 있다 하겠다.

기계나 건물 등의 소재적(素材的)인 생산수단 또는 화폐 등은 우리가 앞에서 여러 번 살펴보았듯이 아무런 조건 없이 자본이 되지는 못한다. 그러나 자본물신주의에 빠진 자들에게는 기계나 건물이 그 소재적 형태에 있어서 곧 자본이고 화폐는 그 자체로서 자본인 것으로 생각한다. 우리는 이러한 것들이 자본이 되기 위해서는 모든 생산수단으로부터 발가벗겨진 무산대중이 있어야 한다는 것, 그리하여 이 경제적 결핍에 내몰리는 대중의 **종속관계**가 전제되어야 한다는 것을 알고 있다. 만약 사회의 총자본이 모든 국민들에게 골고루 분배된다면 이것이 다시 불균등 발전을 통해 한쪽으로 편중될 때까지는 아무런 종속관계도, 따라서 아무런 자본관계, 즉 임노동관계도 빚어질 수 없을 것이다. 즉 : “직접생산자의 소유로서의 생산수단 및 생활수단은 결코 자본이 아니다. 그것들은 그것들이

동시에 노동자의 착취 및 지배수단으로 기능하는 조건하에서만 자본이 된다. 그러나 그것들의 이러한 자본주의적 혼(魂)은 정치경제학자의 두뇌 속에서 그것들의 소재적(素材的) 실체와 너무 내밀하게 결착되어 있어서 그(정치경제학자)는 그것들을 모든 상황하에서, 심지어 그것들이 바로 정반대 것으로 기능하는 곳에서도 자본을 세례한다."(p.794)

노동자들이 자기 자신을 위해 축적할 수 있는 한(이것은 그가 그의 생산수단으로 남아 있는 한 이루어질 수 있다.), 자본주의적 축적과 자본주의적 생산양식은 불가능하다. 왜냐하면 이 생산양식을 위해 필수불가결한 임노동자계급이 없기 때문이다. 따라서 자본의 생성을 위해서는 소경영적 소유의 수탈과정이 지루하게 벌어졌던 것이다.

그리하여 일단 자본주의가 성립하고 그리하여 제 발로 서게 되면 일정량의 모든 화폐와 이를 통해 마련되는 생산수단은 자본으로 기능할 수 있기 때문에, 그리고 이러한 자본의 생산양식이 경제적 자연법칙에 따라 자생적으로 진행되기 때문에 모든 화폐와 생산수단은 곧 자본이며 자본과 노동의 관계는 자유로운 계약관계라는 망념이 끊임없이 횡행한다 : "자본주의적 생산의 커다란 아름다움(맑스는 여기에서 반어법을 구사하고 있다.— 필자)은 그것이 임노동자를 끊임없이 임노동자로 재생산할 뿐만 아니라 자본의 축적과의 비례 속에서 임노동자의 상대적 과잉인구를 생산한다는 데 있다. 그리하여 노동의 수요와 공급의 법칙은 올바른 노선 안에 유지되고, 임금의 동요는 자본주의적 착취를 허용하는 테두리 내에 갇히며 최종적으로는 자본가에 대한 노동자의 그렇게 필수불가결한 **사회적 종속**, 즉 정치경제학자가 본국, 즉 모국(식민지에 대비해서 쓰이고 있음.—필자)에서 구입자와 판매자, 동등하게 독립적인 상품소유자들, 상품 자본과 상품 노동의 소유자들 간의 자유로운 계약관계라고 거품 물고 사기치고 있는 절대적 종속관계가 보증된다."(p.796)

그러나 당시 식민지에서는 사정이 달랐다. 식민지의 절대적 인구수는 모국에서보다 더 빠른 속도로 증가했지만 노동시장은 항상 노동력이 희박했고 자본주의적 노동의 공급-수요법칙은 기능을 멈추었다. 모국에서는 끊임없이 착취욕에 가득 찬 자본을 품어 보냈지만, 오늘의 임금노동자들은 그 넓은 신천지에서 곧 땅을 구입하여 자영농민으로 정착하든가 노동력의 희박으로 높을 수밖에 없는 임금을 저축하여 곧 자영수공업자로 변하였다. 이러한 사정은 이것으로 끝나고 마는 것이 아니라, 혹시 이루어진 자본관계조차도 작용하기 힘들었다. 종속관계의 소멸과 더불어 자본가에 대한 노동자의 종속감(感)도 없어지기 때문에, 자본가의 노동자에 대한 명령권력도 소멸하였다.

그런데 한 번은 이런 일이 있었다. 자본물신주의에 흠뻑 젖은 필(Peel)이라는 사람이 5만 파운드의 영국화폐, 3,000명의 남녀노소 임노동자를 데리고 뉴홀랜드의 스완(Swan) 강변으로 이주하여 공장을 차리려고 한 적이 있었는데 목적지에 도달해 보니 "그의 잠자리를 봐주거나 강에서 물을 길어다 줄 단 한 명의 하인도 남아 있지 않았다는 것이다."(pp.793~794) "그도 당연한 것이 노동자들이 그 넓은 신천지에서 모두 땅을 얻어 달아나 버렸기 때문이다."

이것을 통해서 분명해지는 것은 "자본은 사물이 아니라, 사물을 통해서 매개된 사람들 간의 사회적 관계라는 것이다."(p.793) 자본이 화폐의 양으로 계산되기도 하고 생산수단으로 형태전환하기도 하니까 물신주의에 빠져들기 쉽기 때문에 이 사물적 매개부분을 방법상 삭제하고 그 객관적인 사람 간의 관계만을 추상하여 파악할 때, 맑스는 이 관계를 자본관계라고 불렀다. 맑스는 자본을 경제적인 인간관계로 파악할 것을 끊임없이 강조하고 있다. 『임노동과 자본』에서도 맑스는 다음과 같이 말한다 : "흑인은 흑인이다. 일정한 관계 속에서야 흑인은 노예가 된다. 면화기계는 면화를 짜는 기계이다. 오직 일정한 관계 속에서야 그것은 자본이 된다. 이러한 관계에서 벗어날 때 그것은 금이 즉자대자적으로 화폐가 아니고 설탕이 설탕가격이 아니듯이 자본이 아니다……. 자본은 생산관계이다. 그것은 한 역사적인 생산관계인 것이다."(MEW, 6권, pp.407~408) 이러한 취지의 말은 『자본론』 제3권에서도 반복된다 : "그러나 자본은 결코 사물이 아니라, 사물에 붙어 서술되고 이 사물에 특유한 사회적 성격을 부여하는 일정한 사회적인, 즉 일정한 역사적 사회구성체에 속하는 생산관계이다."*

자본관계의 성립을 위해서는 따라서 언제나 소경영적 생산수단으로부터 내쫓긴 임노동자들이 생성되어야 한다. 과거의 식민지상태가 어떠했건 그것은 우리의 본래적인 관심사가 아니다. 이 식민지에서 확인되는 자본관계의 본질에 대한 보다 명백한 인식이 우리에게 중요하다. 이것은 맑스에게 있어서도 마찬가지였다. 『자본

* 칼 맑스, 『자본론』 제3권, MEW, 25권, p.822.

론』 제1권 마지막 구절은 이렇게 끝난다 : "하지만 식민지상태가 우리의 관심의 대상인 것이 아니니다. 우리가 오직 관심 갖는 것은 신세계에서 구세계의 정치경제학에 의해 발견되고 큰소리로 선포된 비밀 : 자본주의적 생산양식 및 축적양식, 그리하여 자본주의적 사적소유는 자기의 노동에 기초한 사적 소유의 파기, 즉 노동자의 수탈을 조건으로 한다는 것이다."(p.802)

만약 화폐소유자의 명령을 무시하고 자영사업을 위해 노동자가 계속 달아난다면, 그리고 이 화폐소유자는 신세계에서도 과거 유럽에서처럼 착취하는 지배자로 남아 있고 싶은 비인간적인 충동이 들끓는다면 어찌 해야 되는가?— 남은 길은 노예제의 재도입밖에 없다 : "다른 한편 예를 들면 식민지에서는 순조롭지 못한 사정이 산업예비군의 창출 및 자본가에 대한 노동계급의 절대적 종속을 저지하자마자, 자본은 그의 천박한 산쵸·판자(부르주아 속류경제학을 가리킴 — 필자)와 함께 '신성한' 수요-공급법칙에 반역하여 강제수단을 이용해 이 법칙에 시중을 들으려고 애쓴다."(p.670) 즉, 노예제도를 도입하고 옹호하는 것이다. 이것이 바로 오래 전에 역사적 유물이 되어버렸던 노예제 생산양식이 미국 남부뿐만 아니라 중미, 남미, 카리브해 도서지역 및 아프리카 전지역의 식민지에 재도입되게 된 이유이다.

역사적으로 고차적인 자본주의 생산양식은 그 매뉴팩처 단계에 역사적으로 저급한 노예제 생산양식에 기초한 식민지 광산으로부터 대규모 채굴되는 금은을 필요로 하였고 산업혁명기에는 식민지 노예농장으로부터 나오는 저렴한 면화를 필요로 하였다. 즉 "유럽의 임노동자들의 은폐된 노예제도는 신세계의 노골적인 노예제를 자신의 지줏대로 필요로 하였던 것이다."(p.787) 이와 같이 전시기의 자본주의가 제 발로 설 때까지 서구 자본주의국가에 곡류를 대던 구러시아 및 동구의 봉건제뿐만 아니라 노예제까지 국제적으로 활용하였다면, 사회주의가 제 발로 서기 위하여 자본주의, 그것도 그 최고의 단계에 도달한 제국주의적 서구 자본주의와 교역한들 무슨 허물이 되겠는가?

후 기

SALES PARTNERSHIP COMPANY
PARTNERSHIP WORK
BUSINESS CAPITAL ECONOMY
PARTNERSHIP sales
PROJECT DEAL INVESTMENTS
MARKETING corporation
PARTNERSHIP BUY PLANNING PARTNERSHIP sales BUY
MANAGEMENT BUSINESS
BUY MARKETING
partnership SUCCESS
MANAGEMENT BUSINESS CAPITAL
CORPORATION COMMERCE
WORK PRICE INVESTMENTS
PRICE deal WORK PROJECT
sales economy
ECONOMY BUSINESS
PRICE PLANNING company MANAGEMENT
MANAGEMENT COMMERCE

후 기

여기에서는 『자본론』의 해설과정에서 여기저기 분산적으로 언급된 불과 얼마 전까지의 한국운동과 관련된 내용을 압축적으로 정리해 보고자 한다. 따라서 일부는 본문의 내용과 중복되기도 하겠지만 지금까지 진행된 한국사회 성격논쟁과 관련하여 일정한 일목요연한 서술을 제공할 것이다.

한국사회 성격규명과 올바른 전략·전술 수립을 둘러싼 변혁운동 진영 내 논의가 시작된 지도 벌써 20여 년이 지났다. 그러나 여전히 논의는 통일되지 못하고 열전에서 냉전으로, 냉전에서 내연 상태로 대립의 형태만 변모되어 왔음을 부인할 수 없다.

이러한 논의의 난맥상은 물론 문제 자체의 특유한 복잡성과 중첩성에 기인한다고 할 수 있겠다. 그러나 원인은 이러한 객체적 측면에만 있는 것이 아니라, 국제운동의 정보로부터 가혹하게 차단당한 상태에서 빚어지는 변혁운동 진영 내 이론적 지식의 미흡성에도 그 절반의 책임이 있음을 부인할 수 없다.

한편은 과학적 이론 없이 권위에만 심증을 굳힌 비과학으로 일관한다면, 다른 한편은 생생한 국제운동에 비하면 10여 년 뒤떨어진 정보 상태와 고전적 이론의 미흡한 소화에 기인하는 일견 교조적 경향을 보이고 있다. 고전의 이해도 가끔씩의 오독과 사적(私的) 해석이 개재되면서 많은 문제점을 보이고 있는 것이 사실이다.

여기서 새삼 양편의 이론적 입지를 정리할 필요는 없겠다. 여기서는 어느 편이든 분명 망각하지 않고 고려해야 하는 결정적으로 중요한 점만을 거론하고자 한다.

무엇보다도 먼저 사적 유물론의 적용과 관련하여 언급하자면, 유물론적 방법은 언제나 수백 년의 장기간과 지역의 일반적 지평에서 그 진가를 발휘한다는 점이다. 따라서 어느 민족의 특정 시기의 단기간(수년 또는 수십 년)이나 특정 지역(예를 들면 군사·정치적 대결 지역)에서는 토대가 상부구조에 그 근본적 규정성을 발휘하는 것이 아니라, 거꾸로 상부구조가 토대를 결정적으로 규정지을 수도 있다는 것이다. 엥겔스는 상부구조의 폭력의 규정작용은 토대가 운동하는 흐름과 역행하는 방향과 토대의 흐름과 동일한 방향의 두 노선을 취한다고 말하고 있다.

첫 번째 경우 상부구조는 조만간 혁명을 통해 붕괴되고 말 것이다. 그러나 예를 들어 프랑스 대혁명의 경우도, 당시 반봉건적인 부르봉 군주정이 토대의 성숙도에 비추어 볼 때 이미 수십 년이 지난 낡은 것이었지만 토대의 상부구조 규정력에 저항하고 있었고 따라서 부르주아지가 정치사회조직을 자신의 이익에 맞게 개조하지 못하고 있었던 것을 생각한다면, 대혁명 이전 수십 년, 아니 적어도 십 수 년은 상부구조가 토대를 규정적으로 제약하는 단기적 기간이 된다. 물론 이 단기간은 수백 년의 자본주의 발전의 시각에서 볼 때 역사 이론적으로 거론할 가치가 없지만 현실 속의 실천에 있어서는 극히 중요하다. 왜냐하면 토대가 자본주의로 일색화되었다고 해서 사회주의 혁명을 해야 되는 것이 아니라 토대의 운동에 가장 규정적 작용을 가하고 있는 반봉건적 절대왕정을 분쇄하는 부르주아 혁명을 해야 되기 때문이다.

두 번째, 상부구조의 권력기능이 토대의 진보적 방향과 일치하는 경우도 그렇게 간단하지 않다. ① 18세기 이후 영국에서처럼 상부구조가 지속적으로 자기갱신을 하면서 토대의 규정력을 수용해 가는 경우와 그렇지 않고 ② 토대에서는 봉건적 또는 반봉건적 경제단계가 우세하고 진보적인 자본주의적 요소는 미약한 경우 반봉건적 상부구조가 국제군사력이나 외교력상의 강박에 밀려 선진 자본주의를 모방하여 자본주의적 요소를 속성 재배하는 경우가 있다.(1840년대 이래 독일, 1852년 이래 러시아). 여기서 상부구조는 토대의 미약한 진보적 요소를 선도하는 규정적인 힘으로 나타나게 된다. 이때 상부구조는 어른이고 토대는 어린이인 셈인데, 실제에 있어서도 이런 시기에 부르주아지는 반봉건 상층관료들에 의해 어린애 취급을 받는다.(물론 나중에는 반봉건적 권력체가 전복되고 말 것이지만 말이다.)

또한 미국 남북전쟁의 경우, 남부의 노예제는 노예의 반란이나 노예주의 부르주아 힘에 의해 폐지된 것이 아니라 북부 자본주의 세력(물론 이 세력이 남부와 전쟁을 할 필요와 힘을 갖게 된 것은 자본주의 토대의 성장이다.)에 의해 외부에서 강요된 것으로서, 남부의 입장에서 볼 때는 노예제적 토대의 소멸이란 순수하게 전쟁의 결과일 뿐이다. 이와 같이 사적 유물론적 역사과정은 수많은 특수성에 의해 점철되어 있고 이러한 특수성을 매개로 해서만 스스로의 일반성을 관철한다.

신식민지 국가독점자본주의론은 일정한 이론적 경직성 속에서 이러한 특수성을 소홀히 하는 감이 있다면, 주체사상 쪽은 이 특수성을 아예 일반화함으로써 결국 사적 유물론 자체를 부인해 버리는 비과학으로 빠져 버린 감이 있다. 특수한 시기와 지역의 특수성은 일반화되어선 안 되고 그 특수성의 고유한 구조를 성실하게 이론으로 반영해 내야만 현실과 과학이 공히 구제될 수 있는 것이다.

한국과 대만은 다른 어느 지역보다도 제국주의의 경제적 수탈대상이기보다는 한층 높게 그것의 정치·군사적 이해관계와 이데올로기적 선전효과에 의해 규정당하는 지역임을 부인할 수 없다.

대(對)공산권 군사기지이면서 동시에 이데올로기적 '쇼윈도'(자본주의 체제로도 경제발전과 '근대화'가 가능하다는 것을 보여주려는)로서의 한국(과 대만)은 중남미나 여타 아시아 지역에 비하면 미국 제국주의의 신식민주의적 경제수탈이 둔화된 지역이었고, 또 자본주의를 국가자본주의적 방식으로 속성재배하려는 토착국가권력이 제국주의에 의해 강력하게 보장되고 동시에 보다 더 종속된 지역이었던 까닭에 타 지역에서 불가능한 경제 규모의 팽창이 가능했던 것으로 우선은 풀이되어야 한다.

이런 시각에서라면 제국주의의 정치·군사·이데올로기적 이익이 이 특수 지역의 경제발전에 **규정적인** (다른 요인들의 공동작용을 부인하는 것은 아니지만) 배경인 것이다. 신식민지 국가독점자본주의론 쪽이 이 규정적 배경을 등한시하는 경향이 있다면, 주체사상 쪽은 특수성의 일반화라는 오류에도 불구하고 상부구조의 토대규정성을 잘 간파하고는 있으나 바로 이러한 역전된 규정성으로 말미암아 이룩된 경제발전의 정도를 가능한 한 과소평가하려는 자가당착에 빠져들고 있다. 즉 주체사상 이론에는 축적이론이 결여되어 있다.

또 식민지든 신식민지든 정치권력이 토대에 규정적인 영향을 미치고 있는 특수 상황에서라면 정치권력이 어느 계급의 수중에 있느냐에 따라 사회 성격은 근본적으로 규정된다. 예를 들면 요르단이나 사우디아라비아는 대유전과 이와 연관된 대공업이 자본주의적 관계로 발전되어 있을지라도 정치권력은 의연히 반(半)봉건적 왕족과 귀족 손아귀에 들어 있고 따라서 이 지역 자본의 중추를 이루는 대유전과 공업은 매판적 왕족, 귀족 및 이와 결탁한 모리배들의 소유로 되어 있다. 이런 자본은 이른바 국제이론에서 규정하는 반봉건적 또는 '봉건적 자본'(feudales Kapital)이라는 기형을 이룬다. 이때 자본은 반봉건 권력의 경제적 재생산 토대로서밖에 기능하지 못하는 것이다. 이런 경우 의외의 대전란이나 민중의 정치적 진출, 그 밖에 근대적인 정치투기꾼들의 정치변란 없이는 자본에 달라붙은 봉건적 성격을 박멸할 수 없다.

우리나라 일제식민지시대와 관련하여 말하자면, 일본 본국의 영세한 제국주의적 독점자본의 경제적 이익에 가장 적합한 반(半)봉건적인 조선 총독부 정치체제가 취한 봉건지주 재생산정책은 조선 식민지 사회의 가장 규정적인 힘이었다. 1935년 중반 이후 대륙침략과 결부된 인정한 자본주의 발전에도 불구하고 매판적 반봉건 지주세력은 의연히 사회의 결정적인 생산력을 장악하고 있었다.

즉, 일제 강점기하의 조선은 식민지 반봉건사회였다. 이런 구조 속에서 설령 영세 제조업을 경영하는 자본가들이 성장하더라도 그들의 목적은 근대적 이윤이 아니라, 궁극적으로는 봉건지대로 귀착되었다. 즉 자본가들이 근대적인 부문에서 돈을 벌면 높은 지대율에 현혹되어 결국 자본을 토지에 투자했던 까닭에 한편으로는 언제나 반봉건 지주로서 기능했다.

그러나 해방 이후 활성화된 혁명적 농민운동, 이것을 진정시켜 보려는, 반봉건 지주의 자본가화를 겨냥한 기만적 토지개혁과 6·25 대전란 속에서의 부분적인 지주 소멸 등으로 반봉건 사회구조는 동요할 수밖에 없었다. 그러나 단정수립 이후에도 정치권력은 한민당 중심의 반봉건 지주세력이나 그 후예들의 손아귀에 들어 있었다. 이러한 정권의 반봉건적 성격에 일대 타격을 가한 것은 분명 4·19 혁명이었다. 민주당 정권은 우선 대통령부터가 봉건지주 출신이었지만 민중의 정치적 진출에 밀려 많은 근대적 정치인들을 수용할 수밖에 없었기 때문이다.

반봉건 사회의 해체를 마감한 것은 아이러니컬하게도 민중의 정치적 진출을 억압하고 나선 비교적 근대적인 군부의 정치투기로서의 5·16 군사쿠데타였다. 정치군인들은 민주주의를 가장하고 있던 반봉건 세력을 권좌로부터 졸지에 몰아내고 미국 제국주의의 주문에 따른 경제개발 5개년 계획을 강행하여, 그들의 물적 토대인 반봉건적 토지소유관계를 해체시켜 나갔다.(1960년대 중반 이후의 급속한 이농현상) 따라서 우리는 해방 이후 5·16 군사쿠데타까지 약 20여 년간을 반봉건 사회에서 관료적 국가자본주의로 이행하는 과도기로 규정할 수 있을 것이다.

물론 제국주의에 대한 종속국으로서의 남한의 지위가 식민지에서 신식민지로 변화되었음을 전제하고 하는 말이다.(남한의 신식민지적 종속성은 다른 신식민지 국가들의 종속성보다는 분명 강하고 또 부분적으로 방위조약, 한미행정협정 등을 통해 제도화되어 있기까지 하지만, 식민지 개념과 신식민지 개념의 차별성은 고수되어야 할 것이다. 만약 이 차별성이 무시된다면 영국의 완전 식민지인 북에이레와 영국의 신식민지인 남에이레를 구별할 수 없을 것이다.)

정치군인들이 주조해 낸 사회는 사회 총자본의 40%나 차지하는 반(反)민중적인 정치독점적 국가자본(국제이론에서는 이것을 반동적·관료적 국가자본주의라 부른다.)에 근거한 군사독재 사회였다. 물론 지배적인 자본은 근대적이지만 국가 기간산업분야에서 기능하되 제국주의적 차관을 중추로 하여 형성되었고, 봉록관적(俸祿官的) 상층관료들(특히 군인출신 정치배와 고위 테크노크라트)에 의해 좌지우지되는 거대한 국가자본과 국가권력의 초법적 담당자들인 상층관료들과의 개인적 연줄을 통해 차관배분에 특권적으로 참여하는 것을 독점적 자본축적의 결정적인 전기로 삼아, 주로 생산분야에서 기능하는 신매판적(neokompradorisch) 사(私)대자본들로 구성되었다.

이 종속적 관료적 국가자본주의의 독점적 성격은 결코 경쟁자본주의의 필연적인 결과물인 경제적 독점*이 아니라, 자본축적이 비교적 뒤졌던 근대 독일제국(諸國)들에서 흔히 볼 수 있던, 특히 타국과 국제경쟁을 위해 사(私)독점자본을 속성 재배할 목적의 근대적인 정치적 법적독점(gesetzliches Monopol, 『자본론』 제1권, MEW,

---

* 칼 맑스, 『자본론』 제3권, MEW, 25권, p.454 ; 『자본론』 제1권, MEW, 23권, pp.655~656 각주 ; 『철학의 빈곤』, MEW, 4권, p.163

23권, p.328)인 셈이다. 국가자본주의의 '타락형'으로서의 관료적 국가자본주의의 반(反)민중성과 반민족성은 그것의 목적과 성취된 결과에서 공공연히 드러난다. 즉 그것은 민중의 생활수준 향상을 목적으로 하는 것이 아니라 재벌을 키우고 정치 군부의 정치적·경제적 이익을 증진시키기 위한 것이며, 미제의 대(對)공산권 군사기지와 분단을 유지할 반공주의적 토착세력의 강화를 위한 것이며 실제로 그런 성과가 지금은 현실이 되었기 때문이다. 우리나라에서는 과거에 흔히들 이 관료적 국가자본주의를 국가독점자본주의로 오해해 왔었다.

그러나 그것이 제국주의적이든 신식민지 종속형이든 국가독점자본주의에 관하여 입론(立論)하기 위해서는 사(私)산업독점과 사(私)은행독점이(투자와 여신관계를 통해) 상호 융해된 **금융자본**(Finanzkapital)이 정치권력에 대해 **상대적 자립성** 속에서 존재해야 하는바, 우리나라에서 자립적인 금융자본의 실존을 증명해야 할 것이다.

명백히 1970년대 말까지는 자립적인 금융은 존재하지 않았다. 청와대와 경제기획원은 총경영자로 군림하며 6개 은행의 정치적 금융력으로 사(私)독점을 완전히 규제하였고, 그 위력은 1980년대에 들어와 약화되어 가는 속에서도 여전히 유지되었다.(국제그룹 해체의 예 참고.)

그러나 분명한 것은 1980년 초부터 거대해진 경제규모에 대해 경제기획원이나 청와대의 통제력의 역기능적인 한계를 실감하면서 두 은행의 '민영화'(실은 재벌들에게 헐값으로 불하하는 것), 그 밖의 국영기업, 국책기관 등을 '민영화'하기 시작하였고, 그들의 계획에 따른다면 이 작업을 1991년까지 마감한다는 것이었다. 1989년 3월 재벌의 6개 은행 주식보유율은 약 37%이다. 현재는 6개의 은행이 40%의 지분을 가지고 있다고 한다. 거기다 외국자본도 존재한다. 곧 모든 시중은행은 '민영화'되어 신식민지 종속국에서도 자립적인 금융자본이 등장하고, 필연적으로 자립적 금융과두층이 등장하게 될 것이 분명하다.

정치권력에 대해 대등하고 자립적인, 즉 경제정책 수립에 있어서 주도권을 쥐고 국가기구와 대등한 분업관계에 들어가는 금융자본의 출현은 물론 정치적·경제적 대외종속성의 감소를 뜻하는 것이 결코 아니다. 왜냐하면 미국에 대한 정치·군사적 종속성은 본질적으로 변하지 않고 또 기술적 생산력의 대부분이 여전히 미국과 일본으로부터 들여온 임대품(리스)들로 구성되어 있고 결정적인 수출입시장은 여전히 미국과 일본일 것이기 때문이다. 그러나 자립적인 금융자본의 출현은 궁극적으로 토대에 의한 상부구조 규정성을 현실화하는 방향으로 한국사회를 변모시켜 나갈 것이다. 이러한 변화가 완수되면 미국은 종전과 같은 청와대-KCIA-군부를 잇는 정치군사적 단선통로를 통한 영향력 행사방식을 수정하여 금융과두층과의 직접적인 접촉통로도 확보함으로써 통로를 다양화할 수밖에 없을 것이고 이미 이러한 변화를 시도하여 왔다. 따라서 한국의 사회성격은 의심할 바 없이 종속적 국가독점자본주의이다.

하지만 1980년대와 1990년대 중반까지 약 15년간은 종속적·관료적 국가자본주의에서 종속적 국가독점자본주의로 이행하는 과도기로 규정될 수 있을 것이다. 과도기의 본질을 놓고 관료적 국가자본주의냐 국가독점 자본주의냐 논란하는 것은 무의미한 비논리적 말장난에 불과하다. 남녀추니는 남자도 여자도 아닌 중간형의 규정이다. 그것이 본질적으로 남자냐, 여자냐 하는 식의 논란이 무의미하듯이 이것도 마찬가지이다. 남녀추니의 본질은 남녀추니이지 그 이상도 그 이하도 아니기 때문이다. 종속적 · 반민중적 · 반민족적 · 관료적 국가자본주의에서 종속적 국가독점자본주의로의 이행기의 성격은 과도기 이상도 이하도 아닌 것이다. 중요한 것은 어디에서 어디로 이행하는가라는 **역사적 경향**을 파악하는 것이다. 이런 시각에서 본다면, 현재를 관료적 국가자본주의라고 우기거나 반(半)자본주의 또는 식민지자본주의라고 과소평가하는 것이 지극히 무리가 있는 반면,—신식민지, 종속적, 신식민지 종속적 등의 접두사가 붙은—국가독점자본주의로 이미 이행한 것이라고 보는 것도 무리가 있다.

반(半)자본주의라는 조어(造語)에 대해서는 특별히 길게 이야기해 둘 필요가 있겠다. 엄밀히 말해서 사회성격에 대한 물음은 사회의 사회구성체적 성격에 대한 물음과 다르다. 왜냐하면 사회와 경제적 사회구성체는 다른 것이기 때문이다. 사회는 익히 알다시피 토대와—시간적 지연·추월 속에서도 장기적 시각에서는 결국 토대에 조응할 수밖에 없는—상부구조로 구성된다. 그러나 맑스에 의해 사용되어 방법론적 혁명을 가져온 '경제적 사회구성체'(ökonomische Gesellschaftsformation)의 개념은 일단 상부구조와 구별되며, 상부구조의 기초에 놓여져 있다는 것을 형상적으로 강조하기 위하여 채택된 '토대'(Basis)라는 개념을 유기적 구조(Struktur) 개념으로 파악하는 것이다. 즉, 구조화된 생산관계의 유기적 총체를 가리킨다. 즉 경제적 사회구성체 개념은 결코 상부구조를 포함할 수 없다. 만약에 이 개념이 상부구조를 포함한다고 우긴다면, 그것은 맑스가 '사회'라는 말과 완전히 동일한 말인데도 현학적으로 표현하기 위해 사용했다는 식의 간접적인 무고에 지나지 않을 것이다.

레닌은 다음과 같은 분명한 구절 속에서 이와 관련된 이론적 논란을 종식시켜 주고 있다: "맑스는 **생산제관계의 총체로서의 경제적 사회구성체의 개념**을 확정·확립함으로써 …… 사회학을 과학적 토대 위에 올려놓았다."* 그렇다면 생산제관계의 총체인 토대를 **구조적으로** 파악한다 함은 무슨 뜻인가? 그것은 다양한 생산제관계가 멋대로 널려 있는 것이 아니라 그 중에서 가장 근본적인 생산관계가 나머지 생산관계들을 **규제하고 위치지어** 하나의 완결적인 전체(Totali-tät)를 이루어내는바, 이것을 파악해 낸다는 뜻이다. 예를 들면 자본주의적 생산관계들은 자본관계, 다양한 경쟁관계, 유통관계, 공장 내 분업관계, 사회적 분업관계, 신용관계 등등 수없이 많은 관계들로 구성되는바, 여기서 근본적인 것은 생산수단의 소유자(자본가)와 직접생산자(임노동자)의 관계인 **자본관계**이다. 이 자본관계가 나머지 자본주의적 생산제관계를 규정짓고 위치짓는다.(자본관계는 자본과 자본의 관계가 아니라 자본의 임금노동에 대한 착취·지배의 **경제적 강제-권력관계**이다.) 이러한 생산제관계의 내적 구조의 위계성과 경제 속의 강제관계를 무시하는 부르주아 경제학은 모든 경제관계를 상품유통관계로 해소시킴으로써 경제관계를 평면

* V. I. Lenin, Werke, 1권, p.133.

화하여 자본관계를 지워 버리는 경제주의[Ökonomismus ; 레닌적 의미의 실천이론적 경제주의가 아니라 맑스적 의미의 방법론적 경제주의. p.128, 각주 참조. 한국어, 영어 번역본들은 역자들이 모두 경제주의에 빠져 있어서 그런지 '경제주의적 변호론'(ökonomistische Apologie)이라고 번역해야 할 곳을 모두 '경제학적 변호' 운운으로 오역하고 있다.]로 일관하고 있다. 생산제관계의 사회구성체적 이해는 이러한 부르주아적 경제주의에 대한 방법론상의 혁명적 비판을 내포한다.

물론 사회는 경제적 사회구성체만으로 구성되어 있는 것이 아니라 구성체의 발전에 뒤떨어지기도 하고 타 지역으로부터 이식되거나 주체의 혁명적 발동을 통해 앞질러 나가는 경우 구성체 발전을 선도하기도 하는 상부구조를 갖는다. 즉 온전한 사회는 경제적 사회구성체와 상부구조로 구성된다.* 이렇게 볼 때 상부구조가 봉건적으로 지체·유지됨으로써 사회 전체의 성격은 (반)봉건적 사회이면서, 경제적 사회구성체의 측면에서는 자본-임노동관계, 즉 자본관계가 지배하는 자본주의 경제적 사회구성체인 나라도 있을 수 있다.(앞에서 예를 든 요르단, 사우디아라비아, 예멘, 아랍에미레이트 토후국연방 등.)

따라서 1960년대 중반 이후에서 1980년 초까지의 관료적 국가자본주의는 사회구성체적으로 볼 때 결코 '반(半)자본주의'가 아니

---

* 물론 '사회경제구성체'(sozialökonomische Formation)라는, 레닌 이후에 등장한 술어는 '경제적 사회구성체'와 달리 상·하부구조 통일체를 뜻하는데, 이것은 '사회'와 동일한 말로서 무의미한 술어임에도 불구하고 '사회'라는 말 대신 이것을 즐기는 이론가들의 현학성에 대해서는 간섭하지 않겠다.

라 자본관계가 지배하는 온전한 자본주의이고[국가가 사회의 총자본을 국유화하여 '현실적 총자본가'(wirklicher Gesamtkapitalist)가 되는 일이 있다 하더라도 "자본관계는 폐지되는 것이 아니라 오히려 첨예화된다."—F. 엥겔스, 『반뒤링론』, MEW, 20권, p.260. 즉 국가기업에서의 착취도 경제외적인 국가권력을 이용하는 것이 아니라 기업에서와 마찬가지로 여전히 근대적인 **경제적** 강제관계, 즉 자본관계에 의존한다.], 사회 전체의 성격은 미제에 종속된 파쇼적 관료적 국가자본주의 사회인 셈이다. 그리고 토대와 상부구조 전체를 고려하더라도 한국사회는 결코 반(半)봉건적 사회가 아니고, 제국주의적 서구와 **유형**이 다른 **근대적**인 사회이다. 왜냐하면 제국주의에 대한 '종속'이든 '파시즘', '관료적 국가자본주의'든 전적으로 근대적인 범주, 즉 봉건 사회나 노예제 사회에서는 볼 수 없는 전적으로 근대적인 관계를 표현하는 개념들이기 때문이다.

우리나라 농촌의 토지소유관계가 여전히 반(半)봉건제라는 주장도 이미 여러 이론가들에 의해 해명되고 있듯이 근거가 부족하다. 이론가들의 주장을 보충하여 소위 지대론적 봉건제론에 대하여 한마디 덧붙이는 것으로 여기서는 족하겠다. 오늘날의 소위 '소작관계'는 7~30마지기 정도의 농지를 소유한 토지임대자들이 주종을 이룬다. 이 관계는 교류양식(Verkehrsweise, 참조 : 『자본론』 제2권, MEW, 24권, pp.119~120)을 절대시하는 **경제주의적** 시각에서 보면 과거의 반봉건적 지대와 구별이 없는 동일한 소작관계로 보이겠지만 생산양식(Produktionsweise)의 시각에서 보면 결코 '소작관계'일 수 없다. 이 후자만이 유일하게 맑스주의적인 시각이다. 『자본론』 제3권 '지대론'에서 맑스가 "생산조건의 소유자와 직접적 생산자의 직접적 관계"가 사회구성체의 성격을 규정한다고 말하고 있는데, 이것은 강탈되는 잉여의 이름과 양(量)만을 뜻하는 것이 아니라 이러한 강탈을 가능하게 하는 지배권력과 그 형태를 내포하는 테제이다. 앞에서 잠깐 지적되었듯이 강탈되는 잉여의 양(量)을 계산하거나 이것의 이름이 '이윤'인지 '소작료'인지 하는 유명론적(唯名論的) 관심밖에 없는 사람들은 수백, 수천 마지기 이상의 반봉건적 대토지소유자들과 과거의 소작인들 간에 작동하던 경제적 지배·강제력을 보지 못할 뿐만 아니라 이것에 기초하여 강탈되던(지주집의 경사나 상사날에 제공되던) 사실상의 여타 무상부역을 망각한다. 이런 까닭에서만 그들은 7~30마지기 정도의 농지 소유자들을 반봉건적 토지소유자로 만들고 있다.

그러나 분명한 것은 ① 이 소농지 소유자들과 소위 '소작인' 사이에는 아무런 권력관계가 발전되어 있지 않고 ② 이전된 잉여가 이 소농지 소유자들의 부르주아적 수준의 생활을 가능하게 할 만한 양, 즉 양질전화의 변증법적 계선을 넘지 못하고 있기 때문에 결코 반봉건적 관계나 봉건지대는 존재하지 않는다는 것이다. 아직 비교적 높게 책정되는 임대료는 중소농이 수적으로 우세한 체계에서 "토지소유에 대한 수요가 공급을 압도하기" 때문에 항상 높은 지가(『자본론』 제3권, MEW, 25권, p.819)에 대한 가공적인 이자로 봐야 할 것이다. 맑스에 의해 전개된 자본주의적 지대론은 농토뿐만 아니라 산림, 해양, 건축 부지 등의 임대에도 공히 적용되는 것인데 중소농 간의 높은 토지 임대료는 도시 점포 임대 시에 대점포에 비해 소규모 단칸점포의 평당 임대료가 항상 비싼 이치와 같다. 따라서 중소농 체계에서 임대료가 반봉건적 지대라면 도시의 소규모 단칸 점포주인에게 지불되는 비싼 월세도 반봉건적 지대라고 우겨야 할 것이다.

한 가지 덧붙이자면 반봉건적 유제가 현재 남한에서보다 더 철저히 청소된 나라는 없다. 일본, 영국, 네덜란드 등은 왕정과 귀족제가 엄존하고 프랑스나 서독에는 사실상의 구귀족층이 사회세력으로 잔존하고 있다. 특히 서독에서는 von의 이름을 부착하는 귀족명이 민법상으로 허용되며 독점대재벌의 이사 · 감사진(陳)에는 언제나 이 구귀족층이 1/3 가까이 틀고 앉아 있으며 봉건적 십일조의 잔재인 종교세가 국세로 납부되고 있다.

각설하고, 우리나라 농촌에는 수적으로 적은 부농과 도시주변의 상업작물재배업이 존재하는데 부농과 후자의 일부는 농업자본가들이다. 한 농업자본가가 사용하는 계절적 임노동의 합계는 도시 소자본가의 규모와 맞먹거나 이것을 넘어선다. 중소농은 농산물 중 자가소비를 넘는 양만을 상품화하기 때문에 농산물의 전량을 상품화하지는 못한다. 그러나 농업자본가는 거의 농산물의 전량을 상품화한다. 이 농업자본가가 비록 수적으로는 열세이나 이들의 상품작물의 양이 중소농의 상품작물의 양을 넘는다면 한국 농업관계는 자본주의적 관계에 의해 지배되는 셈이다. 이것은 경험적 탐구영역이기 때문에 과제로 남겨 주겠지만 이와 관련하여 한마디 덧붙이자면, 맑스는 도시 · 농촌의 중소소유자들이 프랑스 인구층의 70%를 넘던 시대에 자본제적 부문의 상품생산이 사회적 물질대사를 양적으로 지배했기 때문에 당시의 프랑스에 자본주의 사회라는 질적 규정을 가했었다는 사실을 상기시키고 싶다.

한편 경제적 사회구성체의 개념에 따르면 원시공산적, 고대 아시아적, 희랍·로마 노예제적, 봉건적, 자본제적, 공산적 구성체식의 대별(大別)밖에 없다고 주장하면서, 유형(Typ) 개념을 베버식이라 해서 부인하는 견해에 대해서도 몇 마디 언급하지 않을 수 없다. 맑스에 의하면 엄밀히 말해서 구성체는 풍토, 정복, 민족억압 등 자연적, 사회국제적 요인 등에 의해 다양한 유형으로 분화, 전개된다.

맑스는 「자수리치에 보내는 서한」 I, II 초고에서 구성체의 "1차적, 2차적, 3차적 등의 유형"('primäre, sekundäre etc. Typen', MEW, 19권, p.386)에 관하여 거듭 말하고 있다. 베버의 초역사적 유형론과 맑스의 유형론의 비교 설명에 관해서는 여기서 자세히 전개할 수 없지만, 아무튼 자본주의의 제국주의적 유형과 (신)식민지적 유형에 관해 입론할 수 있는 맑스주의적 방법론의 충분한 토대가 있다 하겠다.

구성체의 유형을 부인하는 것도 물론 문제이지만, 식민지 유형의 특수성을 강조하다가 특수성 속에 익사하여 신식민지 유형의 특유한 부르주아 국가자본주의 또는 관료적 국가자본주의를 반(半)자본주의라고 내리깎아 보려는 시도는 마치 자국의 열악성을 통감하다가 민족허무주의로 빠져들었던 식민지 청년들의 심리적 메커니즘과 유사한 면을 지닌다.

이상 사회 성격논쟁에 관해 몇 가지 주석을 달아 보았다. 일단 현재를 종속적·파쇼적·관료적 국가자본주의에서 종속적 국가독점 자본주의로 이행하는 과도기로 규정하였다면, 전략·전술적 과제는 과연 무엇이란 말인가? 국제이론에 따르면 신식민지 사회의 정권은 대강 다음과 같이 분류될 수 있다.

1. 전통적 폭압정권(과거 이승만 정권, 최근까지의 파라구아이, 아이티 등)
2. 기술관료체제에 지원받는 파쇼정권
3. 부르주아 보수정체(재벌의 비파쇼적 헤게모니 — 현재로선 아르헨티나, 브라질, 그리스, 포르투갈 등)
4. 부르주아 개량주의 정체(중소기업가, 비독점 대기업가, 소자산가 등의 헤게모니 — 인도, 멕시코, 베네수엘라, 코스타리카 등)
5. 민중정권(반제반독점 정책의 적극적 수행단계 — 니카라과, 과거의 칠레 아옌데 정권)

예속파쇼정권의 정치적 배경은 보통 제국주의와 토착 군부세력이고 그 경제적 토대는 관료적 국가자본주의 체제의 수많은 고위관직(국가, 국영기업 등)에서 나오는 풍요로운 봉록(Pfründe)인 점을 감안할 때, 관료적 국가자본주의의 해체와 파쇼의 몰락은 꽤 긴밀한 관계에 놓이게 된다. 이것은 또한 관료적 국가자본주의 체제의 완전한 해체에 대해 가장 완강하게 저항할 세력이 군부파쇼세력일 수밖에 없다는 것을 의미하기도 한다.

미제는 파쇼체제와 보수정체 중 상황에 따라 유리한 것을 선택하는 입장을 견지해 온 점을 감안할 때, 기본적으로 신식민지의 토착정권의 형태에 대해서는 기회주의적이다. 이 점에 있어서는 토착

독점자본들도 마찬가지이다. 왜냐하면 독점체들은 정치세력에 대한 자신의 발언권을 제고하려는 욕구에서 관료적 국가자본주의 체제와 군사파쇼 체제의 해체, 즉 민간보수정체(민주당 정권)를 용인하는 성향을 갖는 한편, 동시에 노동자들의 계급투쟁이 민주화로 인해 거세지는 것을 두려워하여 초법적 파쇼정권의 존속을 바라는 양면성을 갖기 때문이다. 따라서 미제와 독점재벌은 파쇼체제를 해체하고 보수정체를 능동적으로 선택하는 세력이 아니라, 광범한 민중의 정치적 진출을 통해 미제와 독점재벌의 이익 관철에 파쇼체제하의 정치불안정이 장애로 느껴지도록 강요함으로써 보수정체를 선택하도록 강제당해야 하는 세력으로 규정된다. 한국 민중은 현 **전술적 소단계**(반파쇼 민주화)에서 최소한 이 정도의 역량은 있다.

이렇게 본다면 관료적 국가자본주의에서 국가독점자본주의로 이행하는 과도기에 조응하는 정치적 당면과제는 군부파쇼와 민정당의 공중분해를 겨냥한 **보수정체 수립투쟁**이 되는데(물론 슬로건은 언제나 전략적 슬로건, 즉 민중정권 수립이다.) 관료적 국가자본주의에서 국가독점자본주의로의 이행도 이러한 투쟁을 통해서만 마감될 수 있을 것이며 결코 자동주의적 이행은 아닐 것이다.

물론 이 보수정체 수립투쟁에서 직접적인 권력획득의 주체들인 민주당(기회주의적 비파쇼 보수파의 헤게모니 하에 비파쇼 보수세력과 반파쇼 자유민주주의 세력의 연합체)이 파쇼반동에 겁먹고 잘 싸우지 않을 것이고 지금과 같은 과도기에는 더욱 자신들의 원칙에 충실하지 않고 사방팔방으로 동요할 것이라는 것은 의심할 바 없다. 자신들의 원칙을 행동으로 옮기지 않고 반동과 타협하려는 부르주아지에 대해서는 맑스주의의 고전적 투쟁원칙의 적용 외에 다른 처방이 없다. 즉 반파쇼 자유민주주의 세력과 굳게 연대하여 비파쇼 보수세력으로 하여금 반동과 손을 끊도록 강요하는 것이다. 민족민주정치세력은 파쇼반동과 단독으로 맞서 싸울 역량은 아직 없지만 보수세력과 자유민주세력으로 하여금 반동과 맞서 싸우도록 강요할 역량은 이미 도처에서 확보하였다.

그렇지만 이러한 투쟁과정의 성공을 담보하기 위해 불가피한 투쟁은 저강도의 상징적인 반미직접투쟁(미군 시설 앞에서의 시위, 미경제기관 점거농성 등)과 통일투쟁이다. 저강도의 상징적 반미직접투쟁은 미제의 정치·군사·이데올로기적 지배를 규정적으로 받고 있는 사회에서 반제민족민주전선의 제1전략단계(die erste strategische Phase)의 첫 번째 전술적 소단계(taktische Etappe)인 반파쇼민주화 단계를 완수하기 위해 필수적이다.* 상징적 반미직접투쟁은 미제로 하여금 군사파쇼체제의 유지가 오히려 자신의 부담으로 느껴지도록 강제하는 효과를 제고시키는 한 결코 간과할 수 없는 것이며, 이렇게 함으로써 전술적 제2소단계의 직접적 과제인 민중정권 수립과 이 정권이 수행할 본격적인 반제과업으로 유연하게 연결되어질 수 있다. 그리고 통일투쟁도 보수정체 수립투쟁과 필수적으로 결합되어야 한다. 왜냐하면 통일투쟁만이 남북긴장 완화와 이에 따

---

* 여기서 중요한 것은 언제나 전략단계와 전술적 소단계의 정치과제를 구분하고, 이 구분 속에서도 또한 두 정치적 과제를 만리장성으로 담쌓는 것이 아니라 적절히 결합시키는 정치역량이다. 미래적으로 전략 1단계의 과제는 반제반독점 민중민주주의 혁명이고, 제1전략단계 내의 전술적 제1소단계의 과제는 반파쇼 민주화이다.

른 군축의 실현을 통해 파쇼세력의 기초인 군부를 약화시킬 수 있기 때문이다. 이 점을 신식민지 국가독점자본주의론이 가끔 완전히 망각하는 경향이 있다. 그러나 과도한 선도투쟁이나 개인플레이는 미묘한 통일문제에 있어서 특히 경계되어야 할 것이다. 그러한 비전술적 투쟁 형태들은 오히려 파쇼반동세력에게 구실만 제공하여 독점재벌 중 비(非)파쇼 분파에게도 그들의 존재가치를 제고시키는 효과를 가져올 것이다.

사회 성격논쟁이나 과제문제와 관련하여 마지막으로 분명히 해둘 것은 종속적 국가독점자본주의 이론은 한국에서 처음 만들어 낸 것도 아니고, 또한 흔히 잘못 알려져 있듯이 중남미에서만 통용되는 이론이 아니라 이미 국제적으로 공인된 이론이라는 점이다.

끝으로 역량배치에 관하여 논란의 여지가 있는 부분만 간단히 언급하고자 한다.

독점자본주의 이전과 직후의 맑스-레닌주의적 계급분석에 의하면 프롤레타리아트=노동계급이었는바, 이 노동계급은 이종적(異種的) 생산과정에 종사하며 자본에 **형식적으로** 포섭되어 있고, 이에 따라 최소한 노동 **안에서의** 자유를 누리면서 최고 임금을 수령하던 **노동귀족층**(Arbeiteraristokratie, 『자본론』 제1권, MEW, 23권, p.697. 매수되었다는 의미에서가 아니라 극히 객관적인 의미에서 사용된 용어)과 유기적 생산과정에서 단순화되어 **실질적으로** 포섭된 단순노동자층으로 크게 이분화 되어 있었다. 또한 당시의 근로 인텔리는 주로 자유업 또는 반(半)자유업에 종사하는 변호사, 학자, 문필가, 의사, 예술가 등이었다.(구 인텔리) 그러나 독점자본주의, 특히 국가독점자본주의가 확립된 후 프롤레타리아트는 테일러리즘·포디즘에 의해 정신기능과 육체노동의 분리가 첨예화되어 프롤레타리아트=노동계급의 등식은 무너지고 프롤레타리아트는 다음과 같은 분화된 구조를 갖게 되었다.

프롤레타리아트	지식 프롤레타리아트(=형식적 포섭층)~생산적 분파(엔지니어, 초중고 교사, 간호사, 정보·지식생산 노동자 등), 비생산적 분파(상업·행정·재무·광고 업무 수행자 등)
	노동계급(=실질적 포섭층)~생산적 분파(산업노동자), 비생산적 분파(포장, 발송, 단순판매·사무직 노동자 등)

이 지식 프롤레타리아트(intellektuelles Proletariat, 엥겔스)는 자유업 또는 반(半)자유업(교수 등)에 종사하는 구 인텔리와 전혀 다른, 자본에 형식적으로 포섭된 임노동자들이다. 따라서 현대의 프롤레타리아트는 이제 단일계급으로 구성되어 있는 것이 아니라 하나의 계급(노동계급)과 이 계급 밖으로 분리되어 나온 여러 계층들(지식노동자+준지식노동자), 즉 현대판 노동귀족층으로 구성되게 되었다. 이렇게 볼 때 지식 프롤레타리아트를 노동계급에 포함시키는 우편향적 계급론이나 지식 프롤레타리아트를 신중간층으로 규정하여 쁘띠 부르주아 범주로 내던지는 좌편향 계급론은 모두 문제가 있다. 전자는 노동계급과 지식 프롤레타리아트의 각각의 요구에 적절히 대응하는 정책 수립과 집행을 방해하고, 후자는 프롤레타리아 혁명의 엄연한 한 주체인 지식 프롤레타리아트를 등한시할 위험이

있다. 올바른 과학적 계급정책은 전위조직 속에 지식 프롤레타리아트를 최대한으로 끌어들여 프롤레타리아트 전체의 통일을 추구하는 한편, 이것을 거부하고 다른 조직을 갖는 지식 프롤레타리아트 부분에 대해서는 **형제적** 동맹정책(엥겔스)을 추구하는 것이다. 지식 프롤레타리아트의 외연은 분명하다. 예를 들면, 기업관리자층(기업관료층)은 조·반장에서 부장급에 이르기까지 다양하지만 **관료체제적** 특권과 생활 보장에 의해 체계적으로 **매수된 특수한** 임노동자들로서, 지식 프롤레타리아트가 아니다. 지식 프롤레타리아트는 관료체제에 참가하는 사람들이 아니라 반대로 관료체제에 억압받는 통치대상이기 때문이다. 기업관료층은 쁘띠 부르주아적 층과 부르주아적 층으로 구분될 수 있다.

기업관료층에나 가능한 이러한 구분법을 관료체제의 **대상**인 지식 프롤레타리아트에게도 적용함으로써 지식 프롤레타리아트를 신쁘띠 부르주아로 분류하는 좌편향적 오류는 원래 제국주의 국가 전위당의—제국주의적 해외초과이윤에 의한 매수효과로 인해 그곳에서는 어느 정도 타당한—'임금 예속적 중간계층'론을 오독, 신식민지 종속국에 무비판적으로 적용한 것이나 폴란차스 또는 모택동주의류의 영향인바, 이와 관련해서는 서구 자본주의가 이미 독점자본주의에 도달하였나 아직 제국주의로 전환되지 않았던 시기에 살았던 엥겔스가 독점자본의 출현과 더불어 막 나타나기 시작한, 따라서 제국주의적 초과이윤에 의해 아직 매수되지 않았었던 지식 노동자들을 "지식 프롤레타리아트"로 명명하면서 1893년 다음과 같이 말하고 있는 점을 상기시킴으로써 우리나라 지식 노동자들에 대한 시각 조정을 도울 수 있겠다.

"나는 사회주의 대학생 국제대회에 나를 초청해 준 데 대하여 당신들에게 감사드리면서, 긴급하고 중대한 업무로 인해 참가할 수 없게 되어 이 기회를 활용할 수 없게 된 것을 특별히 애석하게 생각합니다. 이런 고로 나로서는 이 대회가 응당 이룩하여야 할 모든 성공을 소망하는 것으로 그칠 수밖에 없겠습니다. **지식 프롤레타리아트**, 자신들의 **형제인** 노동자들과 **어깨를 나란히** 그리고 이들의 **한복판에서** 다가오는 혁명에 있어서 중대한 역할을 수행할 사명을 띤 지식 프롤레타리아트가 대학생들의 대오로부터 출현하게 될 것이라는 의식을 대학생들 사이에서 일깨우려는 당신들의 노력이 성공하기를 기원합니다. 과거의 부르주아 혁명들은 대학교로부터 다만 정치가의 가장 좋은 원자재로서의 법률가들만을 요구했었습니다. 그러나 노동계급의 혁명은 이것을 넘어 의사, 엔지니어, 화공 전문가, 기타 전문가들을 필요로 합니다. 이 혁명에서는 정치기구의 지도뿐만 아니라, 사회적 생산 전체의 지도를 넘겨받아야 하는 것이 문제이며 따라서 **이 경우에 필요한 것은 쩌렁쩌렁 울리는 상투어들이 아니라 튼튼한 지식이기 때문입니다.**"(「사회주의 대학생 국제대회에 부쳐」, MEW, 22권, p.415, 강조는 필자)

다음은 논란이 많은 중소기업가들에 관해서 상론해 보자. 중소자본은 일단 분화된 시각에서 포착되어야 한다. 중소자본을 단순히 **한시적**으로만 진보성을 갖는 자유주의적 부르주아지로 간단히 규정한다든지 민족자본으로 일색화한다든지 하는 두 입장 모두 문제가 있다. 관념 속의 그런 중소자본이 아니라 현실 속의 중소자본은 크게 세 개의 **분파**를 갖는다. 첫 번째 분파는 제국주의적 수탈에 직접 노출되어 있는 자본들로서, 미제의 환율 압박과 농수산물 수입개방 압력에 내몰리는 중소수출업체 및 내수를 지향하는 농수산물 가공업체 등이다. 이들은 분명 일정한 반미적·민족적 성향을 갖는다. 그러나 이들은 정부의 여러 가지 간섭에도 불구하고 일정한 특혜도 향유하는 까닭에 반(反)파쇼적·민주적 성향은 별반 보이지 않는다. 정부에 대한 항의도 대부분은 미제에 대한 저자세 외교를 공박하는 경우에 국한되는 성향이 있다. 이런 자본들을 우리는 정당하게 **민족자본**이라 명명할 수 있을 것이다. 두 번째 분파는 독점과 정부의 독점특혜정책에 압박받는 자본들이다. 이들은 공공연히 반독점적이고 은밀하게 반(反)파쇼적·민주적이다. 이들은 자주 중소기업 연합체 등을 통해 야당들에 접근하려는 경향성을 갖는다. 그러나 이들은 반미적인 구호에는 별반 흥미를 느끼지 못한다. 독점재벌기업이나 여타 대기업에 의해 유통과정을 통해 수탈당하거나(예 ; 제화업 등의 분야) 하청계열화 되어 직접 수탈당하면서 대기업의 어음 농간 등에 의해 시달리며 분통터져 하는 이 자본들을 **민주자본**이라 부를 수 있겠다. 세 번째로 민주노조를 결코 용인하지 않고 폭력을 투입해서라도 깨부수고야마는 **악덕기업**, 파쇼군부의 권력이나 소위 연줄 등을 통해 보호받고 이들과 긴밀히 연결되어 형성되었거나 직접 그들 집안의 소유인 자본, 즉 **관료자본**, 규모는 작아도 지극히 매판적인 외국인 **합작기업**(Wendy, 맥도날드 등), 외국 직접투자의 **외국인 기업**, 끝으로 **룸펜자본**(향락산업 분야에서 조직 폭력배와 연계된 기업이나 옐로우하우스 등의 섹스기업)들이 있다. 이들을 악덕·매판·룸펜자본이라 부르자. 일단 이렇게 분류된 자본들에 대해서 민족민주세력의 전략·전술도 구분될 수밖에 없다. 처음 두 분파, 두 민족·민주자본들에 대해서 민족민주세력은 그들을 우호중립 차원으로 획득해야 하며, 반제·반파쇼·반독점으로 방향 지우기 위해 그들 사업장에서의 계급투쟁도 비적대적 대립의 문제로 풀어야 하며, 기업 내부에서 부르주아 개량주의적 노동권이 확보되면 싸움을 이 민족·민주 자본가와 가능한 연계하여 반제·반파쇼·반독점의 적대적 싸움으로 발전시켜야 할 것이다. 그러나 세 번째 분파, 즉 악덕·매판·룸펜자본에 대해서는 규모 여하에 관계없이 적대적으로 투쟁하여 해소시켜야 할 것이다. 중소기업에 있어서는 이러한 차별적 투쟁만이 유일하게 현실을 제대로 반영한 투쟁이 될 것이다.

민족·민주자본에 대해서도 적대적 투쟁을 해야 한다는, 즉 이 자본가들을 착취·지배자로만 보고 이들이 지배기능 및 기타 비생산적 기능과 더불어 수행하고 있는, 독점재벌들과 현저히 구분되는 생산적 기능(중소기업가 활동의 기능적 이중성—맑스)을 무시하거나, 그들의 착취량과 지배권력이 민주노조와 체제내적 계급투쟁만으로도 제약될 수 있는 가능성을 보지 못하는 비(非)맑스-레닌주의적 좌편향은 극력 억제되어야 할 것이다.

아무튼 계급분화가 완연하게 진행된 종속적 중위자본의 사회를 유독 염두에 두고 있는 '반제투쟁의 사회적 심화'라는 국제이론적 테제는 가끔 오해되듯이 계급투쟁의 반(反)자본주의적 과제만을 유일시하는 좌편향과는 무관하며, 오히려 반제투쟁의 대오를 애국·매국으로만 분할하여 설정하는 우편향에 대한 보충적 비판으로서, 자본축적의 진전과 자본주의적 계급분화의 첨예화를 올바로 반영함으로써 반제투쟁을 올바른 궤도에 올리려는 테제일 뿐이다. 계급투쟁론과 관련해서는 극히 우스꽝스런 관념이 찰거머리처럼 붙어다니는바, 계급투쟁은 항상 자본주의 체제에 대한 투쟁이라는 사고방식이 바로 그것이다. 즉 계급투쟁과 반미·반매판(=반독점) 민족자주화투쟁을 대립시키는 관념이다. 그러나 실은 현 시기 우리나라 계급투쟁의 절실한 전략적 당면과업은 민족자주화이고, 이것은 반미·반매판(반독점)투쟁의 형태로 수행되어야 한다고 정식화하는 것이 올바를 것이다. 계급투쟁과 민족자주화투쟁을 대립시키려는 편향적 관념은 계급투쟁을 이것의 현 시기적 현상형태와 대립시키는 것인바, 사람을 청년이나 노인의 개념에 대립시키는 논리적 혼란이나 다를 바 없다.

계급투쟁은 항상 국내외의 계급과 계급 간의 투쟁이지만 그것의 과제(수위)와 형태는 극히 다양하다. 예를 들면 유럽의 초창기 부르주아지는 초기의 반봉건계급투쟁을 봉건지배계급 전체에 대한 정치적 투쟁의 형태로 수행한 것이 아니라, 종교개혁과 30년 종교전쟁의 형태로 수행함으로써 봉건계급들의 진보적 부분을 획득하여 종교의 자유라는 당시의 당면과제를 해결하였다. 즉 계급투쟁이 항상 그 자체의 모습으로 현상하는 것도 아니며 또 항상 적대계급에 대한 전면적인 것도 아니다. 또한 자본에 대한 투쟁이 항상 반자본주의적 투쟁인 것도 아니다. 예를 들면 경제적 계급투쟁이 그렇다. 자본주의 내의 계급투쟁의 과제도 다양할 수 있다. 당시 러시아의 식민지였던 폴란드와 관련하여 맑스는 폴란드 노동계급이 민족문제를 선차적으로 해결하지 못하면 반자본주의적 과제를 제대로 제기할 수도 없음을 지적하고 있는데, 이것은 폴란드 노동계급의 계급투쟁의 선차적인 과제를 민족해방의 과제로 규정하고 있음을 뜻한다. 다른 현대적인 예를 든다면 남아프리카공화국에서 노동계급이 선차적으로 완수해야 할 계급투쟁의 과제는 반(反)인종주의이다. 현 시기 어떤 올바른 계급투쟁도 이 선차적인 과제를 우회할 수 없는 것이다. 이때 자본가에 대한 투쟁은 인종주의적 자본가와 반(反) 또는 비(非)인종주의적 분파를 구분하고 인종주의적 자본에 대한 반(反)자본주의적, 적대적 투쟁을 반(反)인종주의적 투쟁 형태로 완수해야 한다.

즉 반(反)자본주의적 투쟁은 반인종주의투쟁의 형식을 통해 전면적으로가 아니라 **부분적으로만** 수행하는 것이다. 반제반독점 민중민주주의혁명을 위한 계급투쟁도 계급문제를 민족문제에 대립시키기 위한 것이 아니라 민족문제의 **전면적** 해결을 향한 도정에서 계급문제의 본질적인 **부분인** 반(反)독점 과제를 **민족자주화 투쟁의 형식으로** 완수하는 것이다. 친제국주의적(親帝國主義的)인 독점재벌의 해소는 반자본주의 과업의 일부만을 뜻하는데, 이것은 반미자주화의 완성을 위한 전제일 뿐만 아니라 자주화투쟁의 결과이어야 할 것이다.

◈ 인명색인 ◈

ㅂ

ㅅ

ㅇ

ㅈ

ㅋ

철학사전(개정증보판)**과 철학사**(전5권)

『철학사전』은 『철학사』(전5권)를 읽는 독자들을 위해 만들어졌다. 본 사전에는 아직도 각종 모순이 중첩되어 있는 이 땅에서 자연과 사회 및 인간 사유의 일반적 발전 법칙을 탐구하여, 올바른 세계관을 수립하고 각종 모순을 인식하고 해결하는 데 초석이 되도록 편찬되었다. 따라서 이 사전은 진보적 철학의 비중을 대폭 높였으며 특히 한국철학에 있어서 새로운 민중적 시각을 통해 재정리하고자 했다. 또한 이 사전은 철학의 근본문제를 비롯하여 여러 문제, 사회관, 인생관, 가치관, 역사관 등의 문제와 기타 철학의 발전과 긴밀히 연결된 사회과학과 자연과학의 논점도 동일한 입장에서 다루었다. 때문에 이 사전과 동일한 입장에서 일관성 있게 집필된 본사 발행 『철학사』(전5권)와 함께 유용한 지침서가 될 것이다.

철학사전편찬위원회 지음/4×6배판 칼라인쇄/고급 서적지 및 고급 양장케이스/정가 350,000원

『철학사』(전5권)는 국내판을 출간하는데 30여년에 걸쳐 기획되고 수정된 책으로 연 40여명의 편집인이 동원되었다. 본서는 1987년 7월 처음 출간되어 1998년 2월에 재편집되었으며 2009년 5월에 3차 증보판에 이어서 이번이 제4차 개정 증보판이다. 대본으로 사용한 책은 「러시아과학아카데미연구소」(Akademiya Nauk SSSR)에서 출간한 『*History of Philosophy*』(전5권)를 다시 국내에서 우리나라 실정에 맞게 재편집하고 현대적 용어와 술어로 바꾸어 번역한 것으로, 국내판은 고대 노예제 철학의 발생으로부터 자본주의 독점 시대까지의 철학을 재편집하였다.

크라운판 고급인쇄/고급 서적지 및 고급 양장케이스/전5권 세트 정가 650,000원

중원문화 아카데미 新書

1 **한국 근대사회와 사상**
• 강재언 · 김정미 외 편저

2 **걸어다니는 철학**
• 황세연 저

3 **반듀링론**
• F. 엥겔스/김민석 역

4 **헤겔 법철학 입문**
• 꼬우즈미 따다시 지음

5 **이성과 혁명**
• H.마르쿠제/김현일 외 역

6 **정치경제학 교과서 I-1**
• 짜골로프 외/윤소영 엮음

7 **정치경제학 교과서 I-2**
• 짜골로프 외/윤소영 엮음

8 **정치경제학 교과서 I-3**
• 짜골로프 외/윤소영 엮음

9 **이탈리아 맑스주의**
• K. 프리스터/윤수종 옮김

10 **걸어다니는 경제사**
• 황세연 편저

11 **자본론에 관한 서한집**
• K.마르크스와 F.엥겔스 저

12 **푸 코**
• 질 들뢰즈/권영숙 외 저

13 **과학기술사**
• 석동호 편저

14 **한국에서의 자본주의발전**
• 김진균 외 저

15 **자연변증법**
• F.엥겔스/이재영 외 역

16 **역사적 맑스주의**
• R.알튀세르/서관모 옮김

17 **경제학의 선구자들**
• 일본경제신문사/김종호 옮김

18 **근현대 사회사상가 101**
• 이마무라 히도시/안효상 옮김

19 **맑스를 넘어선 맑스**
• 안토니오 네그리/윤수종 옮김

20 **교육과 의식화**
• P.프레이리/채광석 역

21 **정치경제학 교과서 II-1**
• 짜골로프 외/윤소영 엮음

22 **정치경제학 교과서 II-2**
• 짜골로프 외/윤소영 엮음

23 **청년 마르크스의 휴머니즘**
• H.포피츠/황태연 역

24 **사회를 어떻게 볼 것인가?**
• 황세연 편저

25 **헤겔연구②**
• 임석진 외저 (절판)

26 **칸트 철학입문**
• W.O.되에링/김용정 역

27 **노동조합 입문**
• 양원직 편저

28 **마르크스에서 쏘비에트 이데올로기로**
• I.페처/황태연 역

29 **소유의 위기**
• E.K.헌트/최완규 역

30 **변증법의 현대적 전개①**
• W.뢰트/임재진 역

31 **변증법의 현대적 전개②**
• W.뢰르/임재진 역

32 **모순의 변증법**
• G.슈틸러/김재용 역

33 **헤겔연구③**
• 임석진 외저 (절판)

34 **국제무역론**
• 久保新一/김선기 역

35 **칸 트**
• 코플스톤/임재진 역

36 **자연과학과 철학**
• H.라이헨바하/김회빈 옮김

37 **철학의 반란**
• 강대석 지음

38 **마르크스주의의 역사①**
• P.브라니츠키/이성백 외 역

39 **마르크스주의의 역사②**
• P.브라니츠키/이성백 외 역

40 **21세기와 자본론**
• 황태연 지음

41 **정치경제학 비판을 위하여**
• K.마르크스/김호균 역

42 **과학기술 혁명시대의 자본주의와 사회주의**
• 황태연 저/허상수 엮음

43 **혁명운동의 문제들**
• S. P.노보셀로프/이창휘 옮김

44 **마키아벨리의 고독**
• 루이 알튀세르/김민석 역

45 **들뢰즈와 가타리**
• 로널드 보그/이정우 옮김

46 **과학적 사회주의**
• G.그로서/송주명 옮김

47 **맑스-레닌주의 철학의 본질**
• F. V. 콘스탄티노프/김창선 역

48 **철학의 기초(1)**
• A. 라키토프/김신현 옮김